Le ministère public et la prévention des difficultés des entreprises

Logiques Juridiques

Fondée par Gérard Marcou
Dirigée par Thomas Perroud

Le droit n'est pas seulement un savoir, il est d'abord un ensemble de rapports et pratiques que l'on rencontre dans presque toutes les formes de sociétés. C'est pourquoi il a toujours donné lieu à la fois à une littérature de juristes professionnels, produisant le savoir juridique, et à une littérature sur le droit, produite par des philosophes, des sociologues ou des économistes notamment.

Parce que le domaine du droit s'étend sans cesse et rend de plus en plus souvent nécessaire le recours au savoir juridique spécialisé, même dans des matières où il n'avait jadis qu'une importance secondaire, les ouvrages juridiques à caractère professionnel ou pédagogique dominent l'édition, et ils tendent à réduire la recherche en droit à sa seule dimension positive. À l'inverse de cette tendance, la collection « Logiques juridiques » des éditions L'Harmattan est ouverte à toutes les approches du droit. Tout en publiant aussi des ouvrages à vocation professionnelle ou pédagogique, elle se fixe avant tout pour but de contribuer à la publication et à la diffusion des recherches en droit, ainsi qu'au dialogue scientifique sur le droit. Comme son nom l'indique, elle se veut plurielle.

Dernières parutions

Alessio BELLI, *La citoyenneté sociale à la recherche d'un nouvel imaginaire normatif. L'héritage oublié*, 2025.
Ibrahima DIOR, *Le forum non conveniens et les injonctions anti-suit dans les arbitrages d'investissement des États africains*, 2025.
Laetitia DESMONS, *L'autonomie de l'ordre juridique de l'Union européenne sur la Cour de justice. Contribution à l'étude des fondements de la construction européenne*, 2025.
Boubacar EL IDE, *Influence du droit international des droits de l'homme sur le droit des investissements. L'économique au détriment du social ?* 2025.
Adolphe KUMBA SHINDANO, *Introduction au droit congolais de la santé*, 2025.
Marcelle BONGRAIN, *Grands-parents, quels droits ?*, 2025.
Patrick MBOYO BAKAMBO, *La représentation des collectivités territoriales*, 2025.
Jean-Louis SABLON, *Violences et autres infractions sexuelles. Le droit de A à Z pour les connaître et les combattre*, 2025.
Vincent BENELBAZ, *Les doctrines du corporatisme : Vichy et les Républiques*, 2025.

Christophe Delattre

Le ministère public et la prévention des difficultés des entreprises

Préface de François Molins

L'Harmattan

Du même auteur

Le cadre d'intervention du ministère public en droit des entreprises en difficulté, Editions Joly, LEXTENSO, mars 2018

5-7, rue de l'École-Polytechnique - 75005 Paris
www.editions-harmattan.fr

ISBN : 978-2-336-53371-1
EAN : 9782336533711

PRÉFACE

Dans notre pays, le ministère public est un corps de magistrats établi près les juridictions de l'ordre judiciaire avec la mission de défendre les intérêts généraux de la société, dans le respect des libertés individuelles. Ces deux impératifs sont le fondement de notre type de société. L'équilibre entre ces deux impératifs, réalisé par le ministère public dans ses missions, s'explique par la longue et patiente élaboration coutumière de cette institution. En effet, la mission et les attributions du ministère public en matière pénale, civile, commerciale, sociale ou même environnementale, ne résultent pas d'une simple construction législative correspondant à une conception théorique mais sont nées avant tout de la pratique et de ses exigences.

C'est certainement pour cela qu'évoquant l'étendue et la diversité des missions du ministère public, le professeur Jean Carbonnier a pu affirmer que « dans un pays, un Etat et un ministère public peuvent suffire au bonheur des citoyens » (*Droit civil éd. 1962, t.1, page 281*).

Représentants de la nation souveraine chargés de défendre les intérêts généraux de la société et d'assurer le respect de la loi, garants des libertés individuelles et garants de la qualité et de la régularité des procédures, les magistrats du ministère public ont toujours su faire face aux multiples réformes intervenues dans tous les domaines. En droit pénal et procédure pénale mais aussi en matière commerciale où le droit des entreprises en difficulté a été profondément et régulièrement modifié depuis la loi du 13 juillet 1967 sur les procédures collectives de redressement judiciaire et de liquidation des biens.

Toutes ces réformes successives ont conforté et renforcé le rôle du ministère public en matière commerciale. Il a désormais un rôle accru dans les domaines de la conciliation et des procédures collectives dont il est devenu un acteur essentiel. Il veille à une bonne administration de la Justice ainsi qu'au respect du droit à tel point que certains ont pu le qualifier de « démineur procédural » ou de « nettoyeur éthique ». Son rôle est aussi indispensable que légitime tant les procédures collectives intéressent l'ordre public économique. Le ministère public contribue au contrôle de l'ordre public économique et constitue un organe de contrôle de la procédure collective. C'est ainsi qu'il doit veiller au respect du cadre légal des procédures et au respect des intérêts en présence.

Qui, mieux que Christophe Delattre, pouvait aborder au fond les différentes facettes des interventions du ministère public dans le domaine de la prévention des difficultés des entreprises ? Sa pratique parquetière des tribunaux de commerce et sa connaissance encyclopédique du droit des entreprises en difficulté fondent sa forte légitimité pour aborder ce sujet éminemment complexe. Il montre que si les prérogatives du ministère public ont été considérablement accrues dans le domaine des procédures collectives, elles restent très limitées dans le cadre de la prévention-détection et de la prévention-traitement, sans doute afin de ne pas mettre à mal, à tort ou à raison, l'attractivité de ces procédures. Mais une fois la procédure collective ouverte, les prérogatives du ministère public sont nettement renforcées de manière générale bien sûr, mais aussi tout particulièrement lorsque la procédure collective fait suite à une mesure préventive.

Particulièrement précis et documenté, comprenant de très nombreuses références jurisprudentielles tant de la Cour de cassation que des juridictions du fond, l'ouvrage de Christophe Delattre contient aussi de nombreuses propositions de modifications notamment législatives, de nature à renforcer l'action et l'efficacité du ministère public devant les tribunaux de commerce.

Il montre enfin le changement profond entrainé par la décision rendue le 7 décembre 2012 par le Conseil constitutionnel lorsqu'il a estimé que la saisine d'office du tribunal de commerce aux fins d'ouverture d'une procédure de redressement judiciaire ou de liquidation judiciaire était inconstitutionnelle. Le législateur a alors choisi de transférer le principe de la saisine de la juridiction au ministère public quand aucun créancier n'assigne ou que le dirigeant ne déclare pas la cessation des paiements.

Les parquets ont su faire face à cette nouvelle mission qui a encore renforcé leur rôle devant les juridictions consulaires. Cela m'invite à aborder une situation maintes fois dénoncée. Il ne suffit pas en effet de donner des missions nouvelles aux parquets, ou aux juridictions. Il faut aussi leur donner les moyens de les accomplir avec efficacité et dans des délais raisonnables faute de quoi les textes et les nouvelles compétences peuvent rester lettre morte. Or, la situation de crise que connaît la Justice et qui avait été dénoncée à juste titre et avec force par les jeunes magistrats dans la tribune dite des 3000, conduit de nombreux parquets, faute d'effectifs suffisants, à ne pas être présent aux audiences dans certains tribunaux de commerce. Les moyens des parquets français sont insuffisants pour leur permettre de remplir correctement cette mission.

Je forme donc le vœu que les nouveaux moyens humains promis, en magistrats, greffiers et juristes assistants permettent aux magistrats du ministère public de notre pays d'assurer totalement et systématiquement leur mission devant les tribunaux de commerce de notre pays.

24 octobre 2024

François Molins, Procureur général honoraire près la Cour de cassation.

PRINCIPALES ABREVIATIONS

Act. proc. coll.	*Actualité des procédures collectives*
Al.	Alinéa
art.	Article
BJE	*Bulletin Joly des entreprises en difficulté*
BJS	*Bulletin Joly des sociétés*
Bull. civ.	*Bulletin des arrêts des chambres civiles de la Cour de cassation*
Bull. act. greffiers	*Bulletin d'actualité des greffiers*
C. com.	Code de commerce
CA	Cour d'appel
Cass. civ.	Arrêt de la chambre civile de la Cour de cassation
Cass. com.	Arrêt de la chambre commerciale de la Cour de cassation
Cass. Ass. Plé.	Arrêt de l'assemblée plénière de la Cour de cassation.
Cf.	*Confer* (se référer à)
Coll.	Collection
D.	Recueil Dalloz
D. Actualités	Dalloz Actualités
DP diff. entr	Dictionnaire permanent difficulté des entreprises
Dr. Sociétés	*Revue Droit des sociétés*
éd.	Édition
fasc.	Fascicule
Gaz. Pal.	Gazette du Palais
ibid.	ibidem (au même endroit)
in	Dans (référence d'un article au sein d'un ouvrage collectif)
infra	ci-dessous
JCP E	Juris-Classeur Périodique (Semaine juridique) éd. Entreprise
J.-CI. *proc. coll.*	Juris-Classeur Procédures collectives
L.	loi
LPA	Les petites affiches
Leden	L'essentiel, Droit des entreprises en difficulté
LGDJ	Librairie générale de droit et de jurisprudence
n°	numéro
not.	notamment
obs.	observations
p.	page
PUF	Presses universitaires de France
Rev. sociétés	*Revue des sociétés*
RJDA	*Revue de jurisprudence de droit des affaires*
RJ com	Revue jurisprudence commerciale

Rev. proc. coll.	*Revue des procédures collectives*
RTD com.	*Revue trimestrielle de droit commercial*
S.	suivants
spéc.	spécialement
supra	ci-dessus
T. com.	Tribunal de commerce
V.	voir
v°	verbo (mot)

Sommaire

Introduction

1. Du droit des faillites au droit des entreprises en difficulté. L'évolution du droit des faillites devenu droit des entreprises en difficulté est bien connue[1]. D'un droit essentiellement sanctionnateur visant à punir le failli qui avait trompé la confiance de ses partenaires et n'avait pas payé ses créanciers, nous sommes passés à un droit de la défaillance économique. Les objectifs aujourd'hui du droit des entreprises en difficulté sont tout à la fois de sauvegarder une entreprise, une activité, des emplois, mais aussi de mettre fin à une activité non viable en payant les créanciers et en permettant au débiteur de « rebondir », tout en conservant la volonté de moraliser le monde des affaires. Cette évolution s'est traduite à la fois par une multiplication des instruments juridiques mis à disposition de l'entreprise, on parle souvent de « boîte à outils » d'une part, et d'autre part par une évolution du rôle des acteurs et en particulier de celui du ministère public.

2. La « boite à outils ». Les instruments mis à disposition du dirigeant qui connaît des difficultés se sont diversifiés et sophistiqués au fil des réformes à tel point qu'un auteur a pu parler de « haute couture »[2]. Il suffit pour s'en convaincre d'en faire une liste, mandat *ad hoc*, conciliation, sauvegarde et sauvegarde accélérée, redressement judiciaire, liquidation judiciaire, rétablissement professionnel, sans compter les variantes, avec ou sans constitution de parties affectées pour la sauvegarde ou le redressement judiciaire, ou encore plan de cession ou réalisation des actifs en liquidation judiciaire et enfin procédure de traitement de sortie de crise. Au fil des réformes, la boîte à outils a ainsi été complétée de nouveaux instruments de traitement des difficultés, de plus en plus sophistiqués, afin de tenter de répondre à toutes les situations.

3. La recherche de la sauvegarde de l'entreprise. Ce mouvement s'est accompagné, au moins depuis 1985, par la volonté de sauver les entreprises, autant que possible. Le droit des entreprises en difficulté est ainsi devenu un droit économique, et le sauvetage, une volonté constante des législateurs, aujourd'hui encouragée au niveau de l'Union européenne[3]. Cette évolution de

---

[1] V. par exemple, C. Saint-Alary-Houin, M.-H. Monsèrié-Bon et C. Houin-Bressand, *Droit des entreprises en difficulté,* LGDJ, 14ème éd., 2024, n° 1 et s.

[2] L.C. Henry, in table ronde, *La valeur des classes : critères de constitution (nature, garantie, mérite, motivation...),* Rev. proc. coll. 2023/1, dossier n°2, sp. n° 18.

[3] Directive (UE) 2019/1023 du Parlement Européen et du Conseil, 20 juin 2019, relative aux cadres de restructuration préventive, à la remise de dettes et aux déchéances, et aux mesures à prendre pour augmenter l'efficacité des procédures en matière de restructuration, d'insolvabilité et de remise de dettes, et modifiant la directive (UE) 2017/1132 (directive sur la restructuration et l'insolvabilité) : V. N. Picod, *Procédures d'insolvabilité. Directive (UE) 2019/1023 du Parlement européen*

la philosophie du droit des entreprises en difficulté s'est traduite par le déplacement du centre de gravité de la matière, qui a vu se développer une approche de plus en plus préventive.

4. **La prévention.** La volonté de sauvegarder l'entreprise s'est notamment traduite par une approche préventive des difficultés, tout à la fois pour les identifier et pour les traiter. Des alertes, sortes de clignotants visant à faire prendre conscience au dirigeant de ses difficultés, ont été instituées et est ainsi apparue une prévention-détection. Parallèlement, une médecine préventive a été mise en place, encore que sur ce point, la notion de prévention a elle aussi évolué. Jusqu'à la loi de 2005, les traitements préventifs, à savoir le règlement amiable et le mandat *ad hoc*, étaient caractérisés par le fait qu'ils ne pouvaient être utilisés qu'avant cessation des paiements. La loi de sauvegarde des entreprises du 26 juillet 2005 va bouleverser cette distinction. Depuis lors, la conciliation, qui s'est substituée au règlement amiable, peut être ouverte après cessation des paiements[4] tandis que la procédure de sauvegarde ne peut être ouverte qu'avant cessation des paiements[5]. Si cette dernière est, sous cet angle, une procédure préventive, elle est d'abord une procédure collective publique, lourde, très judiciaire, beaucoup plus proche des procédures collectives classiques et en particulier du redressement judiciaire, que d'une procédure préventive tel qu'on l'entendait jusqu'alors. Aussi, évoquer aujourd'hui la prévention-traitement, c'est d'abord parler du mandat *ad hoc* et de la conciliation, même si cette dernière peut être ouverte après cessation des paiements et non de la sauvegarde qui, si elle est une procédure préventive, présente des caractéristiques sensiblement différentes.

5. **L'importance du nombre de procédures préventives.** La prévention et en particulier le recours au mandat *ad hoc* et la conciliation se sont considérablement développés au cours des dernières années, comme le démontrent les chiffres ci-dessous. On relèvera en particulier que, le nombre de mandats *ad hoc*[6] et de conciliations[7] augmente depuis plusieurs années et que le nombre de mandat ad hoc est plus élevé que celui de la conciliation.

---

et du Conseil du 20 juin 2019 relative au cadre de restructuration préventive, à la remise de dette et aux déchéances, et aux mesures à prendre pour augmenter l'efficacité des procédures en matière de restructuration, d'insolvabilité et de remise de dettes, J.-Cl. Procédures collectives, Fasc. 3128, avril 2022.

[4] C. com. art. L. 611-4. Le texte permet l'ouverture d'une procédure de conciliation, notamment si l'entreprise ne se trouve pas en cessation des paiements depuis plus de 45 jours.

[5] C. com. art. L. 620-1.

[6] C. com. L. 611-3.

[7] C. com. L. 611-4.

Procédures préventives[8]	2022	2023	2024	Evolution 2024/2023
Conciliations	2393	3347	3629	8,4%
Mandats ad hoc[9]	4892	4827	5144	6,6%
Total	7285	8174	8773	7,3%

Procédures préventives	2022	2023	2024	Evolution 2024/2023
Conciliations	32,8%	40,9%	41,4%	1,0%
Mandats ad hoc	67,2%	59,1%	58,6%	-0,7%

6. **Mandat *ad hoc*, conciliation ou procédure collective ?** Les traitements préventifs ont fait incontestablement leurs preuves. Néanmoins, le mandat *ad hoc* et la conciliation ne sont pas toujours adaptés pour traiter toutes les difficultés que rencontre une entreprise. Le choix de la « bonne » procédure, c'est-à-dire de la procédure adaptée, est important en ce qu'il permet de traiter correctement les difficultés. S'orienter vers une procédure préventive inadaptée aux difficultés rencontrées ne fait que retarder le traitement de la situation par une autre procédure et ponctionne inutilement la trésorerie au regard des honoraires parfois très importants de certains acteurs. Au surplus, cela hypothèque les chances de sauvetage car plus l'on tarde à bien traiter les difficultés, plus le passif est important et plus la capacité financière risque d'être insuffisante.

---

[8] Chiffres obtenus auprès du Conseil National des Administrateurs Judicaires et des Mandataires Judiciaires - CNAJMJ connus au 31/12/2024. Nous remercions son président Maître François Desprat et monsieur Adrien Marquié de l'Observatoire des Données Economiques pour leur aide précieuse, cf. *L'officiel des difficultés des entreprises : 4ème trimestre et bilan 2024.*

[9] Le CNAJMJ précise que les chiffres repris au titre des mandats ad hoc est plus large que les seuls mandats ad hoc relevant de l'article L.611-3 du code de commerce. Ces chiffres englobent également : la représentation en justice, la gestion des conflits internes (désaccord entre associés empêchant le fonctionnement normal de l'entreprise), les situations post-procédures collectives (après la clôture de la procédure, un mandataire ad hoc pourra achever les instances en cours), la reconstitution des capitaux propres et les interventions dans les copropriétés en difficulté.

7. Passé ce constat, Julie Lavoir, administrateur judiciaire, en est arrivée à la conclusion suivante : « *Quand un outil a fait ses preuves depuis près de 40 ans, c'est qu'il est bon. C'est le cas du redressement judiciaire* »[10]. Récemment, cette professionnelle déclarait : « *Il est de bon ton dans notre milieu du restructuring de braquer le projecteur sur les mesures de prévention. Leurs mérites sont indéniables : confidentialité, rapidité d'action (la crise est souvent résolue façon task force en moins de 6 mois), et un taux de succès qui frôle les 70 à 75 % suivant les années. Elles sont réputées moins traumatisantes pour le dirigeant d'entreprise et plus créatives pour les praticiens ; là où le redressement judiciaire peut être vécu comme un carcan, la prévention laisse une large place à la négociation et au sur mesure* ».

8. **L'engouement parfois excessif pour les procédures préventives.** La professionnelle mettait en garde afin que cet engouement pour la prévention n'alimente pas une forme de snobisme ce qui aurait pour conséquence de détourner les praticiens et les entrepreneurs des procédures collectives, jugées moins nobles, mais selon elle, plus efficaces, à tout le moins dans certains cas bien sûr. Tout en admettant que le redressement judiciaire est plus rudimentaire et ne fait pas rêver, elle ajoutait : « *Il faut rappeler que les procédures préventives sont inefficaces, et même dangereuses, quand l'insuffisance de trésorerie est trop marquée et entrave l'activité quotidienne. De la même manière, et contrairement à une idée trop répandue, ces procédures ne gèlent rien par elles-mêmes et ne doivent pas être utilisées pour faire du dilatoire et retarder des paiements en l'absence de stratégie claire* ». Pour en conclure « *Il est donc important de faire aussi la promotion du redressement judiciaire qui n'est pas un échec ou une sous-procédure mais tout simplement une technique différente de résolution des difficultés, comportant de nombreux avantages, au premier rang desquelles sa simplicité d'utilisation et sa robustesse. Ajoutons que dans un contexte d'inflation galopante, la faculté de rembourser son passif en dix ans sans intérêts redevient bien plus attractive qu'en période de taux bas* ». Sans faire ici la promotion du redressement judiciaire, il nous semble important de rappeler que le mandat *ad hoc* et la conciliation ne sont pas adaptés à toutes les situations et qu'il convient de les utiliser à bon escient[11]. En outre, comme cela avait été relevé au lendemain du vote de la loi de sauvegarde du 26 juillet 2005 : « *le recours à la nouvelle procédure de sauvegarde procède d'une dynamique de l'anticipation tandis que le redressement ou pourquoi pas la liquidation judiciaire, doivent eux-aussi, ou du moins devraient peut-être*

---

[10] J. Lavoir, *Prévention ou procédures collectives, savoir choisir sa procédure*, revue Décideurs agence de notation, stratégie, réorganisation et restructuring, 2023, p. 11.
[11] V. sur ce point, H. Bourbouloux, *Eclairage – Les chiffres trompeurs : haltes aux idées reçues ! La boîte à outils du Livre VI est performante*, Gaz. Pal. 1er juill. 2012, n° 4, p. 2016.

également être préparés, anticipés, dans certains cas du moins »[12]. La remarque reste plus que jamais d'actualité. Enfin, il a été relevé que les chiffres sont parfois trompeurs concernant les procédures collectives. En effet, si 95% des procédures collectives sont des liquidations judiciaires, il a été avancé « *que près de 58% de l'emploi [était] maintenu* »[13].

9. Quel choix pour le chef d'entreprise ? Le choix d'une mesure préventive n'est pas une simple formalité car l'ouverture de la conciliation repose notamment sur des critères légaux (cf. infra) et un choix inadapté entre mandat *ad hoc* ou conciliation engendre deux conséquences non négligeables[14] :

-le retard dans le traitement adapté des difficultés de l'entreprise

-la constitution éventuelle d'une faute de gestion qui peut aboutir ou à tout le moins ne permet pas d'éviter une mise en cause de la responsabilité du dirigeant *in fine*. La jurisprudence met parfaitement en exergue ce constat notamment en cas de multiplicité de mesures préventives et la poursuite d'une activité déficitaire[15] (cf. infra).

Ainsi, le recours à un mandat *ad hoc* ou à une conciliation peut avoir des conséquences inattendues pour le dirigeant quand il est poursuivi en phase liquidative pour répondre de ses fautes de gestion alors qu'il pensait être juridiquement protégé par le recours à une mesure préventive ouverte par le président de la juridiction et le suivi d'un professionnel de l'insolvabilité[16].

10. L'essor de la prévention et l'évolution du rôle du juge. L'essor de la prévention- traitement comme de la prévention-détection s'est accompagné d'une évolution du rôle du juge. Ce dernier peut en effet être amené à exercer une magistrature économique, ce qui le conduit parfois à disposer de prérogatives assez originales pour un juge[17]. On citera à titre d'exemple la

---

[12] Ph. Roussel Galle, *Prévention et dynamique de l'anticipation, le mandat* ad hoc *et la conciliation après le décret du 28 décembre 2005,* LPA 12 juill. 2006, n° 138, p. 10, sp. n° 1.

[13] H. Bourbouloux, *art. préc.*

[14] Ch. Delattre, *Prévention ou procédure collective : quel choix pour le chef d'entreprise* ? Rev. proc. coll. 2024/3, focus n° 10, spéc. *Les mesures préventives sont-elles toujours adaptées ?*

[15] CA Versailles, 13ème ch. 13 nov. 2018, RG n° 18/02008 ; RG n° 18/02009 et RG n° 18/2012, JCPE 2019,1162, note Ch. Delattre

[16] Ch. Delattre, Prévention ou procédure collective : quel choix pour le chef d'entreprise ? Rev. proc. coll. 2024/3, focus n° 10, spéc. *Quel rôle pour le président et quel rôle pour le ministère public ?*

[17] V. par exemple, M. Armand-Prevost, *Quel profil pour un juge économique en*

possibilité pour le président du tribunal de convoquer le dirigeant à un entretien, entretien qui n'a aucune dimension juridictionnelle et qui de plus, n'est pas obligatoire pour le dirigeant. On est donc loin des fonctions traditionnelles d'un juge. Il a d'ailleurs été dit : « *un juge qui ne juge pas* »[18].

11. La prévention et l'impartialité. La prévention-détection de par son caractère peu judiciaire même lorsqu'elle émane du président du tribunal, tout comme la prévention-traitement et en particulier le mandat *ad hoc* et la conciliation, procédures souples et confidentielles, constituent un champ dans lequel l'impartialité du juge est parfois soumise à rude épreuve. Même si une partie des procédures collectives relèvent de la compétence du tribunal judiciaire, l'immense majorité sont traitées par le tribunal de commerce, composé de juges consulaires, aussi nous attacherons nous à prendre en compte ce particularisme. Or, il n'est pas contestable que les juges consulaires, par leur compétence et leur approche économique et financière ont des qualités indéniables pour intervenir dans le traitement des entreprises en difficulté et sans doute plus encore dans le domaine de la prévention. Leur approche économique et financière d'un dossier est d'une grande utilité. Cependant, les juges interviennent dans une activité exercée par des acteurs du monde économique aux intérêts divergents avec des enjeux financiers et humains très importants, ce qui peut les conduire, dans certaines situations, à s'éloigner parfois de la règle de droit en privilégiant le pragmatisme économique qui ne peut bien évidemment constituer un fondement juridique[19]. La particularité de certaines situations peut les conduire à prendre une position contraire à l'impartialité qui doit pourtant guider leur activité juridictionnelle. Ainsi, l'exercice de la justice consulaire dans le domaine économique du droit des entreprises en difficulté, n'est pas chose aisée et il est indispensable que les juges soient très prudents dans leur exercice juridictionnel afin que leur comportement et leur attitude ne remettent pas en cause leur impartialité subjective ou objective. En effet, par application de l'article L. 111-6 du code de l'organisation judiciaire, l'impartialité revêt deux dimensions :

France, in Mélanges Pierre Bézard, *Le juge et le droit de l'économie*, LPA, Montchrestien, 2002, p. 33 ; Y. Chaput, *L'office du juge dans le traitement précoce des difficultés*, in *Le nouveau droit des défaillances d'entreprises*, Dalloz Coll. Thèmes et commentaires, dir., M.-A. Frison-Roche, 1995, p. 93.

[18] N. Vignal, *Les pouvoirs du juge résultant de la procédure de prévention des difficultés des entreprises régie par le code de commerce*, in, *La prévention des difficultés des entreprises*, dir. G. Blanc, PU Aix-Marseille, 2004, p. 105, sp. p. 113.

[19] Ch. Delattre, *Le pragmatisme économique est-il un nouveau fondement juridique ?* Rev. proc. coll. 2012/1, focus 1.

-une dimension subjective selon laquelle, le juge ne peut fonder sa décision sur des considérations qui ne procéderaient pas du seul examen de la procédure ainsi que de la règle de droit. Le juge doit donc s'abstenir, en conscience, de tout parti pris et de toute opinion préconçue sur l'affaire soumise à son analyse. Il s'interdit tout préjugé et ne peut avoir de liens privilégiés avec l'une des parties au procès ou tout comportement inapproprié,

-une dimension objective ou apparente, laquelle s'applique au premier chef à l'exercice des fonctions juridictionnelles et vise le comportement du juge. Il faut éviter que puisse naître dans l'esprit du justiciable un soupçon raisonnable de partialité ou de préjugement.

Ces règles d'appliquent bien évidemment à tout juge, professionnel ou consulaire, mais le domaine du droit des entreprises en difficulté est particulièrement propice aux risques de non-respect de l'impartialité. Et sans doute, est-ce plus le cas encore, dans le cadre du mandat *ad hoc* et de la conciliation, ces procédures étant peu encadrées juridiquement.

12. Règles de déontologie. Comme tout juge, et dès lors qu'ils relèvent de l'ordre judiciaire, les juges consulaires doivent respecter des règles déontologiques dans le contentieux des procédures préventives et collectives du livre VI du code de commerce. La déontologie des juges consulaires est reprise à l'article L. 722-18 du code de commerce : « *Les juges des tribunaux de commerce exercent leurs fonctions en toute indépendance, dignité, impartialité, intégrité et probité et se comportent de façon à prévenir tout doute légitime à cet égard* ». Ils disposent de plusieurs outils pour les guider afin d'exercer dans les meilleures conditions leur office de juge.

Comme tout magistrat, ils peuvent tout d'abord se fonder sur le recueil des obligations déontologiques des magistrats[20] qui traite des notions d'indépendance, d'impartialité, d'intégrité, de l'égalité, de l'attention à autrui ainsi que de la discrétion et de la réserve[21].

Les juges consulaires bénéficient en outre d'un recueil des obligations déontologiques des juges du tribunal de commerce[22] qui traite à la fois des

---

[20] En application de l'article 20 de la loi organique n° 94-100 du 5 février 1994 sur le Conseil supérieur de la magistrature modifié par la loi n° 2007-287 du 5 mars 2007.

[21] Conseil supérieur de la magistrature, Dalloz 2010, rapport d'activité 2022, cf service d'aide et de veille déontologique, p. 41 et s.

[22] Le décret n° 2016-514 du 26 avril 2016 a inséré dans le code de commerce un article R. 721-11-1 qui a confié au Conseil National des Tribunaux de Commerce (C.N.T.C.) la mission d'élaborer un recueil des obligations déontologiques des juges des tribunaux de commerce. Ce recueil a été présenté le 19 mars 2018 par Nicole Belloubet, garde des sceaux, ministre de la justice.

valeurs fondamentales consacrées par la loi et des obligations déontologiques. Enfin tout comme il existe un collège de déontologie des magistrats de l'ordre judiciaire[23] qui peut être saisi par tout magistrat qui souhaite disposer d'un avis écrit et documenté sur une question déontologique qui le concerne personnellement et tout chef de cour ou de juridiction à propos d'une situation visant l'un des magistrats placés sous son autorité confrontée à une question d'ordre déontologique, il existe également un collège de déontologie placé auprès du Conseil National des tribunaux de Commerce (C.N.T.C.). Il intervient lors de situations concernant des juges consulaires. A ce titre, il émet des recommandations en application des dispositions de l'article R. 721-20 du code de commerce. On ajoutera que de par leurs fonctions juridictionnelles, les juges consulaires relèvent des mêmes valeurs déontologiques que celles des magistrats comme l'a confirmé le Conseil Constitutionnel qui a considéré que les articles L. 722-6 à L. 722-16 et L. 724-1 à L. 724-6 du code de commerce, respectivement relatifs au mandat et la discipline des juges des tribunaux de commerce étaient conformes à la constitution[24] suite à une décision de renvoi d'une question prioritaire de constitutionnalité de la cour de cassation[25].

13. Présomption d'impartialité et suspicion légitime. Comme tout juge, le juge consulaire doit garantir la présomption d'impartialité en application des dispositions de l'article L. 111-6 du code de l'organisation judiciaire. En cas de suspicion légitime, la récusation d'un juge peut être sollicitée dans diverses limitativement énumérées. Enfin, en cas de difficulté, le juge, au visa de l'article L. 111-7 du code de l'organisation judiciaire, peut sur son initiative demander à se faire remplacer dans une affaire qui le placerait en difficulté.

---

[23] Le collège de déontologie des magistrats de l'ordre judiciaire a été mis en place par la loi organique n° 2016-1090 du 8 août 2016 ainsi que son décret d'application n° 2017-898 du 9 mai 2017. Il est régi par les dispositions de l'ordonnance n° 58-1270 du 22 décembre 1958 modifiée, portant loi organique relative au statut de la magistrature (art. 7-2 et 10-2) et celles du décret d'application n° 93-21 du 7 janvier 1993 modifié (art. 11-21 à 11-28).

[24] Cons. const. 4 mai 2012, n° 2012-241 QPC, JCP G, 21 mai 2012, n° 20-21, p. 986, C. Bléry, L. Raschel ; D. 2012, n° 22, p. 1413, note J.-L. Vallens ; *ibid*, p. 1626, note N. Fricero ; Gaz. Pal., 7-8 sept. 2012, n° 252, p. 34, S. Amrani-Mekki ; LPA, 1er oct. 2012, n° 196, p. 13, J. Bourdoiseau ; BJE, sept./oct. 2012, n° 5, p. 293, C. Saint-Alary-Houin et du même auteur, *Le pouvoir, mythes et réalité*, PU Toulouse 1 Capitole, 2014, p. 1101 ; D., 2014, p. 95, C. Boillot ; JCP E, 2012, 1365, J. Vallansan ; BJE sept./oct. 2012, n° 150, I. Rohart-Messager ; Ch. Delattre, *Impartialité et justice consulaire*, mélanges en l'honneur de J.-L. Vallens, Joly éd., oct. 2017, p. 5.

[25] Cass. com., 6 mars 2012, n° 11-40.102, QPC ; D. 2012. 745.

14. Récusation. Les motifs de récusation d'un juge consulaire sont divers. Après avoir rappelé au visa de l'article 6.1 de la Convention européenne de sauvegarde des droits de l'homme et des libertés fondamentales que toute personne a droit à ce que sa cause soit entendue par un tribunal impartial, la cour de cassation a jugé que l'exigence d'impartialité s'appréciait de façon objective. Ainsi, la cassation a été prononcée à l'encontre de l'arrêt lequel « *pour écarter la demande de récusation présentée sur le fondement de ce texte, retient que le droit français assure le respect de l'impartialité des juridictions alors que l'article 341 du nouveau Code de procédure civile qui ne prévoit que huit cas limitatifs de récusation, n'épuise pas nécessairement l'exigence d'impartialité requise de toute juridiction* »[26]. Le professeur Natalie Fricero voit dans la notion de récusation, une défense contre le soupçon avéré de partialité et dans la notion d'abstention une garantie déontologique de l'impartialité[27] mais aussi l'existence d'incompatibilités accrues avec une discipline renforcée en cas de dysfonctionnement[28].

15. La délocalisation pour cause d'impartialité applicable aux procédures préventives. Le principe de délocalisation est également transposable dans les procédures préventives et il est d'autant plus important que si une procédure collective fait suite à une mesure préventive, la compétence initialement retenue est rarement remise en cause. A titre d'exemple, on peut évoquer une situation mise à jour suite à la présence du parquet rendue obligatoire lors du jugement d'ouverture d'une procédure collective lorsque le débiteur a bénéficié d'un mandat *ad hoc* ou d'une conciliation dans les dix-huit mois qui précédent[29]. A l'audience, il apparaissait que l'entreprise était dirigée par le frère d'un juge consulaire en fonction dans la juridiction concernée. Aucune demande de délocalisation de la procédure préventive n'ayant été engagée par le président du tribunal de commerce, le parquet lui demandait d'engager cette procédure de délocalisation de la procédure, devenue collective, postérieurement. A défaut, il l'engagerait lui-même. Sur saisine du président, le premier président de la Cour d'appel y fit droit[30]. Il ne fait aucun doute que l'article L. 662-2 du code de commerce qui organise la délocalisation vise également les

---

[26] Cass. 1ère civ. 28 avr. 1998, n° 96-11.637, D. 1998. IR 131 ; Gaz. Pal. 1998. 2. somm. 586 ; JCP 1999. II. 10102, note J. Pralus-Dupuy.

[27] N. Fricero, *Récusation et abstention des juges : analyse comparative de l'exigence d'impartialité*, Nouveaux cahiers du Conseil Constitutionnel, n° 40 (dossier : le Conseil Constitutionnel : trois ans de QPC), juin 2013.

[28] N. Fricero, *Être juge au tribunal de commerce au XXIème siècle : nouvelle déontologie, nouvelle discipline*, mélanges en l'honneur de Jean-Luc Vallens, Joly éditions, oct. 2017, p. 57 et s.

[29] C. com. art. L.621-1, al.4, L.631-7, L.641-1 1.

[30] CA Douai, ord. 1er prés. 14 nov. 2017, RG n° 17/06358, Rev. proc. coll. 2018/6, n° 179, obs. Ch. Delattre.

procédures préventives[31]. Le principe de confidentialité ne saurait favoriser une situation contraire à l'impartialité encore plus en mandat *ad hoc* qui n'est soumis à aucun contrôle du ministère public qui ignore tout de la mise en œuvre de cette procédure. On citera également deux autres espèces dans lesquelles la première présidente d'une cour d'appel avait ordonné la délocalisation de deux procédures préventives, saisie en ce sens par le président de la juridiction consulaire, au motif que l'un des juges consulaires de sa juridiction intervenait dans ces deux mandats via son cabinet de conseil[32].

16. Rôle du premier président qui délocalise une procédure préventive. Une demande de délocalisation ne vise que le changement de juridiction ; il ne peut être demandé notamment, au premier président de la Cour d'appel de désigner le professionnel qui suivra la procédure. A titre d'exemple, on citera une procédure dans laquelle, le premier président a indiqué, conformément aux réquisitions du ministère public de cour d'appel, que lors d'une demande de délocalisation d'une procédure préventive, il ne devait préciser que le nom de la juridiction de renvoi sans stipuler le nom du mandataire *ad hoc* ou du conciliateur hors de sa saisine[33].

17. Code de procédure civile et exercice juridictionnel. L'activité juridictionnelle du juge consulaire repose également sur des dispositions du code de procédure civile. Un principe doit être respecté et se fonde sur l'article 16 du même code qui permet de veiller à respecter le principe du contradictoire[34] et l'article 455 du même code qui impose la nécessité de motiver toute décision[35]. Sur le premier texte, on citera à titre d'exemple un arrêt d'une cour d'appel[36] qui a infirmé un jugement de plan de cession notamment parce que le tribunal avait statué sur la base d'un document transmis non contradictoirement en cours de délibéré et repris dans le jugement.

---

[31] Les exemples de délocalisation précédemment développés ont été réalisés sur le fondement des articles L. 662-2 et R. 662-7 du code de commerce comme l'a préconisé le collège de déontologie des juges consulaires dans sa recommandation n° 4/2023 précitée.

[32] CA Lyon, ord. 1er Prés. 7 avr. 2023, RG n° 2023/WCA-13 et n° 2023/WCA-14.

[33] CA Douai, ord. 1er Prés. 27 sept. 2022, n° 22/04509, Rev. proc. coll. 2022/6, n° 92, obs. Ch. Delattre.

[34] « *Le juge doit, en toutes circonstances, faire observer et observer lui-même le principe de la contradiction* ».

[35] « *Le jugement doit exposer succinctement les prétentions respectives des parties et leurs moyens. Cet exposé peut revêtir la forme d'un visa des conclusions des parties avec l'indication de leur date. Le jugement doit être motivé. Il énonce la décision sous forme de dispositif* ».

[36] CA Douai, ch. 2, sect. 2, 2 juill. 2015, RG n° 15/02762, BJE nov./déc. 2015, n° 112u3, obs. Ch. Delattre.

18. Exemples de pratiques contraires à l'impartialité ayant nécessité l'intervention du ministère public. Plusieurs cours d'appel ont été saisies de situations contraires au respect de l'impartialité. Dans une première espèce[37], plusieurs actionnaires d'une entreprise en redressement judiciaire étaient juges consulaires au tribunal saisi de cette affaire. L'un des actionnaires avait indiqué au dirigeant qu'il souhaitait formuler une proposition de rachat du fonds de commerce tout en demandant de ne pas soutenir sa demande de plan par apurement du passif. Face au refus du dirigeant, l'actionnaire le menaçait par courrier électronique de sanctions commerciales. Le conseil du dirigeant informait le président du tribunal de commerce de cette situation avec copie au ministère public. Face à l'absence de réponse du président, le parquet engageait une demande de délocalisation de la procédure aux visas cumulés des articles L. 662-2 et R. 622-7 du code de commerce, acceptée par le premier président sur la base de l'exigence d'impartialité objective. Dans cette procédure, en l'absence de réaction du président de la juridiction consulaire, c'est le ministère public qui a formulé la demande de délocalisation Une seconde procédure, la présidente d'une juridiction consulaire avait participé à des jugements désignant un commissaire-priseur qui n'était autre que son époux. Là encore, c'est le ministère public qui avait sollicité et obtenu la délocalisation de cette procédure en raison du conflit d'intérêt[38]. En outre, de façon générale, toute activité irrégulière d'un juge professionnel ou consulaire peut justifier des poursuites pénales du chef de prise illégale d'intérêt[39]. On perçoit bien au travers de ces exemples concrets que le domaine de la défaillance économique est une zone à haut risque tant des intérêts divergents peuvent se confronter et s'opposer. Une grande rigueur s'impose dans le traitement de ces difficultés. Le rôle du ministère public garant de l'ordre public y est donc primordial.

19. Le statut du magistrat du ministère public. Comme le précise François Molins, ancien procureur général près la Cour de cassation, les magistrats du parquet sont placés sous la direction et le contrôle de leurs chefs hiérarchiques ainsi que sous l'autorité du Garde des sceaux en application de l'article 5 de l'ordonnance n° 58-1270 du 22 décembre 1958, portant loi organique relative au statut de la magistrature[40]. Le magistrat du parquet

---

[37] CA Rennes, ord. 1er prés., 19 mars 2019, RG n° 2019/00545/A515, JCP E, 2019, 1192, note Ch. Delattre.

[38] Cass. com., Ord. 1er prés. 25 juill. 2019, n° 40776, JCP E, 2019, 1519, note Ch. Delattre.

[39] L'activité irrégulière des fonctions de juge consulaire peut amener l'intéressé devant le tribunal correctionnel pour prise illégale d'intérêt, cf. T. corr. Tarbes, 3 mars 2015, RG n° 348/2015, Rev. proc. coll. 2016/5, étude 19, par Ch. Delattre.

[40] F. Molins, *Ministère public, Répertoire de droit pénal et de procédure pénale*, Dalloz 2020, n° 7.

exerce ses fonctions dans le respect des principes d'indivisibilité[41], d'impartialité[42] et d'indépendance[43] à l'égard des juridictions et des justiciables. Dans le cadre de son activité juridictionnelle, son intervention peut tomber sous le coup d'incompatibilités fonctionnelles, ou de conflit familial[44]. En principe, les magistrats du ministère public ne peuvent être récusés en application de l'article 669 du code de procédure pénale[45]. Toutefois, il existe une exception lorsque le ministère public intervient en qualité de partie jointe en matière civile pour les mêmes motifs que les magistrats du siège en application de l'article 341 du code de procédure civile[46], ce qui est le cas quand il intervient dans le contentieux des procédures collectives. Enfin, dans l'hypothèse d'une action intentée à tort par le ministère public, ce dernier ne peut pas être condamné aux dépens ni à des dommages et intérêts. Le principe de l'irresponsabilité s'applique. Cependant, ce principe n'est pas absolu en ce que le magistrat du ministère public peut, en cas de faute personnelle lourde, ou en cas de déni de justice, voir la responsabilité de l'Etat engagée en application de l'article L. 141-1 du code de l'organisation judiciaire[47].

20. Evolution constante de l'intervention du ministère public dans le domaine de la conciliation et des procédures collectives. Depuis près de cinquante ans, le rôle du ministère public s'est considérablement accru dans le domaine de la défaillance économique des entreprises[48]. Il intervient à tous les stades de la procédure collective mais aussi dans le domaine de la prévention à tout le moins dans la conciliation puisqu'à ce jour, l'intervention et le contrôle de la légalité dans le mandat *ad hoc* lui sont refusés par le législateur. Dans la conciliation, Anne Chevalier et Laurence Caroline Henry considèrent qu'il est un acteur essentiel[49]. Dans les procédures collectives, son intervention quasi omniprésente et évolutive[50] de garant de l'ordre public,

---

[41] F. Molins, cf. nbp 29, spéc. n°22 et 23 ; CA Douai, ord. réf. 1er prés. 11 fév. 2019, RG n° 19/00004, JCP E, 2019.1147, note Ch. Delattre.
[42] F. Molins, cf. nbp 29, spéc. n° 24.
[43] F. Molins, cf. nbp 29, spéc. n° 25 et 29.
[44] F. Molins, cf. nbp 29, spéc. n° 30, 31, 32 et 33.
[45] F. Molins, cf. nbp 29, spéc. n° 34.
[46] CA Douai, ch. 1, sec. 2, 24 oct. 2007, RG n° 07/03780, Rev. proc. coll. 2008/2, étude 16, com. B. Soinne ; Ch. Delattre, *La récusation du ministère public dans la loi de sauvegarde*, Rev. proc. coll. 2017/1, étude 3.
[47] F. Molins, cf. nbp 29, spéc. n° 36.
[48] E. Houlette, *Le rôle du ministère public dans la loi de sauvegarde*, 2005, 151 ; Ch. Delattre, *L'intervention du ministère public dans les procédures d'insolvabilité,* Rev. proc. coll. 2020/4, fiche pratique n° 3.
[49] Anne Chevalier et L.C. Henry, L'attractivité et l'influence du droit français des entreprises en difficulté, Gaz. Pal, HS n°2, 28 juin 2022, n° GPL436v4.
[50] Ch. Delattre, et Stéphanie Paguenaud, *Le nouveau rôle du parquet en matière*

s'explique par la nécessité de contrôler l'ensemble de ces procédures dans lesquelles se jouent des enjeux considérables en terme économique, sociaux et humains. Anne Chevalier et Laurence Caroline Henry précisent que : « *le ministère public veille à une bonne administration de la justice ainsi qu'au respect du droit tout en réduisant le risque, inhérent à une juridiction composée de professionnels, d'une application erronée de la loi et des phénomènes de corruption et des intérêts particuliers* ». Et les intéressées de préciser que : « *la multitude des cas qui visent le ministère public s'explique par son rôle central, incontournable et son pouvoir d'intervention très important en qualité de garant de l'ordre public économique mais également par le fait qu'il est le seul magistrat professionnel devant les 134 tribunaux de commerce* »[51]. En réalité, le magistrat du parquet doit être considéré comme un « *démineur procédural* »[52] selon nous, et « *un nettoyeur éthique* »[53], pour reprendre une expression du Haut conseiller Jocelyne Vallansan. Les professeurs Corinne Saint-Alary-Houin, Marie-Hélene Monsèrié-Bon et Caroline Houin-Bressand relèvent son importance accrue conséquence d'une judiciarisation des procédures collectives dès lors qu'elles sont organisées sous le contrôle des autorités judiciaires[54]. Une évolution importante est constatée dans son intervention en matière civile[55]. Le professeur François-Xavier Lucas relève que le parquet est une partie à la procédure dès lors que les procédures collectives « *intéressent au premier chef l'ordre public*

---

commerciale « avec l'ordonnance de mars 2014, le parquet est quasiment omniprésent dans les procédures collectives », site Ministère de la Justice, D.A.C.S. 23 sept. 2014 ; B. Gambier, Ch. Delattre et P. Canet, dir. M. Menjucq, *Les nouveaux pouvoirs et les nouvelles missions des membres des juridictions après l'ordonnance du 12 mars 2014*, Rev. proc. coll. 2014/5, table ronde 3 ; Ch. Delattre, *Les procédures collectives : dix ans après – Rôle du ministère public : le rôle croissant du ministère public,* Cah. dr. entr. 2016/4, étude n° 32 ; *Le ministère public : un acteur incontournable dans le cadre du traitement des entreprises en difficulté,* BJE nov./déc. 2016, n°113y7 ; *Le parquet, garant de l'ordre public économique, acteur des enjeux des procédures collectives,* ENM, Justice actualités, n° 19 – juin 2018.

[51] Anne Chevalier et L.C. Henry, *L'attractivité et l'influence du droit français des entreprises en difficulté,* Gaz. Pal, HS n°2, 28 juin 2022, n° GPL436v4.

[52] Colloque université de Caen, le 9 juin 2017 sur le thème « *Le droit des entreprises en difficulté : le renouvellement des enjeux,* Ch. Delattre, *Le renouveau du ministère public,* Rev. proc. coll. 2017/4, dossier 3, 1., p. 31.

[53] Colloque université de Caen, le 9 juin 2017 sur le thème « *Le droit des entreprises en difficulté : le renouvellement des enjeux,* J. Vallansan, *Quelques réflexions conclusives,* Rev. proc. coll. 2017/4, dossier 12, sp. 19, p. 69.

[54] C. Saint-Alary-Houin, M.-H. Monsèrié-Bon et C. Houin-Bressand, *Droit des entreprises en difficulté,* LGDJ, 14e éd., 2024, n° 23 ; R. Badinter, *Le procureur et le consul,* RJ Com. 1981, p. 245 ; B. Soinne, *L'intervention du ministère public dans les procédures collectives de redressement et de liquidation,* RJ Com, 1979, p. 1 et s.

[55] C. Saint-Alary-Houin, M.-H. Monsèrié-Bon et C. Houin-Bressand, *Droit des entreprises en difficulté, op. cit.,* n° 60 et 93.

économique et pas seulement les intérêts privés du débiteur et de ses créanciers ». Partant de là, il s'est vu reconnaître une qualité à agir[56].

21. Le rôle traditionnellement répressif du ministère public. Jusqu'à la loi n° 67-563 du 13 juillet 1967 sur le règlement judiciaire, la liquidation des biens, la faillite personnelle et les banqueroutes, le ministère public n'était informé que des procédures dont le chiffre d'affaires était supérieur à la somme de 300 000 francs (45 734,71 euros)[57]. Son rôle restait essentiellement répressif, à l'image d'ailleurs de la philosophie ancienne du droit des faillites. Ce rôle qu'il assure aujourd'hui encore, ne doit pas être minimisé, bien au contraire. Notre droit des entreprises en difficulté étant tourné vers le sauvetage de l'activité et le rebond du débiteur, il convient impérativement de sanctionner le débiteur malhonnête. Et il ne fait aucun doute que le Ministère public a un rôle essentiel en ce domaine, en lien avec les organes de la procédure, mais ce n'est pas son seul rôle, loin s'en faut.

22. De la défense de la société au contrôle de l'ordre public économique. Dès 1970[58], le législateur prévoit l'intervention du ministère public devant toutes les juridictions du premier degré établies dans son ressort et rend sa présence obligatoire devant les tribunaux de commerce[59]. A compter de 1981[60], il n'est plus cantonné à la défense de la société dans un cadre répressif mais voit sa mission évoluer vers le contrôle de l'ordre public économique[61]. C'est particulièrement le cas, concernant les voies de recours qui lui sont ouvertes. Il peut ainsi assurer le respect de la loi dans un domaine où les voies de recours sont traditionnellement réduites mais également influencer l'orientation procédurale prise[62]. Mais surtout, il peut désormais saisir le tribunal pour provoquer l'ouverture de la procédure, ce qui marque la volonté des pouvoirs publics d'être très présents dans les procédures judiciaires concernant les entreprises en difficulté[63].

---

[56] F.-X. Lucas, *Manuel de droit de la faillite*, PUF, 5e éd., 2024, n° 166.

[57] P.-M. Le Corre, *Droit et pratique des procédures collectives*, *Dalloz action* 2023/2024, n° 340-111.

[58] Loi n° 70- 613 du 10 juillet 1970, modifiant et complétant l'ordonnance n° 58-1273 du 22 décembre 1958, relative à l'organisation judiciaire.

[59] S. Almaseanu, *Comment peut-on anticiper l'évolution des différents rôles des intervenants dans les procédures collectives : le point de vue du ministère public*, Gaz. Pal. 26 juin 2022, n° GPL436n0, HS, p.42 et s.

[60] Loi n° 81-927 du 15 octobre 1981, relative au droit d'action du ministère public dans les procédures collectives d'apurement du passif des entreprises.

[61] P.-M. Le Corre, *Droit et pratique des procédures collectives*, *op. cit.*, n° 340-111.

[62] Sur la notion d'ordre procédural interne, V. rapport annuel de la Cour de cassation 2013, livre 3 : étude – l'ordre public, Partie 2 : notion d'ordre public, Titre 1 : ordre public procédural, chapitre 1 : ordre public procédural interne.

[63] P. Bézard, *Le nouveau visage du juge économique et financier*, in *Droit et vie des*

23. Le ministère public, organe de contrôle de la procédure collective. Avec la loi n° 85-98 du 25 janvier 1985, relative au redressement et à la liquidation judiciaire des entreprises, le ministère public apparaît comme un véritable organe de contrôle de la procédure collective. L'accroissement de son rôle s'explique par la judiciarisation croissante des procédures collectives ainsi que la prise en compte des intérêts publics qui deviennent un enjeu important qui n'a cessé de croître depuis. En 1994[64], son appel devient suspensif ce qui facilite ses interventions, voire dans certains cas lui permet de suspendre la mise en œuvre d'une décision qui serait sans doute difficile à remettre en cause lorsque la cour d'appel aura statué. La loi n° 2005-845 du 26 juillet 2005, relative à la sauvegarde des entreprises, va notamment préciser que l'appel du ministère public reste suspensif sauf celui relatif aux décisions statuant sur l'ouverture de la procédure de sauvegarde ou de redressement judiciaire[65]. Cette innovation permet au ministère public de faire appel de l'ouverture de ces procédures sans craindre de retarder la mise en œuvre de traitements qui sont souvent urgents si l'on veut avoir une chance de sauver l'entreprise. Le ministère public voit en outre ses pouvoirs accrus en qualité de partie principale et de partie jointe. Comme cela avait été relevé, l'accroissement de son rôle « *se justifie par le rôle de gardien de l'ordre public économique et social du ministère public en matière de procédures collectives* »[66]. Et depuis la loi précitée du 26 juillet 2005, il n'est pas une réforme dans laquelle les prérogatives du ministère public n'aient pas été renforcées.

24. Le cadre d'intervention du ministère public. L'intervention du ministère public dans les procédures collectives est prévue par le livre VI du code de commerce mais également par le code de procédure civile qui prévoit une dualité d'intervention du magistrat du parquet, d'une part, en qualité de partie principale et, d'autre part, en qualité de partie jointe en application des articles 421 et suivants du code de procédure civile[67]. Il défend l'intérêt général,

---

affaires, Etudes à la mémoire d'Alain Sayag, Litec Creda, 1997, p. 147, sp. p. 152.

[64] Loi n° 94-475 du 10 juin 1994, relative à la prévention et au traitement des difficultés des entreprises.

[65] A moins que cet appel soit limité à la nomination de l'administrateur, du mandataire judiciaire ou des experts, C. com. art. L.661-6, VI.

[66] O. Staes, *Aspects procéduraux de la réforme des difficultés des entreprises*, Dr. et patrimoine, n° 146, mars 2006, p. 60. Cet auteur d'ajouter que « *L'accroissement de l'intervention du ministère public se manifeste aussi par le remplacement des termes « procureur de la République » par ceux de « ministère public » dans certaines dispositions, ouvrant ainsi le droit d'agir au procureur général* ».

[67] Ch. Delattre, *Le cadre d'intervention du ministère public en droit des entreprises en difficulté,* Pratique des affaires, Joly éditions, 2018, p. 29 et s. ; Ch. Delattre, *Le ministère public dans les procédures d'insolvabilité confronté au code de procédure civile*, Mélanges N. Fricero, *Procédures civile sans frontières,* LGDJ 2024 ; P. Flores, *Répertoire de procédure civile*, Dalloz 2014, ch. 2, Les fonctions judiciaires

l'ordre public, procédural, économique et social[68]. Comme le rappelle le professeur Natalie Fricero « *Afin que le ministère public puisse assurer efficacement la défense de l'intérêt général dans les procès civils, le Code de procédure civile a organisé plusieurs modalités d'action adaptées en distinguant les rôles de partie principale et de partie jointe* »[69]. Les interventions du ministère public s'inscrivent dans le respect des principes directeurs du procès que sont notamment l'égalité des armes, le respect du principe du contradictoire, la loyauté des débats. Ainsi, son rôle n'est plus limité au seul volet répressif[70] et il ne doit plus être perçu comme un intervenant dont l'action se limite à relever les infractions dans le seul but d'engager ensuite des sanctions civiles (patrimoniales ou non patrimoniales) et pénales.

25. Des prérogatives constamment renforcées au fil des réformes du droit des procédures collectives. On ne compte plus les avis, souvent obligatoires, qu'il doit rendre, mais également les recours qu'il peut exercer et les initiatives qui lui sont ouvertes et dont il a parfois le monopole. Une circulaire du 18 avril 2006 relative à l'action du ministère public dans les procédures du livre VI du Code de commerce en conséquence de la loi de sauvegarde des entreprises[71], liste dans ses annexes les prérogatives du ministère public, liste impressionnante, ce d'autant qu'il faut la compléter suite aux nombreuses réformes intervenues depuis[72].

(communication des affaires, les cas d'intervention - partie principale et partie jointe).

[68] N. Fricero, *Le rôle du ministère public en matière économique et financière*, Cah. Dr. entr. n° 5, sept. 2015, dossier 23 ; R. Salomon et spécialement, *Le ministère public, partie principale et partie jointe,* dossier n° 37 et L. Le Mesle, *Quelques éléments d'actualité à propos de l'avis du ministère public en matière de procédure collective*, dossier n° 38 ; Dossier *Les procédures collectives : dix ans après – Rôle du ministère public : le rôle croissant du ministère public, in* Cah. dr. entr. 2016/4, étude n° 32, Ch. Delattre.

[69] N. Fricero, *Le ministère public, partie principale et partie jointe*, Cah. dr. entr. n° 5, sept. 2015, dossier n° 37.

[70] Le professeur Pierre-Michel Le Corre relève également une régression du volet répressif de son action alors que ses pouvoirs n'ont cessé d'augmenter, P.-M. Le Corre, *Droit et pratique des procédures collectives*, *op. cit.*, n° 340.111. Selon le professeur Jocelyne Vallansan, dès lors *« qu'il n'est plus cantonné à la défense de la société dans un cadre répressif, il devient ainsi un corps de contrôle de l'ordre public économique »,* J. Vallansan avec la collaboration de L. Fin-Langer, *Guide des procédures collectives,* LexisNexis, 2022/2023, fiche 10, n° 215.

[71] Circulaire CIV/08/06 de la Direction des Affaires civiles et du Sceau du 18 avril 2006 relative à l'action du ministère public dans la procédure du livre VI.

[72] Pour une mise à jour de cette circulaire jusqu'au décret du 30 juin 2014 : O. Staes, *Sauvegarde, redressement et liquidation judiciaires. Organes. Ministère public,* J.-Cl. Proc. coll., Fasc. 2215, annexes et Ch. Delattre, *L'intervention du ministère public dans la loi de Sauvegarde,* Rev. proc. coll. 2014, fiche pratique 2.

26. La multiplicité des interventions du ministère public. De façon générale, la jurisprudence, principalement celle de la chambre commerciale de la cour de cassation, a affiné au fur et à mesure de ses décisions le cadre d'intervention du ministère public à divers stades de la procédure collective notamment ceux :

- de son action et de son intervention qui sont autonomes[73] notamment en cas d'atteinte à l'ordre public[74],

- du défaut d'ambiguïté quant à son intervention[75],

- des avis rendus, aussi bien, sur la forme que sur le fond[76], sur les conséquences de l'absence d'avis obligatoire[77] et la nécessité de réitérer l'avis en cas de report de l'affaire sous peine d'être frappé d'obsolescence[78],

- de la communication des avis[79],

---

[73] CA Douai, ch. 2, sect. 2, 16 janv. 2020, RG n° 18/05837 et CA Douai, ch. 2, sect. 2, 27 janv. 2020, RG n° 19/04185, JCP E, 2020,1192, note Ch. Delattre.

[74] Cass. com. 11 oct. 2011, n° 10-21.373 : *« dès lors que la procédure en comblement de l'insuffisance d'actif ouvrant une procédure de recouvrement et de répartition des liquidités est paralysée par l'expiration de la mission du commissaire à l'exécution du plan, ce qui laisse la procédure sans organe pour la poursuivre, ce fait porte manifestement atteinte à l'ordre public, dont le ministère public est chargé du respect, et justifie le dépôt par ce dernier d'une requête destinée à demander la désignation d'un mandataire ad hoc* », Leden, déc. 2011, n° 178, obs. Ch. Delattre ; D. 2012, p. 700, n° 1, obs. J.-P. Rémery.

[75] CA Versailles, 13ème ch., 29 sept. 2020, RG n° 20/01566, JCP E, 2021, 1266, note Ch. Delattre.

[76] CA Rennes, 3ème ch. com. 21 fév. 2017, RG n° 15/06491, 15/7242 et 15/7310, JCP E, 2017,1215, note Ch. Delattre ; Cass. com. 28 juin 2017, n° 16-11.691, Rev. proc. coll. 2018/1, p. 10, obs. J. Vallansan et V. Leloup-Thomas ; JCP E, 2017,1517, note Ch. Delattre ; RJDA 2017, n° 742 ; Cass. com. 27 sept. 2017, n° 16-19.549 et n° 16-16.955, Rev proc. coll. 2018/1, p. 10, obs. J. Vallansan ; Procédures, 1/12/2017, n° 12, obs. B. Rolland ; JCP E, 2018,1047, note Ch. Delattre ; Cass. com. 17 oct. 2018, n° 17-20.509 ; Cass. com. 5 déc. 2018, n° 17-13.009 ; Cass. com. 5 déc. 2018, n° 17-25.818, JCP E, 2019,1033, note Ch. Delattre ; Dr. Rural, 1/4/2019, n° 472, obs. C. Lebel.

[77] Cass. com. 3 mai 2011, n° 10-14.558, Leden, juin 2011, n° 090, obs. Ch. Delattre ; BJE nov. 2011, n° 4, obs. C. De Lajarte Moukoko ; RJ com, oct. 2011, n° 5, note J.-P. Sortais ; Gaz. Pal., juill. 2011, n° 189-190, obs. N. Fricero ; Rev. proc. coll. 2011/6, n° 183, obs. J.-J. Fraimout.

[78] CA Caen, 2ème civ. et com., 26 nov. 2015, RG n° 15/00977, JCP E, 2016, 1001, note Ch. Delattre ; T. com. Lille métropole, 22 juin 2018, RG n°2018010036 et T. com. Valenciennes, 2 juill. 2018, RG n° 2017004875, JCP E, 2018, 1511, note Ch. Delattre.

[79] Ch. Delattre, *Les avis du ministère public*, Rev. proc. coll. 2014/5, étude 22 ; Cass.

- de la communication de pièces issues d'une procédure pénale au visa de l'article 11 du code de procédure pénale afin de constituer une aide à la prise de décision[80],

- de son obligation de respecter le principe du contradictoire[81] et de veiller au respect de ce principe par les parties y compris les juges du siège[82],

- de la possibilité pour le ministère public de cour d'appel d'avoir un avis différent que celui du parquet de première instance (principe de l'estoppel) dans l'intérêt de la loi[83],

- de l'application du principe d'indivisibilité des magistrats[84],

- de l'influence qu'il peut avoir sur l'évolution d'une procédure pour obtenir l'arrêt d'exécution provisoire d'une décision irrégulière et notamment l'hypothèse où le tribunal, sans aucun chiffre et hors la présence du dirigeant, prononce une liquidation judiciaire *ab initio*[85],

---

com. 24 janv. 2018, n° 16-19.306 et Cass. com. 24 janv. 2018, n° 15-26.810 et 16-17.803, JCP E, 2018,1277, note Ch. Delattre.

[80] TGI Lille, 1ère ch. civ., 3 mars 2017, RG n°17/0007 et 17/01488, JCP, E 2017,1244, note Ch. Delattre ; Cass. com. 14 janv. 2014, n° 12-26.433, JCP E, 2014, 1376, note Ch. Delattre ; Cass. com. 1er juill. 2020, n° 19-12.050, BJE sept./oct.2020, n°118c4, note Ch. Delattre ; T. com. Toulouse, 17 juill. 2023, RG n° 2023F01667-2319800017/1.

[81] Ch. Delattre, *Le ministère public et le contradictoire dans la loi de sauvegarde*, Rev. proc. coll. 2011/5.

[82] CA Douai, ord. réf. 1er prés., 29 juin 2023, RG 23/00064, Act. proc. coll. 2023/14, n° 175, note B. Ghandour (hypothèse dans laquelle un débiteur est placé en redressement judiciaire alors qu'il n'a demandé que le bénéfice du surendettement et que cela n'a pas été débattu contradictoirement. Devant le premier président, le ministère public de la cour d'appel communiquait la note d'audience de première instance démontrant que le tribunal n'avait pas évoqué la possibilité d'un redressement judicaire mais l'avait imposé sans respecter le principe du contradictoire. L'arrêt de l'exécution provisoire était ordonné).

[83] CA Aix en Provence, 8ème ch., sect. A, 6 mars 2014, RG n°10/12732, 13/4416 et 13/22188, BJE juill./août 2014, n° 118j8, note Ch. Delattre ; CA Nîmes, 2ème ch. com. sect. B, 8 mars 2012, RG n°11/03150, BJE mai/juin 2021, n° 200b4, note Ch. Delattre ; CA Douai, ord. 1er prés. 6 mai 2024, n°24/00033, Rev. proc. coll. 2024/6, n° 12, note Ch. Delattre.

[84] CA Douai, Ord. réf. 1er président, 11 fév. 2019, RG n°19/00004, JCP E, 2019, 1147, note Ch. Delattre (application de l'article 39 du code de procédure pénale, *Le procureur de la République représente en personne ou par ses substituts le ministère public près le tribunal judiciaire)*.

[85] CA Douai, ord. réf. 1er prés. 30 août 2022, RG n° 22/00088, JCP E, 2022,1304, note Ch. Delattre. Cass. com. 27 sept. 2017, n° 16-19.549 et n° 16-16.955, JCP E,

- de sa présence obligatoire à l'audience en sa qualité de partie principale[86],

- de sa prise de parole à l'audience lorsqu'il intervient en qualité de partie principale[87] et de partie jointe[88],

- de l'application du règlement européen d'insolvabilité[89].

La jurisprudence sur le cadre d'intervention du ministère public a vocation notamment à s'appliquer lorsqu'il intervient en procédure préventive.

27. Une nouvelle perception du rôle du ministère public. À l'occasion d'un colloque le 13 septembre 2005, Pascal Clément, garde des Sceaux, ministre de la Justice, tenait un discours rassurant selon lequel « il fait bon entreprendre en France »[90]. Selon lui, l'évolution législative[91] a pour objectif de rassurer le chef d'entreprise qui doit être protégé face à un droit qui était devenu obsolète et destructeur. Cette évolution avait également pour objectif de donner une nouvelle approche de cette matière au ministère public. Le garde des Sceaux précisait : *« J'insisterai auprès des procureurs généraux afin qu'elle soit conçue comme la défense de l'intérêt général dans les procédures commerciales et non comme un instrument destiné essentiellement à la recherche d'infractions pénales. La perception qu'ont les chefs d'entreprise du parquet dans cette matière se traduit beaucoup trop par la crainte et la méfiance. Ici encore ; il convient de redonner confiance* ». Ainsi, le parquet ne

---

2018,1047, note Ch. Delattre ; Cass. com. 17 oct. 2018, n° 17-20.509 ; Cass. com. 5 déc. 20118, n° 17-13.009 ; Cass. com. 5 déc. 2018, n° 17-25.818, JCP E, 2019, 1033, note Ch. Delattre ; CA Caen, 2ème ch. civ. et com. 26 nov. 2015, RG n° 15/00977, JCP E, 2016, 1001, note Ch. Delattre.

[86] Cass. com. 13 sept. 2016, n° 14-10.927, JCP E, 2016,1536, note Ch. Delattre ; Dr. Sociétés, janv. 2017, n° 1, obs. J.-P. Legros ; Cass. com. 16 juin 2021, n° 20-14.771, JCP E, 2021,1357 note Ch. Delattre ; Cass. com. 12 janv. 2022, n° 19-25.230, Dr. sociétés 2022, nº 97, note J.-P. Legros ; Rev. proc. coll. 2022, nº 116, obs. A. Martin-Serf ; JCP E, 2022,1155, note Ch. Delattre.

[87] T. com. Lille métropole, 19 sept. 2017, RG n° 2027011038 et CA Rennes, 3ème ch. com., 21 fév. 2017, JCP E, 2017, 1644, note Ch. Delattre.

[88] Cass. com. 29 sept. 2021, n° 19-25.112, BJE 11-12/2021. 20, note C. Mascala ; BJS 12/2021. 41, note Th. Favario ; APC 2021, nº 265, obs. A. Cerf-Hollender ; Gaz. Pal. 14 déc. 2021, p. 72, obs. G. Grundeler ; Dr. sociétés 2022, nº 8, note J.-P. Legros ; RPC 2022, nº 48, obs. A. Martin-Serf ; JCP E, 2021, 1485, note Ch. Delattre, *ibid*, 2022, 1010, n° 19, obs. A. Therani ; Cass. com. 22 janv. 2020, n°18-11.394, JCP E, 2020,1407, note Ch. Delattre.

[89] CA Douai, ch. 2, sect. 1, 14 mai 2020, RG n° 19/05734, BJE juill. août/2020, n°117y4, note L.-C. Henry.

[90] Gaz. Pal. 2005, n° 261 à 263, p. 21.

[91] Loi n°85-98 du 25 janv. 1985 relative au redressement et à la liquidation judiciaire des entreprises.

doit plus faire peur et il doit être perçu, dans les domaines où il est présent, comme le défenseur de celui qui est en situation de faiblesse et de l'intérêt général.

28. Le ministère, un acteur autonome. Dans le cadre d'une procédure collective, le ministère public, partie principale et partie jointe, peut verser aux débats les pièces qu'il estime utiles à la manifestation de la vérité et la solution du litige. Ce principe s'applique également en appel pour le ministère public de cour d'appel qui verse des pièces complémentaires. Cette communication doit cependant s'effectuer dans le cadre du respect du principe du contradictoire[92].

29. Le ministère public, un acteur humain. Les magistrats du ministère public n'hésitent pas à s'impliquer dans la mise en place d'une structure psychologique comme APESA devant les tribunaux[93]. Pour le professeur Natalie Fricero : « *Le rapport de l'IHEJ*[94] *a mis en évidence le fait que l'office du juge ne se limite pas à la jurisdictio, mais qu'il couvre également un office tutélaire consistant à protéger les personnes fragilisées qui ne résolvent pas par elles-mêmes leurs différends, qui ne bénéficient pas du soutien naturel des leurs ou d'une protection sociale efficace et acceptée. Sur un plan général, plusieurs obligations déontologiques des juges des tribunaux de commerce comme des magistrats ont trait à l'attention à autrui et imposent le respect de la dignité du justiciable, l'écoute de l'autre. Le signalement que le juge peut effectuer lorsqu'il constate une souffrance aiguë chez l'entrepreneur est la traduction de cette obligation déontologique* »[95]. La conseillère Jocelyne Vallansan indique dans son ouvrage[96] : « *Le traitement médical et psychique du chef d'entreprise n'a rien à faire dans un ouvrage juridique. Toutefois, la situation mentale des chefs d'entreprise est telle qu'elle a fait réagir certains greffiers des tribunaux de commerce. C'est donc dans un cadre paraprocédural qu'est mis en place à l'initiative de quelques greffiers un dispositif APESA* ». Selon elle, « *ce dispositif a semblé trouver sa place dans un guide des procédures collectives* ». Les plus hauts magistrats de France ont également pris position sur cet aspect. Ainsi, lors de la rentrée solennelle de la cour de cassation le 10 janvier 2020, Chantal Arens, première présidente indiquait « *Malgré la place toute*

---

[92] CA Douai, ch. 2. Sect. 2, 16 janv. 2020, RG n° 18/05837 et CA Douai, ch. 2, sect. 2, 27 févr. 2020, RG n° 19/04195, JCP E, 2020.1192, note Ch. Delattre.

[93] Rapport Cour des comptes, S2024-099, *La détection et le traitement des difficultés des TPE et PME*, exercices 2018-2023, p.48.

[94] Institut des Hautes Etudes sur la Justice, *La prudence et l'autorité, l'office du juge au XXIe siècle*, mai 2013, Garapon, Bernabe et Perdriolle.

[95] C.C.I. Paris, sept. 2021, *APESA et les enjeux de la justice actuelle.*

[96] J. Vallansan avec la collaboration de Laurence Fin-Langer, *Guide des procédures collectives*, *op. cit.*, fiche 21, n° 484, chapitre V « *La situation psychique du chef d'entreprise* » p. 177.

particulière qui est la sienne, ou précisément en raison de sa place au sommet de la pyramide judiciaire, (elle) n'est ni indifférente, ni éloignée de ce besoin de lien social et d'espace de dialogue » et François Molins, procureur général, formait, quant à lui, le vœu « *que le ministère public réponde aux exigences de qualité, de rapidité, de simplicité, d'indépendance, de courage et d'humanité* »[97]. Ainsi, selon nous, les magistrats du parquet prennent toute leur place dans ce processus de soutien aux chefs d'entreprise en souffrance psychologique[98]. Le traitement des difficultés des entreprises ne doit pas occulter l'aspect humain. Cela constitue une évolution inattendue du rôle et de la position du ministère public[99]. Pourtant, lien social et humanité ne sont pas étrangers à l'action du magistrat du parquet lequel a toute sa place dans le processus de soutien du chef d'entreprise en difficulté. Le rebond du débiteur est une notion qui est prise en considération[100].

30. Le rôle majeur du ministère public dans les procédures collectives. En sa qualité de garant de l'ordre public économique, le ministère public doit veiller, de façon générale, au respect du cadre légal ainsi que des intérêts en présence au regard des enjeux, des abus parfois constatés et de la nécessaire

---

[97] Journal spécial des sociétés, 15 janv. 2020, n° 4.

[98] M. Binnié, *La souffrance de l'entrepreneur : comprendre pour agir et prévenir le suicide,* Journ. sp. Sociétés, sept. oct. 2018, n° 61 *; La justice n'est plus désormais le lieu du non-lieu de l'être,* BJE mai/juin 2018, n° 115v7, p. 176 *; La justice thérapeutique : une nouvelle démarche dans la pratique judiciaire,* Horizon pluriel janv. 2016, n° 30, p. 11 *; La souffrance morale des entrepreneurs,* table ronde, B. Baujet, M. Binnié, A. Diesbecq, J.-P. Douillart, N. Fricero, Ph. Roussel Galle, Cah. dr. entr., 2016, entretien 2 ; C. Magras Vergez, *Constance des stigmates de la faillite : de l'antiquité à nos jours,* Thèse, LGDJ, coll. Droit des entreprises en difficulté, 2019 ; Ch. Delattre, interview de V. Desforges (Miss Konfidentielle) 27 avr. 2020 ; *La psychologie des dirigeants lors des situations de crise, enjeux, constats, bonnes pratiques,* recommandations de l'ARE (Association pour le Retournement des Entreprises) déc. 2022 ; Ch. Delattre, *La souffrance du chef d'entreprise face à la défaillance de son entreprise*, BJE juill./août 2015, éditorial et du même auteur, *Les magistrats et les acteurs de l'insolvabilité agissent pour venir en aide au chef d'entreprise en souffrance psychologique*, Rev. proc. coll. 2020/2, étude 9 ; *Le soutien psychologique du chef d'entreprise en difficulté*, Rev. proc. coll. 2020/5, Table ronde n° 3 avec M. Binnié, P. Doublet, C. Basse, Ch. Delattre, dir. M.Menjucq.

[99] Ch. Delattre, interview in le secteur du retournement, 19 oct. 2022, n°17 ; N. de Gernay en collaboration avec M. Houssin, *Redresser votre entreprise en 100 questions*, L'Harmattan, 2022, p. 291 et s.

[100] S. Toubal, *Le rebond du débiteur (contribution à l'étude du droit de la défaillance économique),* thèse, 15 déc. 2022, Faculté de droit de Lille, publiée oct. 2023 chez l'Harmattan.

moralisation du contentieux de l'insolvabilité[101]. Le ministère public doit pouvoir protéger les entrepreneurs tout en veillant au respect des multiples intérêts en présence dans le respect de la loi. Pour cela, il est nécessaire d'avoir un parquet fort, investi qui occupe le terrain. Etant le seul magistrat professionnel devant les juridictions consulaires (hors juridictions échevinées), le ministère public doit être considéré comme un « *démineur* » procédural[102] voir un « *nettoyeur éthique* » comme le relève la conseillère Jocelyne Vallansan pour qui « *Depuis les années 2005, il est partout, il contrôle tout, il a des avis sur tout. Lui-même se définit comme, le démineur procédural... le nettoyeur éthique ?* »[103].

31. Le ministère public, un acteur en devenir dans les procédures préventives. « *Au fil des réformes, le législateur a étendu son domaine d'intervention, y compris en matière de prévention* »[104]. C'est avec la loi de 2005 précitée que le ministère public fait son apparition dans les procédures de traitement préventif, et en particulier concernant la conciliation, dont l'ouverture est portée à sa connaissance. Toujours dans ce domaine, le législateur lui confie un pouvoir de contrôle en lui permettant notamment d'intervenir pour donner son avis en cas d'homologation de l'accord de conciliation. Il a cependant été relevé la difficulté dans la mise en œuvre de son intervention faute notamment d'avoir tous les éléments pour mener à bien sa mission caractérisant un véritable leurre[105]. A cela, il faut notamment ajouter plus récemment, l'avis qu'il doit donner sur les conditions de rémunération du conciliateur ou encore le droit de faire appel de l'ouverture de cette procédure. Comme le rappelle fort justement Stéphane Almaseanu[106], si la prévention est la partie la plus moderne et la plus efficace des procédures collectives, il faut veiller à ce qu'« *elle soit appliquée avec équilibre, sans rupture de concurrence ou instauration pour reprendre le titre d'un texte célèbre du doyen Ripert, d'un « droit de ne*

---

[101] J.-M. Beney, E. Derlon, *La place du ministère public au sein des procédures collectives*, in L'effervescence du droit des affaires au XXIème siècle, Mélanges en l'honneur du Professeur A. Martin-Serf, Larcier, 2022, p. 295.
[102] Ch. Delattre, *Le renouveau du drôle du ministère public,* Rev. proc. coll. 2017/4, n° 3, spéc. n°3 et s..
[103] J. Vallansan, *Le droit des entreprises en difficulté : le renouvellement des enjeux*, spécialement *Quelques réflexions conclusives,* Rev. proc. coll. 2017/4, n° 12, spéc. n° 19.
[104] J.-M. Beney et E. Derlon, *art. préc.*, sp. p. 296.
[105] Ch. Delattre, *L'action du ministère public en conciliation : un simple leurre* ?, Rev. proc. coll. 2016/1, dossier 4.
[106] S. Almaseanu, *Comment peut-on anticiper l'évolution des différents rôles des intervenants dans les procédures collectives ? : le point de vue du ministère public*, Gaz. pal. 28 juin 2022, HS, n° GPL436n0, p. 42 et s.

pas payer ses dettes »[107] *en appliquant des mesures préventives à des entreprises qui seraient en réalité économiquement condamnées ».* L'auteur de considérer que *« c'est la raison pour laquelle le ministère public doit également être présent, informé et écouté dans ce cadre, ce qui est d'ailleurs le cas depuis l'introduction des premières procédures préventives qu'il s'agisse de la procédure de suspension provisoire des poursuites introduite par l'ordonnance n°67-820 du 23 septembre 1967 ou du règlement amiable (qui deviendra la conciliation) par la loi n°84-148 du 1er mars 1984 ».* Et de citer Robert Badinter dans son article *« le procureur et le consul »* qui pouvait légitimement affirmer, dès 1980 : *« Dans le cadre des procédures de suspension provisoire des poursuites, le ministère public, lorsqu'il intervient, comme la loi le lui prescrit obligatoirement, va prôner des solutions qui seront le plus souvent dictées par des considérations d'ordre économique ou social, plutôt que juridique et répressif. La sécurité de l'emploi, l'incidence de la décision sur l'économie régionale seront pour lui des motivations essentielles. Par-là, se révèle un nouveau visage du ministère public dans l'ordre commercial, plus volontiers tourné vers la prévention que la répression »*[108].

32. Une explication quant à cette intervention majeure du ministère public : la particularité du système français de la justice consulaire. Lors du 46ème colloque de l'association Droit et commerce des 22-25 mars 2022, Anne Chevalier et Caroline Henry expliquaient : « *Cela fait des années que le législateur élargit le champ d'intervention du ministère public dans le livre VI du code de commerce. La multitude des cas qui visent le ministère public s'explique par son rôle incontournable et son pouvoir d'intervention très important en sa qualité de garant de l'ordre public économique mais également par le fait qu'il est le seul magistrat professionnel devant les 134 tribunaux de commerce. Depuis longtemps, son rôle ne se limite plus à la recherche des fautes de gestion pour en poursuivre les auteurs. Le législateur n'a eu de cesse d'accentuer son intervention. Outre la recherche constante de la meilleure application du dispositif légal en intégrant les contraintes économiques, son action s'inscrit dans une impérieuse nécessité de sécuriser les procédures collectives afin d'éviter des recours inutiles qui ne peuvent qu'être préjudiciables à l'entreprise déjà fragilisée* ».

Et les intervenantes de souligner qu'il est également un acteur essentiel en matière de prévention (conciliation)[109].

---

[107] G. Ripert, *Le droit de ne pas payer ses dettes,* DH 1936, p. 57 et s.

[108] Discours 17 nov. 1980 devant l'association Droit et commerce, R. Badinter, *Le procureur et le consul*, RJ com. 1981, p.245 et s. spéc. p. 251.

[109] A. Chevalier, L. Henry, *L'attractivité et l'influence du droit français des entreprises en difficulté,* Gaz. pal. 28 juin 2022, HS, n° 2, p. 50, GPL 436v4.

33. Des prérogatives de plus en plus importantes mais des moyens limités. Alors que le nombre d'entreprises en difficulté bénéficiant d'une procédure préventive ou collective n'a cessé d'augmenter et que les prérogatives confiées au ministère public, sont de plus en plus importantes, les magistrats du parquet sont en nombre souvent insuffisant[110], et il en est de même pour les greffiers qui les assistent. Si des efforts indéniables ont été faits, cette faiblesse de moyens est regrettable dès lors que cette situation peut conduire à certaines dérives[111] et les laisser perdurer faute pour le parquet de pouvoir assurer pleinement les missions qui lui sont confiées. La Cour de cassation casse encore des arrêts de cour d'appel, faute pour le ministère public, partie principale, d'être présent à l'audience par manque de parquetiers[112]. D'ailleurs, le rapport sur le rôle de la justice en matière commerciale préconisait dans sa proposition n° 22 de garantir la présence du ministère public au niveau des audiences ainsi que des procédures devant les juridictions commerciales[113].

34. Pour se convaincre de l'insuffisance des moyens humains, on peut citer les chiffres de la Commission européenne pour l'efficacité de la justice (C.E.P.E.J.) laquelle étudie et compare les systèmes judiciaires nationaux au sein du Conseil de l'Europe. Le dernier rapport de cette commission publié en 2024 (sur la base des chiffres de l'année 2022) qui porte sur les systèmes judiciaires de 44 pays démontre que la situation du parquet Français est pour le moins très préoccupante[114]. Avant d'aborder les chiffres, il faut définir préalablement ce que l'on doit entendre par le mot procureur. Selon la définition

---

[110] Cf. lettre du procureur de la République T. Pison, président de la Conférence Nationale des Procureurs de la République du 18 juin 2016 au garde des Sceaux, ministre de la justice J.-J. Urvoas relative à *la charge de travail qui pèse sur les parquets de première instance qui n'a pas connu de décrue malgré les engagements pris. Les dernières lois, circulaires et transparences le confirment* ; F. Perain, procureur de la République Valenciennes, *Il y a une crise du ministère public*, in VA-infos.fr, 6 juill. 2106 ; C. Fleuriot, *Les procureurs français sont parmi les plus chargés d'Europe,* Dalloz actualités, 7 oct. 2016 ; rapport J.-L. Nadal, procureur général honoraire près la cour de cassation, président de la commission de modernisation de l'action publique, de novembre 2013, proposition n° 12 « *Adapter les effectifs des parquets pour tenir compte de l'importance et de la diversité des missions* ».

[111] Conférence Nationale des Procureurs de la République, juin 2017, *Le livre noir du ministère public, propositions pour la justice ; La justice élève sa voix, mais elle peine à se faire entendre dans le tumulte des passions,* Montesquieu, *Les lettres persanes, lettre 84* ; J. B. Jacquin, *Le livre noir des procureurs sur les ratés de la justice,* Le monde 4 juill. 2017.

[112] Cass. com. 13 sept. 2016, n°14-10.927, JCP E, 2016,1536, note Ch. Delattre ; Cass. com. 16 juin 2021, n° 20-14.771, JCP E, 2021,1357, note Ch. Delattre ; Cass. com. 12 janv. 2022, n° 19-25.230, Dr. sociétés 2022, n° 97, note J.-P. Legros ; Rev. proc. coll. 2022, n° 116, obs. A. Martin-Serf ; JCP E, 2022, 1155, obs. Ch. Delattre.

[113] Rapport C. Untermaier et M. Bonnot, AN, 24 avril 2013.

[114] Albanie, Andorre, Arménie, Autriche, Azerbaïdjan, Belgique, Bosnie-

qu'en donne une recommandation[115] du Comité des Ministres du Conseil de l'Europe du rôle du ministère public dans le système de justice pénale, le ministère public est « *l'autorité chargée de veiller, au nom de la société et dans l'intérêt général, à l'application de la loi lorsqu'elle est pénalement sanctionnée, en tenant compte, d'une part, des droits des individus, et, d'autre part, de la nécessaire efficacité du système de justice pénale* ». Si cette recommandation évoque le volet pénal, il ne faut pas occulter le volet civil de son action sur lequel nous reviendrons.

Il ressort de cette étude que le nombre de procureurs dans les pays précités n'est absolument pas identique sur un échantillon de 100.000 habitants où la moyenne est de 12,2. Selon une sélection de quelques pays extraits dans la liste des 44 pays précitée, on notera les chiffres suivants :

Etat	**Pour 100.000 habitants 2022 Nombre de procureurs**	**Variation 2012 – 2022**
Islande	21,9	-12,9 %
Lituanie	21,1	-17,5%
Belgique	7,5	-1,9%
République Tchèque	11,5	-3%
Portugal	14,4	-3,2%
Albanie	7,2	-38,3%
Espagne	5,6	4,9%
France	**3,2**	**9,3%**
Hongrie	19,5	6,8%
Pologne	15,7	-0,4%
Azerbaïdjan	12,2	5,5%
Allemagne	7,7	17%
Italie	3,8	20,4%
Pays-Bas	5,8	22,3%
Roumanie	11,6	-3,2%

Herzégovine, Bulgarie, Croatie, Chypre, République tchèque, Danemark, Estonie, Finlande, **France**, Géorgie, Allemagne, Grèce, Hongrie, Islande, Irlande, Italie, Lettonie, Lituanie, Luxembourg, Malte, République de Moldova, Monaco, Monténégro, Pays- Bas, Macédoine du Nord, Norvège, Pologne, Portugal, Roumanie, Serbie, République slovaque, Slovénie, Espagne, Suède, Suisse, Türkiye, Ukraine et Royaume-Uni (entités de l'Angleterre et Pays de Galles, de l'Irlande du Nord et de l'Ecosse.

[115] Rec (2000) 19.

Ces chiffres se passent de tout commentaire quant à la faiblesse toujours réelle du nombre de procureurs pour 100.000 habitants en France avec 3,2 procureurs pour 100.000 habitants, (la médiane européenne étant de 11,2), ce qui est très largement en deçà de la moyenne fixée à 12,2. L'Etat français continue de figurer parmi les pays, à PIB comparable, qui investissent le moins dans leur justice. Au surplus, le procureur Français a une charge très lourde puisqu'il doit accomplir pas moins de 12 missions différentes et traiter 6,4 affaires pénales de première instance pour 100 habitants alors que la médiane européenne est de 2,3.

35. Sans moyens, l'action du ministère public est compromise. Immanquablement, sans moyens humains et financiers adaptés à la charge de travail induite par le traitement du contentieux des procédures collectives, l'intervention d'ordre public du ministère public est largement compromise voire superficielle. Selon Stephan Almaseanu, « *Comme le soulignait le doyen Houin dans son commentaire du décret n°72-684 du 20 juillet 1972, rien ne sert en effet de donner au parquet un accès total à l'information si les moyens de la traiter ne lui sont pas donnés en même temps* »[116]. Au surplus, cela génère des situations compliquées car il n'est pas rare qu'après une cassation pour défaut de présence obligatoire du parquet, partie principale, on remette le chef d'entreprise dans sa situation antérieure alors que l'entreprise étant judiciairement liquidée, les salariés ont été licenciés et les actifs vendus. Autrement dit, le dirigeant se trouve dans une situation impossible : poursuivre une activité qui n'existe plus, alors qu'il n'y a plus de salariés ni d'actif. Le législateur sollicite constamment le ministère public dans le contentieux de l'insolvabilité sans que les moyens soient en corrélation avec ce que l'on attend de lui ce qui l'amène souvent à devoir faire des choix et délaisser parfois le terrain de l'insolvabilité quand sa présence n'est pas obligatoire ou ne le nécessite pas par une situation particulière comme un risque de conflit social. Ce constat doit toutefois être tempéré pour les années à venir, avec les annonces faites le 27 septembre 2023, par Eric Dupond-Moretti, garde des Sceaux, ministre de la Justice, qui indiquait que le budget de la justice 2024 atteindrait la somme, qu'il qualifiait d'historique, supérieure à 10 milliards d'euros de budget annuel ce qui représente une hausse de 503 millions d'euros

[116] S. Almaseanu, *Comment peut-on anticiper l'évolution des différents rôles des intervenants dans les procédures collectives : le point de vue du ministère public,* Gaz. Pal. 28 juin 2022, HS, p. 42, lequel renvoie au discours de R. Badinter devant l'association droit et commerce le 17 nov. 1980 lors d'un colloque de Deauville les 13 – 14 juin 1981, *Le procureur et le consul,* RJ com. 1981, p. 245 à 252 qui citait le doyen Houin lequel stigmatisait, déjà, des mesures pour le ministère public sans moyen adapté pour leur mise en œuvre.

de crédits supplémentaires entre 2023 et 2024 permettant notamment de renforcer les effectifs[117]. Ces chiffres traduisent une prise de conscience de la situation.

36. Détermination du champ de l'étude : exclusion du règlement agricole amiable. Le ministère public est beaucoup moins présent dans cette procédure. Le législateur a souhaité qu'il soit informé par le greffier de la date d'audience à laquelle sera évoquée une demande de règlement amiable agricole laquelle est examinée en chambre du conseil après avis du ministère public[118]. Toutefois, il n'a pas à donner un avis sur les conditions de rémunération du conciliateur comme c'est le cas dans la procédure de conciliation du Livre VI du code de commerce. Toutefois, l'accord entre le débiteur agriculteur et ses créanciers est porté à sa connaissance ainsi que les décisions arrêtant les rémunérations[119], l'ordonnance d'homologation de l'accord lui est également communiquée. Les ordonnances prises dans ce cadre sont susceptibles d'un recours en rétractation formé en référé par tout intéressé[120]. Ce terme semble englober le ministère public bien que non précisé. Enfin, le texte dispose que les décisions prises par le président sur ces recours sont susceptibles d'un appel dans les dix jours sans pour autant en préciser les bénéficiaires. On peut supposer également que cela concerne le ministère public si ce dernier estime que la loi n'est pas respectée. Ainsi, la présence du ministère public est de moindre importance dans le règlement amiable agricole de sorte que la présente étude ne traitera que des procédures préventives du titre I intitulé « *De la prévention des difficultés des entreprises* » du livre VI du code de commerce intitulé « *Des difficultés des entreprises* ».

37. Sources. On signalera ici une particularité concernant les sources. En effet, sans doute pour partie en raison du fait que les mesures préventives sont couvertes par la confidentialité, les arrêts de la cour de cassation sont en définitive assez rares, sauf pour ce qui concerne le principe de confidentialité qui a fait l'objet de plusieurs contentieux devant la Chambre commerciale et même devant la CEDH. Sous cette réserve, outre les sources traditionnelles, nous avons été amenés à rassembler et analyser de nombreuses décisions des juges du fond, y compris de première instance pour éclairer notre démonstration.

Des dispositifs de détection précoce des difficultés existent mais sont mal ou peu connus par les dirigeants. La Banque de France a mis en place un système d'information à leur attention afin de leur permettre d'être mieux informés[121].

---

117 Ministère de la justice, communiqué de presse du 27 septembre 2023.

118 C. rur., art. R.351-2.

119 C. rur., art. R.351-6-1 et R.351-6-2.

120 C. rur., art. R. 351-7.

121 Site Banque de France : *Mieux connaître les dispositifs existants de détection*

38. La notion de prévention. Il convient de définir le champ de la prévention, tel que nous l'entendons dans nos travaux, ce d'autant qu'avec l'avènement de la procédure de sauvegarde qui ne peut être ouverte qu'avant cessation des paiements et la conciliation qui peut être ouverte après, dans la limite de quarante-cinq jours, ce champ est devenu à la fois plus vaste et plus incertain. Dans une approche classique, traiter du sujet de la prévention des difficultés des entreprises nous conduit à traiter bien sûr de la prévention-détection et nous nous en tiendrons au domaine judiciaire et donc au rôle du président du tribunal, pour rechercher quelle est la place du ministère public dans ce cadre, place qui est très limitée mais qui existe néanmoins plus ou moins directement. Mais la prévention, c'est aussi assurément, les mesures préventives, puisque c'est ainsi qu'elles sont souvent appelées. Il s'agit bien sûr du mandat *ad hoc*, de la conciliation et du règlement amiable agricole, dans lesquelles le ministère public peut être amené à intervenir sur des points précis donc limités. Pour le reste, la sauvegarde est assurément une procédure préventive, mais elle est beaucoup plus proche d'un redressement judiciaire que d'une mesure préventive, ce qui nous conduit à l'écarter du champ de notre étude et ce d'autant qu'elle n'est pas protégée par le principe de confidentialité comme le sont la conciliation et le mandat *ad hoc*.

39. Les procédures ouvertes après une mesure préventive. L'étude du rôle du ministère public dans le domaine de la prévention, ne peut se limiter aux mesures préventives *stricto sensu*. Il nous est en effet apparu indispensable d'étudier les suites de ces mesures préventives lorsqu'une procédure collective est ultérieurement ouverte. D'abord, parce que la prévention-détection peut aboutir à l'ouverture d'une procédure collective à la demande du parquet, tout particulièrement depuis la déclaration d'inconstitutionnalité de la saisine d'office du tribunal. Ensuite, parce que, en cas d'ouverture d'une procédure collective faisant suite à un mandat *ad hoc* ou à une conciliation, le ministère public se voit confier certaines prérogatives. A ce stade, son rôle prend toute son ampleur. En outre, toujours dans l'hypothèse d'une procédure collective faisant suite à une mesure préventive, la confidentialité qui les caractérise peut en définitive s'avérer contreproductive, tandis que certains actes ou pratiques accomplis dans le cadre de la prévention peuvent même conduire dans certaines hypothèses à des sanctions. C'est d'ailleurs souvent à ce stade que l'intervention du ministère public fait apparaître les éventuels dévoiements voire abus de procédures qui ont eu lieu en phase de prévention, mais il est souvent trop tard, la sanction en ce domaine, étant bien peu satisfaisante sur le plan économique, même si elle est réputée jouer un rôle dissuasif.

---

précoce et de soutien aux entreprises en difficulté : La « *boite à outils* » du dirigeant à tous les stades de la vie de l'entreprise.

40. Plan. Les prérogatives du ministère public si elles ont été considérablement accrues dans le domaine des procédures collectives restent très limitées dans le cadre de la prévention-détection et de la prévention-traitement, sans doute afin de ne pas mettre à mal l'attractivité de ces procédures, à tort ou à raison (1ère partie). Mais une fois la procédure collective ouverte, les prérogatives du ministère public sont nettement renforcées de manière générale bien sûr, mais aussi pour ce qui nous intéresse, tout particulièrement lorsque la procédure collective fait suite à une mesure préventive (2ème partie).

Première partie
Les prérogatives limitées du ministère public en matière de prévention

41. La prévention-détection et la prévention-traitement au cœur du droit français des entreprises en difficulté. La prévention, qu'il s'agisse de détecter les entreprises en difficulté ou de les sauvegarder, est depuis des décennies au cœur du modèle français. Elle se traduit d'une part, par la mise en place d'alertes, sortes de clignotants visant en particulier à aider le chef d'entreprise à prendre conscience de ses difficultés. Au fil des réformes, ces alertes se sont diversifiées et améliorées, et cette approche est aujourd'hui reprise par bien d'autres Etats et en particulier au niveau de l'Union Européenne[122]. La CNUDCI encourage également la mise en place de tels mécanismes en particulier dans les micros et petites entreprises[123]. Parmi ces alertes, l'une d'entre elles présente une grande originalité puisqu'elle revêt d'une certaine manière un caractère judiciaire. Cette alerte est en effet à la charge du président du tribunal qui, dans un rôle inhabituel pour un juge, aide le dirigeant à prendre conscience de ses difficultés. De prime abord, le ministère public n'est pas concerné, il n'en est d'ailleurs pas informé et n'a pas lieu de l'être. Toutefois, à l'issue de cette alerte, le président du tribunal peut, dans certaines circonstances, être amené à communiquer au ministère public des informations qui peuvent le conduire à saisir la juridiction compétente en vue de l'ouverture d'un redressement ou d'une liquidation judiciaire. On ne peut que regretter que le législateur n'ait pas jugé opportun de tenir également informé le ministère public en pareille situation.

D'autre part, la politique préventive du législateur français s'est traduite

---

[122] Directive (UE) 2019/1023 du Parlement Européen et du Conseil, 20 juin 2019, relative aux cadres de restructuration préventive, à la remise de dettes et aux déchéances, et aux mesures à prendre pour augmenter l'efficacité des procédures en matière de restructuration, d'insolvabilité et de remise de dettes, et modifiant la directive (UE) 2017/1132 (directive sur la restructuration et l'insolvabilité). Il a d'ailleurs été relevé que la France a « *véritablement été pionnière en matière de détection des difficultés et peut ainsi servir de modèle* », N. Picod, *Procédures d'insolvabilité. Directive (UE) 2019/1023 du Parlement européen et du Conseil du 20 juin 2019 relative au cadre de restructuration préventive, à la remise de dettes et aux déchéances, et aux mesures à prendre pour augmenter l'efficacité des procédures en matière de restructuration, d'insolvabilité et de remise de dettes*, J.-Cl. Procédures collectives, Fasc. 3128, avril 2022, n° 40.

[123] Guide législatif de la CNUDCI sur le droit de l'insolvabilité. Cinquième partie : Guide législatif sur le droit de l'insolvabilité à l'intention des micros et petites entreprises, 2021, Recommandation 373.

depuis près d'une quarantaine d'années, par la mise en place d'instruments permettant de traiter les difficultés avant qu'elles ne soient trop graves, dans un cadre amiable et sécurisé. On songe bien sûr au mandat *ad hoc* et à la conciliation.

42. Le ministère public, gardien de l'ordre économique, y compris en prévention De prime abord, on peut être surpris que le ministère public intervienne dans de tels cadres, mais ce serait oublier que son rôle a considérablement évolué parallèlement à l'évolution du droit des entreprises en difficulté qui, d'un droit sanctionnateur, est devenu un droit du sauvetage de l'activité. Partant, le ministère public s'est vu confier un rôle de gardien de l'ordre économique dans le domaine de la prévention qui se limite toutefois et en l'état à la conciliation.

43. Plan. Pour autant, les prérogatives du ministère public en matière de prévention, si elles restent très limitées dans le cadre de la prévention-détection (Titre 1), tendent peu à peu à se développer dans la prévention-traitement (Titre 2).

Titre Premier

L'absence de prérogatives du ministère public en matière de prévention-détection

44. Importance de la prévention-détection. Le législateur français attache, avec raison, une grande importance à la prévention-détection qui se manifeste par la mise en place d'alertes. On citera la possibilité pour le comité social et économique et pour les associés et actionnaires de déclencher une alerte, mais aussi le commissaire aux comptes sur qui pèse un devoir alerte.

45. Le président du tribunal, acteur essentiel de la prévention-détection. Ces alertes ne présentent aucun caractère judiciaire, ce qui nous conduit à en écarter l'étude pour nous en tenir aux prérogatives accordées au président du tribunal, qui a pu être qualifié à juste titre de « *clé de voûte du traitement amiable* »[124], il y a déjà plus de trente ans. L'affirmation est toujours d'actualité, puisque le président du tribunal peut déclencher une alerte ou enjoindre au dirigeant de déposer ses comptes. Dans ces deux hypothèses, même si le juge intervient, de sa propre initiative, nous sommes encore, comme cela a été relevé, « *dans le domaine du « préjudiciaire » ou du « para-judiciaire »* »[125], ce qui explique sans doute pour partie la situation du ministère public qui n'est pas même informé de ces démarches. Pour autant, il pourrait l'être par la suite ce qui peut même le conduire à provoquer l'ouverture d'un redressement ou d'une liquidation judiciaire, d'où l'importance de cette question. En outre, certaines pratiques ont parfois fait regretter qu'il ne soit pas mis au courant au moins de certaines initiatives qui se déroulent en dehors de ces cadres légaux.

46. Le ministère public, en appui du président du tribunal. A ce stade, même si le ministère public ne dispose pas véritablement de prérogatives particulières, il peut néanmoins, plus ou moins directement, intervenir en appui du président du tribunal en lui communiquant certaines informations, ou encore en le saisissant à certaines fins comme nous aurons l'occasion de le vérifier. En outre, il peut être informé par le président du tribunal de la situation de l'entreprise, ce qui peut donc le conduire à saisir le tribunal aux fins d'ouverture d'un redressement ou d'une liquidation judiciaire.

---

[124] A. Couret, N. Morvilliers, G.-A. de Sentenac, *Le traitement amiable des difficultés des entreprises*, Economica, Droit poche, 1995, sp. p. 43.
[125] J.-P. Sortais, *Entreprises en difficulté. Les mécanismes d'alerte et de conciliation*, LGDJ, Systèmes droit, 2015, note n° 29.

47. **Plan**. L'intervention du président du tribunal dans le cadre de la prévention-détection se traduit tout d'abord par un pouvoir assez original qui lui a été confié par le législateur à savoir, la faculté, lorsqu'il a connaissance de difficultés d'une entreprise, d'en convoquer le dirigeant en vue d'un entretien, afin de l'aider à prendre conscience de ses difficultés (Chapitre 1). Mais le législateur a également confié au seul président du tribunal de commerce une autre prérogative, qu'il peut exercer d'office : enjoindre à l'entreprise qui ne l'a pas fait, de déposer ses comptes, l'objectif clairement affirmé étant de permettre la détection de ses difficultés, le non-dépôt des comptes constituant souvent un indice d'une situation détériorée (Chapitre 2).

Chapitre premier

L'alerte par le président du tribunal

48. La faculté du président du tribunal de convoquer et d'alerter le dirigeant. Le président du tribunal dispose d'importantes prérogatives de nature préventive, dont celles de convoquer et d'alerter le dirigeant[126]. Il est en effet destinataire de nombreuses et importantes informations qui peuvent laisser penser qu'une entreprise connaît des difficultés. Certes, initialement, le tribunal pouvait se saisir d'office en vue de l'ouverture d'une procédure de redressement ou liquidation judiciaires, mais les informations précitées ne suffisent pas toujours à justifier une telle saisine qui n'est de surcroît pas toujours adaptée à la situation de l'entreprise laquelle est souvent tardive. Aussi bien, la saisine d'office du tribunal en vue de l'ouverture d'une procédure collective a été abrogée[127]. Mais, dès 1985, donc bien avant l'abrogation de la saisine d'office, le législateur a souhaité que ces informations puissent être utilisées afin d'assurer une prévention-détection à destination du chef d'entreprise, qui n'a pas toujours conscience de ses difficultés, ou qui les nie tout simplement. En outre, depuis l'abrogation de la saisine d'office, le président du tribunal qui aurait connaissance de l'état de cessation des paiements à l'occasion de cette alerte, ne peut plus saisir le tribunal aux fins d'ouverture d'un redressement ou d'une liquidation judiciaire, mais communiquer les informations pertinentes qu'il a pu recueillir au ministère public. Ainsi, le ministère public, sans être présent à ce stade peut informer le président du tribunal d'éléments inquiétants en sa possession ou être informé par ce dernier.

49. Plan. Il est donc apparu que le président du tribunal était le mieux placé pour intervenir, dans un cadre non judiciaire, exerçant « *une magistrature morale, très éloignée de son rôle traditionnel* »[128]. C'est dans cet esprit que lui a été confiée la faculté de convoquer un dirigeant lorsqu'il a connaissance de difficultés (Section 1). L'originalité du dispositif tient à ce que non seulement le président du tribunal n'est pas tenu d'exercer cette faculté, mais également par le fait que le dirigeant n'est pas tenu de se rendre à cette convocation du juge, et enfin que s'il y répond, l'entretien qui s'ensuit est confidentiel, ne présente pas de caractère judiciaire et n'a pas pour objectif de le juger, ni d'apprécier sa bonne ou mauvaise gestion, mais de lui faire prendre conscience de ses difficultés (Section 2).

---

[126] D. Voinot, *Droit économique des entreprises en difficulté*, LDGJ, 2007, n° 194.
[127] V. infra n° 306 et s.
[128] P. Le Cannu et D. Robine, *Droit des entreprises en difficulté*, Dalloz, 9ème éd., 2022, n° 63.

Section 1. Le champ d'application de l'alerte du président du tribunal

50. L'alerte par la convocation du dirigeant. D'une part, tous les débiteurs pouvant faire l'objet d'un mandat *ad hoc*, d'une conciliation ou d'une procédure collective, peuvent désormais faire l'objet d'une convocation par le président du tribunal (§ 1). D'autre part, le législateur a amélioré l'information du président du tribunal, en particulier lorsque le commissaire aux comptes a lui-même déclenché une alerte, même si le critère de convocation n'a pas varié, à savoir des difficultés de nature à compromettre la continuation de l'exploitation (§ 2).

§ 1. Le champ d'application à raison des entreprises concernées

51. Les textes. En application des dispositions de l'article L. 611-2, I du code de commerce, « *Lorsqu'il résulte de tout acte, document ou procédure qu'une société commerciale, un groupement d'intérêt économique, ou une entreprise individuelle, commerciale ou artisanale connaît des difficultés de nature à compromettre la continuation de l'exploitation, ses dirigeants peuvent être convoqués par le président du tribunal de commerce pour que soient envisagées les mesures propres à envisager* ». Un second texte, l'article L. 611-2-1, du même code, accorde le même pouvoir au président du tribunal judiciaire, pour les entreprises relevant de sa compétence, c'est-à-dire les *« personnes morales de droit privé et (...) personnes physiques exerçant une activité professionnelle agricole ou indépendante, y compris une profession libérale soumise à un statut législatif ou réglementaire ou dont le titre est protégé* », avec quelques spécificités comme nous le verrons.

52. Exclusion des débiteurs relevant des juridictions civiles en 2005. A l'origine, le dispositif était applicable aussi bien devant le tribunal de commerce que devant le tribunal judiciaire, mais il n'avait pas été repris par la loi du 26 juillet 2005 concernant cette dernière juridiction. Sans que l'on sache les raisons de cette différence de traitement, on relèvera toutefois que, selon le service de documentation de la Cour de cassation dont on se souvient qu'il était intervenu au lendemain de la loi du 26 juillet 2005, il semblerait que « *le législateur n'ait pas voulu créer un risque de conflit avec les autorités de tutelles des professionnels libéraux tels que les médecins, les avocats ou les notaires et qu'il ait évité d'organiser un contrôle judiciaire préalable sur le fonctionnement de groupements tels que les associations, syndicats ou partis politiques* »[129]. Si on peut comprendre ces raisons, à tout le moins certaines d'entre

[129] Service de documentation Cour de cassation, Question Réponse n° 7, cité par Ph. Roussel Galle, *Réforme du droit des entreprises en difficulté.* De la théorie à la

elles, il en résultait que toute une catégorie d'acteurs de l'économie se trouvait exclue du dispositif. On songe aux agriculteurs, associations, sociétés civiles immobilières, ou encore aux professionnels libéraux. Or ceux-ci peuvent également rencontrer des difficultés nécessitant un traitement le plus en amont possible entrant dans le cadre d'un traitement préventif, sans compter le fait qu'ils sont souvent peu initiés aux techniques de redressement des entreprises. Si certains d'entre eux, on songe notamment aux associations, peuvent avoir une activité économique importante ou employer un nombre de salariés conséquent, y compris s'ils n'ont pas d'activité économique, d'autres ont des activités plus modestes. Le guide CNUDCI relève d'ailleurs que l'on cite « *souvent, comme cause d'échec des MPE*[130] *– surtout les nouvelles venues – leurs connaissances rudimentaires des principes de la gestion d'entreprise et des transactions financières* »[131]. Il paraissait donc d'autant plus regrettable que ce dispositif ne s'applique pas à ces professionnels.

53. Extension aux débiteurs relevant du tribunal judiciaire en 2014. Il aura fallu attendre l'ordonnance n° 2014-326 du 12 mars 2014, modifiée par l'ordonnance n° 2019-964 du 18 septembre 2019 pour que le nouvel article L. 611-2-1 du code de commerce vienne étendre « *aux personnes morales de droit privé et aux personnes physiques exerçant une activité professionnelle agricole ou indépendante, y compris une profession libérale soumise à un statut législatif ou réglementaire ou dont le titre est protégé* » le droit d'alerte du président du tribunal. Bien évidemment, c'est alors le président du tribunal judiciaire – sous réserve de la compétence du Tribunal des Activités Economiques lorsqu'il est institué dans le ressort - qui exerce les mêmes pouvoirs que ceux conférés jusqu'alors au seul président du tribunal de commerce[132].

54. Pas de convocation des avocats, administrateurs et mandataires judiciaires ou officiers publics ou ministériels. Prenant sans doute en compte les risques « *de conflit avec les autorités de tutelles des professionnels*

---

pratique. Lexisnexis, 2ème éd. 2007, n° 74. Adde, *Prévention des difficultés des entreprises*, par D. Vidal, refonte par C. Vincent, J.-Cl. Procédures collectives, Fasc., n° 2025, n° 112.

130 Micro et petites entreprises.

131 Guide législatif de la CNUDCI sur le droit de l'insolvabilité. Cinquième partie : Guide législatif sur le droit de l'insolvabilité à l'intention des micro- et petites entreprises, 2021, préc. n° 401.

132 Ch. Delattre et E. Etienne-Martin, *Prévention : le mandat* ad hoc *et la conciliation plus efficaces et plus accessibles ?,* Rev. proc. coll. 2014/2, dossier 15 ; J. Vallansan, *Le rôle du juge dans les procédures préventives,* Rev. proc. coll. 2014/1, dossier 2 ; C. Saint-Alary-Houin, *La réforme de la prévention et du traitement amiable des difficultés,* Dr. et patrimoine, juill. 2014, p. 40 ; F. Macorig-Venier, *La réforme de la prévention par l'ordonnance n° 2014-326 du 12 mars 2014*, RTD com. 2014, p. 394 et 855.

libéraux » précités[133], le législateur a prévu que lorsque le débiteur est une personne physique ou morale exerçant la profession d'avocat, d'administrateur judiciaire, de mandataire judiciaire ou s'il s'agit d'un officier public ou ministériel, le président du tribunal judiciaire ne procède alors qu'à « *une information* » à destination de l'ordre professionnel ou de l'autorité compétente dont elle relève concernant « *les difficultés portées à sa connaissance relativement à la situation économique, sociale, financière et patrimoniale du professionnel concerné* ». Le législateur a donc institué un traitement différent pour les professionnels libéraux précités tout en confiant en quelque sorte l'entretien habituellement effectué par le président du tribunal, aux ordres de ces professions, encore que rien ne les contraint à convoquer le professionnel ou à une quelconque action[134]. A cet égard, on retiendra que si les barreaux ont généralement mis en place des dispositifs en vue d'accompagner ces professionnels[135], il n'est pas certain que ce soit le cas pour tous les professionnels concernés.

55. En faveur de l'information du ministère public. Le législateur n'a pas prévu que l'information adressée à l'ordre professionnel ou l'autorité compétente dont relève le professionnel soit portée à la connaissance du ministère public territorialement compétent. Il nous semble qu'une solution pourrait consister à permettre que le ministère public puisse lui aussi être informé puisque cela concerne des acteurs professionnels du droit qui exercent leur mission dans le ressort économique sur lequel il assure une surveillance. Une telle proposition, même si elle ne fera sans doute pas l'unanimité, permettrait à tout le moins de vérifier que les autorités de tutelles mettent en place un dispositif suppléant celui applicable devant le président du tribunal.

56. Application du dispositif à tous les débiteurs relevant du Livre VI du code de commerce. Sous cette réserve, toutes les personnes relevant du Livre VI du Code de commerce peuvent désormais faire l'objet d'une convocation par le président du tribunal, selon le cas pour une « *société commerciale, un groupement d'intérêt économique, ou une entreprise individuelle, commerciale ou artisanale* » par le président du tribunal de commerce et pour

---

[133] Service de documentation Cour de cassation, Question Réponse n° 7, préc.

[134] Pour autant, et au moins pour les professions juridiques, on voit mal l'ordre rester silencieux. Maître Montéran relève ainsi que « *Si l'obligation de l'Ordre n'est que de répondre dans un délai d'un mois, le contenu de la réponse n'est pas fixé mais on ne saurait imaginer que le bâtonnier de l'ordre des avocats puisse indiquer au président du tribunal qu'il s'occupe du dossier sans lui indiquer ce qu'il entend faire. Le bâtonnier n'a donc d'autre choix que de convoquer sans délai le professionnel libéral pour l'informer des craintes légitimes ou supposées que fait naître son activité professionnelle et recueillir ses explications* », Th. Montéran, *L'ordre face à l'avocat en difficulté financière*, Gaz. Pal. 22 nov. 2016, n° 41, p. 18, sp. p. 19.

[135] V. pour le barreau de Paris, Th. Montéran, préc.

les « *personnes morales de droit privé (...) personnes physiques exerçant une activité professionnelle agricole ou indépendante* » par le président du tribunal judiciaire, sous réserve que ces personnes ne relèvent pas du ressort d'un Tribunal des Activités Economiques. Il est à noter qu'en particulier dans les tribunaux d'une certaine importance, le président est souvent amené à désigner un ou plusieurs juges délégués à la prévention-détection[136].

57. Compétence territoriale. Territorialement, il s'agit du président du tribunal du lieu du siège du débiteur, personne morale, ou, le cas échéant, du lieu où le débiteur, personne physique, a déclaré l'adresse de son entreprise ou de son activité[137]. Dans le cas de la désignation d'un mandataire *ad hoc*, l'article R.600-2, alinéa 2 du code de commerce dispose que la compétence territoriale du président est définie à l'article R. 600-1 du même code. Même si nous y reviendrons, il nous semble utile de rappeler à ce stade que le juge de la prévention doit prendre garde à vérifier sa compétence pour éviter une sorte de *forum shopping* pratiqué par certains débiteurs, ce d'autant que si le dispositif suppose une convocation de la part du Président, il n'est pas exclu que le dirigeant prenne l'initiative de lui demander à être reçu dans un tel cadre. Or, il sera ensuite difficile de changer de juridiction, si des procédures préventives ou collectives sont ultérieurement mises en œuvre. Dans le cadre d'une procédure de prévention, le président est tenu de respecter les articles L.662-2 et R.662-7 du code de commerce qui prévoient la délocalisation notamment en cas de risque de violation du principe d'impartialité[138].

58. Une compétence exclusive…temporaire du président : le Tribunal des Activités Economiques. La loi n° 2023-1059 du 20 novembre 2023 d'orientation et de programmation du ministère de la justice 2023-2027 prévoit dans son article 26 l'expérimentation des Tribunaux des Activités Economiques (TAE). Le décret n° 2024-674 du 3 juillet 2024 ainsi que deux arrêtés du garde des Sceaux des 5 et 25 juillet 2024 ont précisé le contour des TAE. Cette expérimentation s'applique pour une durée de quatre années à compter du 1er janvier 2025 et concerne douze tribunaux de commerce[139]. Ces tribunaux ont compétents pour traiter toutes les procédures amiables et collectives

---

136 I. Rohart-Messager, *La prévention-détection par les présidents des tribunaux de commerce*, Gaz. Pal., 9 janv. 2010, p. 5.
137 C. com., art. R. 600-2, al. 1.
138 CA Douai, ord. réf. 1er prés., 1er août 2018, RG n° 18/04291, Rev. proc. coll., 2018/6, n° 179, note Ch. Delattre ; CA Douai, ord. réf. 1er prés. 12 févr. 2025, RG n° 25/00840 et CA Douai, ord. réf. 1er prés. 6 mars 2025, RG n° 25/01149, Rev. proc. coll. 2025/2, n° 35, note Ch. Delattre.
139 Arrêté du 5 juill. 2024, relatif à l'expérimentation du tribunal des activités économiques, JO, 6 juill. : Marseille, Le Mans, Limoges, Lyon, Nancy, Avignon, Paris, Auxerre, Saint-Brieuc, Le Havre, Nanterre, Versailles ; K. Lemercier, *Mise en place de l'expérimentation des tribunaux des activités économiques*, Dalloz act. 12

et ce quels que soient le statut et le domaine d'activité des débiteurs relevant du Livre VI du Code de commerce, à l'exception des avocats, notaires, huissiers, commissaires-priseurs judiciaires, greffiers des tribunaux de commerce, administrateurs et mandataires judiciaires, qui continuent de relever de la compétence des tribunaux judiciaires. Sous cette réserve, concernant les procédures amiables, l'article 26 II de l'article 26 précité, dispose que le président du tribunal des activités économiques « *connaît de la procédure d'alerte et des procédures amiables, quels que soient le statut et l'activité de la personne physique ou morale qui éprouve des difficultés à l'exception des professions mentionnées au second alinéa de l'article 722-6-1 du code de commerce* ». Le président du TAE est donc compétent pour traiter, d'une part, la procédure d'alerte et, d'autre part, le mandat *ad hoc* et la conciliation.

§ 2. Le champ d'application à raison des difficultés de l'entreprise

59. Des difficultés graves et des éléments concrets. Il ressort des textes que le président du tribunal ne peut convoquer le dirigeant que s'il dispose d'un « *acte, document et procédure* » démontrant que l'entreprise « *connaît des difficultés de nature à compromettre la continuation de l'exploitation*. Ainsi, les difficultés doivent être suffisamment graves (A) et le président du tribunal doit se baser sur des éléments concrets et non sur des « on dit » ou des rumeurs (B).

A. Des difficultés de nature à compromettre la continuité de l'exploitation

60. Diversités des alertes et des critères de déclenchement. Il existe plusieurs alertes visant à prévenir les difficultés des entreprises. Ainsi, le comité social et économique et les actionnaires et associés peuvent eux aussi déclencher une alerte. Toutefois, comme cela a été fort justement relevé, « *en l'état actuel du droit, chacun des acteurs de l'alerte connaît un facteur de déclenchement propre* »[140]. Ainsi, le critère de déclenchement du comité social

---

sept. 2024 ; Ph. Roussel Galle, *Début de l'expérimentation des tribunaux des activités économiques au 1er janv. 2025*, Dic. Perm. Diff. entr., 11 juill. 2024 ; J. Jourdan-Marques, *Le tribunal des activités économiques : une chimère ?* D 2024, p. 735 ; Les TAE arrivent ! Rev. proc. coll. 4/2024, repère 4 ; E. Scholl et F. Kenderian, *Tribunal des activités économiques : l'expérimentation se précise,* Gaz. pal., 24 sept. 2024, p. 34 et s., GLA468e0 ; Pour un exemple de TAE avant l'heure, cf. T. com. Bobigny, 3ème ch. 16 mai 2024, n° 2024P01337, Gaz. pal., 24 sept. 2024, p.53 et s., GLA468a6, note P. Rossi.

140 B. Ghandour, *Plaidoyer pour une détection des difficultés des entreprises*, in

et économique est un peu différent de celui du président du tribunal, le texte visant les « *faits de nature à affecter de manière préoccupante la situation économique de l'entreprise* »[141]. En revanche concernant le président du tribunal, il s'agit de « *tout fait de nature à compromettre la continuité de l'exploitation* », formulation qui peut laisser à entendre que le critère du déclenchement de l'alerte par le comité social et économique serait légèrement plus large et peut être plus précoce que celui du président du tribunal. Signalons enfin que les groupements de prévention agréés informent le chef d'entreprise « *lorsqu'il relève des indices de difficultés* », critère très large qui s'explique sans doute par le fait que l'adhésion à ces groupes est facultative et que l'alerte reste strictement interne[142].

61. De l'alerte du commissaire aux comptes à l'alerte du président du tribunal. La formulation concernant l'alerte par le président du tribunal est identique à celle des associés et actionnaires[143], mais surtout au critère de déclenchement de l'alerte par le commissaire aux comptes et c'est d'autant plus heureux que, depuis la loi du 26 juillet 2005, lors de la deuxième phase de l'alerte de ce dernier, le président du tribunal est informé de cette alerte. Il avait été relevé et c'est sans doute aujourd'hui encore d'actualité, que cette innovation permet non seulement au président du tribunal d'être informé de manière plus précoce mais incite également le dirigeant à répondre plus rapidement au commissaire aux comptes, ce qui à tout le moins participe de la prise de conscience de ses difficultés[144]. Depuis la loi n° 2015-1647 du 18 novembre 2016, le commissaire aux comptes peut de surcroît demander à être

---

Mélanges en l'honneur du Professeur Arlette Martin-Serf. L'effervescence du droit des affaires au XIXème siècle, Bruylant, 2022, p. 427, sp. p. 433.

[141] C. travail., art. L. 2312-63.

[142] C. com., art. L. 611-1. Il ne semble pas que ces groupements aient eu le succès espéré. De surcroît, comme le relève Nathalie Picod, si « *la France a véritablement été pionnière en matière de détection des difficultés et peut ainsi servir de modèle, pour autant plusieurs réformes récentes, bien que rationnellement justifiables, se sont paradoxalement inscrites à contre-courant. Ainsi, la loi n° 2020-1721 du 29 décembre 2020 de finances (JORF 30 déc. 2020, texte n° 1) a progressivement supprimé le principal avantage fiscal traditionnellement accordé aux entrepreneurs adhérant à un centre de gestion agréé ou à une association de gestion agréée* » ; N. Picod, *Procédures d'insolvabilité. Directive (UE) 2019/1023 du Parlement européen et du Conseil du 20 juin 2019 (...) préc.*, J.-Cl. Procédures collectives, Fasc. 3128, avril 2022 n° 40. Sur ces centres. D. Legeais, *Les groupements de prévention agréés*, in, *La prévention des difficultés des entreprises après deux années d'application.* Journée d'étude de l'Institut de Droit de l'Entreprise de l'Université de Poitiers (15 mai 1987), JCP E, 1987, 15 066.

[143] Dans les SA, un ou plusieurs actionnaires peuvent déclencher l'alerte (C. com., art. L. 225-232) et tout associé non gérant dans une SARL (C. com., art. L. 223-36).

[144] Ph. Roussel Galle, *op. cit.*, n° 56.

entendu par le président[145], auquel cas, l'article L. 611-2 du code de commerce est applicable, texte qui vise la convocation du dirigeant par le président du tribunal de commerce[146]. On relèvera que cette possibilité est également prévue lors de la dernière phase de l'alerte du commissaire aux comptes. Ainsi, non seulement l'alerte déclenchée par ce dernier peut constituer une information de nature à provoquer une convocation du dirigeant par le président du tribunal de commerce, mais cette alerte peut, si le commissaire aux comptes demande à être entendu par ledit président, se traduire par la convocation du dirigeant.

62. De surcroît, le commissaire aux comptes dispose désormais d'un pourvoir d'action non négligeable, qui permet au président du tribunal d'être lui aussi mieux informé et plus rapidement. En application de l'article L. 611-2-2 du code de commerce[147] s'il propose des mesures immédiates en raison de l'urgence de la situation que le dirigeant refuse de mettre en œuvre, ou s'il fait savoir qu'il envisage plutôt des mesures que le professionnel du chiffre estime insuffisantes, il peut en informer le président du tribunal compétent « *dès les premières informations faites, en application des articles L. 234-1, L. 234-2, L. 251-15 et L. 612-3, au président du conseil d'administration ou de surveillance ou au dirigeant* ». Toutefois, s'agissant d'une simple faculté et non d'une obligation, la marge de manœuvre offerte au professionnel du chiffre est très large et son intervention dépend de son appréhension de la situation donnée mais également, dans certaines hypothèses, du lien existant avec son client.

63. **Un critère de déclenchement de l'alerte large**. Le critère de déclenchement de l'alerte par le président du tribunal est donc très large afin de permettre une intervention très précoce, gage de l'efficacité de la prévention-détection[148]. En particulier, il n'est plus nécessaire que la perte nette comptable soit supérieure à un tiers du montant des capitaux propres à la fin de l'exercice comme c'était le cas avant la loi de 1994[149]. Au contraire, tout indice de difficulté sérieuse peut être pris en compte par le juge, qui bénéficie de sources

---

[145] C. com., art. L. 234-1 dans les SA et L. 234-2 dans les autres sociétés.

[146] V. infra n° 80 et s.

[147] Créé par l'ordonnance n° 2021-1193 du 15 septembre 2021, art. 3, entrée en vigueur le 1er octobre 2021.

[148] Sur la notion de continuité de l'exploitation, v. *Prévention des difficultés des entreprises*, par D. Vidal, refonte par C. Vincent, J.-Cl. Procédures collectives, Fasc., n° 2025, n° 2 et s ; M.-H. Monsèrié-Bon, *Entreprises en difficulté : détection des difficultés*, Rép. Dalloz, Droit commercial, n° 70.

[149] En outre, le dispositif ne s'appliquait pas aux entreprises de plus de 300 salariés et 120 millions de francs de chiffre d'affaires, v. Ph. Delebecque, N. Bictin et L. Andreu, *Effets de commerce et entreprises en difficulté*, Traité de droit des affaires. G. Ripert et R. Roblot, LGDJ, Lextenso, Tome 4, 18ème éd., 2018, n° 421. V. auparavant, J.-J. Daigre, *Le rôle de prévention du tribunal de commerce, bilan d'une enquête*, in, *La*

d'informations nombreuses et variées tantôt internes au tribunal, tantôt externes. Toutefois, même si le président du tribunal est aidé par le greffe, en pratique, il lui revient « *d'organiser lui-même son réseau d'information, de sorte que l'efficacité de l'alerte est très différente selon les juridictions* »[150]. Il convient cependant que, dans la réunion de ces informations, il prenne garde à ne pas violer les règles d'impartialité qui s'imposent à lui.

64. « Clignotants » internes. Concernant tout d'abord les « clignotants » internes, le président du tribunal de commerce dispose de données et informations internes à la juridiction mises à la disposition du greffe sur les divers registres légaux qu'il détient et actualise quotidiennement. L'ancien président du tribunal de commerce de Paris Michel Rouger a d'ailleurs précisé que nous sommes le pays le mieux équipé pour détecter les difficultés grâce au greffe du tribunal de commerce[151]. Sur ce point, le rôle du greffier du tribunal de commerce est très important puisque, comme cela a été noté, cette « *profession revêt à la fois des facettes judiciaires et économiques* », judiciaires car il connaît les poursuites engagées, et économiques dans la tenue du Registre du Commerce et des sociétés et dans l'inscription des privilèges des créanciers publics[152]. Il s'agit principalement des inscriptions de privilèges des créanciers fiscaux et sociaux en vue de garantir une créance impayée[153] ; des injonctions de payer ; des protêts ; des référés provisions concernant une dette plus ou moins ancienne ; des condamnations pour une créance impayée avec parfois l'absence à l'audience du dirigeant de l'entreprise ciblée et sa non représentation caractérisant une certaine dérive du dirigeant ; la perte de la moitié du capital social ; le report de la date d'assemblée générale d'approbation des comptes ...[154]. On relèvera qu'à la différence des greffes des tribunaux de

---

prévention des difficultés des entreprises après deux années d'application. Journée d'études de l'Institut de Droit de l'Entreprise de l'Université de Poitiers (15 mai 1987), JCP E, 1987, 15 066

[150] Y. Guyon, *Droit des affaires*, Tome 2, *Entreprises en difficulté. Redressement judiciaire*, Faillite, Economica, 8ème éd., 2001, sp. n° 1061.

[151] M. Rouger, *La prévention des difficultés des entreprises*, LPA, 14 juin 1995, n° PA199507102, p. 4.

[152] B. Motemps, *Le rôle du greffier*, in *La prévention des difficultés des entreprises*, Dir. G. Blanc, PU Aix-Marseille, 2004, p. 47, sp. p. 48.

[153] La CNUDCI a d'ailleurs insisté sur ce point : « *Des solutions informatiques peuvent être utiles pour générer automatiquement des mécanismes d'alerte, notamment lorsqu'une entreprise n'a pas effectué certains types de paiement (par exemple impôts ou cotisations de sécurité sociale). Le non-paiement de ces contributions peut toutefois être la conséquence de problèmes financiers qui sont déjà graves* » Guide législatif de la CNUDCI sur le droit de l'insolvabilité. Cinquième partie, préc., sp. n° 400.

[154] Conférence Générale des Juges Consulaires de France, fiche C110, *Clignotants internes*, V_04_23.

commerce, les greffes des tribunaux judiciaires ne disposent pas de la plupart de ces informations, ce qui rend la connaissance des difficultés des débiteurs relevant de la compétence du président du tribunal judiciaire beaucoup moins efficiente pour ce dernier.

65. **« Clignotants » externes.** Concernant les « clignotants » externes, il s'agit des données et informations externes à la juridiction portée à la connaissance du président du tribunal ou obtenues par ce dernier, suite à sa demande. Sont visés des éléments obtenus auprès du commissaire aux comptes à sa demande cette fois ; des administrations publiques (Directions Régionales de l'Économie, de l'Emploi, du Travail et de la Solidarité, (DREETS) ; des Commissaires aux Redressement Productif également connus sous l'appellation Commissaires aux Restructurations et Prévention des difficultés des entreprises (CRP) ; de la Commission des Chefs des Services Financiers (CCSF) ; du Comité Départemental d'examen des problèmes de financement des entreprises (CODEFI) ; les informations en provenance du Comité Interministériel de Restructuration Industrielle (CIRI) ; les procédures d'alerte ; des plaintes de salariés indiquant qu'ils ne sont plus payés par leur employeur lequel aurait disparu[155]. A l'instar de Guyon on regrettera toutefois que le Trésor et l'Urssaf, qui sont, comme le relève cet auteur, les mieux placés pour constater les difficultés d'une entreprise, ne soient pas astreints à les signaler au président[156]. A noter toutefois que la présence obligatoire des commissaires aux comptes dans les sociétés ayant été réduite, leurs alertes sont par définition moins nombreuses et ne concernent plus que de très grandes entreprises. En effet, la désignation obligatoire des commissaires aux comptes a été revue à la baisse selon le décret n° 2019-514 du 24 mai 2019[157]-qui a rehaussé les seuils rendant obligatoire la nomination de ce professionnel du chiffre. De façon mécanique, des entreprises de taille moyenne ne sont plus surveillées faute de désignation de commissaire aux comptes ne permettant plus de déclencher une procédure d'alerte, ce qui a fait l'objet de critiques de la part d'une partie de la doctrine[158]. Enfin, l'expert-comptable, tenu au secret professionnel, ne

---

[155] Conférence Générale des Juges Consulaires de France, fiche C 210, *Clignotants externes*, V_04_23.

[156] Y. Guyon, *op. et loc. cit.* Cet auteur regrette également qu'aucune liaison n'ait été prévue entre le président et les groupements de prévention agréés. Toutefois, nous ne sommes pas pleinement d'accord avec lui sur ce point. En effet, l'adhésion à ces centres n'a pas connu le succès escompté, et cette adhésion étant facultative, on peut craindre qu'une telle liaison freine encore plus les adhésions.

[157] Pris en application des articles 20 et 29 de la loi n° 2019-486 du 22 mai 2019 relative à la croissance et à la transformation des entreprises (dite loi PACTE). De 4.000.000 euros pour le total du bilan (au lieu de 1.550.000 euros) ; 8.000.000 euros HT pour le chiffre d'affaires (au lieu de 3.100.000 euros) et de cinquante salariés (v. C. com., art. L. 221-9, L. 225-218, D. 221-5 et D. 221-164-1).

[158] V. les obs. crit. de F.-X. Lucas, *Alerte !!!*; Leden juin 2018, n° 111r9 ; M.-H.

révèle aucune information préoccupante sur la situation financière de ses clients[159].

66. Investigations du président du tribunal. Dès l'envoi de la convocation, depuis l'ordonnance n° 2021-1193 du 15 septembre 2021, l'article L. 611-2, I alinéa 2 du code de commerce confère un réel pouvoir d'action au président du tribunal consistant à recueillir des informations utiles afin de se constituer un dossier pour mieux appréhender la réalité de la situation de l'entreprise ciblée[160]. Initialement, cette possibilité n'était ouverte qu'après l'entretien, ou s'il n'avait pas lieu, une fois le procès-verbal de carence établi. Désormais, cette possibilité est ouverte dès la convocation, mais à ce stade, si le président dispose d'un véritable pouvoir d'investigation qui lui est personnel, il ne faut pas confondre ce pouvoir avec l'ouverture d'une enquête préalable à l'ouverture d'une procédure collective. Il s'agit ici d'un simple recueil d'informations dont l'objectif est d'améliorer l'efficacité de l'entretien. En effet, si le président du tribunal peut désormais demander des informations avant l'entretien, il ne peut le faire que s'il a convoqué le dirigeant ce qui suppose

---

Monsérié-Bon, *Le projet de loi PACTE, une avancée pour le droit des entreprises en difficulté ?* BJE, sept. 2018, n° 5, p. 338, n° 116g4 ; F. Pérochon, *Vent mauvais sur la prévention*, Edito, BJE nov.-déc. 2018, p. 409. Nathalie Picod relève également que « *si la France a véritablement été pionnière en matière de détection des difficultés et peut ainsi servir de modèle* » elle ajoute « *pour autant plusieurs réformes récentes bien que rationnellement justifiables, se sont paradoxalement inscrites à contre-courant* » et de citer le relèvement des seuils de présence obligatoire des commissaires aux comptes : « *ces derniers ne sont désormais obligatoires que si la société, quelle que soit sa forme, dépasse, à la date de clôture d'un exercice, deux des trois seuils fixés (en l'occurrence : total du bilan supérieur à 4 millions d'euros ; chiffre d'affaires supérieur à 8 millions d'euros ; nombre de salariés supérieur à 50* ». Ainsi, dans « *une perspective d'harmonisation, il n'en demeure pas moins que le droit français a par là même supprimé la possibilité pour les commissaires aux comptes de donner l'alerte en cas de faits de nature à compromettre la continuité de l'exploitation des sociétés n'atteignant pas deux des trois seuils prévus par la loi...* », N. Picod, *Procédures d'insolvabilité.* J.-Cl. Procédures collectives, préc., Fasc. 3128, avril 2022, n° 40.

[159] Art. 21, ordonnance, 19 septembre1945 prescrivant que l'expert-comptable est soumis au secret professionnel. V. J.-L. Armingol, *Rôle de l'expert-comptable dans le cadre de la prévention des entreprises en difficulté,* in *La prévention des entreprises en difficulté*, dir. G. Blanc, PU Aix-Marseille, 2004, p. 33.

[160] Ce pouvoir d'investigation est assez large puisque « *Dès l'envoi de cette convocation, le président du tribunal peut, nonobstant toute disposition législative ou réglementaire contraire, obtenir communication, par les commissaires aux comptes, les membres du comité social et économique, les administrations publiques, les organismes de sécurité et de prévoyance sociales ainsi que les services chargés de la centralisation des risques bancaires et des incidents de paiement, des renseignements de nature à lui donner une exacte information sur la situation économique et financière du débiteur* » (C. com., art. L. 611-2, I, al. 2).

qu'il ait préalablement connaissance de « *tout fait de nature à compromettre la continuité de l'exploitation* ». En d'autres termes, si cette possibilité d'investigations accordée au juge est plus précoce, elle ne saurait fonder une convocation du dirigeant. En revanche, elle peut permettre un entretien plus efficace, si toutefois il a reçu ces informations en temps utile. En effet, les personnes interrogées disposent d'un délai d'un mois pour répondre[161], tandis que la convocation doit être adressée au moins un mois à l'avance[162]. Il n'est donc pas certain que le président du tribunal ait pu recevoir et exploiter les renseignements obtenus au moment de l'entretien, même s'il a été relevé que « *l'objectif est de permettre une orientation plus précoce vers les mesures les plus appropriées* »[163].

67. Investigations auprès de l'administration fiscale. Le président du tribunal dispose également d'un outil juridique très intéressant. En application de l'article L. 145A, I du livre des procédures fiscales, il peut obtenir auprès de l'administration fiscale, la communication de renseignements de nature à lui donner une information exacte sur la situation économique et financière du débiteur et ce dans les conditions des articles L. 611-2 alinéa 1 et de l'article L.611-2-1 alinéa 1 du code de commerce. Dans tout autre cadre, l'administration fiscale peut refuser d'y donner suite. Il faut donc que l'entreprise soit convoquée à un entretien préalable. Le président doit le préciser dans sa demande de renseignements. Enfin, dans le cadre de la prévention-traitement, l'article L.145A II du livre des procédures fiscales permet également au président d'obtenir auprès de l'administration fiscale la communication d'informations lui permettant d'apprécier la situation économique, financière, sociale et patrimoniale ainsi que ses perspectives de règlement dans les conditions de l'article L. 611-6 alinéa 5 du code de commerce. La possibilité d'obtenir des informations auprès de l'administration fiscale est importante car cette administration est, avec l'URSSAF, l'une des premières administrations à détenir des informations précises sur les personnes morales et physiques en difficulté.

68. L'absence de prérogatives du ministère public et l'impossibilité de communiquer des informations au président du tribunal ? A ce stade, on constate l'absence du ministère public qui ne détient aucune prérogative au niveau de la prévention-détection. On peut toutefois s'interroger sur la question de savoir s'il peut communiquer d'éventuelles informations dont il aurait connaissance, au Président du tribunal. Il est certain que si ces informations démontrent un état de cessation des paiements, la réponse est négative, puisque le ministère public peut alors saisir le tribunal aux fins d'ouverture

---

[161] C. com., art. R. 611-12.

[162] C. com., art. R. 611-10.

[163] *Code des entreprises en difficulté*, dir. C. Saint-Alary-Houin, Lexisnexis, éd. 2025, p. 41, note 7.

d'une procédure de redressement ou de liquidation judiciaire. Et il doit d'ailleurs le faire sans attendre. Au besoin, le tribunal désignera alors un juge commis pour procéder à une enquête préalable avant de statuer sur la requête en ouverture. En revanche, si les informations détenues par le ministère public sont trop lacunaires, on pourrait être tenté de soutenir qu'il peut les communiquer au président du tribunal. Toutefois, les textes ne le prévoyant pas, il nous semble qu'une telle pratique, si elle venait à être admise, devrait être mise en œuvre à titre exceptionnel et en prenant toutes les précautions d'usage, pour ne pas entraîner des convocations de dirigeant non pertinentes.

B. Une convocation fondée sur des actes, documents et procédures

69. Une convocation justifiée par des actes, documents ou procédures. Il ressort des textes que la convocation ne peut intervenir que s'il « *résulte de tout acte, document ou procédure (...)* », ce qui suppose que le président du tribunal se fonde sur des éléments objectifs et concrets pour convoquer le dirigeant et non sur des « on dit », des rumeurs ou encore sur des informations obtenues par des moyens discutables. Il peut toutefois assurément se fonder, aujourd'hui plus qu'hier, sur l'alerte du commissaire aux comptes puisque d'une part, celle-ci peut lui être communiquée plus en amont de son déroulement, et parce que, d'autre part, le commissaire aux comptes peut de surcroît demander à être entendu par le président du tribunal avec les dirigeants[164].

70. Les risques de dérives faute du respect du cadre légal. A défaut de s'appuyer sur les textes, la prévention-détection peut être source de dérives. Si les efforts dans ce domaine de la part, en particulier des présidents des tribunaux de commerce, sont indéniables depuis quarante ans, se traduisant notamment par la mise en place d'observatoires judiciaires ou de cellules de prévention[165], ces efforts ont parfois abouti à des pratiques discutables, voire à des dérives. On songe ici aux cellules de prévention qui avaient été qualifiées

---

[164] C. com., art. L. 611-2-2. L'ordonnance n° 2020-596 du 20 mai 2021 pérennisant une règle instaurée par l'ordonnance n° 2020-596 du 20 mai 2020, durant la période covid, permet désormais au commissaire aux comptes d'informer le président du tribunal « *lorsqu'il lui apparaît que l'urgence commande l'adoption de mesures immédiates et que le dirigeant s'y refuse ou fait savoir qu'il envisage des mesures que le commissaire aux comptes estime insuffisantes* » mais aussi à « *tout moment, demander à être entendu, avec les dirigeants, par le président du tribunal* » . V. F. Macorig-Venier, *La prévention amiable des difficultés et l'ordonnance portant réforme du Livre VI du code de commerce*, RTD com., 2021, p. 914,

[165] F. Pérochon, avec le concours de Fl. Reille, M. Laroche, V. Martineau-Bourgninaud, Th. Favario et A. Donnette, *Entreprises en difficulté*, LGDJ, 12ème éd., 2024, n° 113.

de « *cellules occultes* », mais on a aussi pu parler de « *prévention-détection informelle* »[166].

71. Des cellules de « *prévention-détection informelles* » aux cellules « *occultes* ». La prévention-détection s'est traduite dans certains cas, par la création *sui generis* de cellules de détection mises en place dans les tribunaux de commerce lesquelles fonctionnaient *« essentiellement sous l'impulsion des greffiers des tribunaux de commerce »*[167]. Dans sa thèse, Bertille Ghandour pointe très bien la limite délicate qui existe notamment entre le président du tribunal qui convoque le dirigeant, l'impartialité et le préjugement[168]. Or, certains présidents de juridiction consulaire, souhaitant améliorer la prévention-détection, avaient développé une pratique consistant à organiser des réunions entre divers acteurs économiques locaux – le Président du tribunal de commerce, les représentants de l'URSSAF, du Trésor Public, de la Banque de France, voire dans certains cas des commissaires aux comptes - pour évoquer la situation d'entreprises ayant leur siège social dans le ressort de leur compétence juridictionnelle et qui rencontraient des difficultés. Cependant, ces réunions se tenaient hors la présence des dirigeants concernés. C'est notamment ce point précis qui posait difficulté et en particulier l'utilisation postérieure des informations obtenues lors de ces réunions hors la présence des dirigeants des entreprises ciblées et en dehors de tout contradictoire. Ce d'autant que certains présidents de tribunaux ont utilisé les informations obtenues lors de ces réunions pour convoquer le dirigeant de l'entreprise concernée dans le cadre d'un entretien de prévention prévu par l'article L. 611-2 du code de commerce.

72. Même si le débat dépasse largement la détection-prévention, puisque ces informations pouvaient aussi être utilisées en vue notamment d'une saisine d'office du tribunal, aux fins d'ouverture d'un redressement ou d'une liquidation judiciaire, saisine d'office aujourd'hui abrogée, il mérite que l'on s'y intéresse.

73. Des réunions occultes en dehors de tout contradictoire. C'est dans ce contexte particulier, qu'une question parlementaire avait été posée par Monsieur le député Emile Blessig[169]. Elle portait sur l'article L. 611-2 du code

---

[166] F. Macorig-Venier, *L'impartialité ou les limites de la prévention informelle*, RTD com., 2010, 780.

[167] B. Ghandour, *Le traitement judiciaire des entreprises en difficulté, thèse,* LGDJ, 2018, *Bibliothèque de droit des entreprises en difficulté*, tome 14, n° 229 et s.

[168] B. Ghandour, *th. préc.*, n° 234 et s. : « *la convocation doit être motivée. Elle contient une note rédigée par le président exposant les faits qui ont retenu son attention, ce qui pose la question de son impartialité puisque la convocation suppose une forme de pré-jugement sur la situation du débiteur, fondée à partir d'éléments recueillis préalablement et en son absence* ».

[169] Question E. Blessig, n° 50929, JO 2 juin 2019, p. 5265, 13ème législature.

de commerce relatif à la convocation du dirigeant par le président du tribunal. Tout en rappelant que « *Cette faculté est exercée par la plupart des présidents des tribunaux de commerce dans le cadre de ce qu'il est communément appelé « la prévention détection »* » il rappelait ensuite que le tribunal pouvait notamment se saisir d'office aux fins d'ouvrir un redressement ou une liquidation judiciaire. Et Monsieur Blessig d'ajouter que « *Les présidents d'un certain nombre de tribunaux de commerce, au rang desquels les plus importants, ont créé des cellules occultes de prévention détection ou « systèmes réactifs d'échanges et d'informations » auxquelles participent les représentants des administrations fiscales et sociales, des représentants de la Banque de France, cette liste n'étant pas exhaustive et pouvant comprendre également des commissaires aux comptes. » Ces réunions occultes, dont la périodicité varie selon les tribunaux, permettent à chacun des intervenants de solliciter l'étude d'un ou plusieurs dossiers particuliers qui seront ainsi préparés par le greffe. À l'issue de cet examen, il est décidé soit une convocation par le président dans le cadre de l'article L. 611-2, soit une saisine d'office en vue de l'ouverture d'une procédure de redressement ou de liquidation judiciaire, soit une saisine par l'un des créanciers fiscaux ou sociaux, soit un classement sans suite. (...) ».*

74. Une prévention-détection en dehors de tout cadre légal. En définitive, sous le motif louable de favoriser la prévention-détection, une pratique illégale, ou à tout le moins en dehors de tout cadre juridique, s'était installée au moins dans les ressorts de certains tribunaux, pratique qui pouvait aboutir à une convocation du dirigeant à un entretien, mais plus grave encore, à une saisine d'office lorsque celle-ci était encore possible, ou par un créancier fiscal ou social qui avait participé à ces cellules. Il en résultait une sorte de pré jugement, d'autant plus regrettable que le dirigeant n'était pas présent dans ces réunions. Même si désormais la saisine d'office du tribunal a été abrogée, la critique reste d'actualité puisque d'une part, la convocation du dirigeant doit être fondée sur des documents, actes et procédures mais aussi d'autre part, puisqu'ensuite par l'intermédiaire du ministère public, la convocation peut indirectement aboutir à une requête en ouverture d'une procédure de redressement ou de liquidation judiciaire.

75. Une prévention-détection à l'épreuve du procès équitable. Aussi, Monsieur Blessig interrogeait le Ministre pour savoir *« si de telles procédures, nullement prévues par les textes concernant les procédures collectives, ne sont pas contraires au principe du procès équitable au sens des dispositions de l'article 6 de la Convention européenne de sauvegarde des droits de l'Homme, notamment au principe du contradictoire ».* Il poursuivait en s'interrogeant *« sur la garantie d'impartialité que peut avoir un justiciable assigné par le tribunal de commerce en liquidation judiciaire ou en redressement judiciaire par l'un quelconque des intervenants à ces réunions informelles organisées* *par le président du tribunal de commerce. Enfin, au regard de la jurisprudence constante de la Cour de cassation, il se demande s'il n'y a pas une confusion grave et préjudiciable également à l'impartialité de la juridiction entre les fonctions de détection et d'enquête et celle de jugement* ».

76. La réponse ministérielle. La question portait donc sur les risques d'atteinte à l'impartialité du juge et au respect du contradictoire, le président du tribunal de commerce devenant l'homme-orchestre d'une procédure illégale sous couvert de prévention-détection. La réponse ministérielle est particulièrement intéressante pour éclairer le débat[170]. Après un rappel des textes qui consacrent le rôle du président du tribunal de commerce en matière de détection des difficultés des entreprises, il est ajouté dans la réponse du gouvernement que ces textes « *fixent les conditions et limites de son intervention. Ces dispositions permettent au président de convoquer un dirigeant à un entretien lorsqu'il résulte de tout acte, document ou procédure que l'entreprise connaît des difficultés de nature à compromettre la continuité de l'exploitation. Elles lui ouvrent également la possibilité, postérieurement à cette convocation et selon une procédure précise, d'obtenir communication de renseignements sur la situation économique et financière de l'entreprise de la part de certains tiers énumérés à l'article L. 611-2* ».

77. Pas de convocation du dirigeant par le président du tribunal participant à une de ces cellules. Ces réunions ne s'inscrivant pas dans le cadre précité ne sauraient déboucher sur une convocation du dirigeant par le juge : « *La pratique qui consisterait, pour un président du tribunal, à participer à des « cellules » comprenant les tiers mentionnés à l'article L. 611-2 et ayant pour objet d'échanger des informations sur des entreprises ainsi que d'analyser leurs difficultés ne s'inscrit pas dans ce cadre normatif. En effet, les renseignements ainsi portés à la connaissance du président ne résulteraient pas d'un « acte, document ou procédure » et ne sauraient donc déboucher sur une convocation* ». De surcroît, les renseignements ainsi portés à la connaissance du président du tribunal ne pourraient être utilisés judiciairement : « *ils seraient recueillis en dehors de la procédure prévue à cet effet, laquelle subordonne leur obtention, entre autres, à la convocation préalable du dirigeant. À défaut d'avoir été collectées conformément aux prévisions de*

---

[170] Rép. Min. n° 50929, JO, 11 mai 2010, p. 5356, cf. Dict. Perm. Diff. Entr. 2010, bull. n° 316 : *La participation du président du tribunal de commerce aux cellules occultes de prévention détection n'est pas susceptible de s'inscrire dans le prolongement des missions dont il est investi par les textes ;* Bull. Actualité des greffiers, juin 2010, n° 31, p. 11 ; *Cellule occulte de prévention-détection : risque de partialité,* D. 2010, p. 1551 ; Ch. Delattre, *Impartialité et justice consulaire* in mélanges en l'honneur de Jean-Luc Vallens, *Liber amicorum,* Ed. Joly, oct. 2017, spéc. p. 10 et 11.

l'article L. 611-2 ou de tout autre disposition législative, ces informations ne pourraient être utilisées judiciairement, y compris à l'appui d'une saisine d'office du tribunal aux fins d'examen de l'ouverture d'une procédure collective ».

78. La question de la présence du président du tribunal de commerce dans la « cellule ». La réponse ministérielle en vient ensuite à la question de la présence du président du tribunal de commerce dans ces réunions : « *Si les réunions, en elles-mêmes, ne semblent pas pouvoir être critiquées au regard de l'article 6 de la Convention européenne de sauvegarde des droits de l'homme et des libertés fondamentales, en ce qu'elles ne relèvent pas du champ du procès équitable, l'opportunité de la présence du président du tribunal doit être appréciée au regard des fonctions juridictionnelles exercées. Ainsi, son impartialité pourrait être mise en cause s'il était appelé à siéger dans une formation de jugement saisie d'une demande d'ouverture d'une procédure collective à l'égard d'un débiteur dont la situation aurait été évoquée lors des réunions. Une saisine d'office du tribunal ou sur assignation de l'un des créanciers participant à de telles réunions serait de nature à nourrir encore davantage une suspicion de partialité. Dans ces conditions, la participation du président du tribunal à des « cellules » de la nature de celles décrites par la question n'apparaît pas susceptible de s'inscrire dans le prolongement des missions dont celui-ci est investi, en application du livre VI du code de commerce* ».

79. Un sérieux « *rappel à l'ordre* ». En définitive, c'est surtout la participation du président du tribunal à ces réunions qui encourait la critique. Ainsi, Jean-Luc Vallens voyait dans la réponse du gouvernement un sérieux rappel à l'ordre[171] tandis que le professeur Philippe Roussel Galle retenait que la participation du président du tribunal à ces réunions devait être évitée[172], et le Professeur Corinne Saint-Alary-Houin en déduisait la nécessité de mieux encadrer la prévention[173], ce que nous demandons, de façon générale, depuis plusieurs années afin d'éviter les abus parfois rencontrés tant dans le cadre de procédures préventives[174] (mais également dans les procédures collectives).

---

[171] J.-L. Vallens, *Les tribunaux de commerce peuvent-ils instituer des cellules de prévention-détection ?,* D, 2010, n° 27 p. 1723 ; Ch. Delattre, *La prévention doit s'exercer dans le respect du cadre légal*, Rev. proc. coll. 2010, étude 21.

[172] Ph. Roussel Galle, *Loyauté et impartialité dans le traitement des procédures collectives*, Gaz. Pal. 24 mai 2012, p. 78, n° 9.

[173] C. Saint-Alary-Houin, in rapport 27ème congrès de l'IFPPC, Montpellier, 1er oct. 2010 : *IFPPC 25 ans d'action : 25 propositions d'amélioration du livre VI du code de commerce*, p. 15 et s.

[174] Ch. Delattre, *La justice consulaire face à l'impartialité*, Rev. proc. coll. 2013/1, étude 3 ; CA Douai, ch. 2, sect. 2, 2 juill. 2015, RG n° 15/02762, BJE nov. / déc. 2015, n° 112u3, note Ch. Delattre ; Cass. com., ord. 1er prés. 25 juill. 2019, n° 40 776, JCP E, 2019, 1519, note Ch. Delattre ; CA Rennes, ord. 1er prés. 19 mars 2019, RG n°

80. Les risques de remise en cause de l'impartialité du président du tribunal. En raison de la participation du président du tribunal à ces « *cellules* », son impartialité pouvait être ensuite remise en cause lorsqu'il utilisait certaines informations obtenues dans ce cadre, sans aucun contradictoire à l'égard du dirigeant de l'entreprise ciblée, lequel était absent lors de ces réunions, pour ensuite convoquer ce dernier dans le cadre d'un entretien de prévention. Ce d'autant que cette convocation pouvait *in fine* aboutir à la saisine d'office du tribunal aux fins d'ouverture d'un redressement ou d'une liquidation judiciaire, lorsqu'elle était encore possible, étant ajouté que le président pouvait de surcroît être amené à siéger lors de la décision d'ouverture. Fort heureusement, suite à cette question parlementaire, il a été mis un terme à ces pratiques illégales même si l'utilité de ces cellules de prévention-détection a reçu l'approbation de certains[175].

81. Vers une participation du président du tribunal de commerce aux CODEFI ? Une mission d'information relative aux entreprises en difficulté du fait de la crise sanitaire a abouti à un rapport d'information du président Romain GRAU[176], député, enregistré le 21 juillet 2021 à la présidence de l'Assemblée Nationale. Ce rapport ne comporte pas moins de 52 propositions dont une proposition n° 19 qui a retenu notre attention en ce qu'elle prévoit :

« *Permettre expressément la participation des Présidents de tribunaux de commerce ou du juge de prévention aux CODEFI.* Cela passe par

- *Les habiliter au secret fiscal en ce sens ;*

- *Rendre obligatoire la transmission des informations détenues par le CODEFI au tribunal de commerce* ».

Si une telle proposition venait, un jour ou l'autre, à être retenue et au regard des conditions posées, il nous semble qu'il conviendrait impérativement de veiller à ne pas retomber dans les travers précédemment évoqués.

82. En conclusion sur ce point, à trop vouloir bien faire … on peut aboutir à des excès, voire à des abus. Le pouvoir accordé au Président du tribunal de convoquer un dirigeant doit donc s'exercer avec rigueur et rester strictement dans le cadre de la loi, tout comme d'ailleurs l'entretien qui s'en suivra.

2019/00545/A515, JCP E, 2019, 1192, obs. Ch. Delattre.

[175] P. Modat, *Les cellules de prévention : l'efficacité n'est pas contraire à la loi,* Rev. proc. coll. 2011, étude 10.

[176] Rapport AN, n° 4390, 15ème législature.

Section 2. L'entretien ... ou l'absence d'entretien avec le dirigeant

83. Le ministère public, *a priori* non concerné. De prime abord, le ministère public n'est là encore pas concerné par cet entretien, mais il peut par la suite être amené à avoir connaissance des difficultés de l'entreprise, suite à cet entretien, y compris d'ailleurs, si le dirigeant ne répond pas à la convocation du président. La convocation du dirigeant par le président du tribunal est régie très précisément par les textes afin d'informer le dirigeant de la possibilité qu'il a de ne pas se rendre à cette convocation qui s'apparente plus à une « invitation » (§ 1). Le dirigeant est également informé du déroulement de l'entretien qui présente une certaine originalité (§ 2).

§ 1. L'« *invitation* » du dirigeant par le président du tribunal

84. La convocation du dirigeant est facultative pour le président du tribunal (A) et d'une certaine manière elle s'apparente plus à une « invitation » puisqu'il peut tout à fait décider de ne pas se rendre à cette convocation même si en définitive une telle attitude n'est pas sans risques (B). Enfin, il nous semble important de rappeler que cette convocation doit en principe être unique, à peine de laisser croire au dirigeant qu'il est alors, en quelque sorte, sous la protection de la justice, argument qu'il invoque parfois lorsqu'ultérieurement il est poursuivi en vue du prononcé d'une sanction (C).

A. La convocation du dirigeant, une faculté pour le président du tribunal

85. La prévention-détection plébiscitée par les tribunaux de commerce. La faculté pour le président du tribunal de convoquer le dirigeant est appliquée différemment selon les juridictions, leurs présidents et leur appétence à l'aspect économique. Toutefois, il n'est pas un discours de président de tribunal de commerce qui ne fasse pas, lors de chaque rentrée solennelle, un état des convocations à un entretien de prévention ainsi que des mesures préventives ouvertes dans sa juridiction et le nombre de salariés concernés au cours de l'année judiciaire qui se termine. C'est un rituel incontournable qui atteste assurément de l'importance accordée par la justice consulaire à la prévention-détection comme à la prévention-traitement, ce qui démontre, s'il en était besoin, l'importance accordée à cette approche.

86. Une mission difficile à exercer pour les tribunaux judiciaires. Un constat s'impose. Les présidents des tribunaux judiciaires sont beaucoup plus en retrait sur le terrain de la prévention-détection[177]. On peut regretter ce constat ce d'autant que même si le nombre de procédures collectives devant les tribunaux judiciaires est réduit par rapport à l'ensemble des nombreux autres contentieux, les conséquences humaines, économiques et financières peuvent être très importantes[178]. Certaines procédures visant notamment des associations employant un nombre important de salariés mériteraient une détection de leurs difficultés afin d'éviter l'ouverture d'une procédure collective. Mais il est vrai que les greffiers des tribunaux judiciaires ne collectent pas les mêmes informations dès lors qu'ils n'ont pas à leur disposition les mêmes fichiers que les greffiers des tribunaux de commerce. Aussi, il a été relevé fort justement que si la mission qui est ainsi confiée au président des tribunaux judiciaires « *est utile au regard du développement économique des activités concernées, il ne leur est pas nécessairement facile de l'assumer efficacement* »[179]. De surcroît, ils ne peuvent convoquer certains professionnels relevant pourtant de leur juridiction.

87. L'impossibilité de convoquer certains professionnels appartenant à certaines professions juridiques réglementées. Un nombre important de justiciables du tribunal judiciaire ne peuvent faire l'objet d'une convocation par le président. Il s'agit des personnes physiques ou morales exerçant la profession d'avocat, d'administrateur judiciaire, de mandataire judiciaire ou d'officier public ou ministériel, que le président du tribunal ne peut pas convoquer et pour lesquelles il ne peut exercer ses pouvoirs d'investigations[180]. Il ne peut donc qu'informer l'ordre professionnel ou l'autorité compétente dont relèvent ces professionnels, sur les difficultés portées à sa connaissance relativement à la situation économique, sociale, financière et patrimoniale du professionnel[181]. Cette information prend la forme d'une note expliquant les difficultés portées à la connaissance du président du tribunal judiciaire qui est transmise par le greffier par lettre recommandée avec avis de réception. Pour

---

[177] V. par exemple, M. Armand-Prévost, *Quel profil pour un juge économique en France ?* in, *Mélanges Pierre Bézard. Le juge et le droit de l'économie*. LPA Montchrestien, 2002, p. 33 ; cf. Les états généraux de la justice, présidés par Jean-Marc Sauvé. Le rapport du comité de 2022 propose notamment la création de juges civilistes économiques afin de mieux intégrer l'analyse économique dans le raisonnement juridique et envisager également des détachements dans les tribunaux de commerce ; K. Lemercier et F. Mercier, *Etats généraux de la justice : propositions pour une réforme de la justice économique*, Dalloz act. 6 sept. 2022.

[178] L'Ecole Nationale de la Magistrature, consciente de cette situation, propose à ce titre de nombreuses formations sur ce contentieux et prévoit également des stages dans les études de professionnels de l'insolvabilité.

[179] *Prévention des difficultés des entreprises*, par D. Vidal, refonte par C. Vincent, J.-Cl. Procédures collectives, Fasc., n° 2025, n° 112, *in fine*.

[180] Rapport au président de la République : *JO, 14 mars 2014*.

[181] C. com., art. L. 611-2-1, al. 2.

le reste, le texte prévoit que le représentant de l'ordre ou de l'autorité compétente doit faire connaître au président du tribunal les suites données à cette information dans un délai d'un mois là encore par lettre recommandée avec accusé de réception, sans préciser quelles sont les conséquences du non-respect de cette obligation[182]. Toutefois, le président du tribunal peut en tout état de cause surveiller l'évolution de la situation, et il nous semble, à l'instar d'un auteur, qu'il pourrait même faire parvenir une note au ministère public aux fins de demander l'ouverture d'une procédure de redressement ou de liquidation judiciaire[183], s'il dispose bien sûr des informations le justifiant.

88. Les modalités de la convocation par le président du tribunal. Sous cette réserve, dès lors que le président décide de convoquer le dirigeant, qu'il s'agisse du président du tribunal de commerce ou judiciaire, les textes et donc les modalités sont identiques. En particulier, même si la décision de convoquer le dirigeant n'est évidemment pas un jugement[184], une note par laquelle il expose les faits motivant son initiative doit l'accompagner[185]. Le dirigeant doit en effet être en mesure de connaître les raisons qui ont justifié cette convocation mais aussi pouvoir apporter des éléments de réponse pertinents ou même des compléments d'information au président, lors de l'entretien.

89. Une faculté pour le président du tribunal. Des auteurs évoquent un droit de convocation du président du tribunal de commerce et du tribunal judiciaire[186] lequel n'est pas une obligation, mais soumise à son appréciation souveraine[187]. Ainsi quels que soient les éléments dont il dispose, il reste libre d'exercer ou non cette faculté. Il a été relevé que ce caractère facultatif fait « *contraste avec le déroulement, en trois ou quatre étapes impérativement aménagées, de l'alerte du commissaire aux comptes* »[188]. S'il n'est bien évidemment pas question ici de prôner des convocations systématiques, obligation qui serait impossible à mettre en œuvre, ne serait-ce que parce qu'il est nécessaire de conserver une faculté d'appréciation des éléments dont dispose le président, une systématisation de la désignation de juges de la prévention dans tous les tribunaux pourrait être envisagée. Aussi bien, cette pratique s'est

---

[182] C. com., art. R. 611-10-1.
[183] *Prévention des difficultés des entreprises*, par D. Vidal, refonte par C. Vincent, J.-Cl. Procédures collectives, préc., n° 113.
[184] P.-M. Le Corre, *Droit et pratique des procédures collectives*, Dalloz action, 2023/2024, n° 122-214.
[185] C. com., art. R. 611-10.
[186] C. Saint-Alary-Houin et M.-H. Monsèrié-Bon, *Prévention et traitement amiable des difficultés des entreprises,* LGDJ, Droit du paiement, 2018, n° 314 et s.
[187] M. Menjucq, B. Saintourens et B. Soinne (dir.), *Traité des procédures collectives*, Lexisnexis, 3ème éd., 2021, n° 155.
[188] J.-P. Sortais, *Entreprises en difficulté. Les mécanismes d'alerte et de conciliation*, LGDJ, Systèmes droit, 2015, note n° 115, p. 43.

déjà largement développée devant la plupart des tribunaux et il conviendrait tout d'abord de vérifier qu'elle n'est pas déjà en place.

B. La faculté pour le dirigeant de ne pas se rendre à l'entretien

90. Une faculté pour le dirigeant. Le dirigeant a la faculté de ne pas se rendre à la convocation. Et d'ailleurs, la convocation qui lui est adressée par le greffe, sous forme de lettre recommandée avec demande d'avis de réception et par lettre simple, reproduit notamment l'article R. 611-11, prévoyant un procès-verbal de carence[189]. Il ne fait donc aucun doute que le président du tribunal ne dispose d'aucun moyen de coercition. Simplement, le fait que la convocation émane du président d'une juridiction permet de revêtir celle-ci d'une certaine importance et inciter le dirigeant à se rendre à cette « invitation ». Il a même été dit que « *le pouvoir de persuasion, sinon la crainte révérencielle attachée à sa personne ou à ses fonctions étant sa principale, sinon son unique arme* »[190].

91. L'absence de moyens de coercition. Si le dirigeant ne se présente pas suite à la convocation, aucune sanction ou autre contrainte n'est possible. Simplement, le greffier doit dresser, le même jour, un procès-verbal de carence lequel est déposé au greffe, accompagné de l'avis de réception de la convocation. La copie du dit procès-verbal est transmise par lettre recommandée avec accusé de réception au dirigeant défaillant en application de l'article R. 611-11 alinéa 2 et 3 du code de commerce. On rappellera qu'avant l'ordonnance n° 2021-1193 du 15 septembre 2021, ce procès-verbal de carence permettait au président du tribunal de mener des investigations[191], puisque l'article L. 611-2, al. 2 prévoyait en effet que le président du tribunal pouvait mener des investigations à l'issue de l'entretien ou si les dirigeants ne s'étaient pas rendus à la convocation. Désormais, les investigations peuvent être menées dès la convocation à l'entretien, ce qui rend le procès-verbal de carence moins utile sous cet angle. Toutefois, si le président du tribunal n'a pas initié de demande de renseignements au moment de la convocation, il peut tout à fait le faire, suite à l'entretien ou si le dirigeant ne s'est pas présenté comme le prévoit l'article R. 611-12 du Code de commerce.

92. Mais une forte incitation à répondre à la convocation. Le président du tribunal n'est pas totalement démuni face à un dirigeant qui ne s'est pas présenté à l'entretien de prévention. Si l'absence de réponse à une convocation pour un entretien de prévention ne caractérise aucunement un état de

---

189 C. com., art. R. 611-10.
190 J.-P. Sortais, *op. cit.*, n° 29.
191 V. supra n° 66 - 67.

cessation des paiements, elle constitue un indice d'une éventuelle situation dégradée et le président du tribunal peut, s'il dispose d'éléments suffisants, ou s'il en reçoit dans le cadre de ses investigations, rédiger une note et la transmettre au ministère public afin de permettre à ce dernier de saisir éventuellement le tribunal aux fins d'ouverture d'une procédure collective[192]. Même si comme nous l'avons vu, il peut désormais mener des investigations dès l'envoi de la convocation, il peut également le faire lorsque le dirigeant ne se rend pas à la convocation, ce qui peut éventuellement inciter celui-ci à se rendre à ladite convocation.

93. Le refus du dirigeant, une fuite en avant ? L'absence de réponse du dirigeant à un entretien de prévention n'est pas anodine. Il caractérise dans tous les cas un refus de sa part de saisir la main tendue, de mettre la plupart du temps un terme à une fuite en avant et peut constituer un argument dans le cadre d'une procédure de sanction ultérieure si une procédure collective est ouverte. Ainsi, une cour d'appel, a considéré : « *que malgré l'augmentation des pertes de 422.742 euros en 2016 à 595.333 euros en 2017 et la croissance des capitaux propres négatifs déjà relevée, M. X. a poursuivi l'exploitation déficitaire de la société et n'a été interrompu dans cette poursuite d'activité que par la saisine d'office du tribunal de commerce suite à l'échec de sa convocation à l'entretien avec le président de ce tribunal dans le cadre de la procédure de prévention* »[193]. Il ne s'agit bien sûr pas de généraliser, et le seul défaut de réponse à la convocation ne semble pas pouvoir justifier une cause de sanction. Pour autant, cette attitude peut assurément être prise en compte, avec d'autres fautes comme notamment la poursuite d'une activité déficitaire, une déclaration tardive de la cessation des paiements, dans le cadre d'une action en responsabilité ou en sanction professionnelle.

94. Une nouvelle convocation après le procès-verbal de carence ? Certains présidents de tribunal de commerce n'hésitent pas à donner une seconde chance après l'établissement du procès-verbal de carence et procèdent à une nouvelle convocation en vue d'un entretien préalable. Mais surtout il semblerait que certains d'entre eux utilisent une formule qui peut paraître originale : « *Le président de ce tribunal prendra toutes les initiatives qu'il estimera utiles aux fins de recueillir des renseignements sur la situation financière, économique et sociale de l'entreprise dont le ministère public pourra se saisir pour demander l'ouverture d'une procédure collective* »[194]. Une telle

---

[192] V. infra n° 341et s.

[193] CA Grenoble, ch. com., 20 juin 2013, RG n° 10/03483 et T. com. Valenciennes, 7 oct. 2013, RG n° 2013004542, Rev. proc. coll. 2013/6, n° 155, obs. Ch. Delattre ; voir également T. com. Valenciennes, ch. 2, 2 sept. 2024, RG n° 2024003447, Rev. pro. Coll. 2025/2, n° 36, note Ch. Delattre.

[194] C. Saint-Alary-Houin et M.-H. Monsèrié-Bon, *Prévention et traitement amiable*

formulation peut certes paraître menaçante. Mais il ne s'agit que d'une sorte de rappel de la loi puisque le président ne fait que rappeler au dirigeant les conséquences possibles de sa non présentation suite à la convocation. La peur d'une procédure collective ou la crainte du ministère public peuvent-elles convaincre le dirigeant de venir à cet entretien de prévention ? Il nous semble que si un dirigeant ne vient pas dès la première convocation, on ne peut que craindre que la situation de l'entreprise ne se limite pas à de simples difficultés ce qui a pour effet de rendre le recours aux mesures préventives sans doute trop tardif. Aussi bien, cette pratique de la double convocation n'est pas préconisée, sauf cas exceptionnel, par la Conférence Générale des Juges Consulaires de France[195].

C. Une seule convocation

95. Un seul entretien. Si cette fois, le dirigeant répond à la convocation du président du tribunal, il nous semble qu'il ne convient surtout pas de renouveler les convocations et entretiens, ce qui pourrait laisser croire au dirigeant qu'il s'agit d'un mode de traitement de ses difficultés. Tout au plus, un second entretien peut-il être envisagé par exemple lorsque des documents ou informations font défaut[196]. Plusieurs décisions de justice ont d'ailleurs mis en exergue le risque de multiplier les convocations et donc les entretiens.

96. Le risque de voir le dirigeant s'abriter derrière un « pseudo suivi » par le juge de la prévention. Dans une première espèce, sur requête du parquet, un ancien dirigeant avait été sanctionné par une mesure d'interdiction de gérer de deux ans au motif d'une déclaration de cessation des paiements tardive, un passif de l'ordre de 600.000 euros s'étant constitué au cours de la période suspecte. Dans son appel, le dirigeant plaidait ne pas comprendre la situation en ce qu'il justifiait avoir rencontré à pas moins de sept reprises le magistrat en charge de la prévention dont la première fois avant la cessation des paiements et donc le début de la période suspecte. Ces « *rendez-vous conseils* » instaurés sur le long terme par le juge de la prévention en dehors de tout cadre légal avaient pu faire croire au dirigeant qu'il était « suivi » par le juge de la prévention. A moins, bien sûr qu'il ait « utilisé » ces entretiens pour retarder un inévitable dépôt de bilan, en toute connaissance de cause, instrumentalisant en quelque sorte le juge de la prévention. Le fait d'avoir rencontré sur un laps de temps assez long et régulièrement - à sept reprises - le juge en

---

des difficultés des entreprises, op. cit., n° 328.

[195] Conférence Générale des Juges Consulaires de France, fiche C330, *Entretien de prévention,* V_04_23.

[196] En ce sens, I. Rohart-Messager, *art. préc.*

charge de la prévention, auquel s'ajoute un contexte économique particulier, a convaincu la cour d'appel d'infirmer le jugement de sanction[197]. Ainsi, de bonne foi ou non, l'ancien dirigeant a pu croire que le fait de rencontrer le juge de la prévention dans de telles conditions et autant de fois, lui permettait de penser qu'il pouvait poursuivre son activité sans risque et sans crainte. Un tel suivi par le juge de la prévention est excessif et surtout doit être proscrit.

97. L'entretien, prétexte pour échapper à une action en responsabilité. Dans une autre affaire, l'ancien dirigeant, condamné au paiement d'une somme de 100.000 euros au titre de l'action en responsabilité pour insuffisance d'actif, soutenait ne pas avoir poursuivi abusivement une activité déficitaire dès lors qu'il estimait avoir poursuivi son activité sous le contrôle du tribunal. Mais pour la Cour d'appel, *« S'il est exact que le 21 février 2013, le président du tribunal de commerce de Coutances a convoqué Mr. X. dans le cadre des dispositions visant à prévenir les difficultés des entreprises, cette convocation n'équivaut pas à une mise sous surveillance du dirigeant de l'entreprise concernée qui demeure responsable de sa gestion et maître de ses choix. Mr. X. ne peut donc utilement invoquer l'absence de mise en œuvre par le président du tribunal de commerce de Coutances de toute mesure visant à l'ouverture d'une procédure collective à l'issue de leur entrevue le 2 mars 2013 pour prétendre à l'absence de toute faute de gestion susceptible de lui être imputée et s'exonérer de sa responsabilité »*[198].

98. Une prétendue « pression des pouvoirs publics ». On signalera enfin une dernière décision qui dépasse un peu notre problématique mais qui vient rappeler que l'action préventive du président du tribunal ne peut être invoquée par un dirigeant pour échapper à ses responsabilités. Dans cette affaire, un dirigeant avait été condamné au titre de la responsabilité pour insuffisance d'actif à payer une somme de 50.000 euros et à une interdiction de gérer de trois ans. Pour tenter d'échapper à cette condamnation en appel, il soutenait qu'à la suite du déclenchement de deux procédures d'alerte en date des 1er octobre 2012 et 17 juin 2013 transmises au président du tribunal de commerce ainsi qu'au procureur de la République, il avait été reçu par le président. Selon lui, tant le procureur de la République que le président du tribunal avaient donc parfaitement connaissance et conscience de sa situation. Et l'ancien dirigeant de soutenir qu'il n'avait pas régularisé une déclaration de cessation des paiements de façon plus précoce, car il aurait subi des pressions des pouvoirs publics pour maintenir en vie l'entreprise et sauvegarder des emplois. Cet argument est écarté par la cour d'appel dès lors que l'appelant n'en

---

[197] CA Paris, 3ème ch. Sect. B, 29 mars 2007, RG n° 06/12891.

[198] CA Caen, 2ème ch. civ. et com. 15 fév. 2018, RG n° 17/01399, JCP E, 2018, 1341, obs. Ch. Delattre.

apportait pas la preuve, et le jugement de condamnation en première instance est confirmé[199].

99. L'entretien n'est pas une cause exonératoire de responsabilité. Cette motivation tend à laisser penser que si le dirigeant avait pu apporter la preuve concernant cette « *pression des pouvoirs publics* », cela aurait peut-être été pris en compte pour limiter, voire l'exonérer, de sa responsabilité. Cet argument de la « *pression des pouvoirs publics* » n'est pas un argument isolé, et à notre connaissance, il a parfois été invoqué au motif notamment qu'il fallait éviter et/ou retarder le dépôt de bilan car il s'agissait d'une période pré-électorale et que certains représentants de l'Etat avaient vivement conseillé de retarder la demande d'ouverture afin d'éviter une vague de licenciements massive. Que cette pratique soit avérée ou non, il n'en reste pas moins que le dirigeant est bien le seul à gérer son entreprise et le seul responsable de sa gestion, entretien avec le président du tribunal ou non. Il semble donc indispensable et nécessaire que les présidents qui rencontrent des chefs d'entreprise dans le cadre d'un entretien de prévention leur rappellent qu'ils sont les seuls responsables de la gestion de leur entreprise et que rencontrer le président du tribunal dans le cadre d'un entretien de prévention ne place aucunement le dirigeant et son entreprise sous la protection du tribunal.

100. La meilleure façon d'éviter cette situation est quoi qu'il en soit, d'éviter de renouveler les convocations et entretiens, à peine pour le juge de la prévention de se voir instrumentalisé par les plaideurs.

101. La demande du dirigeant à être reçu par le président. On signalera ici une autre pratique qui consistait à encourager les chefs d'entreprises à demander à être reçu par le président du tribunal lorsqu'ils connaissent des difficultés. Si l'initiative paraît louable, il convient là encore pour le juge de faire preuve de la plus grande prudence, puisqu'il n'est nullement à l'abri de voir un dirigeant user d'une telle pratique, dans le seul objectif de tenter de se mettre à l'abri d'éventuelles sanctions ultérieures.

§. 2. Le déroulement de l'entretien

102. Un juge pour informer et non pour juger. S'il est donc acquis que l'entretien ne doit pas être renouvelé, la question se pose tout d'abord de déterminer quelle est la marge de manœuvre du président ou du juge délégué à la prévention lors de cet entretien et quel doit être son positionnement. Le texte prévoit que la convocation intervient « *pour que soient envisagées les mesures*

[199] CA Paris, pôle 5, ch. 8, 12 sept. 2017, G n° 16/17201.

propres à redresser la situation »[200]. Il ne faut toutefois pas s'y tromper, il est en effet avéré que le juge ne doit en aucun cas, être le conseil du dirigeant. Son rôle se limite à expliquer les raisons pour lesquelles le débiteur a été convoqué en lui indiquant les outils juridiques mis à sa disposition pour traiter sa situation. « *Le juge de la prévention est là pour informer et non pour juger* »[201]. Il a également été dit qu'il « *n'intervient pas en effet en qualité de juge, mais plutôt en tant que professionnel de la vie des affaires* »[202].

103. Alerter et informer. La Conférence Générale des Juges Consulaires de France indique clairement que le rôle du juge de la prévention est strictement limité : « *La mission du juge peut donc se résumer en deux mots ALERTER – INFORMER ni plus ni moins, pour lui faire prendre conscience* »[203]. Ne pas être le conseil juridique est essentiel dès lors qu'il ne peut s'agir que d'une prise de conscience[204]. De surcroît, conseiller le chef d'entreprise aboutirait d'une part à violer le principe de l'impartialité qui s'impose au juge de la prévention et, d'autre part, à fournir un argument pouvant permette à l'ancien dirigeant d'échapper à une action en sanction comme a pu le dire la jurisprudence. Aussi bien, à ce stade, le juge ne dispose pas d'informations suffisamment complètes et vérifiées pour avoir une vision certaine de la situation de l'entreprise. Partant, les conseils qu'il viendrait à donner au chef d'entreprise risqueraient de ne pas être pertinents. Certes, il peut désormais mener des investigations dès l'envoi de la convocation, mais puisque la convocation doit être envoyée au moins un mois avant l'entretien, et que les personnes interrogées par le président, disposent d'un délai d'un mois pour répondre, il n'est pas certain qu'il reçoive les informations résultant de ses investigations et puissent les analyser dans les temps. En outre, par application de l'article R. 611-10 du Code de commerce, il est joint à la convocation « *une note par laquelle le président du tribunal expose les faits qui ont motivé son initiative* », et par définition, il n'a pas pu évoquer dans cette lettre les résultats de ses investigations. Tout au plus, pourrait-il les évoquer lors de l'entretien, s'il les a obtenus. Le rôle du président du tribunal n'est donc pas de « *suggérer des solutions mais d'amener le dirigeant à mesurer l'ampleur des difficultés de*

---

[200] Alors que, comme le note le Professeur Jean-Pierre Sortais, « *dans la formulation de 1984, les dirigeants étaient convoqués « afin d'indiquer les mesures qu'ils envisagent pour redresser la situation »* », J.-P. Sortais, *Entreprises en difficulté. Les mécanismes d'alerte et de conciliation*, LGDJ, Systèmes droit, 2015, n° 30, note 123.

[201] I. Rohart-Messager, *La prévention détection par les présidents des tribunaux de commerce*, art. préc.

[202] J.-Ph. Haehl, *Le droit d'alerte du président du tribunal*, LPA, n° 110, 14 sept. 1994.

[203] Conférence Générale des Juges Consulaires de France, fiche C330, *Entretien de prévention,* V_04_23.

[204] F. Pérochon, avec le concours de Fl. Reille, M. Laroche, V. Martineau-Bourgninaud, Th. Favario et A. Donnette, *Entreprises en difficulté*, LGDJ, 12ème éd., 2024, n° 153.

l'entreprise »[205]. Dans le même esprit, il a été dit que « *le juge de la prévention devra faire preuve de sollicitude sans doute, mais aussi de prudence. Ses propos doivent être bien compris et l'entretien ne doit pas être perçu comme dégageant l'interlocuteur de ses responsabilités. Tout au contraire, c'est une prise de conscience qui doit en résulter* »[206].

104. Une relation de confiance. C'est « *une relation de confiance, s'appuyant sur l'autorité et la compétence du magistrat que le législateur organisant cette alerte a cherché à instaurer pour aider l'entreprise* »[207]. Il a été relevé que l'entretien en lui-même, suppose de la part du président ou du juge qu'il a délégué à la prévention, des qualités psychologiques, « *il doit savoir écouter le débiteur mais également le mettre en confiance, l'amener à parler avec franchise, lui manifester davantage d'empathie que de méfiance* »[208]. Le même auteur ajoutait qu'il doit également « *posséder des compétences techniques* », afin notamment d'analyser les documents comptables[209]. Pour autant, « *l'audition est très informelle. (...) Il n'existe aucune solennité quelconque. Le juge de la prévention a pour mission notamment de rompre l'isolement du chef d'entreprise surtout dans le cas de PME* »[210]. Comme le relevait Guyon, le président est « *comme le psychanalyste qui écoute en silence son patient* »[211].

105. Un entretien confidentiel. Reste à ajouter que cet entretien est confidentiel, ce qui est essentiel, puisqu'il ne faudrait surtout pas que la convocation du dirigeant aboutisse à augmenter ses difficultés ou même à créer des difficultés, si ses partenaires venaient à l'apprendre. D'ailleurs, les destinataires de la demande de renseignements sont des institutions publiques et en aucun cas, les créanciers ou partenaires privés de l'entreprise ou encore les salariés, ni *a fortiori*, les banques. Il a toutefois été observé que la convocation pouvait parfois ne pas rester confidentielle ce qui peut poser problème au sein de l'entreprise.[212] Au demeurant, l'entretien se déroule hors la présence du

---

[205] A. Bricard, E. Lacroix-Philips, T. Legrain, M. Morin, C. Chevillon et J. Varoclier, *Accompagner le chef d'entreprise en difficulté. De la prévention au rebond*, Lexisnexis, 2006, n° 120.

[206] J.-B. Drummen, *Les entreprises en difficulté : terre de conflits. Synthèse des intérêts contraires*, Gaz. Pal. 26 juin 2008, p. 54.

[207] A. Jacquemont, N. Borga et Th. Mastrullo, *Droit des entreprises en difficulté*, Lexisnexis, 13ème éd., 2025, n° 73.

[208] I. Rohart-Messager, *La prévention détection par les présidents des tribunaux de commerce, art. préc.*

[209] I. Rohart-Messager, *art. préc.*

[210] M. Menjucq, B. Saintourens et B. Soinne (dir.), *op. cit.*, n° 154.

[211] Y. Guyon, *op. et loc. cit.*

[212] P.-M. Le Corre, *Droit et pratique des procédures collectives*, Dalloz action, 2023/2024, n° 122-214.

greffier[213], ce qui aurait selon certains, précisément pour objectif de renforcer la confidentialité[214], mais ce qui participe également selon nous à donner à l'entretien un caractère non judiciaire et informel afin de mettre en confiance le chef d'entreprise. Cet entretien donne lieu à un procès-verbal qui ne mentionne que la date et le lieu de l'entretien ainsi que l'identité des personnes présentes[215]. Le dirigeant peut ainsi échanger librement avec le juge sans avoir à craindre que ses propos puissent lui porter préjudice par la suite.

106. Favoriser une prise de conscience du dirigeant. L'objectif est donc de favoriser de la part du dirigeant une prise de conscience salvatrice de la réalité de sa situation économique et de trouver une solution adaptée. Dans tous les cas, l'entretien n'est pas un entretien de simple courtoisie[216]. Pour autant, à ce stade, « *il convient de faire appel à la persuasion plutôt qu'à la contrainte* »[217], faire prendre conscience au dirigeant de ses difficultés, lui exposer les risques qu'il encourt si par exemple il est en état de cessation des paiements, mais aussi lui exposer les instruments juridiques dont il dispose, et que bien souvent, il ne connaît pas, tout particulièrement s'agissant d'une entreprise de taille modeste, le dirigeant étant alors souvent seul aux commandes et peu entouré. De là à lui conseiller le recours à telle ou telle procédure, il n'y a qu'un pas à franchir et même s'il est tentant de le faire, sans doute faut-il l'éviter à peine de tomber dans le conseil. A cet égard, on soulignera le rôle très particulier qui est assigné au Président du tribunal ou au juge de la prévention, très éloigné de son rôle habituel. Si les juges consulaires apparaissent particulièrement bien armés pour recevoir un de leurs pairs, comprendre sa situation et le mettre en confiance, il est sans aucun doute très tentant pour eux de donner des conseils à un chef d'entreprise, lorsque la situation leur paraît évidente tout particulièrement lorsqu'ils sont eux-mêmes chef d'entreprise. Mais ils doivent l'éviter absolument.

107. Un entretien salvateur. Face à une prise de conscience effective du dirigeant suite à un entretien de prévention fructueux dans lequel le président fournit les éléments de réponse utiles et les orientations possibles, le dirigeant peut décider de régulariser une déclaration de cessation des paiements, ou pré-

---

[213] C. com., art. R. 611-11, al. 1er.

[214] *Prévention des difficultés des entreprises*, par D. Vidal, refonte par C. Vincent, J.-Cl. Procédures collectives, Fasc., n° 2025, n° 113.

[215] C. com., art. R. 611-11, al. 1er.

[216] T. com. Valenciennes, 26 sept. 2011, RG n° 2011/1372 ; RG n° 2011/1369 et RG n° 2011/1370, Rev. proc. coll. 2011/6, n° 151, obs.Ch. Delattre ; T. com. Valenciennes, 7 oct. 2013, RG n° 2013004542 et CA Grenoble, ch. com. 20 juin 2013, RG n° 10/03483, Rev. proc. coll. 2013/6, n° 155, obs. Ch. Delattre.

[217] J.-P. Sortais, *op. cit.*, n° 29.

férer recourir à une procédure de traitement préventif, mandat *ad hoc* ou conciliation, ou encore procédure de sauvegarde, en fonction notamment de l'ampleur et de la nature de ses difficultés. Une telle issue démontre que la convocation à un entretien de prévention et le rôle du président ont été tout à fait salvateurs dans la prise de conscience du dirigeant[218] pour la suite de la procédure[219]. Il se peut aussi que les difficultés soient résolues ou moins importantes que les éléments portés à la connaissance du président le laissaient présumer, auquel cas, bien évidemment aucune suite ne sera donnée.

108. Un dirigeant parfois non convaincu. Il se peut aussi que le dirigeant non convaincu, bien que ses difficultés soient importantes et graves, décide de ne rien faire. Là encore, le président du tribunal n'a aucun pouvoir de contrainte. Il ne peut pas nommer un administrateur provisoire pour assurer la gestion de l'entreprise ou encore désigner un expert[220]. Il n'est pas démuni pour autant puisqu'il peut s'il ne l'a pas encore fait, mener des investigations complémentaires qui pourront éventuellement aboutir *in fine* à l'ouverture d'une procédure de redressement ou de liquidation judiciaire, sur requête du ministère public[221]. Certains présidents ont tenté de rester maîtres de la situation en ordonnant l'ouverture d'une enquête préalable au visa de l'article L. 621-1 du code de commerce. Cependant, une telle démarche a été censurée pour cause d'excès de pouvoir du président[222]. En effet, seul le tribunal est compétent pour ouvrir une enquête préalable, lorsqu'il est saisi d'une demande d'ouverture d'une procédure collective.

109. Pour une analyse globale de la détection et le traitement des difficultés des TPE et PME. Il est utile de se reporter au rapport de la Cour des comptes qui a émis un avis au visa de l'article R.143-11 du code des juridictions financières sur la détection et le traitement des difficultés des TPE et PME au travers des divers dispositifs existant au titre de la période du 2028-2023[223]. La Cour des comptes y présente un regard assez critique en évoquant notamment un bilan décevant après avoir pointé un système de détection et d'orientation éclaté et réorganisé après la sortie de crise ; des procédures de traitement multiples qui n'ont pas toutes le même impact sur la viabilité des

---

[218] Sur la prise de conscience, voir F. Pérochon, *et alii*, *op. cit.*, n° 153.
[219] T. com. Lyon, ord. Prés. 20 mai 2021, RG n° 2021PR0139/2021LS0167, Rev. proc. coll. 2022/6, n° 91, obs. Ch. Delattre.
[220] En ce sens C. Saint-Alary-Houin, M.-H. Monsèrié-Bon, et C. Houin-Bressand, *Droit des entreprises en difficulté*, LGDJ, Précis Domat, 14ème éd., 2024, n° 220.
[221] V. infra n° 337 et s.
[222] CA Reims, ch. civ. 1ère sect. 14 mars 2011, RG n° 10/02930, JCPE 2011,1319, note Ch. Delattre, Rev. proc. coll. 2011/6, n° 157, note Ch. Delattre et BJE 2011-3, p.96, note J.P. Sortais.
[223] Cour des comptes, 1ère ch. 2è sect., n° 2024-0991, *La détection et le traitement des difficultés des TPE et PME*, exercices 2018-2023.

entreprises. Concernant la prévention via les procédures amiables développées au sein des tribunaux de commerce, la Cour des comptes estime « *qu'elles devraient être encouragées, en levant un certain nombre d'obstacles à leur mobilisation, notamment en encadrant leur coût pour les très petites entreprises* ». (cf. infra).

Conclusion du chapitre premier

110. En conclusion, il ne fait aucun doute que le droit accordé au président du tribunal de convoquer le dirigeant d'une entreprise lorsqu'il a connaissance de difficultés, est une mesure pertinente et utile qui a démontré son efficacité. Pour autant, le mieux est comme souvent l'ennemi du bien, et il convient donc pour le juge de la prévention, de rester strictement dans le cadre légal pour éviter des dévoiements ou plus simplement de se faire instrumentaliser par un chef d'entreprise.

111. Le ministère public et les suites de la convocation par le président du tribunal. Quant au ministère public, tout à fait logiquement, il n'a aucun rôle direct à jouer dans ce cadre, et il n'est d'ailleurs pas informé de la convocation du dirigeant par le président du tribunal, ni d'éventuelles investigations de ce dernier. Il peut toutefois être amené à communiquer certaines informations dont il disposerait au président du tribunal, ce qui peut conduire ce dernier à convoquer le dirigeant. En outre, comme nous aurons l'occasion d'y revenir, il peut être informé à l'issue de l'entretien ou même si le dirigeant ne répond pas à la convocation, si le président du tribunal décide de lui communiquer des éléments qui pourraient justifier une requête de sa part aux fins de saisir la juridiction compétente en vue de l'ouverture d'un redressement ou d'une liquidation judiciaire.

Chapitre deuxième

Le non-dépôt des comptes, le président du tribunal et le ministère public

112. Le rôle essentiel du président du tribunal en matière de dépôt des comptes. Si le président du tribunal dispose d'outils permettant de convoquer à un entretien de prévention un dirigeant dont l'entreprise rencontre des difficultés, il a également un rôle très important, primordial et principal selon nous, dans l'hypothèse où le dirigeant ne dépose pas les comptes de son entreprise nonobstant les dispositions légales.

113. Le non-dépôt des comptes, indice d'une situation éventuellement dégradée. Certes, le non-dépôt des comptes ne signifie pas nécessairement que l'entreprise ne tient pas sa comptabilité ou connaît des difficultés. Cela peut résulter d'une volonté de cacher la situation, bonne ou mauvaise, aux fournisseurs, clients ou salariés, mais aussi plus simplement parce que toute activité a cessé, sans que la société ait été liquidée. Toutefois, ce non-dépôt est bien souvent un indice de difficultés lequel constitue un critère pertinent des difficultés d'une entreprise. Ainsi, l'ancien président du tribunal de commerce de Paris Michel Rouger considère, à juste titre, qu'en matière de détection des difficultés faute de communication régulière des comptes, les présidents des tribunaux sont aveugles[224]. Ainsi, durant les travaux parlementaires de la loi du 26 juillet 2005, il avait été relevé qu'à Paris, « *80 % des SARL et 70% des SA qui déposent leur bilan ont arrêté de produire leurs comptes sociaux pour les deux années précédentes* »[225]. Aujourd'hui encore, dans neuf cas sur dix, le non-dépôt des comptes résulte du non-paiement des honoraires de l'expert-comptable, faute de trésorerie[226], ce qui est assurément un indice de difficultés assez graves.

114. Plan. C'est dans cet esprit que le législateur de 2005 a permis au président du tribunal d'imposer de sa propre initiative, au dirigeant, le dépôt de ses comptes (Section 1). La mise en œuvre de cette prérogative accordée au président du tribunal (Section 2) n'est peut-être pas aussi simple et satisfaisante qu'il y paraît, mais le ministère public peut être amené à intervenir en ce domaine à tout le moins indirectement.

---

[224] M. Rouger, *La prévention des difficultés des entreprises*, LPA, 14 juin 1995, n° PA199507102, p. 4.
[225] Rapport Sénat n° 335, T. 1, J.-J. Hyest, p. 99.
[226] T. com. Valenciennes, 4 juin 2012, RG n° 2012002201, Rev. proc. coll. 2012/6, n° 173, obs. Ch. Delattre.

Section 1. La possibilité accordée au président du tribunal de commerce d'imposer le dépôt des comptes

115. Le dépôt des comptes et la prévention-détection. Le dépôt des comptes d'une entreprise et sa publicité constituent une obligation légale (§ 1) dont le non-respect peut porter préjudice aux tiers mais peut aussi constituer un indice de difficulté, soit tout simplement parce que les comptes ne sont plus établis faute de pouvoir rémunérer l'homme du chiffre chargé de les établir, soit parce qu'ils démontrent des difficultés que le dirigeant ne souhaite pas voir divulguer. Ces raisons ont conduit le législateur à confier au président du tribunal de commerce le pouvoir de se saisir d'office aux fins de faire respecter cette obligation, dans un objectif affirmé de détection prévention des difficultés (§ 2).

§ 1. Le dépôt des comptes et leur publicité

116. De l'obligation de déposer les comptes à leur publicité. La tenue d'une comptabilité est à la fois obligatoire et essentielle pour une entreprise (A) mais cette dernière a également une obligation légale de déposer ses comptes. Or, le dépôt de ses comptes a pour effet d'en assurer la publicité ce qui la conduit parfois à ne pas satisfaire à son obligation de dépôt. Aussi, sans doute pour encourager les entreprises à respecter leur obligation légale de dépôt des comptes, le législateur a-t-il mis en place des règles permettant de limiter cette publicité (B).

A. De l'obligation et de l'importance de la tenue d'une comptabilité

117. Obligation de tenir une comptabilité. Le législateur a fixé des obligations en termes de tenue des comptes sociaux. Les obligations comptables applicables à tous les commerçants (personne physique ou morale) sont reprises aux articles L. 123-12 à L.123-28 et R. 123-72 à R.123-209 du code de commerce[227]. Elles imposent la tenue d'une comptabilité conformément aux normes comptables.

---

[227] CA Douai, ch. 2, sect. 2, 30 nov. 2023, RG n° 23/01205 ; CA Douai, ch. 2 sect. 2, 11 janv. 2024, RG n° 23/02189 ; CA Douai, ch. 2, sect. 2, 11 janv. 2024, RG n° 23/01437 ; CA Douai, ch. 2, sect. 2, 11 janv. 2024, RG n° 23/02189 ; CA Douai, ch. 2, sect. 1, 14 mars 2024, RG n° 23/03129.

118. Entreprises concernées. De nombreuses entreprises sont tenues de respecter cette obligation légale. Il en va ainsi des sociétés à responsabilité limitée (S.A.R.L., E.U.R.L.), sociétés de personnes (S.N.C, S.C.S.), sociétés par actions (S.A, S.A.S., S.C.A.), sociétés d'exercice libéral (S.E.L.A.R.L., S.E.L.A.F.A., S.E.L.C.A., S.E.L.A.S.), sociétés coopératives agricoles[228], sociétés commerciales ayant leur siège social situé à l'étranger et qui ont ouvert un ou plusieurs établissements en France et enfin, les entrepreneurs individuels à responsabilité limitée.

L'hypothèse d'une activité limitée ou d'une mise en sommeil de l'entreprise pendant plusieurs années n'exonère pas le dirigeant de ses responsabilités dans ses obligations comptables[229] dès lors que lui est reprochée l'absence de tenue ou la tenue incomplète d'une comptabilité et qu'aucune mention de mise en sommeil de la société n'est justifiée, pas plus que l'existence d'une liquidation amiable ou d'une radiation en bonne et due forme[230].

La bonne tenue d'une comptabilité par le dirigeant passe notamment par la connaissance de la lettre de mission signée entre l'entreprise et son expert-comptable afin de déterminer les obligations de chaque partie[231].

119. Intérêt de la comptabilité pour l'entreprise *in bonis*. Une comptabilité sérieuse et régulièrement tenue assure à l'entreprise un outil indispensable en ce qu'elle constitue un outil de pilotage lui permettant de connaître l'évolution de l'activité, la rentabilité, les pertes, mais aussi d'avoir une approche prévisionnelle de son activité et de ses moyens. La comptabilité régulièrement tenue permet également la nécessaire transparence indispensable dans le monde des affaires. Mais les avantages ne s'arrêtent pas là.

120. Intérêt de la tenue de la comptabilité dans le cadre de la police économique et criminelle. La tenue de la comptabilité est primordiale dans la lutte contre le blanchiment et le financement du terrorisme (LCB-FT). Sur ce point, les greffiers des tribunaux sont très actifs dans ce domaine et le Conseil National des Greffiers des Tribunaux de Commerce a établi en avril 2024 un livre blanc reprenant 15 propositions pour renforcer la lutte à la criminalité

---

228 Sous certaines conditions.

229 CA Douai, ch. 2, sect. 1, 24 nov. 2022, RG n° 21/06421, Rev. proc. coll. 2023/6, n° 16, note Ch. Delattre.

230 CA Lyon, 5 sept. 2024, RG n° 22/06852, Act. proc. coll. 2024/17, n° 204.

231 Ch. Delattre, *Caractérisation du défaut de tenue d'une comptabilité dans le cadre des sanctions commerciales du livre VI du code de commerce*, BJE nov./déc. 2024, n°201s2.

financière. Les greffiers des tribunaux de commerce sont des acteurs incontournables de la LCB-FT[232].

121. Intérêt de la comptabilité pour l'entreprise en difficulté. Au regard du droit des entreprises en difficulté, sans doute est-il utile de rappeler que non seulement l'absence de comptabilité ou une comptabilité irrégulière peut aboutir à des sanctions en cas de procédures collectives, mais elle est aussi, bien souvent, une condition plus ou moins directe du recours à telle ou telle procédure.

122. La comptabilité condition pour bénéficier de la procédure de traitement de sortie de crise. Un dirigeant qui ne dispose pas de comptes réguliers ne peut recourir à la procédure de traitement de sortie de crise[233] (relative à la gestion de la sortie de crise sanitaire), dispositif dont l'application provisoire a été récemment prolongée[234]. On rappellera en effet que cette procédure permet à une entreprise remplissant certaines conditions, notamment de taille[235], de bénéficier d'une procédure rapide dont la période d'observation est limitée à trois mois. Or, en raison de sa brièveté, cette procédure n'a aucune

---

[232] Voir *Les greffiers, acteurs de la LBT-FT*, Bull. d'act. des greffiers, n° 191-1, déc. 2024, Lefebvre-Dalloz, éditions législatives.

[233] Pour plus de développements sur cette procédure, v. Th. de Ravel D'esclapon et N. Guyomard, *La nouvelle procédure de traitement de sortie de crise*, D. 2021, p. 1486 ; Ph. Roussel Galle, *Création d'une procédure de traitement de sortie de crise !,* Dict. perm. diff. entr., Bull. juin 2021, p. 1 ; F. Petit, *Bienvenue à la procédure de traitement de sortie de crise,* Act. proc. coll. 11/2021, 134, p. 2 ; F.-X. Lucas, *L'instauration d'un redressement judiciaire simplifié*, Leden 6/2021, n° 200c7, p. 1 ; B. Saintourens, *La procédure de traitement de sortie de crise : innovante et éphémère*, Rev. proc. coll. 5/2021, Etude 14 ; Ch. Delattre, *Le ministère public : organe de contrôle des nouvelles dispositions dont la procédure de sortie de crise,* Rev. proc. coll. 2022/1, dossier 12, spéc. n° 9 ; S. Almaseanu, *Procédure de traitement de sortie de crise : les premières applications par le tribunal de commerce de Paris*, Rev. proc. coll. 4/2022, Etude 8 ; Procédure de traitement de sortie de crise : Bilan parisien avant l'Acte II, Rev. proc. coll. 6/2023, Etude 11.

[234]. Cette procédure instituée par la loi nº 2021-689 relative à la gestion de sortie de la crise sanitaire du 31 mai 2021 *(JO, 1er juin)*, était initialement applicable aux demandes formées avant l'expiration d'un délai de deux ans à compter de cette même date soit le 2 juin 2023 *(L. préc. 1, art. 13, VII).* La loi n° 2023-1059 d'orientation et de programmation du ministère de la justice 2023-2027 (JO, 21 nov.) prévoit qu'elle s'applique aux procédures ouvertes à compter du 22 novembre 2023, et aux demandes formées avant l'expiration d'un délai de deux ans à compter de cette même date *(L. préc. art. 46) ;* Ph. Roussel Galle, *Procédure de traitement de sortie de crise – La PTSC, une procédure à (re)découvrir*, Rev. proc. coll. 6/2024, repère n° 6.

[235] Décret n° 2021-1355 du 16 oct. 2021 : nombre de salariés inférieur à 20 et bilan inférieur à 3.000.000 euros de total de passif hors capitaux propres et détenant des fonds disponibles pour assurer le paiement des créances salariales.

chance d'aboutir, si le débiteur ne dispose pas de documents comptables. D'ailleurs, l'une des particularités de ce dispositif repose sur le fait que le débiteur doit disposer de comptes qui « *apparaissent réguliers, sincères et aptes à donner une image fidèle de la situation financière de l'entreprise* ». Il doit en outre établir la liste de ses créanciers identifiés dans ses documents comptables ce qui suppose que la comptabilité soit tenue et à jour. A défaut, la demande est irrecevable. Cette procédure est ouverte en présence du ministère public notamment afin de s'assurer que les critères légaux sont bien remplis ce qui constitue une nouvelle preuve qu'il est bien le garant du respect du cadre légal[236].

123. La comptabilité condition pour bénéficier de la sauvegarde accélérée. La procédure de sauvegarde accélérée dans sa version résultant de l'ordonnance n° 2021-1193 du 15 septembre 2021, entrée en vigueur le 31 octobre 2021[237], est ouverte à un débiteur engagé dans une procédure de conciliation et notamment que ses comptes ont été certifiés par un commissaire aux comptes ou établis par un expert-comptable[238]. Là encore l'absence de tenue d'une comptabilité constitue un obstacle pour pouvoir bénéficier de cette procédure spécifique. Le ministère public, également présent à l'audience d'ouverture, doit vérifier le respect du dispositif légal et faute d'une comptabilité en bonne et due forme, il ne peut que s'opposer à l'ouverture de cette procédure[239].

124. La comptabilité et l'ouverture d'une procédure préventive ou collective. Comme il a été abordé précédemment, la tenue d'une comptabilité régulière est une condition légale indispensable pour bénéficier des deux procédures précitées. Il ne fait guère de doute qu'elle est également essentielle pour bénéficier d'une procédure préventive car à défaut comment caractériser l'état de cessation des paiements inférieur de quarante-cinq jours sans comptabilité ? On n'imagine pas l'ouverture d'une procédure de conciliation alors qu'aucune comptabilité ne serait tenue ou présentée. Enfin, une comptabilité tenue est également indispensable pour bénéficier d'un redressement judiciaire ou d'une sauvegarde.

Bien que la notion de cessation des paiements ne soit pas une notion comptable, l'absence de documents comptables rend la caractérisation de cet état

---

[236] Ch. Delattre, *Le ministère public : organe de contrôle des nouvelles dispositions dont la procédure de sortie de crise, art. préc.*, spéc. n° 8 à 14.
[237] Art. 38, ord. n° 2021-1193, 15 septembre 2021 *(JO, 16 sept.)*.
[238] C. com., art. L. 627-1, al. 4.
[239] Ch. Delattre, *Le ministère public : organe de contrôle des nouvelles dispositions dont la procédure de sortie de crise, art. préc.*, spéc. n° 2 à 7.

de cessation des paiements impossible, sans compter que le sérieux de la demande en est largement affecté. Enfin, l'absence de tenue ou d'une tenue incomplète pourra aboutir en phase liquidative à envisager des sanctions civiles et/ou pénales à l'encontre le dirigeant.

125. Une présentation simplifiée des comptes pour les petites et moyennes entreprises. Prenant en compte l'importance de détenir une comptabilité, le législateur a eu une approche pragmatique à l'intention des Très Petites et Moyennes Entreprises (TPME). Ainsi, l'ordonnance n° 2014-86 du 30 janvier 2014 a introduit de nouvelles dispositions qui ont pour objectif de permettre aux petites entreprises[240] une présentation simplifiée de leurs comptes annuels en application de l'article L. 123-16 du code de commerce et aux moyennes entreprises[241] d'adopter une présentation simplifiée de leur compte de résultat en application des dispositions du même texte concernant les micros entreprises[242] ; en outre, elles ne sont pas tenues d'établir une annexe conformément aux dispositions de l'article L. 123-16-1 du code de commerce.

126. Cette simplification dans la tenue et la présentation des comptes pour certaines entreprises n'a pas pour objet d'écarter l'obligation de tenue de comptes et de leur dépôt, mais d'une certaine manière, de la renforcer en l'adaptant à la taille des entreprises.

B. L'obligation de déposer les comptes et leur publicité

127. L'obligation de dépôt des comptes. Les articles L. 232-21 à L. 232-23 du code de commerce[243] prévoient l'obligation de déposer les comptes au greffe du tribunal de commerce dans lequel l'entreprise a son siège social ou

---

[240] En application de l'article D. 123-200 du code de commerce, les petites entreprises ont un total du bilan fixé à 6 000 000 euros, le montant net du chiffre d'affaires à 12 000 000 euros et le nombre moyen de salariés employés au cours de l'exercice à 50. La loi n° 2015-990 du 6 août 2015 pour la croissance, l'activité et l'égalité des chances économiques a également précisé que les sociétés qui répondent à la définition des petites entreprises peuvent demander au titre des comptes clos au 31 décembre 2015 et ce à compter du 7 août 2016, que le compte de résultat ne soit pas public.

[241] En application de l'article D. 123-200 du code de commerce, les moyennes entreprises ont un total du bilan fixé à 20 000 000 euros, le montant net du chiffre d'affaires à 40 000 000 euros et le nombre moyen de salariés employés au cours de l'exercice à 250.

[242] En application de l'article D. 123-200 du code de commerce, pour les microentreprises, le total du bilan est fixé à 350 000 euros, le montant net du chiffre d'affaires à 700 000 euros et le nombre moyen de salariés employés au cours de l'exercice à 10.

[243] Sociétés en nom collectif, sociétés à responsabilité limitée et société anonymes.

le commerçant son établissement. Pour les sociétés précitées, la comptabilité et le dépôt des comptes sociaux sont donc des obligations légales[244] lesquelles reposent sur des normes européennes retranscrites dans notre droit national. Mais à la tenue obligatoire d'une comptabilité et son dépôt, s'ajoute sa publicité pour assurer la transparence vis-à-vis des tiers notamment, qui permet également d'avoir un moyen d'information sur la situation de l'entreprise[245]. Cette formalité a fait l'objet d'une importante évolution législative et réglementaire[246].

128. La publicité des comptes et le secret des affaires. La publicité imposée aux sociétés non cotées heurte le principe du secret des affaires, et il a pu être soutenu que « *la transparence absolue n'est sur ce point, aucunement justifiée* »[247], et le même auteur d'ajouter que la « *publicité permanente des comptes sociaux n'est pas justifiée (...) elle devrait donc être réservée aux seuls créanciers* »[248]. Sans aller jusqu'à adopter ce raisonnement, le législateur admet toutefois que la publicité des comptes soit limitée. Plus particulièrement, l'article L. 232-25[249] du code de commerce permet, en cas de dépôt des

---

244 TGI Avesnes sur Helpe, 2ème ch., ord. 15 nov. 2007, RG n° 07/00080, Rev. proc. coll. 2008/3, n° 98 obs. Ch. Delattre.

245 J. Vallansan avec la coll. de L. Fin-Langer, *Guide des procédures collectives*, Lexisnexis, 2022/2023, n° 43.

246 Ch. Delattre, *L'obligation de publier les comptes : ce qui est annoncé,* Les échos, jeudi 18 avr. 2013, interview de P.A. Furbury, E. Lefebvre et D. Seux, Rev. proc. coll. 2013/6, n° 154.

247 J.-M. Garinot, *Le secret des affaires*, Préface E. Loquin, Lexinexis, Credimi, 2013, vol. 41, sp. n° 160 ; Ch. Delattre, *Le secret des affaires – la confidentialité des procédures,* Dt Sociétés, janv. 2012, étude 2.

248 *Ibid.*, sp. n° 162.

249 Cet aménagement de la publicité des comptes annuels a été rendu difficile au regard du temps écoulé entre la loi, son entrée en application et le décret application. En l'espèce, le greffier d'un tribunal de commerce a pu refuser la demande d'un dirigeant d'une dispense de publicité des comptes de son entreprise au motif que l'article L. 232-25 du code de commerce n'était pas applicable faute de décret d'application. Le juge commis à la surveillance du RCS a considéré que les dispositions du 1er alinéa du texte précité n'étaient pas applicables faute de décret d'application et a ordonné au greffier de recevoir le dépôt des comptes sociaux et de procéder à sa publicité. La motivation du juge était sévère en ce qu'il précisait : « *Attendu que la carence du Gouvernement à prendre les mesures réglementaires permettant l'application de mesures législatives ne peut-être palliée par une interprétation des dites mesures législatives ; attendu également que la carence du Premier Ministre à prendre un décret devant fixer les modalités de mesures législatives fait obstacle à son application* » : T. com. Versailles, ord. juge commis à la surveillance du RCS, 23 mai 2014, n° 2014S50, JCP E, 2014, 1332, note G. Marguet et O. Lefebure ; Rev. proc. coll. 2014/6, n° 152, obs. Ch. Delattre.

comptes prévu aux articles L. 232-21 à L. 232-23 de ce même code, des dispenses de publicité. Ainsi, les microentreprises peuvent déclarer que les comptes annuels qu'elles déposent ne seront pas rendus publics[250] tandis que les petites entreprises peuvent demander à ce qu'il en aille ainsi pour leur compte de résultat[251]. Enfin, les moyennes entreprises peuvent demander que ne soit rendue publique qu'une présentation simplifiée de leur bilan et de leur annexe[252]. L'article R. 123-111-1 du code de commerce dispose que lorsqu'une microentreprise choisit de ne pas communiquer aux tiers les comptes annuels, les documents sont accompagnés d'une déclaration de confidentialité. Au vu de toutes ces possibilités, il a été relevé que « *95% des entreprises sont potentiellement concernées par cette faculté de confidentialité. Seules 50 000 sociétés ne pourraient s'en prévaloir* »[253].

129. Limitation de la confidentialité et groupe de sociétés. Dans un avis d'avril 2023, l'Association nationale des sociétés par actions (A.N.S.A.), a précisé que la limitation du principe de la confidentialité des comptes annuels englobe toutes les sociétés d'un groupe, société mère et filiales. La Commission nationale des commissaires aux comptes (C.N.C.C.) approuve cette analyse et précise que la notion d'appartenance à un groupe vise les entités incluses dans le périmètre de consolidation tel que défini par l'article L. 233-16 du Code de commerce. Dès lors, il y a lieu de considérer qu'une petite entreprise appartenant à un tel groupe ne peut pas bénéficier de la faculté de demander la confidentialité de son compte de résultat, et ce même si elle n'est pas l'entité contrôlante[254].

130. La communication des comptes bénéficiant de la confidentialité au président du tribunal et au ministère public. Même en cas de confidentialité autorisée, les comptes restent toujours communicables aux autorités judiciaires et administratives en application des dispositions de l'article 1er de la loi n°2000-321 du 12 avril 2020 relative aux droits des citoyens dans le

---

[250] A l'exception des sociétés mentionnées à l'article L. 123-16-2 et de celles dont l'activité consiste à gérer des titres de participations et de valeurs mobilières. Cf. également décret n° 2014-1189 du 15 octobre 2014 relatif aux allègements des obligations de publicité des comptes annuels des micro entreprises ainsi que l'arrêté du 15 octobre 2014 relatif à cet allègement.

[251] A l'exception des sociétés mentionnées à l'article L. 123-16-2 du code de commerce.

[252] Ord. n° 2014-86, 30 janv. 2014 allégeant les obligations comptables des micro entreprises et petites entreprises : JO 1er fév. 2014, p. 1915 ; Ch. Delattre, *Modification concernant la procédure de dépôt des comptes sociaux et de la publicité correspondante*, Rev. proc. coll. 2014/6, n° 151.

[253] Communication de la Conférence générale des Juges Consulaires de France, 26 sept. 2016.

[254] Actualités Lefebvre Dalloz, 23 oct. 2023.

cadre de leurs relations d'une part avec les administrations, d'autre part, avec la Banque de France[255]. Le ministère public et le président du tribunal ont donc accès à la comptabilité déposée au greffe même en cas de confidentialité demandée par le chef d'entreprise.

131. A noter toutefois que ce dispositif sur la dispense de publicité des comptes n'est pas à l'abri de tentatives de fraude de la part de dirigeants qui ne souhaitent pas publier leurs comptes alors que les critères légaux permettant de bénéficier d'une forme de confidentialité, ne sont pas réunis[256].

132. Les réticences. L'obligation de dépôt des comptes sociaux et leur publicité ont suscité un certain nombre de réactions et diverses attaques de la part de certains plaideurs ce qui démontre qu'en réalité, le souhait de transparence affiché par le législateur est loin de faire l'unanimité dans la pratique[257]. Ainsi, a notamment été invoqué le fait que d'autres Etats membres de l'Union européenne, dont la Belgique, ne respecteraient pas cette règle ce qui désavantagerait les entreprises françaises qui respectent la loi. Bien au contraire, en Belgique, le non-respect de l'obligation de déposer les comptes est bien plus rigoureusement sanctionné. En effet, quand une entreprise ne dépose pas ses comptes pendant plus d'une année, après la communication de la chambre des entreprises en difficulté, ou une demande du procureur du Roi ou de tout intéressé, le tribunal peut prononcer sa dissolution judiciaire.[258] Au surplus, cette dissolution permet de traiter efficacement les sociétés placées en sommeil et de lutter contre le blanchiment d'argent et le financement du terrorisme. Les reproches formulés par certains plaideurs ne sont donc la plupart du temps guère sérieux.

§ 2. Le pouvoir du président du tribunal d'imposer le dépôt des comptes

133. Le dépôt des comptes imposé par le président du tribunal de commerce. Par application de l'article L. 611-2, II, du code de commerce, le

[255] Décret n° 2014-1189, 15 oct. 2014 et arrêté 15 oct. 2014 relatifs à l'allègement des obligations de publicité des comptes annuels des micros entreprises, JO, 17 oct. 2014, p. 17 234 et 17 235 ; Rev. proc. coll. 2014/6, n° 153, obs. Ch. Delattre.

[256] Sur ce point, se reporter au paragraphe suivant sur l'apport du greffier du tribunal de commerce.

[257] Ch. Delattre, *Le secret des affaires – La confidentialité des procédures,* Dr. Sociétés, janv. 2012, étude 2.

[258] L'article 2 : 74 paragraphe 1er du code des sociétés et associations belge dispose : "*A la demande de tout intéressé ou du ministère public, ou après communication par la chambre des entreprises en difficulté conformément à l'article XX.29 du code du droit économique, le tribunal peut prononcer la dissolution judiciaire d'une société restée en défaut de satisfaire à l'obligation de déposer les comptes annuels conformément aux articles 3 : 10 et 3 :12*".

président du tribunal de commerce « *peut, le cas échéant sur demande du président d'un des observatoires mentionnés à l'article L. 910-1 A*[259]*, leur adresser une injonction de le faire à bref délai sous astreinte* »[260]. Ce texte manifeste clairement l'importance que le législateur accorde au dépôt des comptes dans le cadre de la prévention-détection, puisqu'il figure dans le Livre VI du Code de commerce. Toutefois, il ressort de la lettre du texte que le président du tribunal n'a aucune obligation de recourir à cette injonction qui est donc pour lui une faculté, ce qui conduit à une certaine disparité dans l'application de ce dispositif (A), qui, par ailleurs a été contesté en raison notamment de la possibilité pour le juge de se saisir d'office mais ces contestations ont été rejetées (B).

A. Le pouvoir du président du tribunal d'enjoindre le dépôt des comptes, une faculté

134. La nature du pouvoir du président du tribunal. La possibilité accordée par l'article L. 611-2, II du Code de commerce apparaît comme une procédure attitrée du président du tribunal[261], mais elle présente l'originalité de confier au juge le pouvoir de se saisir d'office. A l'instar du Professeur Jean-Pierre Sortais, on peut notamment s'interroger de savoir s'il ne s'agirait pas d'une mesure d'administration judiciaire. Et cet auteur d'ajouter que l'absence de voie de recours – absence qui est d'ailleurs critiquée[262] - milite en ce sens puisqu'elle ne pourrait être admise dans un domaine où des libertés

---

[259] Dans les collectivités relevant de l'article 73 de la Constitution (département région d'outre-mer) et dans les collectivités d'outre-mer de Saint-Barthélemy, de Saint-Martin, de Saint-Pierre-et-Miquelon et de Wallis-et-Futuna.

[260] CA Poitiers, 2ème ch. 25 janv. 2011, RG n° 10/02784 (confirmation liquidation astreinte du président du TC de Saintes, 10 juin 2010, RG n° 2010/0000296) ; Cass. com. 29 sept. 2009, n° 08-14.146, JCP E, 2009, 2067, note Ph. Roussel Galle ; D. 2009. AJ 2422, obs. A. Lienhard ; Rev. sociétés 2010. 90, note D. Poracchia ; BJS 2010. 130, note B. Lecourt ; RJ com. 2010. 175, S. Messaï-Bahri.

[261] T. com. Saint-Quentin, ord. prés. 6 janv. 2015, n° 2015000212 et 18 mars 2015, n° 2015000212, Rev. proc. coll. 2015/6, n° 169, obs. Ch. Delattre ; T. com. Valenciennes, ord. prés. 29 avr. 2016, n° 2016002359, n°2016002309 et n°2016002300 (ordonnances de dépôt des comptes) et, ord. prés. 1er juill. 2016, n° 2016002359, n° 2016002309 et n° 2016002300 (ordonnances de liquidation des astreintes), Rev. proc. coll. 2016/6, n° 157, obs. Ch. Delattre.

[262] V. en ce sens, Th. Montéran qui estime que « *ce pouvoir conféré au président du tribunal doit pouvoir être remis en* cause », Th. Montéran, *Pour améliorer le droit des entreprises en difficulté, osons la réforme.* Gaz. pal. 24 janv. 2008, n° 24, p. 3. On objectera toutefois qu'un recours est ouvert à l'encontre de la décision de liquidation de l'astreinte, par l'article R. 611-16 du Code de commerce.

et des droits essentiels sont en jeu. Mais d'ajouter aussitôt que « *cette analyse rencontre, d'ailleurs, une limite dans le texte même du décret. En effet, lorsque l'ordonnance d'injonction est assortie d'une astreinte – ce qui est une manifestation éclatante, sinon de la « jurisdictio » du moins de l'« imperium » du juge – le président, lors de la liquidation de l'astreinte ne statue en dernier ressort que « lorsque le montant de l'astreinte n'excède pas le taux de compétence en dernier ressort du tribunal de commerce* » ». Sans trancher le débat, nous nous demandons, là encore comme l'écrit cet auteur, s'il n'y aurait pas là « *l'exercice de pouvoirs « sui generis » relevant d'un type nouveau et qui irait de pair avec la notion évoquée depuis une quarantaine d'années de « magistrature économique* » » ?[263]. On relèvera toutefois que le législateur a ici confié au président du tribunal une prérogative pour le moins originale, mais c'est là un lieu commun dans le domaine du droit des entreprises en difficulté.

135. Des disparités géographiques. Quoi qu'il en soit, le président du tribunal de commerce, même lorsqu'il est informé du non dépôt des comptes d'une entreprise, n'a aucune obligation de lui enjoindre de réaliser ce dépôt. Il en résulte une application inégalitaire sur l'ensemble du territoire et certains dirigeants qui ne respectent pas cette obligation légale sont plus ou moins bien traités devant telle ou telle juridiction. Ce déséquilibre dans le traitement du justiciable selon la juridiction concernée est contraire au principe d'égalité des justiciables devant la loi, et peut même aller jusqu'à inciter certaines entreprises à délocaliser leur siège social devant une juridiction moins exigeante, ce que l'harmonisation des pratiques permettrait d'éviter. Certains tentent de choisir leur juge ce qui favorise la pratique du forum shopping afin de tenter de contourner la loi.

136. Une prérogative du président parfois peu utilisée. Ainsi, il a été porté à notre connaissance, qu'au titre de l'année 2017, 14.000 entreprises ayant leur siège social enregistré devant un tribunal de commerce qui, en l'occurrence est un tribunal de commerce spécialisé, ne déposaient pas leurs comptes depuis plusieurs années. Le greffier du tribunal de commerce avait indiqué que par rapport à l'année n-1, 6.000 nouvelles sociétés concernées dont 700 sociétés étaient sans aucune activité. Par ces chiffres, on constate les conséquences de ne pas appliquer l'article L.611-2 II du code de commerce. Lorsque le tribunal ouvrait une procédure collective (sur requête du ministère ou sur assignation d'un créancier) le parquet demandait au greffier du tribunal de commerce si le président avait eu recours au texte précité. Très souvent la réponse était négative. Ainsi, en laissant le choix au président, il faut reconnaître que l'absence de recours par ce dernier à ce dispositif contribue à

---

[263] J.-P. Sortais, Entreprises en difficulté. *Les mécanismes d'alerte et de conciliation*, LGDJ, Systèmes droit. 2ème éd., 2015, n° 32.

favoriser la poursuite d'activité d'entreprises moribondes qui risquent d'entrainer des difficultés pour leur partenaires.

Au surplus, il n'est pas contestable que l'absence de tenue d'une comptabilité, faute de pouvoir régler les honoraires de l'expert-comptable par manque de trésorerie, place le débat directement sur le terrain de la cessation des paiements. Il est l'un des premiers indicateurs de défaillances des entreprises. Ne pas traiter cet aspect en n'utilisant pas ce dispositif légal va à l'encontre du discours général qui tend à soutenir que tout est fait pour le sauvetage des entreprises et préserver le tissu économique.

137. La cotation de la banque de France ne dispense pas du dépôt et de la publicité des comptes. Un peu dans le même esprit, on peut citer une espèce dans laquelle le président du tribunal de commerce était saisi sur le fondement de l'article L. 123-5-1 du code de commerce, et non sur celui de l'article L. 611-2, II, mais la solution nous paraît transposable. En l'espèce, l'entreprise à qui le président du tribunal avait demandé de déposer ses comptes, s'était retranchée derrière la cotation de la banque de France. Or ladite cotation, aussi efficace soit-elle, ne saurait suppléer l'absence de dépôt des comptes. Pourtant, alors qu'un ancien salarié sollicitait en application du texte précité le dépôt des comptes de son ancien employeur et leur publicité afin d'obtenir des informations utiles dans le cadre d'un litige prud'homal, le président du tribunal de commerce se fondait uniquement sur la cotation de la Banque de France (C3++) pour ne pas imposer au dirigeant de déposer ses comptes et il avait refusé de lui enjoindre de le faire. Sa décision fut toutefois infirmée en appel au motif que le demandeur avait bien un intérêt à agir pour voir publier les comptes sociaux. La cour de cassation rejettera le pourvoi en précisant que « *l'action tendant à assurer l'accomplissement des formalités de publicité incombant aux sociétés commerciales en application des dispositions de l'article L.232-23 du code de commerce est, sauf abus, ouverte à toute personne, sans condition tenant à l'existence d'un intérêt particulier* »[264].

138. Des réticences persistantes devant certaines juridictions. Force est de constater que la difficulté persiste au moins devant certaines juridictions

---

[264] Cass. com. 3 avr. 2012, n° 11-17.130, Rev. proc. coll. 2012/6, n° 175, obs. Ch. Delattre ; D. 2012, p. 1006, note A. Lienhard ; Rev. sociétés 2012, p. 571, note A. Reygrobellet ; Dr. sociétés 2012, n° 100, obs. D. Gallois-Cochet ; RJ com. 2012, p. 39, obs. S. Jambort ; BJS 2012, 545, obs. F.-X. Lucas ; Banque et droit 2012, n° 9/10, p. 65, obs. Q. Urban.

consulaires[265], ce que nous avons déploré avec d'autres[266]. La conférence générale des juges consulaires de France relevait, elle aussi, dans une communication du 26 septembre 2016 « *des positions très différentes d'un tribunal à un autre* » ajoutant que « *L'application de la loi doit être identique sur l'ensemble du territoire* ». Afin d'harmoniser les pratiques, elle ajoutait qu'il convenait notamment « *de mettre en œuvre, systématiquement, la procédure d'injonction de déposer les comptes* » et « *de procéder à la liquidation des injonctions dans les délais prévus* ». A ce jour, une fiche pratique de la Conférence tout en rappelant la possibilité accordée au président du tribunal de commerce de se saisir en vue d'enjoindre à une entreprise de déposer ses comptes, ajoute que « *l'injonction de dépôt n'a donc pas de caractère obligatoire pour le président du tribunal de commerce* »[267]. Si d'un point de vue strictement juridique, cette affirmation n'est pas contestable, on ne peut que regretter que la fiche ne reprenne pas le contenu du communiqué précité afin d'inciter fortement les présidents de juridiction à utiliser ce dispositif.

Entendu dans le cadre de la mission « justice économique » le 18 novembre 2020, l'auteur du présent ouvrage rappelait au président de séance que le dispositif précité n'était toujours pas appliqué sur l'ensemble du territoire. Toutefois, il faut rappeler que la Conférence n'a pas le pouvoir d'imposer une telle pratique. Cela ne pourrait passer que par une modification de la loi.

139. Vers une obligation pour le président du tribunal d'imposer le dépôt des comptes ? Imposer aux présidents des tribunaux de commerce l'obligation de recourir à une injonction de dépôt des comptes nous semble donc nécessaire pour tenter de sauver l'entreprise en permettant de détecter les difficultés de façon plus précoce mais également de protéger le tissu économique d'entreprises fragilisées économiquement qui trompent leurs cocontractants sur leur santé financière. Un traitement égalitaire sur l'ensemble du territoire national semble être une évidence et s'impose afin d'éviter notamment le forum shopping.

---

[265] Ch. Delattre, *La Conférence Générale des Juges Consulaires de France adresse une injonction de faire aux présidents qui n'ont pas recours au dépôt des comptes sous astreinte*, Rev. proc. coll. 2016/5, étude n°16.

[266] Voir notre audition réalisée le 18 nov. 2020 par la commission « Richelme ». Sur le rapport, voir B. Ghandour, *Du rapport Richelme au plan d'action pour les entreprises : quelle réforme pour la détection des difficultés ?* Rev. proc. coll. 2021/4, étude 13 ; M. Lartigue, *Détection et prévention des difficultés des entreprises : les propositions de la mission Richelme*, Gaz. Pal., 23 févr. 2021, n° 8, 398d5, p. 7 ; G. Richelme, *Procédures de prévention : alerte précoce ou ultime précaution avant le redressement judiciaire ?* BJE mai-juin 2021, édito, p. 1.

[267] Conférence Générale des Juges Consulaires de France, fiche P110, *Dépôt des comptes annuels*, V_04_23.

B. Le pouvoir du président du tribunal de se saisir d'office en vue d'enjoindre le dépôt des comptes, validé par la jurisprudence

140. Echec des tentatives de remise en cause du pouvoir légal du président du tribunal. S'il ne nous semble pas contestable que le dépôt des comptes et leur publication contribuent à la nécessaire transparence dans les relations économiques avec les divers partenaires de l'entreprise[268], et participent d'une meilleure prévention-détection, tout comme la possibilité accordée au président du tribunal de se saisir aux fins d'enjoindre aux entreprises de déposer leur compte, cette possibilité a été particulièrement critiquée au regard notamment du secret des affaires souvent invoqué pour justifier le non dépôt des comptes[269]. Pour autant, toutes les tentatives de remettre en cause le texte ont échoué et le principe légal est désormais incontestable.

141. Refus de renvoi d'une question prioritaire de constitutionnalité par la Cour de cassation. La cour de cassation a refusé de renvoyer devant le Conseil constitutionnel deux questions prioritaires de constitutionnalité portant sur l'article L. 611-2, II du Code de commerce. Dans son premier arrêt[270], elle juge que ce texte « *répond à un double motif d'intérêt général de transparence économique et de détection des difficultés des entreprises* » et elle ajoute que « *s'agissant de constater si les comptes annuels ont été déposés ou non, le risque de pré-jugement de la part de ce magistrat est exclu* ». En outre, « *la procédure garantit aux dirigeants sociaux un débat contradictoire au stade de la liquidation de l'astreinte et leur offre un recours en réformation ou en cassation, selon le montant de l'astreinte prononcée, à l'encontre de la décision de liquidation de celle-ci de nature à garantir les droits de la défense* ».

142. Saisie d'une deuxième question prioritaire de constitutionnalité, la Chambre commerciale va pareillement refuser de la renvoyer au Conseil constitutionnel, dans un arrêt du 15 janvier 2013[271]. Elle reprend les arguments précités de son premier arrêt, et ajoute cette fois « *que les restrictions aux*

---

[268] T. com. Valenciennes, ord. Prés. 1er avr. 2011, n° 33, Rev. proc. coll. 2011/6, n° 153, obs. Ch. Delattre.

[269] Ch. Delattre, *Le secret des affaires – la confidentialité des procédures, art. préc.*

[270] Cass. com. 3 sept. 2013, n° 13-40.033, Gaz. Pal. 14 janv. 2014, n° 14, n° 161j1, obs. I. Rohart-Messager Rev. proc. coll. 2013/6, n° 153, obs. Ch. Delattre ; LEDEN, oct. 2013, n° 147, obs. I. Parachkévova ; Dr. sociétés 2013, comm. 201, D. Gallois-Cochet.

[271] Cass. com. 15 janv. 2013, n° 12-40.086, QPC, Rev sociétés 2013, p. 180, obs. Ph. Roussel Galle ; *bid.* 338, note A. Reygrobellet ; Rev. proc. coll. 2013/2, comm. 26, Ch. Delattre ; LEDEN févr. 2013, p. 2, obs P. Rubellin ; Dr. sociétés 2013, n° 4, comm. 69, J.-P. Legros ; BJS 2014-4, 0116, p.270, comm. I. Parachkévova ; BJE 2013-1, n° 36, p. 72, obs. N. Borga. *V. aussi,* Roussille, *QPC et droit des sociétés : une rencontre ratée ?,* Dr. sociétés 2013. Repère 5.

principes de la liberté d'entreprendre et d'égalité devant la loi, qui peuvent résulter de ce texte, répondent à un motif d'intérêt général de transparence économique poursuivi par le législateur et ne portent pas une atteinte disproportionnée à ces principes qui aurait pour effet d'en dénaturer la portée ». En d'autres termes, pour la Cour de cassation, la possibilité accordée par le législateur au président du tribunal de se saisir d'office aux fins d'enjoindre au dirigeant de déposer ses comptes, s'inscrit bien dans la prévention-détection, ne heurte pas le principe du contradictoire, ni les principes de liberté d'entreprendre et d'égalité devant la loi. En outre, un recours est ouvert au stade de la liquidation de l'astreinte[272].

143. Pas d'atteinte à l'impartialité selon le Conseil constitutionnel. Bien que la Cour de cassation ait refusé de renvoyer deux questions prioritaires de constitutionnalité au Conseil constitutionnel, celui-ci a néanmoins eu l'occasion de statuer sur l'article L. 611-2, II[273]. Pour lui, ce texte ne porte pas atteinte au principe d'impartialité des juridictions, car l'injonction sous astreinte « *n'est pas une sanction ayant le caractère d'une punition* ». Et il relève notamment que « *le législateur a poursuivi un objectif d'intérêt général de détection et de prévention des difficultés des entreprises* ».

144. Un pouvoir justifié selon le Conseil d'Etat. Le Conseil d'Etat a lui aussi eu l'occasion de statuer sur ce texte pour juger que « *cette auto-saisine est justifiée par le constat, de nature purement objective, de l'absence de dépôt des comptes par la société* »[274].

145. Un pouvoir qui n'est pas contraire à la protection des données selon la cour de cassation. Dans un arrêt du 24 juin 2020, la Cour de cassation[275] a eu l'occasion de revenir sur cette question dans une affaire concernant

---

[272] C. com., art. R. 611-16.

[273] Cons. const., 1er juill. 2016, n° 2016-548, QPC, Jurisdata n° 2016-014083 ; Act. proc. coll. 2016/13, alerte n° 181 ; Journ. sociétés 10/2016, 51, obs. C. Lebel ; Rev. proc. coll. 2016/6, n° 156, obs. Ch. Delattre ; Rev. sociétés 2017, 15, note A. Reygrobellet ; Dr. sociétés nov. 2016, comm. 187, M. Roussille ; BJS 2016/12, p. 734, M. Teller ; RTD com 2017, 170, obs. M. Macorig-Venier ; JCP E, 2016. 1546, n° 3, obs. J.-L. Navarro.

[274] CE 22 févr. 2017, n° 396364, Rev. proc. coll. 2017/6, n° 120, obs. Ch. Delattre.

[275] Cass. com. 24 juin 2020, n° 19-14.098 P : D. 2020. Chron. C. cass. 2480, obs. C. de Cabarrus ; Rev. sociétés 2020. 609, note N. Martial-Braz ; RTD com. 2021, p. 419, obs. F. Macorig-Venier ; LEDEN 9/2020. 1, obs. F.-X. Lucas, *ibid.*, 10/2020, 113K2, obs. J.-F. Hamelin ; Gaz. Pal. 29 sept. 2020, p. 76, obs. M. Roussille ; Dr. sociétés 2020, n° 118, obs. J.-F. Hamelin ; *ibid.*, n° 122, obs. J.-P. Legros ; BJS 10/2020. 23, obs. P.-L. Périn ; RJ com. 2020. 473, obs. S. Jambort ; *ibid.* 486, obs. F. Macorig-Venier.

une société par actions simplifiée unipersonnelle. Dans cette espèce, l'actionnaire unique de la société invoquait le droit à la protection des données à caractère personnel le concernant. Plus précisément, il soutenait que l'obligation de déposer les comptes de la société se traduisait par la divulgation aux tiers, sans y avoir consenti, d'informations d'ordre patrimonial le concernant. Mais la Cour de cassation écarte cet argument : « *s'il résulte de la jurisprudence de la Cour européenne des droits de l'homme (Satakunnan Markkinapörssi Oy et Satamedia Oyc.Finlande, grande chambre, n° 931/13, 27 juin 2017) que les données portant sur le patrimoine d'une personne physique relèvent de sa vie privée, les comptes annuels d'une société par actions simplifiée unipersonnelle ne constituent, toutefois, qu'un des éléments nécessaires à la détermination de la valeur des actions que possède son associé unique, dont le patrimoine, distinct de celui de la société, n'est qu'indirectement et partiellement révélé. L'atteinte portée au droit à la protection des données à caractère personnel de cet associé pour la publication de ces comptes est donc proportionnée au but légitime de détection et de prévention des difficultés des entreprises, poursuivi par les dispositions de l'article L. 611-2, II, du code de commerce* ». Il est donc clair que le dirigeant ne peut se retrancher derrière une prétendue atteinte à sa vie privée, en ce domaine. Aussi bien, comme le relevait le Professeur Myriam Roussille, commentant cet arrêt[276], la directive sur le secret des affaires prévoit expressément que la protection du secret des affaires ne porte pas atteinte « *à l'application de règles de l'Union ou de règles nationales obligeant ou autorisant les institutions et organes de l'Union ou les autorités publiques nationales à divulguer des informations communiquées par des entreprises que ces institutions, organes ou autorités détiennent en vertu des obligations et prérogatives établies par le droit de l'Union ou le droit national et conformément à celles-ci* »[277]. Et cet auteur d'ajouter que cette règle s'applique « *aux informations comptables et aux informations non financières qui doivent être publiées par les sociétés* »[278].

146. Le non dépôt des comptes, un acte de concurrence déloyale. Alors que certains plaideurs soutenaient que le non-dépôt des comptes était justifié par la volonté de ne pas informer des concurrents, il été jugé par une cour d'appel que le non dépôt des comptes peut au contraire constituer un acte de concurrence déloyale. En l'espèce, deux sociétés concurrentes s'opposaient, l'une reprochant à l'autre de ne pas déposer ses comptes dans l'objectif de dissimuler sa véritable situation financière alors qu'elle développait son réseau

---

[276] M. Roussille, obs. sous Cass. com., 24 juin 2020, préc.

[277] Directive (UE 2016/943 du Parlement européen et du conseil, du 8 juin 2016 sur la protection des savoir-faire et des informations commerciales non divulgués (secrets d'affaires) contre l'obtention, l'utilisation et la divulgation illicites, JOUE, 15 juin 2016, L 157/1, Art. 1er, 2.c.

[278] M. Roussille, obs. sous Cass. com., 24 juin 2020, préc., sp. note 10.

dans le cadre d'une exploitation sous franchise au moyen de capitaux importants et menait parallèlement une politique agressive dans le but d'éradiquer ses concurrents. Mais pour les juges du fond, en première et en seconde instance, le manquement à l'obligation de déposer ses comptes constitue un acte de concurrence déloyale de la part de l'auteur de l'infraction et engage, de surcroît, sa responsabilité justifiant sa condamnation à des dommages et intérêts[279].

147. Dans le même esprit, la cour de cassation a été saisie d'une question préjudicielle aux fins de saisir la Cour de Justice de l'Union Européenne, relative à la validité de la directive 2013/34/UE en lien avec le principe de l'égalité des armes en matière de concurrence opposée à l'article L. 611-2, II du code de commerce. Comme on pouvait s'y attendre au vu des jurisprudences précitées, la cour de cassation a refusé de transmettre la question préjudicielle à la Cour de Justice de l'Union Européenne aux motifs : « *qu'il ne résulte ni de l'arrêt ni des pièces de la procédure que la société X. avait soutenu devant la cour d'appel que le fait que les dispositions européennes applicables sur la publication des comptes requise à son encontre venait fausser le jeu de la concurrence constitue une impossibilité ou une difficulté juridique de nature à supprimer l'astreinte prononcée à son encontre ou à en modifier le montant* »[280].

148. Au final, ces attaques multiples n'ont pas été couronnées de succès. Bien au contraire, il nous semble que ces décisions militent en faveur d'une application plus systématique de la possibilité ainsi accordée au président du tribunal de commerce d'enjoindre sous astreinte le dirigeant de déposer ses comptes.

---

279 CA Versailles, 12ème ch., 18 mars 2014, RG n° 12/07662, Rev. proc. coll. 2014/6, n° 155, obs. Ch. Delattre.

280 Cass. 2ème civ., 27 sept. 2018, n° 17-20.245, Rev. proc. coll. 2018/6, n° 185, obs. Ch. Delattre, pourvoi contre CA Rennes, 21 févr. 2017, RG n° 15/06491, 15/7242 et 15/7310, Rev. proc. coll. 2017/6, n° 124, obs. Ch. Delattre qui confirme T. com. Lorient, ord. prés., 5 août 2015, RG n° 2015007186, Rev. proc. coll. 2015/6, n° 170, obs. Ch. Delattre.

Section 2. La mise en œuvre de l'injonction de déposer les comptes

149. Information du président du tribunal et possibilité du ministère public d'intervenir sur un autre fondement. La mise en œuvre de l'injonction au dirigeant de déposer ses comptes par le président du tribunal de commerce au visa de l'article L.611-2 II du Code de commerce, suppose en tout état de cause dans un premier temps qu'il soit informé du non-respect de cette obligation (§ 1). Ensuite de quoi, il peut intervenir de sa propre initiative, mais également sur requête du ministère public qui peut fonder sa demande sur l'article L. 123-5-1 du code de commerce (§ 2).

§ 1. L'information du président du tribunal de commerce sur le non-dépôt des comptes

150. Une information en provenance du greffier ou du ministère public. L'information du président du tribunal de commerce sur le non-dépôt des comptes d'une entreprise provient au premier titre du greffier pour qui d'ailleurs, il s'agit d'une obligation (A). Toutefois, cette information peut aussi provenir du ministère public. En effet, ce dernier bénéficie, en principe du moins, de l'obligation de révélation du non-respect de cette obligation par les commissaires aux comptes (B).

A. L'information du président du tribunal par le greffier du tribunal de commerce

151. Le rôle du greffier du tribunal de commerce. Le greffier du tribunal de commerce a un rôle central dans le processus de détection des entreprises qui ne respectent pas la législation concernant le dépôt des comptes sociaux et le traitement de cette infraction. Les greffes « *contribuent ainsi fortement à la révélation d'une situation préoccupante d'une entreprise* »[281]. Le greffier doit en effet, au visa de l'article L. 232-24 du code de commerce, dès lors qu'il constate l'inexécution du dépôt des comptes prévu aux articles L. 232-21 à L. 232-23 du code précité, en informer le président du tribunal de commerce[282].

---

[281] A.-M. Romani, *Les techniques de prévention des défaillances d'entreprises*, in Mélanges en l'honneur d'Adrienne Honorat, *Procédures collectives et droit des affaires. Morceaux choisis.* Ed. Frison-Roche, 2000, p. 173, sp. p. 177.
[282] L. n° 2017-256 du 28 févr. 2017, art. 62 ; JO 1er mars 2017, Rev. proc. coll. 2017/6, n° 125, obs. Ch. Delattre.

152. La déclaration de confidentialité injustifiée et le greffier du tribunal de commerce. Concernant la confidentialité des comptes, le greffier du tribunal de commerce peut être confronté à l'hypothèse d'une fausse déclaration faite par un dirigeant qui souhaite bénéficier illégalement du nouveau dispositif relatif à la dispense de publicité précité[283]. Dans ce cas, il n'a aucune marge de manœuvre et notamment il ne peut refuser de procéder à la publication des comptes. En effet, il ne peut pas se faire juge de la recevabilité d'une demande de dispense de publicité. Il doit seulement constater le dépôt des comptes à laquelle est jointe une déclaration de confidentialité en application des dispositions de l'article R. 123-111-1 du code de commerce.

153. Ainsi, dans une situation d'espèce soumise à un greffier qui suspectait l'établissement d'une fausse déclaration au motif que le demandeur dirigeait une entreprise qui ne répondait à aucun des critères pour bénéficier dudit allègement, sollicité par le greffier, le Comité de Coordination du Registre du Commerce et des Sociétés a précisé qu'il « *ne peut délivrer une copie des comptes annuels dont le dépôt est accompagné d'une déclaration de confidentialité, même s'il lui est exposé ou s'il s'avère que la société ne remplissait pas les conditions requises* ». Face à une fausse déclaration, le comité précisait : « *En revanche, s'il acquiert à cette occasion la connaissance qu'il s'agit d'une fausse déclaration, il lui appartient d'en informer sans délai le procureur de de la République en application des dispositions de l'article 40 du code de procédure pénale* »[284]. Dans une telle situation, le greffier n'a donc pas de marge de manœuvre et il doit informer le parquet à qui il appartiendra ensuite d'engager des poursuites pénales après enquête.

154. La déclaration de confidentialité injustifiée et le ministère public. Dans une autre procédure, le greffier avait révélé la situation au procureur de la République d'une suspicion de fausse déclaration[285]. Au final, la procédure avait été classée sans suite car le dirigeant avait précisé avoir suivi les conseils de son expert-comptable. Ce dernier, entendu par les services de police, avait déclaré avoir mal analysé les nouvelles dispositions légales. En définitive, grâce à la diligence du greffier et à l'intervention du ministère public, la loi a pu être respectée concernant le dépôt et la publicité des comptes de l'entreprise concernée.

---

283 Se reporter au décret n° 2014-136 du 19 février 2014.

284 Comité de Coordination du RCS, avis n° 2016-015, 5 juill. 2016 ; *Confidentialité des comptes annuels et fausse déclaration*, Rev. proc. coll. 2017/6, n° 126, obs.Ch. Delattre.

285 T. com. Valenciennes, greffier, 3 nov. 2015, *Révélation art. 40 Code de procédure pénale*, Rev. proc. coll. 2014/6, n° 152, obs. Ch. Delattre.

B. L'information du président du tribunal par le ministère public

155. L'obligation de révélation du commissaire aux comptes au ministère public. Face à un de ses clients qui ne dépose pas les comptes de son entreprise, le Commissaire aux comptes a une obligation de révélation à l'égard du ministère public. Plus précisément, l'article L. 823-12 alinéa 2 du code de commerce dispose que les commissaires aux comptes « *révèlent au procureur de la République les faits délictueux dont ils ont eu connaissance, sans que leur responsabilité puisse être engagée par cette révélation* ». Le risque pour le professionnel du chiffre en cas de non-respect n'est pas neutre puisqu'il encourt une peine d'emprisonnement de cinq ans ainsi qu'une amende de 75.000 euros[286]. Conscient de l'enjeu, le Conseil National des Commissaires aux Comptes préconisait, dès le mois de décembre 2012, l'attitude à suivre pour ce professionnel :

« *De façon pratique, lorsque le commissaire aux comptes est avisé par un courrier du greffe du tribunal du non dépôt de ses comptes, par l'entité dans laquelle il détient le mandat, il communique avec la société.*

Dans l'hypothèse où la société lui indique avoir procédé au dépôt des comptes dans l'intervalle, il demande une copie du document matérialisant la réception par le greffe du dépôt des comptes et l'inclut dans son dossier. Par ailleurs, il procède à la révélation du fait délictueux auprès du procureur de la République et peut indiquer que le courrier qu'il envoie à cet effet que la société a procédé à la régularisation.

Lorsque la société lui indique qu'elle va procéder à la régularisation, il documente son dossier en y indiquant la réponse de la société et lui demande de lui communiquer, dans les meilleurs délais, la copie du document matérialisant la réception par le greffe du dépôt des comptes. Par ailleurs, il procède à la révélation du fait délictueux auprès du procureur de la République et, si dans l'intervalle il a reçu le document matérialisant la régularisation, il peut indiquer dans ce courrier que la société a procédé à la régularisation. A réception de ce document, il complète son dossier.

Dans les deux situations, l'irrégularité ayant été réparée, le commissaire aux comptes peut, dans la mesure ou l'information ne présenterait plus d'intérêt pour les membres de l'organe délibérant, s'abstenir de le signaler à cet organe.

Enfin, dans l'hypothèse où le commissaire aux comptes ne pourrait obtenir la

---

[286] C. com., art. L. 820-7. V. Ch. Delattre, *Non révélation de délit en lien avec le non dépôt des comptes sociaux ?* Dr. Sociétés, juin 2016, étude n° 9.

copie du document, matérialisant la réception par le greffe du dépôt des comptes ou bien lorsque la société lui indique qu'elle n'entend pas procéder à la régularisation, il effectue sans délai la révélation du fait délictueux au procureur de la République. Par ailleurs, le commissaire aux comptes communique cette irrégularité à l'organe compétent et à la plus prochaine réunion de l'organe délibérant par une communication ad hoc »[287].

156. Une recommandation dépourvue de toute ambiguïté. Cette recommandation du Conseil National des Commissaires aux Comptes est dépourvue de toute ambiguïté sur l'attitude que doit adopter le commissaire aux comptes. Même en cas de régularisation, il doit revenir vers le magistrat du parquet pour l'informer de cette régularisation. Si la recommandation est donc très claire, en pratique, de façon générale et à notre connaissance, les commissaires aux comptes ne révèlent pas toujours cette infraction aux parquets ou le font très peu[288], ce que l'on ne peut que regretter.

157. L'ambiguïté de textes. En réalité, la difficulté reposait au moins pour partie sur une ambiguïté des textes. En effet, de nombreux professionnels estimaient qu'ils n'étaient pas tenus par cette obligation de révélation dans la mesure où l'infraction de non-dépôt des comptes sociaux constitue une contravention de cinquième classe réprimée par une amende de 1.500 euros en application de l'article R. 247-3 du code de commerce et non un délit. S'agissant d'une contravention, les professionnels du chiffre soutenaient que l'expression *faits délictueux* n'englobait pas les contraventions pour en déduire qu'ils n'avaient pas à révéler cette infraction. Cet argument est pourtant contredit par la recommandation du Conseil National des Commissaires aux Comptes précitée de décembre 2012 qui préconise une information du professionnel à l'égard du ministère public du lieu du siège social de l'entreprise concernée.

158. La levée de l'ambiguïté. Une circulaire de la Direction des affaires criminelles et des grâces de 2014[289] est venue rappeler le principe de l'obligation de révélation pesant sur le commissaire aux comptes en application des

---

[287] Bull. CNCC, n° 168, déc. 2012, p. 705, *Diligences du commissaire aux comptes en cas de non dépôt des comptes sociaux*, Rev. proc. coll. 2013/6, n° 152, obs. Ch. Delattre.

[288] Un retour d'expérience après 14 ans, dans trois parquets de première instance (Avesnes sur Helpe, Valenciennes, Lille), permet à l'auteur de constater que le parquet est très rarement, voire jamais, rendu destinataire d'une révélation sur ce délit par les commissaires aux comptes.

[289] Circ. Direction des Affaires Civiles et des Grâces (DACG), 18 avril 2014 relative à l'obligation de révélations des faits délictueux pour les commissaires aux comptes (NOR JUSD 1409228C-CRIM/2014-10/G3-18.04.2014), BO min. justice n° 2014-04, Rev. proc. coll. 2014/6, n° 154, obs. Ch. Delattre ; Ch. Delattre, *L'obligation de*

dispositions de l'article L. 823-12 alinéa 2 du code de commerce précité. A cette circulaire, était jointe une pratique professionnelle rédigée par le Haut conseil du commissariat aux comptes (H3C)[290] (devenu la Haute Autorité de l'Audit – H2A) ne laissant subsister aucune ambiguïté : « *Sont des faits délictueux ceux susceptibles de recevoir une qualification pénale. L'expression faits délictueux vise toutes les catégories d'infractions, indépendamment de leur qualification juridique de crime, de délit ou de contravention, quelle que soit la qualité ou la fonction de la personne ou de l'entité qui les a commis. Elle vise des situations établies, objectivement constatées, par opposition à des suppositions ou des soupçons* ».

159. Une obligation de révélation au ministère public incontestable. Aucun doute n'est donc plus permis pour le commissaire aux comptes concernant son obligation de révélation au procureur de la République du lieu du siège social de la société concernée en cas de non dépôt des comptes de l'un de ses clients. Il ne doit pas prendre à la légère cette obligation qui est une obligation de moyens et non de résultat. En effet, l'absence de révélation constitue l'infraction de non révélation de délit. Dans le cadre d'une précédente recommandation, le comité des normes professionnelles rappelait aux commissaires aux comptes les diligences à effectuer lorsqu'ils ont connaissance ou qu'ils sont informés par le greffe du tribunal de commerce que la société dans laquelle ils détiennent un mandat ne dépose pas ses comptes[291]. Dans cette hypothèse, le comité des normes indique que les professionnels doivent tirer les conséquences en cas de non révélation de fait délictueux en termes de communication avec l'organe compétent ainsi qu'à la plus prochaine assemblée générale. Un certain nombre de professionnels estimait ne pas avoir à révéler cette infraction dès lors que le non dépôt des comptes sociaux est sanctionné par une contravention. Le comité préconisait pourtant déjà une information au parquet même en cas de régularisation par le débiteur de cette obligation.

160. Un rappel jurisprudentiel. On peut citer l'action du parquet à Valenciennes à l'encontre de six commissaires aux comptes. Fin d'année 2015,

---

révélation des faits délictueux des commissaires aux comptes, Dt sociétés, 2014/8-9, alerte 27.

[290] H3C, déc. n°2014-02 du Haut conseil du commissariat aux comptes (H3C), 14 avr. 2014 instituant une pratique professionnelle relative à la révélation des faits délictueux au procureur de la République : http://www.h3c.org/textes: décision 2014-02, Rev. proc. coll. 2014/6, n° 154, obs. Ch. Delattre, et du même auteur, *L'obligation de révélation des faits délictueux par le commissaire aux comptes*, Dr. Sociétés 2014, alerte 27.

[291] CNCC Bull. n°168 du 5 déc.2012 (p.705) CNAP 2011-15 ; Ch. Delattre, *Diligences du commissaire aux comptes en cas de non dépôt des comptes sociaux,* Rev. proc. coll. 2013/6, n°152.

le parquet de Valenciennes avait engagé des poursuites contre six commissaires aux comptes au visa de l'article L.820-7 du code de commerce qui punit d'un emprisonnement de cinq ans et d'une amende de 75.000 euros toute personne exerçant les fonctions de commissaire aux comptes qui n'a pas révélé au procureur de la République les faits délictueux. Cela se soldait pour les professionnels du chiffre qui reconnaissaient l'infraction par un rappel à la loi. Il est évident qu'en cas de récidive, la réponse pénale serait différente[292].

161. Une information précieuse pour le ministère public qu'il peut communiquer au président du tribunal de commerce. Même si la présence obligatoire du commissaire aux comptes dans les entreprises a été sensiblement réduite, l'obligation de révélation du commissaire aux comptes au ministère public permet à ce dernier d'apprendre que l'entreprise, cible de la révélation, est défaillante dans son obligation de dépôt des comptes. Bien que le législateur n'ait pas prévu que le ministère public intervienne en prévention-détection, il peut cependant, qu'il décide ou non d'engager des poursuites pénales, de transmettre cette information au président du tribunal de commerce, lequel peut ensuite enclencher la procédure de l'article L. 611-2, II du code de commerce. Indirectement, le ministère public peut donc jouer également un rôle à ce stade bien que l'on n'ait pas l'habitude de l'y trouver. Cela contribue à son rôle d'acteur économique aux fins de préserver le tissu économique.

§ 2. Les conditions de la mise en œuvre de l'injonction de déposer les comptes

162. L'injonction de dépôt des comptes, le président du tribunal de commerce et le ministère public. L'action visant à contraindre une entreprise qui ne dépose pas ses comptes relève de l'office du président du tribunal de commerce au visa de l'article L.611-2 II du Code de commerce, qui peut comme nous l'avons vu - et qui devrait d'ailleurs selon nous – se saisir à cette fin. Pour autant, même si le ministère public, n'est pas visé par le texte, il peut informer le président du tribunal lorsqu'il a connaissance du non dépôt des comptes, et agir en quelque sorte à ses côtés (A). Mais il peut aussi saisir le président du tribunal de commerce aux mêmes fins sur le fondement de l'article L. 123-5-1 du code de commerce. Même si ce texte ne poursuit pas les mêmes objectifs, son utilisation par le ministère public peut aboutir au même résultat (B).

---

[292] Ch. Delattre, *Non révélation de délit en lien avec le non dépôt des comptes sociaux,* Dt. Sociétés, juin 2016, étude n°9 et *Le commissaire aux comptes a l'obligation de révéler au procureur de la République les faits délictueux dont ils ont eu connaissance* Rev. proc. coll. 2014/6, n° 154.

A. La mise en œuvre de l'injonction de déposer les comptes en cas de saisine d'office par le président du tribunal

163. De l'injonction à l'astreinte. Si dans un délai d'un mois fixé à l'article R. 611-13 du code de commerce à compter de la notification ou de la signification de l'injonction de l'ordonnance de dépôt des comptes, insusceptible de recours, la situation n'a pas évolué positivement de sorte qu'aucune régularisation n'a été faite, une astreinte est fixée par le président. Il statue en dernier ressort lorsque le montant de l'astreinte n'excède pas le taux de compétence en dernier ressort du tribunal de commerce, étant ajouté que le texte prévoit expressément que les recours sont ouverts au ministère public[293].

164. Le montant de l'astreinte. Le montant de l'astreinte varie selon les juridictions et surtout le contexte économique local. On signalera que l'ordonnance rendue par le président du tribunal de commerce sur le fondement de l'art. L. 611-2, II, liquidant l'astreinte et condamnant le représentant légal à payer au Trésor public une certaine somme, qui ne comporte ni l'indication du nom ni la signature d'un greffier, est nulle[294].

165. La condamnation du dirigeant à titre personnel. Le défaut d'exécution suite à l'injonction de dépôt des comptes par le représentant légal peut aboutir à sa condamnation à titre personnel. Ainsi, il a été jugé par la Cour de cassation que « *Lorsque le président du tribunal de commerce, ayant enjoint sous astreinte au représentant légal d'une personne morale de déposer les comptes annuels, constate le défaut d'exécution et liquide l'astreinte, le représentant légal est condamné à titre personnel* »[295]. Il va sans dire qu'il s'agit pour le dirigeant d'une incitation importante pour procéder au dépôt de ses comptes, puisqu'en principe[296], c'est donc sur ses deniers personnels qu'il

---

[293] C. com., art. R. 611-16, en outre, « *Le montant de la condamnation prononcée est versé au Trésor public et recouvré comme en matière de créances étrangères à l'impôt. La décision est communiquée au Trésor public et signifiée à la diligence du greffier au représentant légal de la personne morale ou à l'entrepreneur individuel à responsabilité limitée. L'appel est formé, instruit et jugé selon les règles applicables à la procédure sans représentation obligatoire. Les voies de recours sont ouvertes au ministère public* ».

[294] Cass. com. 29 sept. 2009, n° 08-14.146, D. 2009. AJ 2422, obs. A. Lienhard ; Rev. sociétés 2010. 90, note D. Poracchia ; JCP E 2009. 2067, note Ph. Roussel Galle ; DP diff. entr. 2009, Bull. n° 308, obs. J.-P. Rémery ; BJS 2010. 130, note B. Lecourt ; RJ com. 2010. 175, note S. Messaï- Bahri.

[295] Cass. com. 7 mai 2019, n° 17-21.047 ; D. 2019. Actu. 988 ; RTS com. 2019.977, obs F. Macorig-Venier ; BJS 7-8/2019.8, note M. Laroche ; Dr. Sociétés 2019, n° 148, note J.-F. Hamelin ; Gaz. Pal. 17 déc. 2019, p. 73, obs. P. Dalion ; RJDA 2020, n° 23 ; Rev. proc. coll. 2020, n° 111, obs. Th. Le Gueut.

[296] V. toutefois infra n° 168.

paie l'astreinte.

166. De l'injonction non suivie d'effets aux investigations par le président du tribunal. En cas d'injonction non suivie d'effet, le président du tribunal de commerce peut également faire application des dispositions du deuxième alinéa de l'article L. 611-2, II du code de commerce et procéder à des investigations, exactement comme lorsqu'il a connaissance de difficulté d'une entreprise. Ainsi, il peut donc demander des renseignements auprès du commissaire aux comptes, des membres du comité social et économique, des administrations publiques, des organismes de sécurité et de prévoyance sociales ainsi que des services chargés de la centralisation des risques bancaires et des incidents de paiement, des renseignements de nature à lui donner une exacte information sur la situation économique et financière du débiteur.

167. Du non-dépôt des comptes à l'information du ministère public, en vue d'une éventuelle requête en ouverture d'un redressement ou d'une liquidation judiciaire. Les mêmes causes produisant les mêmes effets, s'il est porté à la connaissance du président du tribunal des éléments faisant apparaître que le débiteur est en état de cessation des paiements, suite aux investigations menées faute d'exécution de l'injonction de déposer les comptes, il en informe le ministère public[297], ce qui peut aboutir *in fine* à la saisine du tribunal par ce dernier, aux fins d'ouverture d'un redressement ou d'une liquidation judiciaire.

B. La mise en œuvre de l'injonction de déposer les comptes et le ministère public

168. L'information du président du tribunal par le ministère public. Le ministère public peut tout d'abord informer le président du tribunal s'il a connaissance du non-dépôt de comptes. On peut citer à cet égard, un exemple d'une telle intervention qui tout à la fois démontre que l'obligation de dépôt des comptes est loin d'être parfaitement respectée et que le ministère public peut, dans ce cadre avoir une action salvatrice. Nous avons en effet eu connaissance que devant un tribunal de commerce spécialisé, le magistrat du parquet avait sollicité du greffier qu'il lui adresse la liste des sociétés d'expertise comptable et de commissariat aux comptes inscrites sur le ressort et qui ne déposaient pas leurs comptes. La liste transmise révélait pas moins de 116 de ces sociétés qui ne déposaient pas leurs comptes, et ce, depuis plusieurs années. Face à un tel constat, le parquet sollicitait du président du

[297] C. com., art. L. 631-3-1.

tribunal de commerce l'application de l'article L. 611-2, II du code de commerce à l'encontre des dirigeants des sociétés concernées[298]. Ainsi, 116 ordonnances de dépôt des comptes sous astreinte étaient rendues. La majeure partie des sociétés ayant régularisé leur situation, mais quelques-unes ne l'ayant pas fait, le président du tribunal de commerce liquidait l'astreinte conformément aux réquisitions du ministère public. Enfin, en application des dispositions de l'article L. 824-4 du code de commerce, le parquet portait à la connaissance du Haut Conseil du Commissariat aux Comptes (H3C), organe de contrôle de ces professionnels[299], la liste des 34 sociétés de commissariat aux comptes concernées pour envisager des poursuites disciplinaires.

169. La possibilité pour le ministère public d'agir sur le fondement de l'article L. 123-5-1 du code de commerce. En cas d'inaction d'un président du tribunal de commerce, et si ce dernier ne fait pas suite à une information qui lui est adressée par le greffier du tribunal de commerce et/ou le ministère public à propos du non-dépôt des comptes, ce dernier n'est pas démuni. En effet, il peut agir sur le fondement de l'article L. 123-5-1 du code de commerce[300] :

« *A la demande de tout intéressé ou du ministère public, le président du tribunal, statuant en référé, peut enjoindre sous astreinte au dirigeant de toute personne morale de procéder au dépôt des pièces et actes au registre du commerce et des sociétés auquel celle-ci est tenue par des dispositions législatives ou réglementaires.*

Le président peut, dans les mêmes conditions et à cette même fin, désigner un mandataire chargé d'effectuer ces formalités ».

170. La portée de l'article L. 123-5-1 du code de commerce. On indiquera au préalable que le texte ne vise pas expressément les comptes sociaux, mais plus généralement les « *pièces et actes au registre du commerce et des sociétés auquel celle-ci est tenue par des dispositions législatives ou réglementaires* ». Cette dénomination voulue par le législateur englobe bien sûr les comptes sociaux. Il apparait également que ce texte ne vise que les personnes morales de sorte qu'une action engagée sur ce fondement à l'égard d'un commerçant personne physique est vouée à l'échec. Enfin, en visant d'une part « *tout intéressé* », le texte vise celui qui manifeste son souhait

---

[298] T. com. Lille métropole, ord. Prés. 25 mai 2018, RG n° 2018002946 et ord. Prés. 25 mai 2018, RG n° 2018002877, Rev. proc. coll. 2018/6, n° 184, obs. Ch. Delattre.
[299] Depuis le 1er janvier 2024, le H3C a été remplacé par la Haute Autorité de l'Audit (H2A) en qualité de régulateur de la profession des Commissaires Aux Comptes et autres professionnels de l'Audit.
[300] Création de la loi n° 2001-420 du 15 mai 2001, art. 123.

d'accéder aux comptes sociaux sans qu'il lui soit demandé de s'expliquer sur les raisons de son intérêt, sans restriction. Ce dispositif concerne donc d'une part, toute personne qui souhaite obtenir des informations chiffrées qui auraient dû être publiées et ce sans restriction[301], et, d'autre part, le ministère public qui est expressément cité. Cette règle issue de la loi Nouvelles Régulations Economiques (NRE) reprend une solution jurisprudentielle et renforce ainsi l'obligation de déposer les comptes[302].

171. Deux dispositifs pour deux objectifs. Pour le reste, l'article L. 123-5-1 du Code de commerce fait écho à l'article L. 611-2 II du même code mais ici, la différence essentielle tient au fait que le président du tribunal de commerce ne se saisit pas d'office et ne peut d'ailleurs pas le faire, mais intervient sur saisine de tout intéressé ou du ministère public. On pourrait même se demander pourquoi l'article L. 123-5-1 du Code de commerce ne précise pas que le président du tribunal peut se saisir d'office ce qui aurait fait l'économie d'une seconde disposition lui permettant d'imposer le dépôt des comptes. L'explication est simple. L'article L. 123-5-1 du code de commerce a pour objectif la protection des tiers alors que l'article L. 611-2, II du même code se situant dans le Livre VI du Code de commerce, s'inscrit dans le cadre de la prévention-détection. Au demeurant, lorsqu'il est fait application de l'article L. 611-2, II, le président du tribunal peut, très exactement comme lorsqu'il convoque un dirigeant pour un entretien de prévention, procéder à des investigations[303], ce qui démontre bien, s'il en était besoin que ce texte participe de la prévention-détection des difficultés.

172. Pour autant, puisque le ministère public ne peut agir sur le fondement de l'article L. 611-2, II du code de commerce, il trouve dans l'article L. 123-5-1 du code de commerce, un fondement pour saisir le président du tribunal de commerce aux fins d'imposer au dirigeant le dépôt de ses comptes.

173. La possibilité de désigner un mandataire chargé de déposer les comptes. De surcroît, face à certains dirigeants récalcitrants qui ne régularisent pas la situation, l'article L. 123-5-1 du code de commerce permet dans son alinéa 2 de solliciter la désignation d'un mandataire chargé

---

301 Cass. com. 3 avr. 2012, n° 11-17.130, Rev. proc. coll. 2012/6, n° 175, obs. Ch. Delattre ; D. 2012, p. 1006, note A. Lienhard ; Rev. sociétés 2012, p. 571, note A. Reygrobellet ; Dr. sociétés 2012, n° 100, obs. D. Gallois-Cochet ; RJ com. 2012, p. 39, obs. S. Jambort ; BJS 2012, 545, obs. F.-X. Lucas ; Banque et droit 2012, n° 9/10, p. 65, obs. Q. Urban ; CA Poitiers, 2ème ch. civ., 18 janv. 2011, RG n° 09/01143, Rev. proc. coll. 2011/6, n° 154, obs. Ch. Delattre.

302 P. Le Cannu et D. Robine, *Droit des entreprises en difficulté,* Dalloz, 9ème éd., 2022, n° 27.

303 *Ibid.*

d'effectuer ces formalités. Ainsi, dans quatre espèces visant des sociétés d'un même groupe, après l'échec d'une mesure alternative ainsi que plusieurs procédures de référé injonction restées infructueuses, le parquet de Valenciennes saisissait le président de la juridiction consulaire aux fins d'obtenir la désignation de ce mandataire. Le président, tout en considérant la demande du parquet recevable, la jugeait inopportune dans les circonstances présentes ce d'autant que les entreprises visées justifiaient de motifs légitimes, selon lui. Toutefois, les ordonnances du président furent infirmées en appel[304]. L'arrêt d'appel est d'autant plus intéressant qu'il commence par préciser que le ministère public était bien recevable à agir *« sans que l'absence de diligences de certains parquets sur ce fondement, au demeurant non démontrée, ne puisse s'interpréter comme un manquement au principe de neutralité de la puissance publique »*. Il est vrai que l'argument était pour le moins discutable, mais aussi bien, la cour d'appel ajoutait que la publicité des comptes sociaux des sociétés de capitaux résulte de normes européennes retranscrites au plan national[305]. Elles constituent donc, toujours selon les juges d'appel, « *un instrument nécessaire à l'information de tout intéressé ainsi qu'à l'instauration d'une transparence quant au patrimoine social de ces sociétés* ». Dès lors, pour la cour, « *la distorsion de concurrence invoquée par l'intimée n'était pas démontrée au cas d'espèce, pas plus que la rupture d'égalité de tous devant la loi, compte tenu du caractère général de l'obligation de dépôt des comptes sociaux harmonisée sur le plan européen* ». Enfin, la cour procédait à la désignation d'un mandataire aux fins de suppléer la carence des dirigeants.

174. Les poursuites pénales … en dernier recours. Le ministère public peut également, en dernier recours, engager des poursuites pénales en cas de non dépôt des comptes sociaux sur le fondement de l'article R. 247-3 du code de commerce qui prévoit que ne pas satisfaire aux obligations de dépôt prévues aux articles L. 232-21 à L. 232-23 du même code est puni d'une amende de 1.500 euros en cas de première infraction[306] et 3.000 euros en cas de récidive[307].

---

304 CA Douai, ch. 2, sect. 2, 30 oct. 2012, RG n° 11/06221 ; n° 11/06220 ; n° 11/06219 et n° 11/06211, Rev. proc. coll. 2012/6, n° 176, note Ch. Delattre.

305 V. les directives européennes 68/151/ CEE du 9 mars 1968 et 78/660/CEE du 25 juillet 1978 (articles 47 et s.) et, sur le plan national par les textes généraux sur l'obligation de déposer les comptes (L. applicables à tous) et les instructions délivrées à l'ensemble des procureurs généraux près les Cours d'Appel par la dépêche de la Direction des Affaires Criminelles et des Grâces du 26 janvier 2007. Les moyens développés par l'intimée ne sauraient justifier une quelconque exception à l'obligation générale édictée par l'article L. 232-23 du code de commerce.

306 C. pénal, art. 131-13, 5°.

307 C. pénal, art. 131-14, 5°.

175. La procédure d'injonction de dépôt des comptes ne constitue pas un préalable nécessaire à une action pénale. L'absence de recours à la procédure d'injonction de faire de l'article L. 611-2, II du code de commerce par le président du tribunal, ne peut exonérer le dirigeant de sa responsabilité pénale. En l'espèce, un expert-comptable, défaillant dans son obligation de déposer les comptes de sa société d'expertise comptable, soutenait que la sanction pénale ne pouvait s'appliquer qu'à défaut de régularisation et après avoir prononcé une astreinte. Selon lui, la loi n° 2001-420 relative aux Nouvelles Régulations Économiques (NRE) du 15 mai 2011 tend à privilégier en droit des affaires le recours à des sanctions civiles. Cet argument fût, fort justement, rejeté par le tribunal de police qui lui opposa que la procédure d'injonction de faire de l'article L. 611-2, II du code de commerce ne constitue pas un préalable à la sanction pénale[308].

176. Les limites de la réponse pénale. Cette réponse pénale n'est absolument pas dissuasive notamment pour les dirigeants de grandes entreprises qui refusent systématiquement de déposer leurs comptes sous le prétexte du secret des affaires[309]. Au surplus, bien souvent, il n'est pas rare de constater que le dirigeant condamné à cette fin à titre personnel et qui paye cette amende sur ses propres deniers, se voit attribuer une prime exceptionnelle quelconque par l'entreprise lui permettant ainsi de faire supporter *in fine* cette charge par l'entreprise. Dans cette hypothèse, cela peut relever de l'infraction de l'abus de biens sociaux en application des dispositions de l'article L. 241-3 du code pénal. Mais nous sommes alors bien loin de la prévention-détection.

---

[308] T. Pol. Valenciennes, 1er avr. 2011, RG n° 54/2011, Rev. proc. coll. 2011/6, n° 152, obs. Ch. Delattre.

[309] Quest. Écrite n° 81047, Guy Malherbe : JO 15 juin 2010, p. 6536 ; Rép. Min. n° 81047, JO 14 sept. 2010, p. 10 074, Rev. proc. coll. 2010/6, n° 208, obs. Ch. Delattre.

Conclusion du chapitre deuxième

177. **La tenue d'une comptabilité sérieuse et régulière, essentielle pour la bonne marche d'une entreprise.** Elle permet au dirigeant d'avoir une visibilité sur sa situation présente et à venir. L'obligation de dépôt des comptes, outre qu'elle est une obligation légale, est souvent contestée par les dirigeants des sociétés non cotées, en particulier, au motif qu'elle entraîne leur publicité. Toutefois, le législateur ayant permis aux petites et moyennes entreprises, de rendre confidentiels leurs comptes déposés au greffe, cette publicité ne constitue plus, ni un frein, ni un motif de refus de dépôt des comptes.

178. **Le rôle essentiel du président du tribunal.** C'est au président du tribunal de commerce que le législateur a confié le pouvoir d'imposer le respect de cette obligation. A cet effet, l'article L. 611-2, II du Code de commerce, lui permet d'enjoindre de sa propre initiative, aux dirigeants de déposer leurs comptes. Toutefois, s'agissant pour ce juge, d'une faculté, on observe une certaine disparité dans le recours à l'injonction du dépôt des comptes d'une juridiction à une autre, ce qui est regrettable. D'abord, parce qu'il n'est jamais satisfaisant qu'une obligation légale puisse être plus ou moins appliquée dans une juridiction ou une autre. Ensuite et surtout parce que le texte précité qui se situe dans le Livre VI du Code de commerce, participe de la prévention-détection des difficultés des entreprises. En effet, le non dépôt des comptes constitue souvent un indice de difficultés de l'entreprise qui soit, souhaite dissimuler ses difficultés, soit au pire ne rémunère plus son expert-comptable car elle n'en a plus les moyens. Quant au dépôt des comptes, même lorsqu'ils ne font pas l'objet d'une publicité, ils sont accessibles au président du tribunal, qui peut ainsi déceler des difficultés et par exemple convoquer le dirigeant. Il nous semble donc essentiel que ce juge use systématiquement de la prérogative que lui a confiée le législateur.

179. **Les prérogatives limitées du ministère public.** Le ministère public, même s'il a accès aux comptes une fois qu'ils sont déposés, y compris lorsqu'ils ne sont pas publiés, n'a pas, en ce domaine de prérogatives particulières, du moins directement. Toutefois, il peut être informé du non-dépôt des comptes par le commissaire aux comptes, qui a d'ailleurs l'obligation de lui communiquer le non-respect de cette obligation. Et le ministère public peut alors en informer le président du tribunal, espérant que ce dernier fasse le nécessaire. Il peut aussi en dernier recours, se placer sur le terrain pénal. Mais surtout, l'article L. 123-5-1 du code de commerce lui permet expressément de saisir le président du tribunal de commerce aux fins d'enjoindre au dirigeant de déposer ces comptes. Certes, ce texte ne se situe

pas dans la perspective de la prévention-détection, mais il peut être utilisé à cet effet.

180. De la faculté à l'obligation d'enjoindre le dépôt des comptes. Quoi qu'il en soit, la pratique a mis en exergue que les présidents des tribunaux de commerce n'appliquent pas tous avec la même rigueur la prérogative légale dont ils disposent pour imposer le dépôt des comptes. Plutôt que de voir le ministère public, qui n'en a guère le temps, tenter indirectement de faire respecter cette obligation, il serait sans doute plus simple et plus efficace de modifier la loi, afin que la prérogative ainsi accordée au président du tribunal de commerce, d'une faculté, devienne une obligation. Cela aurait le mérite de privilégier un traitement égalitaire sur l'ensemble du territoire.

Conclusion du Titre premier

181. Le bien-fondé d'une prévention-détection par le président du tribunal. La prévention-détection a démontré depuis fort longtemps, en France, son bien-fondé. Les présidents des tribunaux disposent de prérogatives importantes en matière de prévention-détection qu'ils n'appliquent pas tous avec la même rigueur. En effet, elle doit rester dans un cadre strictement légal et émaner des personnes à qui le législateur en a confié la mission. Les initiatives en dehors du cadre légal doivent donc d'une part, rester limitées et surtout d'autre part, se situer en dehors de toute intervention judiciaire, pour éviter tout problème d'impartialité.

182. Une prévention-détection « à deux vitesses ». On peut tout d'abord regretter que cette prévention-détection fonctionne moins bien devant les tribunaux judiciaires qui ne disposent pas des mêmes informations, ni de comptes déposés. On peut ensuite regretter que certains présidents de tribunaux de commerce n'exercent pas systématiquement leurs prérogatives en particulier quant à la possibilité qui leur est accordée par la loi d'enjoindre au dirigeant de déposer les comptes de leur entreprise. Ces quelques regrets ne remettent toutefois pas en cause le bien-fondé de ces dispositifs, ni l'investissement très important des juridictions consulaires dans le domaine de la prévention-détection.

183. Le président du tribunal, au centre de la prévention-détection. Le président du tribunal est au centre de la prévention-détection, au niveau judiciaire. Il dispose d'informations sur la situation des entreprises, notamment par l'intermédiaire du greffe, ce qui peut le conduire à convoquer le chef d'entreprise pour l'aider à prendre conscience de ses difficultés. Il a alors un rôle bien difficile à définir sur le plan juridique, puisqu'il ne dispose d'aucun pouvoir judiciaire, ne pouvant pas contraindre le dirigeant à se rendre à sa convocation et encore moins à recourir à une procédure de traitement de ses difficultés. Il peut aussi enjoindre au dirigeant de déposer ses comptes, ce qui là encore participe de la prévention-détection mais cette fois, il dispose de moyens de contraintes.

184. Les prérogatives limitées du ministère public. Dans ce domaine, les prérogatives du ministère public sont limitées. Même s'il n'est pas un acteur de la prévention-détection, il n'est pas pour autant totalement absent. Il peut en quelque sorte venir en appui du président, en lui transmettant les informations qu'il pourrait détenir, ou agir en cas de non dépôt des comptes. Aussi, même si ces prérogatives sont donc limitées, elles participent de son rôle de garant de l'ordre public et d'acteur économique sur son ressort territorial, ce d'autant qu'il peut *in fine* être amené à saisir le tribunal aux fins d'ouvrir une procédure de redressement ou de liquidation judiciaire, suite à une information transmise par le président du tribunal, information dont ce dernier a eu connaissance dans le cadre de son action en prévention.

Titre deuxième

Des prérogatives limitées du ministère public en matière de prévention-traitement

185. Le ministère public, acteur de la prévention-traitement. A la différence de la prévention-détection qui laisse peu de place au ministère public, il se voit accorder différentes prérogatives dans le cadre de la prévention-traitement c'est-à-dire lorsque l'entreprise recourt à un mandat *ad hoc* ou une conciliation, étant ici rappelé que nous ne traiterons pas du règlement amiable agricole[310]. Sous cette réserve, une distinction très nette est effectuée par le législateur. Alors que les prérogatives du ministère public sont très réduites en mandat *ad hoc* – trop peut-être – elles sont plus importantes en conciliation. Si cette différence de traitement peut se justifier par la volonté de conserver au mandat *ad hoc* sa souplesse et son attractivité, la présence du ministère public pouvant, selon certains, être dissuasive, elle peut aussi être regrettée.

186. Plan. Souhaitant encourager le recours au mandat *ad hoc* et à la conciliation, le législateur accorde une importance toute particulière au coût de l'utilisation de ces instruments pour le débiteur, ce qui l'a conduit à établir diverses règles visant à mieux l'encadrer et le maîtriser, en confiant notamment certaines prérogatives au ministère public, mais limitées à la conciliation (Chapitre 1). Plus généralement, durant le déroulement de la conciliation, le ministère public se voit reconnaître certaines prérogatives mais ce n'est pas le cas en mandat *ad hoc* (Chapitre 2).

---

[310] V. supra n° 36.

Chapitre premier

L'impossible maitrise du coût de la conciliation et du mandat *ad hoc*

187. Le coût des mesures préventives, enjeu de leur attractivité. A la différence des procédures collectives dans lesquelles les interventions des administrateurs et mandataires judiciaires sont tarifées, les honoraires du conciliateur et du mandataire *ad hoc* sont libres. Et il en va bien sûr de même pour les conseils du débiteur mais aussi pour ceux de ses créanciers. Or, le débiteur est souvent dans une situation de fragilité financière et psychologique à raison des difficultés qu'il rencontre, ce qui n'est guère favorable à un contrôle des coûts de ces procédures, de sa part. Il se considère souvent un peu comme un malade devant un médecin ce qui ne l'incite guère à demander ou à discuter le coût de l'intervention qui lui semble, à ce stade, indispensable, à tout le moins s'il recourt à cette médecine, donc à une de ces mesures préventives. Pour autant, la question du coût de « l'opération » est essentielle, si l'on souhaite encourager le recours à ces traitements. Un coût trop élevé risque en effet de conduire le dirigeant à s'en détourner ou à l'inverse à connaître des difficultés pour en assumer la charge, après l'administration des soins.

Alors que la cour de cassation était saisie du contrôle de la rémunération appliquée dans les procédures préventives, l'avocate générale Caroline Henry rappelait dans son avis : « *La nécessité de veiller au strict respect des dispositions visant à l'encadrement de la rémunération des mandataires ad hoc et des conciliateurs s'impose car il en va de l'attractivité de la prévention* »[311]. En effet, des procédures dans lesquelles certaines entreprises sont assommées par des honoraires importants voire trop importants et parfois injustifiés, voire contraire à la loi, ne peuvent que porter atteinte à l'attractivité de la prévention.

188. Plan. Aussi, après avoir dans un premier temps encadré la rémunération du mandataire *ad hoc* et du conciliateur, le législateur s'est intéressé au coût global pour le débiteur, de l'utilisation de ces instruments, coût qu'il a tenté d'encadrer (Section 1). Le ministère public s'est en outre vu confier diverses prérogatives afin d'aider au respect de la maîtrise de ce coût, mais uniquement en conciliation (Section 2).

---

[311] Cass. com. 03/10/2018, n° 17-14.522, Act. proc. coll. 2018/189, n° 256 et 259, note Ch. Delattre.

Section 1. La volonté législative de limiter le coût de la conciliation et du mandat *ad hoc*

189. Des dispositifs visant à réduire le coût de la conciliation et du mandat *ad hoc*. Le dirigeant étant en situation de fragilité, lorsqu'il recourt à un mandat *ad hoc* ou une conciliation, il n'est pas nécessairement en situation de discuter quoique ce soit ce qui peut générer certains abus. C'est donc le président du tribunal qui fixe les conditions de la rémunération du mandataire *ad hoc* et du conciliateur même si l'accord du dirigeant est nécessaire (§ 1). Mais le législateur s'intéresse également au coût des autres intervenants pour le débiteur et en particulier des honoraires des conseils des créanciers qui pourraient être mis à sa charge (§ 2).

§. 1. La détermination de la rémunération du mandataire *ad hoc* et du conciliateur par le président du tribunal

190. Le président du tribunal et la rémunération du mandataire *ad hoc* et du conciliateur. L'alinéa premier de l'article L. 611-14 du Code de commerce prévoit que le président du tribunal fixe, au moment de leur désignation, « *les conditions de la rémunération* » du conciliateur ou du mandataire *ad hoc*, mais aussi du mandataire à l'exécution de l'accord ou encore de l'expert[312], en fonction des diligences qu'implique l'accomplissement de leur mission. Il en va de même lorsque, en cours de conciliation, le conciliateur se voit confier une mission complémentaire ayant pour objet l'organisation d'une cession partielle ou totale de l'entreprise qui pourrait être mise en œuvre, le cas échéant, dans le cadre d'une procédure ultérieure de sauvegarde, de redressement judiciaire ou de liquidation judiciaire[313].

191. L'accord du débiteur sur la rémunération du mandataire *ad hoc* et du conciliateur. Le président doit en toute hypothèse recueillir au préalable l'accord du débiteur, accord jugé si important qu'il doit être consigné par écrit préalablement à la désignation, et annexé à l'ordonnance de désignation[314]. Comme cela a été relevé, l'objectif est d'assurer au débiteur sa *« sécurité juridique une certaine visibilité pour ne pas se trouver embarqué au-delà de*

---

[312] Il s'agit selon nous de l'expert qui peut être désigné par le président du tribunal à l'ouverture de la conciliation en application de l'article L. 611-6, *in fine* du code de commerce à qui il peut demander d'établir un rapport sur la situation économique, financière, sociale et patrimoniale du débiteur.
[313] C. com., art. R. 611-26-2, dernier al.
[314] C. com., art. R. 611-48.

ses moyens »[315]. En pratique, malgré la lettre du texte, c'est bien souvent le mandataire *ad hoc* ou le conciliateur, selon le cas, qui propose les modalités de sa rémunération qui seront donc fixées par le président du tribunal sous réserve de l'accord du débiteur et de la demande d'avis du ministère public uniquement dans le cas d'une conciliation et d'un mandat à l'exécution de l'accord.

192. Les contraintes légales. Le texte précité ajoute que cette rémunération « *ne peut être liée au montant des abandons de créances obtenus ni faire l'objet d'un forfait pour ouverture du dossier* ». Enfin, l'article R. 611-47 du Code de commerce dispose que « *Les conditions de rémunération du mandataire* ad hoc, *du conciliateur, du mandataire à l'exécution de l'accord et de l'expert mentionnées à l'article L. 611-14 comprennent les critères sur la base desquels elle sera arrêtée, son montant maximal et, le cas échéant, le montant ou les modalités de versement des provisions* ».

193. Le président du tribunal, protecteur des intérêts du débiteur. Il résulte de ces dispositions que même si le débiteur est d'accord avec les propositions du professionnel désigné, c'est bien le président du tribunal qui fixe les conditions de leur rémunération, ce qui de prime abord peut surprendre. Mais cela s'explique sans doute par la fragilité du débiteur, comme nous l'avons vu. Aussi, il nous semble que le président ne doit pas se limiter à viser l'accord du débiteur avec le mandataire *ad hoc* ou le conciliateur. Il doit en tout état de cause vérifier que les conditions légales sont remplies, tout comme le ministère public le fait lui aussi, avant de donner son avis, concernant la rémunération du conciliateur. Mais il doit aussi, du moins nous semble-t-il, vérifier que les conditions de rémunération ne sont pas excessives, même s'il ne peut pas les modifier, mais seulement demander leur réduction voir les refuser. Il a ainsi en quelque sorte un rôle de protection de l'entreprise en difficulté, sur ce point.

Ainsi, usant de son pouvoir de contrôle, un président peut refuser d'ouvrir une procédure préventive s'il estime que les honoraires sollicités par le professionnel de l'insolvabilité sont trop élevés par rapport à la mission à effectuer[316]. Cette jurisprudence est bienvenue car elle rappelle le rôle très important du président qui est un rempart contre les situations contraires aux intérêts du débiteur fragilisé prêt à tout accepter.

---

[315] F. Pérochon, avec le concours Fl. Reille, M. Laroche, V. Martineau-Bourgninaud, Th. Favario et A. Donnette, *Entreprises en difficulté*, LGDJ, Lextenso, 12ème éd., 2024, n° 203.
[316] T. com. Valenciennes, ord. prés. 20 févr. 2024, n° 2024001457 et 2024001458, Rev. proc. coll. 2024/3, n° 39, note Ch. Delattre.

194. Critères de la rémunération. La grille de lecture du président du tribunal amené à donner un avis sur les conditions de la rémunération du mandataire *ad hoc* ou du conciliateur repose donc impérativement sur la vérification des points suivants, prévus par la loi :

- aucune rémunération ne peut avoir pour support des abandons de créances. Une telle pratique aboutissait à permettre aux professionnels de percevoir une rémunération pouvant s'assimiler à un honoraire de résultat. Les créanciers, surtout publics, estimaient la situation anormale car plus leurs remises de dettes étaient importantes, plus la rémunération du professionnel augmentait sans que ses diligences soient nécessairement plus importantes. Le professeur Pierre-Michel Le Corre estime qu'un encadrement de cette pratique par le décret aurait paru plus judicieux, plutôt qu'une interdiction, car, selon lui, la qualité d'un bon conciliateur repose sur sa capacité à obtenir des remises de dettes justifiant une rétribution[317]. Même si la proposition est séduisante, il nous semble qu'elle serait délicate à mettre en œuvre et le mieux étant souvent l'ennemi du bien, nous approuvons donc la règle actuelle ;

- la rémunération ne doit pas être basée sur un forfait pour ouverture de dossier, interdiction qui se comprend aisément, si l'on souhaite inciter le recours au mandat *ad hoc* et à la conciliation. En effet, prévoir une telle rémunération risquerait de dissuader le débiteur de recourir à ces mesures préventives. Là encore, le Professeur Pierre-Michel Le Corre estime qu'il aurait été préférable d'encadrer une rémunération forfaitaire à l'ouverture plutôt que de l'interdire[318] ;

- les critères sur la base desquels cette rémunération sera arrêtée ;

- un montant maximum chiffré doit être prévu. Ce point est d'autant plus essentiel que les conditions de la rémunération comprennent souvent un taux horaire. Dès lors, si un montant maximum chiffré n'est pas indiqué, il est difficile pour le dirigeant tout comme pour le président du tribunal d'avoir une idée de la rémunération finale. Tout doit donc se passer « *comme si le débiteur recourait à un prestataire de services qui établirait un devis précisant les conditions de son intervention et un plafond chiffré* »[319] ;

- le montant ou les modalités de versement des provisions doivent être indiqués.

---

[317] P.-M. Le Corre, *Droit et pratique des procédures collectives,* Dalloz action 2025/2026, n° 141.558.

[318] *Ibid.*

[319] Ph. Roussel Galle, *Prévention et dynamique de l'anticipation*, LPA 12 juill. 2006, n° 138, p. 10, sp. n° 14.

195. Même régime lorsqu'en cours de procédure, la rémunération initiale est insuffisante. Il peut arriver qu'au cours du mandat *ad hoc* ou de la conciliation, le mandataire *ad hoc* ou le conciliateur reprenne attache avec le président s'il estime que la rémunération initiale s'avérera insuffisante. Dans cette hypothèse, le président fixe les conditions de la rémunération exactement selon les mêmes règles que pour la détermination au moment de l'ouverture d'une part, après avoir recueilli l'accord du débiteur et, d'autre part, celui du ministère public uniquement dans la conciliation. A défaut d'accord, il est mis fin à sa mission[320].

196. Le dispositif légal peut paraître aisé à satisfaire, mais la jurisprudence offre quelques exemples qui semblent indiquer le contraire, étant précisé que bien souvent, c'est grâce à l'intervention du ministère public que ces décisions ont été rendues.

197. La vigilance souhaitée de la part du président du tribunal. Concernant le mandat *ad hoc* tout comme la conciliation il a été suggéré dans le rapport Ricol[321] que chaque président de tribunal procède à un entretien avec le dirigeant lorsque la convention d'honoraires présente des coûts excessifs pour l'entreprise en difficulté. Dans l'hypothèse d'un honoraire de résultat, il devrait être inclus dans le plafond fixé contractuellement englobant l'honoraire au temps passé et l'honoraire de résultat. Cette commission de succès devrait être proportionnée par rapport à l'honoraire au temps passé et plafonnée à 20% tout en se fondant sur des critères objectifs comme la pérennité de l'entreprise et des emplois mais également la qualité de l'accord obtenu. A cela s'ajoute, pour la conciliation, une prise en compte de l'existence de compétences réelles dans tous les territoires. Quoi qu'il en soit, cette rémunération doit rester raisonnable car il s'agit d'une des conditions du succès de ces dispositifs[322].

198. Le législateur ne s'est pas limité à la question de la rémunération du mandataire *ad hoc* et du conciliateur. Il s'est également attaché à tenter d'encadrer le coût global du mandat *ad hoc* et de la conciliation.

---

[320] C. com., art. R. 611-49.
[321] Mission AGS/AJMJ, rapport René Ricol à monsieur le Premier Ministre, 15 avril 2021. Sur ce rapport, v. Rev. proc. coll. n° 3/2021, alerte 13.
[322] M. Menjucq, B. Saintourens et B. Soinne (dir.), *Traité des procédures collectives*, *op. cit.*, 2021, n° 236.

§2. Les tentatives d'encadrement du coût global du mandat *ad hoc* et de la conciliation.

199. Paralysie des clauses augmentant les obligations du débiteur en cas de recours au mandat *ad hoc* ou à la conciliation. Pour limiter le coût global du recours au mandat *ad hoc* et à la conciliation, l'ordonnance n° 2014-326 du 12 mars 2014 a tout d'abord prévu que toute clause qui a pour objectif de modifier les conditions de la poursuite d'un contrat en cours d'un débiteur, d'une part, en diminuant ses droits ou, d'autre part, en aggravant ses obligations en raison de l'ouverture d'une procédure de mandat *ad hoc*, de conciliation ou d'une demande formée à cette fin est réputée non écrite[323]. Cette règle, directement tirée de la jurisprudence relative aux contrats en cours[324] en sauvegarde et redressement judiciaire est assurément bienvenue et semble s'appliquer sans difficulté.

200. Encadrement et transparence des coûts. Le législateur s'est également attaché à encadrer la rémunération des conseils des créanciers participant à la conciliation ou à tout le moins des honoraires de ces derniers qui pourraient être mis à la charge du débiteur (A). Poursuivant le même objectif, il a également organisé une certaine transparence en ce domaine en imposant la liste des rémunérations mises à la charge du débiteur (B).

A. L'encadrement des coûts résultant de la prise en charge par le débiteur des honoraires des conseils des créanciers

201. La mise à la charge du débiteur, des honoraires des conseils des créanciers. Il semble que parallèlement au succès croissant du mandat *ad hoc* et de la conciliation, une pratique s'est développée consistant à insérer dans certains contrats des clauses stipulant que le débiteur doit supporter une partie et souvent même la totalité des honoraires du conseil du créancier participant à la conciliation ou au mandat *ad hoc*.

202. Les clauses mettant à la charge du débiteur les honoraires des conseils des créanciers, pour partie réputées non écrites. Réagissant à cette

---

[323] C. com., art. L. 611-16.

[324] Cass. com., 14 janv. 2014, n° 12-22.909, D. 2014. Actu. 206, obs. A. Lienhard ; *ibid.* Pan. 2150, obs. P.-M. Le Corre ; Rev. sociétés 2014. 200, obs. L.-C. Henry ; AJCA 2014. 34, obs. X. Delpech ; JCP E, 2014. 1173, n° 7, obs. Ph. Pétel ; LEDEN 3/2014. 2, obs. E. Mouial-Bassilana ; BJE 2014. 81, note L. Le Mesle ; LPA 1er-2 mai 2014, note T. Stefania ; *ibid.* 7 mai 2014, note F. Teffo ; Gaz. Pal. 29 juin-1er juill. 2014, p. 23, obs. F. Kendérian ; Dr. et patr. 9/2014. 97, obs. M.-H. Monsèrié-Bon ; Act. proc. coll. 2014, n° 53, obs. Ph. Roussel Galle.

pratique qui pouvait dissuader le chef d'entreprise de recourir à ces dispositifs, l'ordonnance n° 2014-326 du 12 mars 2014 a prévu dans l'article L. 611-16 du code de commerce que désormais, ces clauses seraient pour partie réputées non écrites. Plus précisément, suite à un arrêté du 25 juillet 2014[325] la prise en charge par le débiteur des honoraires des conseils des créanciers ne peut excéder 75 % ce dont il résulte que le créancier doit *a minima* prendre à sa charge le quart des rémunérations de ses conseils.

203. Une règle de compromis. Observons tout d'abord que si le législateur n'est pas allé au-delà en prévoyant que ce type de clause était réputée non écrite en son entier, c'est sans doute pour éviter de risquer de voir certaines entreprises se détourner du droit français, et réduire ainsi l'attractivité de la place. Il n'en reste pas moins que dans certains cas, le coût de la quote-part des honoraires des conseils mis à la charge des entreprises en difficulté donc déjà fragilisées, peut s'avérer lourd, parfois trop lourd au regard de leurs capacités financières.

204. Un coût global qui reste très important pour l'entreprise en difficulté. Si la règle est bienvenue, elle est difficile d'application et parfois tout simplement inappliquée. D'ailleurs, le rapport « Ricol » du 15 avril 2021[326], évoque une étude effectuée dans six procédures préventives significatives devant le président du tribunal de commerce de Nanterre, dans laquelle les frais de procédure des conciliations se ventilaient de la façon suivante :

- 6% pour le conciliateur,
- 47 % pour les conseils de la société et,
- 47 % pour les conseils des tiers.

Même s'il n'était pas précisé si les rémunérations des tiers concernaient seulement les conseils des créanciers et si elles étaient à la charge du débiteur, les coûts engendrés par le recours à ces intervenants apparaissent très importants. Si l'on excepte la rémunération des conciliateurs, qui comme nous l'avons vu, ne constituent qu'une faible partie du coût global, les honoraires

[325] Arr. 25 juill. 2014, NOR : JUSC1410157A, pris pour la fixation de la quote-part mentionnée à l'article L. 611-6 du code de commerce, dans sa rédaction issue de l'ordonnance n° 2014-326 du 12 mars 2014 portant réforme de la prévention des difficultés des entreprises et des procédures collectives, *Charges des honoraires du conseil du créancier,* Leden, oct. 2014/9, n° 151, note F. -X. Lucas ; RJ com. 2014. 337, note Ph. Roussel Galle.
[326] Rapport préc. n° 197.

des conseils sont très conséquents, et librement convenus entre les parties, et sans intervention du débiteur ou du président du tribunal, de sorte qu'ils échappent à tout contrôle. Or ce sont surtout les honoraires des conseils des créanciers qui, n'étant pas négociés avec le débiteur qui en supporte la charge, peuvent être excessifs, voir dans certaines hypothèses, démesurés.

205. Une règle qui n'est pas toujours appliquée. La règle précitée prévoyant qu'une quote-part d'au moins 25% des honoraires des conseils des créanciers ne semble pas systématiquement appliquée par certains conseils. D'ailleurs, certains juges de la prévention n'hésitent pas à rappeler cette règle notamment dans le cadre d'ordonnances de prorogation de la durée d'une procédure de conciliation. On citera pour exemple une ordonnance du président du tribunal de commerce d'Orléans : « *Disons qu'en application des dispositions d'ordre public de l'article L. 611-16 du code de commerce et de l'arrêté du 25 juillet 2014, la société en conciliation ne pourra pas supporter plus de 75 % des frais et honoraires de conseil auquel le créancier a fait appel, dans le cadre de cette procédure de conciliation, que la société en conciliation portera la convention prévoyant cette obligation, à notre connaissance et que les honoraires qui seront ainsi mis à la charge de la société en conciliation seront préalablement visés par le créancier* »[327]. Un tel rappel, *a priori* inutile, peut laisser à penser que la règle n'est pas toujours appliquée, et en tout cas, il est assurément bienvenu.

206. Un exemple de non-respect de la mise à la charge des créanciers d'une partie des honoraires de leurs conseils. Lors de l'homologation d'un accord de conciliation, il est apparu que l'état des frais remis par l'entreprise mentionnait que les honoraires des conseils notamment du pool bancaire (créancier) étaient pris en charge à 100% par l'entreprise débitrice, et que ce point faisait partie de l'accord. Le ministère public s'opposa alors à cette pratique, contraire à la loi, soutenant que les conventions signées des préteurs antérieurement à l'ouverture des mesures préventives n'avaient pas à s'appliquer en l'espèce au stade de l'homologation. Tout en ne contestant pas ce rappel des textes, le conseil du créancier lui opposait qu'il fallait plutôt faire une lecture des textes plus contextuelle (sic), tandis que le conciliateur allait même jusqu'à s'interroger sur la qualité du tribunal à statuer sur le contenu de l'état des frais !

207. Après avoir regretté que le débat sur l'état des frais déposé au greffe en application de l'article R. 611-39-1 du code de commerce intervienne au stade de l'homologation, le tribunal a préféré indiquer que le législateur ne lui a pas confié un devoir de contrôle de l'état des frais qui est déposé. Il poursuivait en ajoutant qu'il n'entendait pas aller au-delà du rôle qui lui a été

---

[327] T. Com. Orléans, ord. 1er prés. 15 mai 2023 (3 ordonnances identiques).

confié et qu'il statuerait uniquement sur l'homologation de l'accord ce d'autant qu'une appréciation sur l'état de frais serait susceptible de remettre en cause une disposition de l'accord et donc l'accord dans sa globalité. Le parquet fut débouté de sa demande et l'accord homologué[328].

208. Le contournement de la règle difficile à sanctionner. En prévoyant dans l'accord de conciliation que les honoraires des conseils sont acceptés et pris en charge en totalité par le débiteur, et que cela forme une des conditions de l'accord d'homologation de sorte qu'il s'agit d'un tout indissociable, les parties font peu de cas de la loi qui impose pourtant la prise en charge d'une partie de ces honoraires par le créancier. Mais surtout, ils mettent en difficulté le tribunal amené à statuer sur l'homologation de l'accord, et il en va de même pour le président du tribunal qui constate l'accord[329] ; l'un et l'autre se trouvent alors dans une situation pour le moins inconfortable, en particulier au regard des enjeux économiques et sociaux. Si le tribunal refuse l'homologation ou son président le constat, au motif que cette condition est *contra legem*, cela ne risque-t-il pas de remettre en cause le sauvetage de l'entreprise, dans le cadre d'une procédure qui se veut amiable ? S'il homologue ou le constate, il valide indirectement une pratique *contra legem*. Quant au ministère public, il peut former un recours contre une telle décision d'homologation en sa qualité de garant de l'ordre public économique, mais il peut aussi hésiter pour les mêmes raisons que le tribunal (art. L.611-10 du code de commerce). Reste à savoir si une telle clause, assurément *contra legem*, est valide même si elle figure dans l'accord constaté ou homologué. Assurément, elle est illégale mais acceptée par le dirigeant, bien souvent contraint et forcé, qui veut obtenir un accord et sortir de la procédure. Pour autant, cette situation n'est peut-être pas irréversible. La pratique met donc en exergue l'existence de pratiques, mises en œuvre par certains rares avocats, illégales mais assumées et contre lesquelles il n'y a guère de contrepoids. Au final, c'est l'entreprise qui supportera le coût de l'opération.

209. Vers une sanction possible contre un tel comportement : la répétition de l'indu ? Lorsqu'une personne accomplit au profit d'une autre

---

[328] T. com. Toulouse, 27 nov. 2024, Rev. proc. coll. 2025/2, n° 41, note Ch. Delattre. (S'agissant d'un dossier récent et sensible, il est fait le choix de ne pas donner les références complètes de la décision).

[329] Cette hypothèse pose toutefois moins de difficulté puisqu'un refus de constat n'empêche pas un accord, de nature contractuelle, d'être mis en œuvre. Concernant le mandat *ad hoc*, la question ne se pose pas puisque l'accord est soumis au droit commun des contrats : V. par exemple sur cette qualification, Ph. Delebecque, N. Bictin et L. Andreu, *Effets de commerce et entreprises en difficulté*, Traité de droit des affaires. G. Ripert et R. Roblot, LGDJ, Lextenso, Tome 4, 18ème éd., 2018, n° 425.

une prestation que cette dernière n'est pas en droit d'exiger, il est possible d'envisager le paiement de l'indu[330]. Cette situation correspond à l'hypothèse décrite ci-dessus qui contraint le dirigeant à prendre en charge la totalité des honoraires des conseils des créanciers participant à la prévention nonobstant le dispositif légal précité. En droit commun, le professeur Lionel Andreu y voit la possibilité « *que le payé est obligé à restitution envers le payeur* »[331]. Rapporté à notre hypothèse, il peut être soutenu que les parties à l'action en répétition de l'indu sont le demandeur qui est le payeur, le défendeur qui est le payé qui a reçu le paiement par lui-même ou son représentant. Lorsque l'entreprise, victime d'un tel comportement, est judiciairement liquidée, le liquidateur pourrait être ce demandeur à l'action. L'action est prescrite, en principe, dans un délai de cinq ans[332]. Mais un professionnel de l'insolvabilité osera-t-il s'engager dans un tel contentieux ?

210. Vers une réécriture de l'article L. 611-16 ? Même si pour l'heure, ces pratiques ne semblent pas généralisées, on voit mal comment les contrôler et les sanctionner. Il conviendrait donc, nous semble-t-il, de revoir le texte de l'article L. 611-16 du code de commerce. On pourrait envisager de prévoir dans ce texte que la mise à la charge du débiteur de plus d'une quote-part de 75% des honoraires des conseils des créanciers est réputée non écrite, y compris lorsqu'elle figure dans l'accord de conciliation. Encore que, même dans cette hypothèse, rien n'interdira au débiteur de payer les conseils des créanciers, ne serait-ce que pour conserver de bonnes relations avec ceux-ci et cette modification ne résoudra pas l'encadrement de la rémunération de ses propres conseils. En outre, il sera de toute manière très difficile d'appliquer une telle règle au mandat *ad hoc* puisqu'il n'est alors prévu aucune intervention judiciaire pour constater un éventuel accord.

211. Vers une contestation des honoraires des conseils des créanciers par le débiteur ? La mission Ricol du 15 avril 2021[333] souhaite que le débiteur puisse contester les honoraires des avocats, des experts comptables ou financiers mis à sa charge par les banques auprès du bâtonnier de l'ordre des avocats, du Président du Conseil Régional de l'Ordre des experts comptables ou d'un juge taxateur pour tous les autres intervenants. Il est certain qu'une telle règle pourrait être utile, mais il n'est pas sûr, non plus, que le débiteur ose s'en saisir craignant là encore d'affecter ses relations avec ses créanciers

---

330 L. Andreu, J. Flour, J.-L. Aubert, E. Savaux, *Les obligations, le fait juridique*, Sirey Université, 15ème éd., 2023, n° 21 et s.

331 L. Andreu, *op. cit.*, n° 21 ; sur le paiement de l'indu, voir également N. Catala, *La nature juridique du paiement,* préf. Carbonnier, LGDJ, coll. Bibl. dr. privé, t. 25, 1961, n° 201 et s.

332 Cass. civ. 1ère 16 sept. 2020, n° 18-25.429 ; cf. également L. Andreu préc. 29.

333 Rapport préc. n° 197.

qui bien souvent sont aussi des partenaires.

212. Un débiteur « pieds et poings liés ». En réalité, le débiteur est « pieds et poings liés » devant la pratique des honoraires de certains conseils des créanciers qui refusent catégoriquement, au risque de faire échouer une conciliation, d'appliquer la loi. Tant le tribunal que le ministère public doivent prendre en compte l'aspect économique et social qui, bien souvent primera. Et les conseils des créanciers qui refusent d'appliquer le texte le savent pertinemment et en profitent. Ce type de pratique met en évidence l'intérêt purement financier de quelques conseils, pour les procédures préventives et leur souhait de se spécialiser dans ce contentieux. Le débiteur, soucieux de sauver son entreprise, accepte alors de régler des honoraires, parfois, démesurés sans véritable moyen de s'y opposer avec, au surplus, une issue procédurale parfois très incertaine.

213. La transparence des coûts. Parallèlement, le législateur a toutefois prévu une sorte de transparence sur ces coûts, ce qui, du moins peut-on l'espérer, participera d'un meilleur encadrement et évitera au moins pour partie, les abus.

B. La transparence à destination du président du tribunal et du ministère public pour un meilleur encadrement des coûts

214. Une information sur le coût global de la conciliation. Le rapport Ricol[334] avait également suggéré de prévoir une information à destination tant du président du tribunal que du ministère public dans les procédures de conciliation concernant l'ensemble des frais engagés y compris ceux qui sont prévisionnels avec plus d'informations précises sur le donneur d'ordre, et les tenir informés des augmentations significatives pour tous les intervenants à la procédure. A la fin de la procédure, le rapport estimait indispensable d'établir un état de frais et honoraires lequel serait joint au rapport de fin de procédure proposé au stade de l'homologation. Les créanciers devraient y avoir accès.

215. Le dépôt de l'état intégral des frais avant le constat ou l'homologation de l'accord. L'article R. 611-39-1 du code de commerce résultant du décret du 23 septembre 2021[335] répond pour partie aux recommandations du rapport Ricol. Il prévoit en effet que le débiteur assisté par le conciliateur doit déposer au greffe « *un état de l'intégralité des frais mis à sa charge et préparé par le débiteur, assisté par le conciliateur* ». Pour le

[334] Rapport préc. n° 197.
[335] Décret n° 2021-1218 du 23 sept. 2021, en vigueur depuis le 1er oct. 2021.

reste, le texte réglementaire est très précis, et vise tout à la fois la rémunération du conciliateur ou celle du mandataire *ad hoc*, mais uniquement *« si un mandat ad hoc a immédiatement précédé l'ouverture de la conciliation » ;* la *« rémunération de tout intervenant ou expert, désigné par le juge ou auquel le conciliateur a eu recours »* mais aussi « *les honoraires des conseils tant du débiteur là encore dans la conciliation mais aussi dans un mandat ad hoc qui l'aurait immédiatement précédé* ». Enfin et surtout doivent également figurer dans cet état « *les honoraires des conseils auxquels le créancier a fait appel lorsqu'ils sont mis à la charge du débiteur »*.

216. Pas de constat ou d'homologation en l'absence de dépôt de l'état des frais. Afin d'assurer le respect de cette obligation, le texte réglementaire ajoute que le président du tribunal ou le tribunal s'assure de ce dépôt *« avant de constater ou d'homologuer l'accord »*. Il en résulte que le président du tribunal ou le tribunal selon le cas, ne peuvent pas constater ou homologuer l'accord si cet état de frais n'a pas été déposé.

217. Une règle impérative … La règle paraît donc impérative mais elle ne s'applique pas en pratique pour le mandat *ad hoc*, pour lequel il n'est prévu aucun constat ou homologation. Pour autant, d'une part, l'état de frais doit indiquer la rémunération du mandataire *ad hoc* si cette mesure a immédiatement précédé l'ouverture de la procédure de conciliation. D'autre part, en conciliation, on peut craindre que le juge hésite à refuser le constat ou l'homologation, en particulier si la demande est formulée à l'expiration des délais impartis dans cette procédure. La crainte doit toutefois être nuancée car le juge peut, nous semble-t-il, faire un renvoi d'audience pour que ce document soit imposé[336]. Cela n'est cependant concevable que si la période de cinq mois n'est pas atteinte. On pourrait également suggérer sur ce point une plus grande rigueur côté conciliateur afin qu'il veille à ce que cette liste soit établie dans le délai imparti.

Enfin, lors du dépôt de cet état de frais, ils sont bien souvent déjà réglés. Que pourrait faire le tribunal en pareille hypothèse ? s'opposer à l'homologation ? C'est fort peu envisageable. Alors cette disposition n'est-elle pas un coup d'épée dans l'eau ?

---

[336] L'article L. 611-6 alinéa 2 du Code de commerce dispose en en effet que *« la procédure de conciliation est ouverte (...) pour une période n'excédant pas quatre mois mais qu'il peut, par une décision motivée, proroger à la demande de ce dernier sans que la durée totale de la procédure de conciliation ne puisse excéder cinq mois. Si une demande de constatation ou d'homologation a été formée en application de l'article L. 611-8 avant l'expiration de cette période, la mission du conciliateur et la procédure sont prolongées jusqu'à la décision, selon le cas, du président du tribunal ou du tribunal. A défaut, elles prennent fin de plein droit et une nouvelle conciliation ne peut être ouverte dans les trois mois qui suivent* ».

218. Destinataires de l'état des frais. Cet état de frais, qui est donc déposé au greffe n'est pas accessible à tous. D'une part, « le *conciliateur, le président du tribunal, le tribunal et le ministère public peuvent, seuls, en prendre connaissance* ». Mais d'autre part, en cas d'ouverture d'une procédure collective ou d'un rétablissement professionnel, le tribunal peut « *d'office ou à la demande du ministère public en obtenir communication* ». Il en va de même, notamment lorsque les conditions de l'article L.721-8 sont réunies et que le débiteur est une entreprise ou une des sociétés mentionnées aux a à d du 1° du texte précité. Dans cette hypothèse, le président du tribunal de commerce spécialisé, ce tribunal mais également le ministère public peuvent obtenir communication de cet état [337].

219. Le ministère public, destinataire de l'état des frais. Le ministère public notamment, est destinataire de cet état de frais. Pour autant, en pratique que peut-il faire de cette information ? En réalité, rien ou peu de choses puisque, comme précédemment indiqué, les dépenses ont déjà été faites. Mis à part connaître l'étendue de la charge générée sur la trésorerie, cela ne semble pas être un moyen pour s'opposer à l'homologation de la conciliation. De plus, comme nous l'avons vu, qui prendrait le risque de faire échouer l'homologation d'une conciliation pour précipiter une entreprise dans une procédure de redressement judiciaire ou de liquidation judiciaire avec les conséquences sociales qui en découlent ? En pratique, on se rend compte que la situation est quasi insoluble puisqu'il est difficile, voire impossible, en l'état, de contrôler la rémunération, *a posteriori,* d'un conseil avec son client, créancier participant à la procédure de conciliation, sans se voir opposer le secret professionnel. Tout au plus peut-on espérer que la communication au ministère public incitera les conseils à ne pas abuser, par une sorte de crainte révérencielle. Et d'en revenir à l'action en répétition de l'indu précitée.

220. Une sanction des abus, éventuellement mise en œuvre dans un redressement ou une liquidation judiciaire ultérieure. Si une procédure de redressement ou de liquidation judiciaire intervient, le ministère public ainsi informé des frais engagés pourra envisager, dans certaines hypothèses, de les contester aux fins de les faire annuler au titre des actes intervenus en période suspecte. En effet, la cour de cassation a considéré que le paiement d'une convention d'assistance et de conseil intervenue en conciliation est soumise aux nullités facultatives de la période suspecte[338]. Encore faudra-t-il que

---

[337] Conformément au I de l'article 51 du décret n° 2021-1218 du 23 septembre 2021, ces dispositions entrent en vigueur le 1er octobre 2021. Elles ne sont pas applicables aux procédures en cours au jour de son entrée en vigueur.

[338] Cass. com. 14 déc. 2022, n° 21-14.206, D. actu. 19 janv. 2023, obs. G. C. Giorgini ; Act. proc. coll. 2023, n° 25, obs. B. Ghandour ; DP diff. entr., Bull. n° 455, obs. Ph. Roussel Galle ; Gaz. Pal. 18 avr. 2023, p. 55, obs. C. G. Giorgini ; BJE 3-4/2023. 11,

l'accord de conciliation n'ait pas été homologué puisqu'alors, sauf fraude, la date de cessation des paiements ne peut remonter à une date antérieure. Toutefois, ces paiements auront, sans nul doute, pesé lourdement sur la trésorerie de l'entreprise placée en prévention et l'auront, peut-être, poussé vers sa chute plus rapidement. Ce problème de rémunération de certains conseils de créanciers participant à la conciliation est une réelle difficulté ... quasi insoluble.

En pratique, l'auteur du présent ouvrage a pu constater une procédure visant une entreprise placée en liquidation judiciaire ab initio après moultes procédures préventives ayant abouti au paiement de plusieurs centaines de milliers d'euros d'honoraires au cours des années précédentes. C'est la preuve que les mesures préventives ne sont pas toujours adaptées aux difficultés des entreprises. Dans ce cas, pourquoi s'obstiner dans cette voie ?

Section 2. Le Ministère public et le coût de la conciliation et du mandat *ad hoc*

221. L'avis du ministère public. Si le ministère public est donc simplement informé de l'état des frais à la fin de la procédure de conciliation lors de la demande de constat ou d'homologation de l'accord, il est au moins une prérogative qui lui est confiée dans le cadre de la maîtrise des coûts de la conciliation. En effet, lors de la désignation du conciliateur, son avis est sollicité sur les modalités de sa rémunération (§ 1). En revanche, bien que les règles de détermination de la rémunération du mandataire *ad hoc* soient strictement identiques à celle du conciliateur, cette prérogative ne lui est pas accordée en mandat *ad hoc* (§ 2).

§ 1. L'avis du ministère public sur la rémunération du conciliateur

222. Le ministère public sollicité pour mieux encadrer la rémunération du conciliateur. Par application de l'article L. 611-14 du code de commerce, lorsque président du tribunal détermine les conditions de la rémunération du conciliateur[339] – et non du mandataire *ad hoc* – un avis du ministère public doit être sollicité[340]. Toutefois pour ne pas retarder

note J.-L. Vallens.

[339] Et du mandataire à l'exécution de l'accord.

[340] Circulaire du 18 avril 2006 relative à l'action du ministère public dans les procédures du livre VI du code de commerce en conséquence de la loi de sauvegarde

l'ouverture de la conciliation, le délai accordé au parquet pour donner son avis est très bref, puisqu'il est de quarante-huit heures en application de l'article R. 611-47-1, dernier alinéa du code de commerce, à compter de la transmission faite sans délai par le greffier. A noter qu'en conciliation, si en cours de mission, le président du tribunal est amené à fixer de nouvelles conditions de rémunération, l'avis du ministère public sera également requis[341] et il en va de même en cas de mission complémentaire confiée au conciliateur aux fins de préparer une cession partielle ou totale [342]. Cette règle n'est malheureusement pas applicable au mandat *ad hoc*, dont le ministère public n'a pas connaissance, ce qui à notre sens est regrettable.

223. Un avis dans les quarante-huit heures ! Pour en revenir à l'avis du ministère public lors de la désignation du conciliateur, le délai de quarante-huit heures précitées est parfois difficile à respecter et peu compatible avec la tâche quotidienne d'un magistrat du parquet par ailleurs en charge de nombreux autres contentieux[343]. Toutefois, comme nous avons pu le constater, soucieux de leur rôle en cette matière, les procureurs de la République ont su organiser leur parquet pour faire face à cette mission importante le mieux possible dans le respect du délai imparti. Cela peut consister à mettre en place au sein de chaque parquet un dispositif en accord avec le président et le greffier pour transmettre les éléments sur une boite structurelle dédiée à la conciliation et non pas dans le coffre électronique SECURIGREFFE qui peut poser des difficultés en termes de respect du délai d'appel[344]. A défaut, cette

---

des entreprises (CIV 2006 – 08 D4/18-04-2006), cf. II « *Le rôle du ministère public lors du mandat ad-hoc et lors de la procédure de conciliation ;* J.-B. Drummen, *La rémunération des mandataires ad hoc et des conciliateurs*, BJE, oct. 2011, § 121, p. 283 ; F. Pérochon, *Coût, transparence et confidentialité de la prévention,* Rev. proc. coll. 2014/1, dossier 3 ; Ch. Delattre, *L'avis du ministère public dans les honoraires du conciliateur : un nouveau rôle ?* Rev. proc. coll. 2014/6, n° 145 ; TC Valenciennes, 18 juill. 2017 et 6 juill. 2017, Rev. proc. coll. 2017/6, n° 133, note Ch. Delattre.

[341] C. com., art. R. 611-49.

[342] C. com., art. R. 611-51 ; L.611-7 ; L.642-2 et R.642-40 al.4.

[343] Cf. le nombre de magistrats du ministère public pour 100.000 habitants, cf. rapport de la C.E.P.E.J. V. n° 30.

[344] SECURIGREFFE est un système qui permet de faciliter les communication et notifications des décisions entre le greffe, les administrateurs judiciaires et mandataires judiciaires et les parquets de chaque ressort ; CA Douai, ch.2, sect.1 14 sept. 2023, ch. 2, sect. 1, n° 22/05651, Act. proc. coll. 2024/3 n° 27 et 39, note Ch. Delattre ; Arrêté 14 janvier 2025 portant modification des arrêtés du 21 juin 2013 portant communication par voie électronique entre les avocats et entre les avocats et la juridiction dans les procédures devant les tribunaux de commerce et du 9 février 2016 portant application des dispositions du titre XXI du livre 1er du code de procédure civile aux greffiers des tribunaux de commerce ; C. Bléry, *La dématérialisation du procès : de la communication par voie électronique à la cyber procédure civile,* Gaz. Pal. *25 juin 2024, n° GPL464t4 ;* C. Blery et JP Teboul,

information risquerait de passer inaperçue. Quoi qu'il en soit, si le président n'a pas reçu l'avis du ministère public dans un délai de quarante-huit heures, il peut rendre sa décision.

224. Un avis éclairé ? Outre la brièveté du délai, le ministère public peut rencontrer des difficultés pour rendre un avis éclairé, en particulier dans l'hypothèse d'un dossier transmis par le greffe incomplet, ce qui n'est pas un cas d'école[345]. Il peut alors refuser de donner un avis ou rendre un pré-avis dans lequel il sollicite la communication de certaines pièces qu'il juge indispensables pour remplir sa mission. En telle hypothèse, il nous semble que si le président passe outre, cela signifie que selon lui, l'avis du ministère public est sans importance et constitue une simple formalité factuelle. Il n'en reste pas moins que tout recours de la part du parquet sur ce motif serait vain au regard des délais d'audiencement à la cour et qu'une telle pratique n'est donc pas sanctionnée, sans doute en raison de la volonté de ne pas retarder l'ouverture de la conciliation. Quoi qu'il en soit, le président du tribunal ne peut en principe pas rendre sa décision avant l'expiration du délai de quarante-huit heures et on constate que l'avis du ministère public a permis dans certains cas d'éviter des abus[346].

225. Le ministère public et le non-respect des règles régissant la rémunération du conciliateur. La jurisprudence est particulièrement éclairante pour mettre en évidence les stratagèmes mis en œuvre pour tenter de percevoir une rémunération illégale par certains professionnels. Ainsi, dans une première espèce, le conciliateur proposait une rémunération calculée selon un honoraire de moyen plafonné et un honoraire de résultat non plafonné. En outre, la période de rémunération prévue par le professionnel correspondait en partie à une période antérieure à l'ouverture de la conciliation sollicitée, laquelle concernait un précédent mandat *ad hoc*. Si la question se posait de savoir si une partie de la rémunération demandée n'avait pas été déjà perçue dans le cadre du mandat *ad hoc* préalable, aussi bien, seule la période postérieure à l'ouverture de la conciliation pouvait être retenue. On ne perçoit pas comment le professionnel pourrait prétendre bénéficier d'une rémunération au titre d'une période antérieure à sa désignation. Le ministère public, reprenant notamment la recommandation n° 300-8 du recueil des

---

Communication par voie électronique-nouvel arrêté technique relatif à la communication par voie électronique devant les tribunaux de commerce - modernisation, clarification plus qu'ouverture, JCPG 27 janv. 2025, n°4, act. 98.

345 Ch. Delattre, *L'action du ministère public en conciliation : un simple leurre ?* Rev. proc. coll. 2016/1, dossier 4.

346 Ch. Delattre : *Le ministère public : organe de contrôle de la rémunération du conciliateur,* Rev. proc. coll. 2020/4, et du même auteur, T. com. Valenciennes 18 juill. 2017 et T. com. Lille métropole, 6 juill. 2017, Rev. proc. coll. 2017/6, n° 133.

diligences et recommandations de l'Institut Français des Praticiens des Procédures Collectives (I.F.P.P.C.)[347] laquelle rappelle : « *Le projet de convention d'honoraires doit prévoir un montant maximal, tous éléments de rémunérations confondus* », avait donc émis un avis négatif en raison de la violation manifeste des textes notamment sur leur mode de calcul dès lors qu'une partie de la rémunération n'était pas plafonnée ainsi que sur la période visée sur laquelle elle devait être calculée.

226. A la suite de ce premier avis, le professionnel avait modifié sa proposition de rémunération en intégrant les observations du ministère public, ce qui avait permis à ce dernier, de rendre un second avis, cette fois favorable quant aux conditions de rémunération proposées mais réservé sur l'utilité d'ouvrir une énième mesure préventive alors que les précédentes n'avaient pas démontré leur utilité[348]. Il n'est pas douteux que les multiples mesures préventives ouvertes dans ce dossier ont couté très cher à l'entreprise alors que leur utilité n'a pas été démontrée. On relèvera de surcroît qu'en l'espèce, le professionnel n'avait pas hésité à scinder son projet de rémunération pour prévoir une partie non plafonnée ce qui est illégal. En telle hypothèse, c'est un véritable travail de vérification que doit donc faire le président du tribunal avant de transmettre la demande au ministère public pour obtenir son avis sur la rémunération. Cela n'a pas été fait en l'espèce. Enfin, il faut relever l'attitude surprenante du propre conseil de l'entreprise demanderesse qui n'avait rien trouvé à redire à cette rémunération illégale, mais surtout contraire aux intérêts de sa cliente.

227. Le ministère public, organe de contrôle de la rémunération du conciliateur. Dans cette procédure, le rôle du ministère public a constitué un véritable contrepoids face à cette demande illégale et pourtant transmise en l'état par le président du tribunal de commerce. Le parquet a assuré la protection des intérêts du débiteur. Seule la crainte d'un appel de sa part a conduit le professionnel à revoir sa demande très à la baisse. Le ministère

---

[347] L'Institut Français des Praticiens des Procédures Collectives (I.F.P.P.C), syndicat majoritaire de la profession des administrateurs et mandataires judiciaires, rédige et actualise depuis plusieurs années par son comité de diligences un recueil de diligences et de recommandations des mandataires de justice. Il liste, article après article, les bonnes pratiques que doivent respecter les professionnels. Ce document peut-être d'une grande utilité dans les réquisitions du ministère public en ce qu'il peut faciliter et justifier sa position dès lors qu'il repose son argumentation sur les textes mais également sur les règles de bonnes pratiques édictées par la profession pour ses membres.

[348] En l'espèce, 7 mesures préventives dont 6 au cours des 3 dernières années et demie dont un mandat *ad hoc* ouvert le 21 janvier 2019 soit 6 mois avant la nouvelle demande. Postérieurement, d'autres mesures préventives seront sollicitées puis accordées pour au final aboutir à l'ouverture d'une procédure collective.

public est donc bien un véritable organe de contrôle de la rémunération du conciliateur[349].

228. L'absence de montant maximal chiffré. Dans une autre affaire plus ancienne, l'ancien dirigeant avait relevé l'absence de montant maximal chiffré des honoraires, l'illégalité de la rémunération fondée sur un abandon de créance, la réalisation par le professionnel de diligences non comprises dans la mission initialement fixée, et enfin la délégation de certaines tâches à des tiers aux frais de l'entreprise en dehors des critères de délégation. L'ordonnance du président avait été cassée par la chambre commerciale de la Cour de cassation sauf en ce qu'elle avait déclaré recevable le recours pour remettre les parties devant la juridiction du premier président autrement composé. Elle avait ajouté qu'en telle hypothèse, la rémunération serait « *arrêtée librement par le juge taxateur, en considération des seules diligences accomplies et des frais engagés* », solution logique mais qui en définitive n'est pas très contraignante pour le conciliateur.

229. La chambre commerciale s'était bornée à retenir l'absence de montant maximal pour censurer la décision querellée. Nous reprendrons l'avis de l'avocate générale Caroline Henry[350] rendu dans cette espèce qui précisait : « *La nécessité de veiller au strict respect des dispositions visant à l'encadrement de la rémunération des mandataires* ad hoc *et des conciliateurs s'impose car il en va de l'attractivité de la prévention. Votre décision est importante car elle donnera un signal de rectitude. Or il sera utile pour encourager l'encadrement d'autres pratiques critiquables, parmi elles, celles visant à faire supporter au débiteur une partie au moins des honoraires des conseils des créanciers impliqués dans la prévention* »[351]. Il en ressort indubitablement l'impérieuse nécessité de vérifier avec rigueur la rémunération des professionnels qui interviennent en vérifiant que le dispositif légal est strictement appliqué. A défaut, la perception d'honoraires abusifs et non contrôlés[352] dessert la prévention ainsi que la profession des administrateurs et mandataires judiciaires[353], puisque ce sont souvent ces

---

349 A propos de TC Lille métropole, ord. prem. Prés. 22 juil. 2019, RG n° 2019PC003594 voir en ce sens Ch. Delattre, *Le ministère public : organe de contrôle de la rémunération du conciliateur*, *préc.*

350 Que nous remercions pour nous avoir communiqué son avis.

351 Cass. com. 3 oct. 2018, n° 17-14.522, Act. proc. coll. 2018/18, n° 256 et 259, note Ch. Delattre ; Rev. sociétés 2018. 745, obs. Ph. Roussel Galle ; RJ com. 2019, 261, obs. Th. Favario ; RTD com. 2019. 980, obs. F. Macorig-Venier ; JCP E, 2019. 1034, note Th. Berthelot ; LEDEN 11/2018. 2, obs. J. Cavelier ; BJE 1-2/2019. 11, note B. Thullier.

352 Fort heureusement, l'immense majorité des professionnels de l'insolvabilité, appliquent les textes relatifs aux honoraires avec rigueur.

353 Sur ce point se reporter notamment au rapport de M. René Ricol du 15 avril 2021

professionnels qui sont désignés pour exercer de telles missions.

230. Le difficile contrôle du ministère public. Le ministère public doit également vérifier le contenu de la mission ainsi que le montant proposé pour le taux horaire, encore que sur ce dernier point, la vérification est difficile aussi bien pour le président du tribunal que pour le ministère public. En effet, le taux horaire peut varier d'un professionnel à un autre mais également en fonction de la mission à remplir, de sa complexité, du nombre d'interventions à réaliser ou encore du nombre de collaborateurs (seniors et juniors) mais également du personnel administratif de son étude qui interviennent dans le dossier et, enfin, de la qualité et du sérieux de la prestation effectuée et de sa compétence. Même si la question se posera avec plus d'acuité au moment de l'ordonnance de taxe à l'issue de la conciliation, dès ce stade de la procédure, une attention toute particulière doit être portée sur cette question.

231. Les tarifs « low-cost ». Certains présidents de tribunaux de commerce ont mis en place devant leur juridiction un tarif qualifié de « *low-cost* » pour la rémunération des conciliateurs. La réalité démontre toutefois que les pratiques sont bien différentes selon les juridictions et les professionnels de l'insolvabilité désignés, ce qui entraîne une disparité selon les juridictions, qui est toujours regrettable. Si l'objectif est louable, puisqu'il s'agit de plafonner les honoraires pratiqués, cette pratique, non prévue par le législateur, semble limitée aux « petites » entreprises.

232. Le refus de passer à une tarification. Malgré les difficultés pour vérifier les modalités de rémunération du conciliateur, ou du mandataire *ad hoc* puisque la question se pose dans les mêmes termes pour le président du tribunal à ceci près que le ministère public n'est pas informé et ne donne pas d'avis, il nous semble que prévoir une tarification comme c'est le cas dans les procédures collectives risquerait de soulever de trop grandes difficultés. Aussi nous pensons qu'il faut sans doute tout simplement attirer l'attention des présidents de tribunaux sur cette question. A ce stade, le manque de temps, la complexité des dossiers et de magistrats en nombre suffisant rendent illusoires ces nécessaires contrôles.

233. La vérification de l'accord du débiteur par le ministère public. Avant de rendre son avis sur la rémunération du conciliateur, le ministère public doit également veiller à ce que le dirigeant aie bien donné son accord sur les conditions de rémunération préalablement à l'ouverture de la conciliation tout particulièrement lorsqu'il n'a pas proposé la désignation du

---

rendu dans le cadre du litige opposant l'AGS et les Administrateurs Judiciaires et les Mandataires Judiciaires qui prévoit un meilleur encadrement des frais de procédure. L'avis de l'avocate générale Caroline Henry pointait déjà ces dérives.

professionnel comme l'y autorise l'article R. 611-47-1 du code de commerce. L'article R. 611-48 du même code prévoit que l'accord du débiteur est consigné par écrit préalablement à l'ordonnance de désignation. La cour d'appel de Douai a eu à trancher cette difficulté alors que l'accord sur la rémunération n'avait pas été obtenu antérieurement à l'ouverture de la mesure préventive de sorte que l'ordonnance d'ouverture était silencieuse sur le sujet et que le dirigeant contestait ensuite la rémunération du professionnel. Le juge taxateur de la cour après avoir relevé que l'accord du débiteur sur les conditions de rémunération n'avait pas été consigné, avait retenu que dans l'ordonnance de désignation du conciliateur, ce dernier et l'entreprise avaient convenu d'établir cette convention ultérieurement. Et la cour avait jugé cela suffisant pour confirmer la décision querellée [354].

234. Dans cette affaire, le professionnel a obtenu gain de cause, ce qui nous semble discutable. En effet, alors que les textes prévoient expressément que le président du tribunal détermine les conditions de rémunération du mandataire *ad hoc* et du conciliateur au moment de sa désignation, avec l'accord préalable débiteur, le président avait renvoyé cette question à un accord ultérieur, ce qui à tout le moins est *contra legem*. Cette affaire est toutefois l'occasion de rappeler que si l'entreprise est ensuite placée en procédure collective, le conciliateur qui n'aurait pas encore reçu paiement de ses prestations, n'aura d'autre choix que de déclarer sa créance puisqu'il s'agit d'une créance antérieure. Cette situation semble être à l'origine d'une pratique mise en œuvre par certains professionnels qui consiste à prévoir le versement d'acomptes mensuels pour éviter ou limiter cette difficulté. Ce qui fut le cas en l'espèce. Il n'en reste pas moins que cette affaire démontre bien la fragilité du dirigeant dans cette situation, puisqu'il n'est pas dans les usages de fixer une convention d'honoraires, une fois la mission commencée.

235. Quoi qu'il en soit, si l'accord préalable du débiteur n'a pas été donné sur les conditions de la rémunération, le ministère public n'a d'autre choix que celui d'émettre un avis défavorable ou alors faire un pré avis en demandant au président que la situation soit régularisée. Le président doit être vigilent sur ce point et refuser de statuer sur la demande sans accord préalable du chef d'entreprise.

---

[354] CA Douai, ord. Taxe, 11 juin 2013, n° 12/040473, Rev. proc. coll. 2013/6, n° 158, note Ch. Delattre.

§. 2 L'absence d'avis et de contrôle du ministère public sur la rémunération du mandataire *ad hoc*

236. Le ministère public non informé de la désignation d'un mandataire *ad hoc*. Le législateur n'a pas souhaité que le ministère public soit informé de la désignation d'un mandataire *ad hoc* et qu'il puisse donner son avis sur les conditions de détermination de sa rémunération au moment de sa désignation. En pratique, il ignore tout de cette procédure, sauf parfois suite à une confidence du président. Cette ignorance dans laquelle il se trouve peut paraître curieuse puisque les règles applicables en mandat *ad hoc* et en conciliation, à tout le moins concernant les modalités de détermination de la rémunération des professionnels désignés, sont identiques. Et comme cela a pu être relevé, sur plusieurs points, le régime du mandat *ad hoc* a été en partie aligné sur celui de la conciliation[355]. *A priori*, il pourrait en aller de même ici, le contrôle par le ministère public de l'un pourrait justifier le contrôle de l'autre.

237. L'absence regrettable d'avis du ministère public en cas de nouvelles conditions de rémunération en cours de mandat. Nous avons relevé qu'en conciliation, si en cours de mission, le président du tribunal est amené à fixer de nouvelles conditions de rémunération, l'avis du ministère public est également requis[356]. Même s'il a été relevé que cette pratique semble exceptionnelle, peut-être conviendrait-il dans cette hypothèse de requérir l'avis du ministère public, y compris quand il s'agit de revoir la rémunération du mandataire *ad hoc*[357]. En effet, par définition, le débiteur a alors eu recours au mandat *ad hoc*, et à ce stade, l'argument selon lequel la connaissance par le ministère public de cette mesure pourrait être dissuasive, n'a plus aucune pertinence. Bien au contraire, le fait qu'un avis de sa part serait alors requis pourrait même rassurer le débiteur, qui aurait ainsi la garantie qu'une éventuelle demande d'augmentation de la rémunération en cours de mandat ne serait réclamée par le mandataire *ad hoc* que si elle est absolument nécessaire. Et si cette augmentation est demandée, l'avis du ministère public, au même titre que celle du président, participerait de sa protection et de sa sécurité juridique. A l'instar du Professeur Françoise Pérochon, il nous semble donc « *qu'il est regrettable que le garde-fou prévu consistant dans l'avis préalable du ministère public ne soit pas applicable* »[358].

---

[355] Ph. Delebecque, N. Bictin et L. Andreu, *Effets de commerce et entreprises en difficulté*, Traité de droit des affaires. G. Ripert et R. Roblot, LGDJ, Lextenso, Tome 4, 18ème éd., 2018, n° 429.

[356] C. com., art. R. 611-49.

[357] F. Pérochon *et alii*, *op. cit.*, n° 206.

[358] *Ibid.*

238. L'ordonnance de taxe à l'issue du mandat *ad hoc* et le ministère public. L'article L. 611-14, alinéa premier du code de commerce[359] prévoit toutefois que la rémunération du mandataire *ad hoc*, exactement comme celle du conciliateur, est arrêtée à l'issue de la mission par ordonnance du président du tribunal, mais seule la décision relative aux honoraires de conciliation est communiquée au ministère public en application de l'article R.611-50 du code de commerce. Selon le professeur Pierre-Michel Le Corre, cette règle s'inscrit dans l'objectif de la loi n° 2014-1 du 2 janvier 2014[360] qui assure la régulation des coûts des procédures de prévention. Par application de l'article R. 611-50 alinéa premier du code de commerce, l'ordonnance arrêtant la rémunération est notifiée par le greffier du tribunal au mandataire *ad hoc*, au conciliateur, au mandataire à l'exécution de l'accord, à l'expert ainsi qu'au débiteur. Aucune notification n'est prévue à l'égard du ministère public lequel est totalement exclu de ce processus. Seule la décision prise en cas de recours à la conciliation lui est communiquée sans délai. L'alinéa second du texte précité prévoit que le ministère public peut exercer un recours uniquement contre l'ordonnance arrêtant la rémunération du conciliateur, du mandataire à l'exécution ou de l'expert. Le texte exclut expressément un recours du ministère public contre l'ordonnance arrêtant la rémunération du mandataire *ad hoc*.

239. Absence totale de contrôle du ministère public sur la rémunération du mandataire *ad hoc*. Ainsi, aucun contrôle n'est donc effectué par le ministère public sur la rémunération du mandataire *ad hoc* et aucun recours n'est possible sur l'ordonnance qui arrête sa rémunération. Pourtant, en pratique, en cas de levée de la confidentialité, il est des cas dans lesquels on ne peut que s'interroger sur les réelles vérifications effectuées par le président du tribunal qui a ouvert la procédure. Toutefois, force est de constater que ce dernier n'a que très peu de marge de manœuvre s'il veut éviter l'ouverture d'une procédure collective. Il ne faudrait pas que les mandataires ad hoc imposent leurs honoraires. Au surplus, l'urgence pour traiter les difficultés fait que l'ouverture de la mesure est très rapide sans possibilité de recourir à une appréciation approfondie, tout particulièrement s'agissant du mandat *ad hoc*.

240. Un mandat *ad hoc* pour préparer une autre procédure. Le mandat *ad hoc* est souvent l'antichambre de l'ouverture d'une conciliation, le mandataire *ad hoc* étant ensuite désigné conciliateur. Il présentera au final deux taxes. Récemment, il a été porté à notre connaissance une procédure dans laquelle la mission du conciliateur dont la désignation était envisagée après le mandat *ad hoc*, était libellée partiellement de la façon suivante : déterminer la

---

[359] Issu de la rédaction de de l'ordonnance n° 2014-326.

[360] Loi habilitant le gouvernement à simplifier et sécuriser la vie des entreprises.

situation juridique et économique de l'entreprise. Cette mission du conciliateur ne pouvait que surprendre car l'environnement juridique et économique aurait dû être réalisé lors du mandat *ad hoc*, étant de surcroît rappelé que la mission du conciliateur est expressément prévue par la loi. Le contenu de cette mission était pourtant repris *in extenso* dans l'ordonnance d'ouverture et serait donc, *in fine* facturée. Dans son avis, le parquet reprenait ce point pour demander au président de revoir les honoraires importants demandés. Le président, sans tenir compte de ces observations, rendait une ordonnance conforme à la demande. Mais, certainement, afin de rassurer le ministère public, il indiquait avoir pris attache, postérieurement à l'ordonnance rendue, avec le professionnel qui l'avait rassuré sur ses intentions. Malgré les légitimes interrogations du parquet, le président du tribunal n'en a pas tenu compte et a rendu une ordonnance ne reprenant pas les observations du parquet ni même l'existence d'un avis. Enfin, la technique qui consiste à prendre attache postérieurement à l'avis du parquet auprès du professionnel concerné pour lui faire éclaircir quelques points, sans contradictoire, interroge.

241. En faveur du contrôle de la rémunération du mandataire *ad hoc* par le ministère public. La situation décrite nous conduit à proposer que le législateur modifie les dispositions légales et permette au ministère public d'avoir un regard sur la rémunération du mandataire *ad hoc*, à la fois en cas de rémunération complémentaire en cours de mission mais aussi dès sa désignation, exactement comme c'est le cas pour le conciliateur, et puisse exercer un recours en cas de besoin, recours qui se limiterait à cette question. De même l'état des frais prévus pour le coût global de la conciliation, pourrait être prévu à l'identique pour le mandat *ad hoc*. L'objet de cette proposition est d'assurer un meilleur contrôle des coûts du mandat *ad hoc*, ce qui ne peut qu'en améliorer l'attractivité. Dans tous les cas, comme il a pu l'être démontré en conciliation, la crainte du ministère public, loin d'être justifiée, n'a pas fait reculer le recours à la conciliation. Pourquoi en irait-il différemment dans le cadre d'un mandat *ad hoc* ?

242. Les honoraires des mandataires *ad hoc* et des conciliateurs : l'avis de la Cour des comptes. Dans son rapport rendu dans le cadre de l'article R.143-11 du code des juridictions financières, publié en 2024[361], la Cour des comptes a formulé ses observations et une recommandation concernant les honoraires des professionnels désignés. Sur les honoraires, elle invite « *à*

---

[361] Cour des comptes, 1ère ch. 2è sect., n° 2024-0991, *La détection et le traitement des difficultés des TPE et PME*, exercices 2018-2023.

engager une réflexion sur les honoraires des mandataires et à pérenniser le principe d'un barème forfaitaire pour les procédures amiables des petites entreprises (TPE). Les administrateurs et mandataires judiciaires seraient eux-mêmes favorables à une telle évolution à condition qu'elle s'intègre dans le cadre d'un réexamen global de leurs tarifs réglementés ». Selon nous, cela serait facilité si le législateur permettait au ministère public de donner son avis sur la rémunération du mandataire *ad hoc* en début de procédure comme préconisé. Et la cour des comptes de préciser « *En sus de ces honoraires, les frais de conseil au débiteur et à ses créanciers ne sont soumis à aucun contrôle, et sont généralement supportés par le débiteur, y compris ceux au bénéfice de ses créanciers* ». Et de conclure sur ce point par une recommandation n° 7 « *Pérenniser le principe d'un barème forfaitaire pour les procédures amiables des petites entreprises (TPE)* ».

Conclusion du chapitre premier

243. L'importance attachée par le législateur à la maîtrise des coûts de la conciliation. Le législateur attache une importance toute particulière au coût de la rémunération du mandataire *ad hoc* et du conciliateur. Sans aller jusqu'à la tarifer, au fil des réformes, il a mis en place des règles en vue de l'encadrer et de la maîtriser afin que ces dispositifs restent attractifs pour les entreprises, et que leur coût ne soit pas trop élevé alors qu'elles sont déjà en difficulté. Mais il ne s'est pas arrêté là, s'intéressant également au coût global du mandat *ad hoc* et de la conciliation, tentant d'encadrer et de limiter, cette fois, les honoraires globalement mis à la charge de l'entreprise en difficulté, en particulier des conseils des créanciers, lorsque leurs honoraires sont mis à la charge du débiteur.

244. Des difficultés d'application malgré l'intervention du ministère public. Même si beaucoup a donc été fait, subsistent encore des difficultés dans l'application de ces règles. A cet égard, le ministère public a lui aussi été sollicité pour en assurer le respect et il lui est désormais demandé un avis sur les conditions de rémunération du conciliateur, avant même sa désignation, dans un délai très bref qui rend sa tâche difficile pour ne pas dire impossible. En outre, le président du tribunal n'est bien sûr pas tenu par cet avis. Tout au plus le ministère public peut-il, alors, faire appel de l'ordonnance d'ouverture, mais c'est une décision lourde de conséquences qu'il peut hésiter à initier. Son avis est également requis pour la détermination des conditions de rémunération du mandataire à l'exécution de l'accord ou en cas de modification de la mission du conciliateur en vue de préparer un *prepack* cession.

245. Il est également tenu informé du coût global de la conciliation à la charge de l'entreprise en difficulté. Toutefois, à ce stade, la procédure étant terminée, cette information ne devrait guère pouvoir être utilisée, sauf à espérer que la crainte révérencielle du ministère public incite les conciliateurs mais surtout les conseils à plus de retenue dans la fixation de leurs honoraires… mais rien n'est moins certain.

246. Le ministère public non consulté sur la rémunération du mandataire *ad hoc*. Le ministère public reste absent concernant la rémunération du mandataire *ad hoc* et le coût global du recours à ce dispositif, dont il n'est même pas informé. On ne peut que le regretter, ce d'autant que les règles applicables au mandat *ad hoc* et à la conciliation sur ces questions sont identiques. Il conviendrait donc, selon nous, de revoir ce dispositif et donner au ministère public des prérogatives identiques en matière de contrôle de la rémunération du mandataire *ad hoc* et des coûts globaux de ce dispositif pour le débiteur, comme c'est le cas en conciliation.

Chapitre deuxième

Plaidoyer en vue d'une clarification et d'un renforcement des prérogatives du ministère public

247. Des prérogatives parfois difficiles à mettre en œuvre. Au fil des réformes, le ministère public s'est vu accorder de nouvelles prérogatives de plus en plus nombreuses en conciliation notamment. Toutefois, le législateur intervenant au coup par coup, beaucoup d'incertitudes subsistent. Ainsi, comme nous l'avons vu, le ministère public doit donner son avis sur les conditions de rémunération du conciliateur, avant même l'ouverture de la conciliation, sans que l'on sache s'il doit également vérifier les conditions d'ouverture. Et à l'opposé, il n'est pas sollicité sur la rémunération du mandataire *ad hoc*, alors que les règles sont identiques. Il peut demander la délocalisation de la conciliation, lorsque les intérêts en présence le justifient, alors qu'il n'est pas présent lors de l'ouverture de la conciliation, mais pire, il peut aussi le faire en mandat *ad hoc*, alors qu'il n'est pas informé de son ouverture. Sans parler de la délocalisation devant un tribunal de commerce spécialisé qui n'est applicable qu'en conciliation.

248. Plan. En définitive la portée des prérogatives du ministère public et leur mise en œuvre restent au moins pour certaines d'entre elles incertaines (section 1). Aussi, il nous semble qu'il convient de clarifier ces prérogatives en conciliation, et de les renforcer en mandat *ad hoc* afin que le ministère public puisse effectivement assurer son rôle de gardien de l'ordre économique (Section 2).

Section 1. Des prérogatives d'une portée incertaine

249. La diversité des prérogatives du ministère public. En conciliation, l'intervention du ministère public prend plusieurs formes. Il peut être amené à donner un avis, à former un appel et il est informé de certaines décisions. Il est même amené à intervenir dans quelques cas *a priori* marginaux en mandat *ad hoc*. Ces prérogatives légales sont donc en définitive, de prime abord, assez nombreuses (§ 1). Pour autant, leur portée pose question. En particulier, lorsqu'il est demandé un avis au ministère public sur les conditions de la rémunération du conciliateur et qu'il est ensuite le seul à pouvoir faire appel de la décision d'ouverture, cet avis doit il se cantonner à la question de la rémunération ou doit-il se traduire par une vérification des conditions d'ouverture de cette procédure ? (§2).

§1. Les prérogatives légales du ministère public

250. Les prérogatives du ministère public en matière de rémunération. Sans revenir sur ce qui a été vu, le législateur a confié des prérogatives importantes au ministère public, concernant la maîtrise du coût de la conciliation. On rappellera notamment que lors de l'ouverture, son avis est sollicité sur les conditions de rémunération du conciliateur ou encore en cas de rémunération complémentaire en cours de mission[362], et il l'est de même pour la rémunération du mandataire à l'exécution de l'accord[363]. A noter concernant ce dernier, que si la décision prévoit l'allocation de provisions qui seront allouées au terme de chacune des années de l'exécution de l'accord, le président rend une ordonnance fixant le montant annuel de cette provision, qui est communiquée au ministère public par le greffier[364]. A l'issue de leur mission, la rémunération du conciliateur, du mandataire à l'exécution de l'accord, et le cas échéant, de l'expert, mais aussi celle du mandataire *ad hoc*, est arrêtée par ordonnance du président du tribunal. Cette ordonnance est communiquée par le greffier au ministère public et un recours contre cette décision est possible sauf si elle porte sur le mandataire *ad hoc*[365]. Curieusement, ce n'est donc qu'à ce stade de la procédure qu'il est en principe mis au courant de l'existence d'un mandat *ad hoc*.

---

[362] C. com., art. L. 611-14 et R.611-49.
[363] *Ibid.*
[364] C. com., art. R. 611-52.
[365] C. com., art. L. 611-14 et R. 611-50.

251. Les prérogatives du ministère public dans le domaine de la compétence de la juridiction. Le ministère public est également amené à intervenir sur la compétence du tribunal, à tout le moins dans des cas particuliers, et plus particulièrement lorsque la procédure relève d'un tribunal de commerce spécialisé, ou en cas de délocalisation du dossier.

252. Délocalisation et tribunal de commerce spécialisé après avis ou demande du ministère public. Lorsque l'entreprise relève de la compétence d'un tribunal de commerce spécialisé, c'est normalement le débiteur qui adresse ou remet directement au président du tribunal concerné, sa requête en ouverture de la conciliation[366]. Toutefois, si un président de tribunal de commerce saisi aux fins d'ouverture d'une procédure de conciliation estime que l'entreprise relève de la compétence d'un tribunal de commerce spécialisé, il peut décider d'office du renvoi de la requête devant ce tribunal. Il statue notamment après recueilli l'avis du ministère public[367]. Ce renvoi peut également être demandé par requête motivée du ministère public près le tribunal de commerce saisi[368]. Le débiteur peut faire la même demande auquel cas, le président statue après avoir recueilli l'avis du ministère public[369]. Enfin, on relèvera que ces décisions sont des mesures d'administration judiciaire non susceptibles de recours qui s'imposent tant aux parties qu'à la juridiction de renvoi désignée[370].

253. Délocalisation et intérêts en présence après avis ou demande du ministère public. Toujours concernant la compétence du tribunal, par application de l'article L. 662-2 du code de commerce, « *lorsque les intérêts en présence le justifient* »[371], la cour d'appel ou la cour de cassation peuvent

[366] C. com., art. R. 611-23-1, I.
[367] C. com., art. R. 611-23-1, II.
[368] C. com., art. R. 611-23-1, III ; C. com., art. L. 721-8, 4°. Pour un exemple de délocalisation intervenu à la demande du parquet : CA Douai, ord. 1er prés. 26 mai 2018, RG n° 18/2370, Rev. proc. coll. 2018/3, focus 10, Ch. Delattre
[369] C. com., art. R. 611-23-1, III.
[370] C. com., art. R. 611-23-1, IV.
[371] La procédure de délocalisation peut avoir pour objectif d'éviter toute contestation sur le terrain de l'impartialité : CA Douai, ord. 1er prés. 14 nov. 2017, RG n° 17/06358 et ord. 1er prés. 1er aout 2018, RG n° 18/04291, Rev. proc. coll. 2018/6, n° 179, note Ch. Delattre. Elle peut aussi avoir pour objectif de regrouper les procédures de plusieurs sociétés d'un même groupe devant plusieurs juridictions : Ch. Delattre, *La délocalisation fondée sur le pragmatisme économique et la bonne administration de la justice : pour y parvenir, utilisons les textes,* Rev. proc. coll. 2014/5, étude 23 ; Cass. com., ord. 1er prés. 29 févr. 2016, n° 40550, Leden, avril 2016, n° 057, note Ch.

délocaliser l'affaire devant une autre juridiction selon le cas du même ressort ou d'un autre ressort. Le texte vise expressément le mandat *ad hoc* et la conciliation. En telle hypothèse, d'une part, le ministère public près le tribunal saisi ou, d'autre part, celui qui estime devoir être compétent peuvent faire une telle demande[372]. En outre, cette demande peut également être formée conjointement par les procureurs des tribunaux judiciaires concernés. Si elle est faite par un seul d'entre eux, l'autre procureur à qui il est transmis sans délai copie de la demande, fait connaître ses observations au greffe de la cour d'appel ou de la Cour de cassation au plus tard dans les quarante-huit heures de la transmission qui lui en est faite[373]. Enfin, le premier président de la cour d'appel ou le premier président de la Cour de cassation désigne dans les dix jours de la réception du dossier, la juridiction qui sera saisie de l'affaire et ce, là encore, après avis du ministère public[374]. Ces décisions sont d'autant plus importantes que d'une part, il s'agit de mesures d'administration judiciaire, non susceptibles de recours[375], et d'autre part, que la décision de renvoi par laquelle une juridiction a été désignée pour connaître d'un mandat *ad hoc* ou d'une procédure de conciliation auquel le débiteur a recouru, emporte prorogation de compétence au profit de la même juridiction pour connaître d'une procédure de sauvegarde, de redressement judiciaire ou de liquidation judiciaire qui pourrait directement s'ensuivre[376].

254. Communication au ministère public de la décision mettant fin à la conciliation en l'absence d'accord en conciliation. Concernant le déroulement de la conciliation, la décision d'ouverture est communiquée au ministère public, et elle est susceptible d'appel de sa part[377], étant ajouté que son appel est instruit et jugé selon la procédure sans représentation obligatoire[378]. Si la conciliation a vocation à prendre fin par un accord entre le débiteur et les créanciers, elle peut aussi prendre fin, en cas d'impossibilité de parvenir à un accord, auquel cas, le conciliateur présente un rapport au président du tribunal qui met fin à la mission et à la conciliation. En telle hypothèse, sa décision est notifiée au débiteur mais elle est aussi

---

Delattre ; Cass. com. ord. 1er prés. 10 févr. 2017, n° 40664, Leden, mai 2017, n° 110r8, note Ch. Delattre ; CA Douai, ord. 1er prés. 4 déc. 2018, RG n° 18/06421, BJE mars/avril 2019, n° 116v0, note Ch. Delattre ; TJ Strasbourg, 14 avr. 2020, RG n° 20/00460, JCP E, 2020, 1206, note Ch. Delattre.

[372] C. com., art. R. 662-7, al. 2.

[373] C. com., art. R. 662-7 al. 3.

[374] C. com., art. R. 662-7, al. 5

[375] C. com., art. R. 662-7, avant dernier al.

[376] C. com., art. L. 662-2, *in fine.*

[377] C. com., art. L. 611-6, alinéa 4. ; C. com., art. R. 611-25, al. 2.

[378] C. com., art. R. 611-26-1.

communiquée au ministère public[379]. En outre, copie du rapport qui est déposé au greffe, est communiquée par le greffier, au ministère public[380]. Enfin, lorsque le tribunal statue sur l'homologation de l'accord, le ministère public est entendu ou dûment appelé[381], et il peut former un appel à l'encontre du jugement d'homologation[382].

255. Avis du ministère public sur la rémunération du conciliateur en cas de mission du conciliateur en vue de préparer une cession. Durant la conciliation, le conciliateur peut être chargé à la demande du débiteur, et après avis des créanciers participants, d'une mission ayant pour objet l'organisation d'une cession partielle ou totale de l'entreprise. Cette cession sera mise en œuvre, dans une procédure collective ultérieure[383]. En telle hypothèse, l'article R. 611-26-2, dernier alinéa du code de commerce prévoit que le président fixe alors, « *conformément aux dispositions de la section V du présent chapitre* », les conditions de rémunération de cette mission complémentaire. Le même texte ajoute que les dispositions du deuxième alinéa de l'article R. 611-25 sont applicables ce dont il résulte que cette décision est communiquée sans délai au ministère public et il en ira de même de l'ordonnance du président du tribunal arrêtant la rémunération à la fin de la mission. En renvoyant à la section V, le texte indique que le ministère public doit émettre un avis avant que le président statue sur les conditions de rémunération. Mais quoi qu'il en soit, le ministère public est alors informé du changement de mission du conciliateur, mais indirectement, puisque cela se fait à l'occasion de la détermination des conditions de rémunération du conciliateur.

256. Un catalogue d'avis, communications et possibilités de faire appel. De ce long catalogue, il apparaît qu'au fil des réformes, la présence du ministère public a été sensiblement renforcée à tout le moins, dans le cadre de la conciliation ce qui se traduit soit par des demandes d'avis, soit par des informations, soit encore par la voie de l'appel qui lui est ouverte. Pour autant, certaines prérogatives qui lui sont accordées posent question.

257. En effet, comme nous l'avons vu, il intervient notamment en matière de rémunération par le jeu d'avis ce qui a pour effet de l'informer au moins

---

[379] C. com., art. L. 611-7 dernier al.
[380] C. com., art. R. 611-38-2.
[381] C. com., art. L. 611-9.
[382] C. com., art. L. 611-10.
[383] C. com., art. L. 611-7, al. 1er.

indirectement de l'ouverture d'une conciliation à venir ou encore du changement de mission du conciliateur qui se voit confier la recherche d'un repreneur. Concernant l'issue de la conciliation, il est informé en cas de demande d'homologation puisqu'il doit être entendu ou dûment appelé mais aussi lorsque cette procédure prend fin parce qu'il apparaît impossible de parvenir à un accord. De surcroît, il peut être amené à intervenir en matière de compétence, soit en cas de renvoi devant un tribunal de commerce spécialisé, soit en cas de délocalisation de l'affaire lorsque les intérêts en présence le justifient, étant ajouté que dans ce dernier cas, il peut même avoir connaissance d'un mandat *ad hoc*. Si l'on ajoute qu'il peut former appel de la décision d'ouverture[384], du jugement d'homologation mais aussi des décisions arrêtant la rémunération des conciliateurs et mandataires à l'exécution de l'accord, il apparaît en définitive que le ministère public est informé de l'essentiel du déroulement de la procédure de conciliation.

258. De l'avis sur les conditions de rémunération du conciliateur à l'avis sur les conditions d'ouverture de la conciliation ? Lorsqu'il est demandé au ministère public de donner un avis sur les conditions de rémunération du conciliateur au moment de l'ouverture de la conciliation et qu'il dispose de la voie de l'appel à l'encontre de cette décision, une lecture stricte des textes pourrait laisser à penser que son avis et son appel ne portent que sur la rémunération du conciliateur. Et il est tout à fait possible que le législateur l'ait entendu ainsi.

259. Une lecture stricte des textes discutable. Il n'en reste pas moins que cette lecture stricte peut être discutée. D'une part, le fait que le ministère public puisse intervenir en matière de compétence, soit pour attraire le dossier devant un tribunal de commerce spécialisé soit en vue d'une délocalisation parce que les intérêts en présence le justifient, milite en faveur d'un contrôle de la compétence du tribunal. On nous objectera qu'il peut intervenir sur ce point durant le déroulement de la conciliation, mais sa brièveté rend bien difficile un changement de juridiction en cours de procédure. D'autre part, il serait curieux que d'un point de vue procédural l'appel du ministère public

---

[384] Il a été relevé que, selon certains praticiens, l'appel du ministère public pourrait entraîner une judiciarisation de la procédure de conciliation pouvant constituer un frein à la demande de conciliation par les dirigeants : C. Saint-Alary-Houin, M.-H. Monsèrié-Bon et C. Houin-Bressand, *Droit des entreprises en difficulté,* LGDJ, 14ème édition, 2024, n° 306. Nous ne le pensons pas car celui qui respecte la loi n'a rien à craindre du parquet, bien au contraire, son intervention sécurise la procédure ainsi que les intérêts en présence. Aussi bien, il ne semble pas que l'engouement pour la conciliation ait été réduit du fait de cette possibilité accordée au ministère public.

soit cantonné à la seule question de la rémunération du conciliateur, ce d'autant que la lettre de l'article L. 611-6, alinéa 3 *in fine*, est claire : « *elle [la décision ouvrant la procédure de conciliation]* *est susceptible d'appel de la part du ministère public* ». Nulle part, il n'est donc fait mention d'un appel qui serait cantonné à la question de la rémunération du conciliateur.

260. Dès lors, il est tentant d'aller au-delà et de permettre au ministère public d'avoir des prérogatives qui dépassent largement le contrôle de la rémunération du conciliateur, ce que certaines juridictions du fond ont admis.

§ 2. Les incertitudes quant à la portée des prérogatives du ministère public

261. **Une lecture extensive des textes**. Si la cour de cassation n'a pas, à notre connaissance, encore eu l'occasion de statuer sur la portée des prérogatives du ministère public en conciliation, certaines juridictions n'ont pas hésité à adopter une lecture extensive des textes.

262. **Un constat : une notion de cessation des paiements dans la procédure de conciliation souvent mal cernée.** Pour caractériser l'état de cessation des paiements, encore faut-il disposer de tous les éléments et notamment avoir une connaissance effective du passif chirographaire rendue délicate si l'on ne dispose pas d'une balance AGEE[385]. Bien souvent les informations manquent sur ce point. Or, comment déterminer un état de cessation des paiements sans connaître le passif chirographaire ? La conciliation va traiter principalement des créanciers fiscaux et sociaux et des banques. Quid des créanciers chirographaires ? Pour autant, même une fois la conciliation ouverte, le président, en cas de doute, peut toujours agir en application de l'article L. 611-6 du code de commerce qui dans son alinéa 5 lui permet de désigner un expert de son choix pour établir un rapport sur la situation économique, financière, sociale et patrimoniale du débiteur. Ce dispositif pourrait consister à effectuer une expertise aux fins de déterminer le passif chirographaire ce qui éviterait des déconvenues. Le coût ne serait pas excessif et permettrait d'avoir une vision plus complète exempte de tout reproche. Cette information sera très utile notamment lors de l'homologation de la conciliation. (cf. infra). Enfin, bien souvent les présidents se contentent

---

[385] C. com. anc. L.441-6 abrogé par Ord. n° 2019-359, 24 avr. 2019 qui renvoie à C. com. art. L.441-14 13.

d'une attestation de l'expert-comptable de l'entreprise qui n'est aucunement motivée. Cela est nettement insuffisant et l'attestation n'est pas probante, pour ne pas dire sans aucune portée. En effet, il n'est pas rare que le professionnel du chiffre se contente de dire que l'entreprise n'est pas en état de cessation des paiements sans aucune démonstration chiffrée ce qui n'est pas acceptable [386].

Enfin, comme l'a également relevé la cour des comptes[387], « *l'Etat a rendu nécessaire le recours à une procédure amiable pour obtenir une restructuration de prêts garantis par l'Etat (PGE)* ». Toutefois, le traitement sous le seul angle des créances publiques ne garantit pas le redressement des entreprises et nécessite de connaître l'intégralité du passif de l'entreprise débitrice et donc d'avoir une parfaite connaissance du passif chirographaire. C'est inévitable. Les présidents qui ouvrent une procédure de conciliation auraient intérêt à avoir recours plus souvent à l'article L.611-6 alinéa 5 du code de commerce. La mauvaise appréciation de l'état de cessation des paiements par le président faute d'éléments probants justifie, selon nous, une intervention du ministère public permet de renforcer le dossier et s'avère utile. Un dossier incorrectement documenté doit aboutir, après un avis négatif du ministère public, à un rejet de la demande de conciliation[388]. Toutefois, cette dernière peut être déclarée recevable si après un premier avis négatif du ministère public, le demandeur présente des pièces probantes permettant de mieux appréhender la situation économique et l'état de cessation des paiements qui doit être inférieur à quarante-cinq jours[389].

263. Une jurisprudence des juges du fond favorable à l'extension des prérogatives du ministère public au moment de l'ouverture de la conciliation. Dans trois espèces jugées par la cour d'appel de Toulouse, saisie d'une demande d'avis sur la rémunération du conciliateur dans trois procédures ne comportant aucun élément permettant de vérifier les conditions d'ouverture, le ministère public avait sollicité des pièces complémentaires du président afin de pouvoir contrôler la recevabilité de la demande. Sans y répondre, celui-ci ouvrait trois conciliations immédiatement frappées d'appel

---

[386] T. com. Lyon 23 mai 2022, RG n° 2022PR0130/2022LS0193, T. com Toulouse, ord. prés. 20 janv. 2022, RG n° 2021PR0319 et CA Toulouse, 2è ch., 13 avr. 2022, RG n° 22/00417, Rev. proc. coll. 2022/6, n° 93, note Ch. Delattre.

[387] Cour des comptes, 1ère ch. 2è sect., n° 2024-0991, *La détection et le traitement des difficultés des TPE et PME, exercices 2018-2023*.

[388] T. com. Toulouse, ordo. Présidentielle, 15 janv. 2025, RG n° 2025000576 et RG n° 2025000578.

[389] T. com. Toulouse, ordo. Présidentielle, 23 janv. 2025, RG n° 2025000468 ; RG n° 2025000471 et RG n° 2025000469.

par le parquet. Par trois arrêts rendus le même jour, la cour d'appel[390] a censuré les ordonnances d'ouverture. Après avoir rappelé que si l'ouverture de la conciliation n'est pas subordonnée à l'avis favorable du ministère public, la cour précisait qu'il « *entre dans l'office de celui-ci, gardien de l'ordre public économique (...) d'attirer l'attention du président de la juridiction saisie sur l'obligation de contrôler les conditions d'ouverture de la procédure de conciliation* », et ce dans le cadre de l'avis qu'il doit émettre sur la rémunération du conciliateur avant l'ouverture de la procédure. Et la cour de relever également l'absence de motivation de l'ordonnance d'ouverture rendant impossible de vérifier si le premier juge avait effectué effectivement ce contrôle et si le débiteur n'était pas en cessation des paiements depuis plus de quarante-cinq jours à la date d'ouverture de la procédure de conciliation. Enfin, la cour ajoutait que « *la preuve d'un état de cessation des paiements n'excédant pas quarante-cinq jours était d'autant plus primordiale que le législateur a voulu combattre des abus et empêcher que sous couvert d'une procédure de conciliation, le débiteur dissimule un état de cessation des paiements chronique ou se poursuivant depuis plusieurs mois* ». Ainsi, la cour d'appel de Toulouse affirme avec force que l'intervention du ministère public en sa qualité de garant de l'ordre public économique à ce stade procédural (avant l'ouverture de la conciliation et au moment de la demande d'avis sur la rémunération du conciliateur) pour s'assurer du respect des conditions d'ouverture d'une conciliation, est pleinement justifiée. Des tribunaux de commerce avaient d'ailleurs déjà statué en ce sens[391]. Cette analyse a toutefois fait l'objet de critiques d'une partie de la doctrine.

264. Une jurisprudence différemment appréciée. Le professeur Pierre Michel Le Corre considère que le ministère public ne doit pas déborder le strict cadre de la rémunération dans son avis. Selon lui, si le ministère public n'est pas d'accord avec la décision du président, il doit exercer un recours contre l'ordonnance d'ouverture[392]. Et cet auteur de préconiser une réécriture du texte. Dans le même esprit, les professeurs Corinne Saint-Alary-Houin, Marie-Hélène Monsèrié-Bon et Caroline Houin-Bressand sont également

---

[390] CA Toulouse, 2ème ch. 11 juill. 2018, RG n° 18/01977, RG n° 18/1978 et RG n° 18/01980 (3 arrêts), JCP E, 2018,1413, note Ch. Delattre ; RTD com. 2019, p. 981, note F. Macorig-Venier ; Ch. Delattre, *Le ministère public : organe de contrôle dans la procédure de conciliation*, Rev. proc. coll. 2017/5, étude n° 15 ; *L'avis du ministère public au visa de l'article R. 611-47-1 du code de commerce est-il limité aux honoraires du conciliateur ?* Rev. proc. coll. 2018/6, n° 178, note Ch. Delattre.

[391] T. com. Valenciennes, 18 juill. 2017 ; T. com. Lille métropole, 6 juill. 2017, Rev. proc. coll. 2017/6, n° 133, note Ch. Delattre.

[392] P.-M. Le Corre, *Droit et pratique des procédures collectives*, Dalloz action 2025/2026, n° 141.57.

critiques à l'encontre de ces arrêts de la cour d'appel de Toulouse en estimant que cette solution « *paraît aller au-delà de l'exigence de l'article R. 611-47-1 requérant simplement un avis dans la requête sur le montant de la rémunération du conciliateur afin de vérifier qu'elle est raisonnable. Elle conduit, en effet, le ministère public à vérifier la légalité de l'ouverture de la conciliation* a priori, *ce que ne permet pas la loi alors qu'il est investi* a posteriori *du droit d'appel de l'ordonnance de désignation d'un conciliateur* »[393].

265. Les professeurs Corinne Saint-Alary-Houin et Marie-Hélène Monsérié-Bon ont pu considérer néanmoins que « *La loi permet, en premier lieu, au ministère public d'exercer son contrôle sur les conditions d'ouverture de la conciliation pour éviter que les tribunaux, souvent dans le but d'aider l'entreprise en difficulté, laissent les débiteurs instrumentaliser cet outil de prévention qui peut, en outre, déboucher aujourd'hui sur une sauvegarde accélérée ou une sauvegarde financière accélérée qui produira des effets importants sur la situation des créanciers* »[394].

266. En revanche, le Professeur Françoise Pérochon est moins critique. Tout en concédant que « *S'il y a là un certain forçage du texte qui ne requiert d'avis que sur les conditions de la rémunération* » elle ajoute que « *la solution n'est pas inopportune : elle incite le président à mieux motiver sa décision d'ouverture que le ministère public pourrait frapper d'appel. La solution reflète l'inquiétude que suscitent certaines conciliations ouvertes à l'égard de débiteurs en état de cessation des paiements depuis longtemps* »[395]. Le terme de « forçage » n'est pas galvaudé puisque le texte parle bien d'avis sur la seule rémunération.

267. Il s'agit d'un point de désaccord important. Il faut bien avoir conscience qu'il semble impossible pour un magistrat du parquet de donner un avis sur la rémunération d'un conciliateur dont la désignation est envisagée sans qu'il sache si la procédure dans laquelle il va être désigné est juridiquement possible. Bien souvent le greffe transmet un dossier mal préparé

---

[393] C. Saint-Alary-Houin, M.-H Monsèrié Bon et C. Houin-Bressand, *Droit des entreprises en difficulté*, LGDJ, 14ème éd., 2024, n° 306, note 109.

[394] C. Saint-Alary-Houin et M.-H. Monsèrié Bon, *Prévention et traitement amiable des difficultés des entreprises*, LGDJ, 2018, n° 585.

[395] F. Pérochon avec le concours de Fl. Reille, M. Laroche, V. Martineau-Bourgninaud, Th. Favario et A. Donnette, *Entreprises en difficulté,* LGDJ, 12ème èd., 2024, n° 246.

par le demandeur sur lequel le président n'a émis aucune observation. Etant dans l'impossibilité de savoir si la procédure peut être ouverte, le parquet ne doit pas donner, selon nous, un avis et cautionner une potentielle ouverture illégale[396]. Il a été jugé que son avis n'est pas toujours définitif et qu'en cas de communication de pièces complémentaires du demandeur, après avoir eu connaissance de la position du parquet, l'avis peut évoluer[397]. En pratique, il n'est pas rare que des procédures de conciliation sont parfois ouvertes en dehors des critères légaux, l'entreprise demanderesse étant en état de cessation des paiements depuis plus de quarante-cinq jours. Il faut donc savoir faire le choix de la procédure adaptée aux difficultés de l'entreprise[398]. Enfin, nous pensons préférable d'agir avant que la procédure soit ouverte plutôt que d'attendre l'ordonnance d'ouverture pour ensuite relever appel. Assurément, dans la seconde solution, les délais de traitement de la procédure d'appel sonneraient le glas de ladite procédure avec en plus, un risque important que la confidentialité ne soit pas respectée.

268. La multiplicité des mesures préventives : indice d'une procédure inadaptée justifiant un contrôle du ministère public. On doit également s'interroger sur la multiplicité des mesures préventives pour une même entreprise. En effet, la prévention a pour objectif d'aider une société en difficulté à passer un cap temporaire et délicat. Si la prévention n'y parvient pas, il faut s'interroger sur son utilité mais surtout éviter de multiplier ces mesures pas toujours adaptées. Pourquoi s'obstiner dans cette voie et ouvrir 5, 6 voir plus de procédures préventives non adaptées et qui vont parfois vider les caisses de l'entreprise pour arriver en liquidation judiciaire ?

269. Le ministère public et le choix du conciliateur. On rappellera que le président du tribunal peut refuser de désigner le professionnel choisi par le débiteur s'il estime qu'il ne présente pas les garanties suffisantes pour mener à bien la mission[399]. Même si la question du choix de la personne désignée en qualité de conciliateur ne semble pas en pratique soulever de difficultés particulières, il nous semble que le ministère public doit tout de même être vigilent et vérifier si les incompatibilités prévues par les textes sont respectées.

---

[396] Ch. Delattre, S. Preville, M. Peslier, L. Jouve et JP Farges, *La perception du ministère public par les acteurs de l'insolvabilité*, Table ronde n° 3, Rev. proc. coll. 2024/5.

[397] T. com. Toulouse, ord. prés., 23 janv. 2025, (3 décisions), Rev. proc. coll. 2025/2, n° 2, n° 39, note Ch. Delattre.

[398] Ch. Delattre, *Prévention ou procédure collective : quel choix pour le chef d'entreprise ?* Rev. proc. coll. 2024/3, focus 10.

[399] T. com., ord. prés. 25 juill. 2022, Rev. proc. coll. 2022/6, n° 97, note Ch. Delattre.

L'article L. 611-13 du code de commerce prévoit diverses incompatibilités et vise toute personne ayant, au cours des vingt-quatre mois précédents perçu, à quelque titre que ce soit, directement ou indirectement, une rémunération ou un paiement en provenance du débiteur, d'un créancier du débiteur ou d'une personne détenant le contrôle au sens de l'article L. 233-16 du code de commerce. L'incompatibilité ne vise pas les rémunérations perçues au titre d'un mandat *ad hoc*, d'un règlement amiable ou d'une conciliation ouverte à l'égard du même débiteur ou du même créancier. Ce texte permet d'éviter d'avoir à changer de professionnel lorsque plusieurs mesures préventives se suivent et en particulier un mandat *ad hoc* et une conciliation. Pour autant, on doit à ce stade s'interroger sur le choix du même professionnel et recourir à un autre qui aura peut-être une approche différente des difficultés et une autre analyse.

Enfin, un juge consulaire ne peut être désigné mandataire *ad hoc* ou conciliateur s'il est en fonction ou s'il a quitté ses fonctions depuis moins de cinq ans.

270. La possibilité pour le ministère public de faire appel de la décision d'ouverture, argument en faveur de l'extension des prérogatives du ministère public. Puisque le ministère public peut faire appel de la décision d'ouverture de la conciliation, il est sans aucun doute opportun qu'il puisse vérifier les conditions d'ouverture de cette procédure, ce d'autant qu'un appel en ce domaine n'a, comme nous l'avons dit, guère de sens, en raison de la brièveté de la conciliation. Pire, si le ministère public a connaissance d'une violation des conditions d'ouverture, il peut parfois être amené à hésiter à former un appel, de crainte de réduire à néant les chances de réussite de la conciliation. En outre, on peut citer Monsieur Jérôme Deharveng qui a rappelé que le ministère public est le gardien du respect des règles de mise en œuvre du traitement amiable[400]. Si, en conciliation, à la différence du mandat *ad hoc*, le législateur a donné le pouvoir au ministère public d'agir, c'est bien pour qu'il vérifie la légalité de la procédure. A défaut son intervention n'aurait guère de sens.

271. Le professeur Françoise Pérochon estime également que le ministère public « *peut à tout le moins contester l'absence de l'une ou l'autre des conditions légales requises et en particulier la non cessation des paiements depuis plus de 45 jours. Rien ne lui interdit de contester l'opportunité de la*

[400] J. Deharveng, *Ouverture du mandat ad hoc et de la conciliation : le rôle du ministère public*, Rev. proc. coll. 2014/1, dossier 6.

désignation d'un conciliateur »[401]. Selon l'auteur, le délai de trois mois prévus à l'article L. 611-6 du code de commerce qui interdit l'ouverture d'une nouvelle conciliation avant l'expiration de ce délai après une précédente procédure de conciliation a pour objectif « *d'éviter toute dérive et d'empêcher le débiteur d'enchainer à la queue leu leu les conciliations ratées* »[402]. Le ministère public doit également vérifier le respect de cette disposition mais encore faut-il qu'il détienne l'information lors de la rédaction de son avis. Le professeur Pérochon : « *se demande toutefois en quoi le ministère public serait mieux armé que le président pour se rendre compte de la violation de la règle, étant rappelé que la procédure est confidentielle : même pour lui, il est particulièrement difficile d'avoir l'information, notamment si le débiteur saisit une autre juridiction »*[403]. Sur ce point et de façon générale, la jurisprudence nous semble démontrer que c'est souvent sur intervention du ministère public que le président refuse d'ouvrir une procédure de conciliation à la suite des informations sollicitées et obtenues ainsi que d'un avis circonstancié[404].

272. L'appel du ministère public en vue de vérifier les conditions légales de l'ouverture de la conciliation. Selon nous, si les éléments permettant de vérifier que les conditions légales de l'ouverture de la conciliation ne sont pas réunies dans le dossier, comment le président pourrait-il ouvrir une procédure de conciliation ? L'appel du ministère public prévu par le législateur démontre son souhait de lui donner le pouvoir de contrôler la régularité de la procédure. Dès lors, avant même d'aborder la rémunération du conciliateur, il nous semble impératif de s'assurer que les conditions d'ouverture sont réunies.

273. La communication des affaires au ministère public prévue par l'article 425 du Code de procédure civile. On peut également se demander si le ministère public ne peut pas avoir recours à l'article 425 du code de procédure civile selon lequel « *Le ministère public doit également avoir communication de toutes les affaires dans lesquelles la loi dispose qu'il doit*

[401] F. Pérochon *et alii*, *op. cit.*, n° 241 ; sur ce point Alain Lienhard estime que cette méfiance à l'égard de la conciliation ne s'imposait pas dans la mesure où le juge est à même d'apprécier l'opportunité d'ouvrir une nouvelle conciliation, cf. *Procédures Collectives,* éditions Delmas, 2020/2021, n° 021.111.

[402] F. Pérochon *et alii*, *op. cit.*, n° 224.

[403] F. Pérochon *et alii*, *op. cit.*, n° 226.

[404] CA Toulouse, 2ème ch. 23 avr. 2024, n° 24/00071 et n° 24/00105, Rev. proc. coll. 2024/3, n° 41 note Ch. Delattre ; Ch. Delattre, *Le ministère public : organe de contrôle de la rémunération du conciliateur*, Rev. proc. coll. 2020/4, étude 21 (à propos de T.com. Lille métropole, ord. prés. 22 juil. 2019, RG n° 2019PC003594).

faire connaître son avis »[405]. En effet, pour donner un avis sur la rémunération d'un conciliateur dont la désignation est envisagée, il doit être certain qu'il peut être nommé ce qui suppose que les critères légaux d'ouverture de la conciliation soient réunis d'où l'importance d'une communication des éléments utiles. Un magistrat du parquet n'a pas à donner un avis sur la rémunération d'un professionnel dont il n'est pas établi qu'il puisse être désigné surtout au regard des dérives parfois constatées dans la pratique.

274. Au demeurant, comme nous l'avons vu, le ministère public peut également demander à ce que la procédure soit renvoyée devant un tribunal de commerce spécialisé ou encore qu'elle soit délocalisée, lorsque les intérêts en présence le justifient. D'une part, eu égard à la brièveté de la procédure, ses chances de réussite seraient considérablement réduites en cas de changement de juridiction durant son déroulement. Il convient donc que la demande puisse intervenir dès la demande d'ouverture et non après. D'autre part, pour pouvoir initier une telle demande, le ministère public doit bénéficier d'informations précises sur les conditions dans lesquelles le président du tribunal sera éventuellement amené à ouvrir la conciliation.

275. Les risques d'instrumentalisation du mandat *ad hoc* ou de la conciliation. Des initiatives régionales ont été mises en place pour venir en aide aux entreprises en difficulté. Dans son rapport de février 2021, la commission présidée par Georges Richelme[406] indiquait avoir eu connaissance d'un dispositif dit « *Fonds de premier secours* » mis en place entre la Région des Hauts de France et les tribunaux de commerce du ressort correspondant[407]. Si diverses conditions étaient fixées pour pouvoir en bénéficier[408], cette aide était adossée à l'ouverture d'une procédure de mandat *ad hoc* ou de

---

405 Ch. Delattre, *L'action du ministère public en conciliation : un simple leurre ?,* Rev. proc. coll. 2016/1, dossier 4.

406 A la suite de la crise sanitaire, Eric Dupond-Moretti, Ministre de la Justice, Garde des Sceaux, a souhaité la création d'une mission ayant pour objectif de proposer des recommandations notamment sur l'articulation des mécanismes de détection et de prévention des difficultés développés par les acteurs non judiciaires avec les dispositifs mis en œuvre par les juridictions. Dans cet objectif, Georges Richelme, président de la Conférence Générale des Juges Consulaires de France a été sollicité pour mener à bien cette mission.

407 Les tribunaux de commerce concernés sont Lille, Valenciennes, Soissons, Saint-Quentin, Compiègne, Beauvais, Douai, Dunkerque, Arras, Amiens et Boulogne sur Mer.

408 Se reporter au site de la Région des Hauts de France pour connaître les conditions pour bénéficier de ce dispositif.

conciliation. Le président du tribunal de commerce, après analyse de la situation économique de l'entreprise et vérifications diverses (consultation des fichiers du greffe et extrait KBIS), signait une attestation selon laquelle l'entreprise n'était pas en procédure collective mais surtout qu'elle n'était pas en état de cessation des paiements depuis plus de quarante-cinq jours. Sous réserve d'autres conditions, la remise de cette attestation par le dirigeant aux services de la Région enclenchait le versement de cette aide[409]. La mise en œuvre de ce dispositif d'aide ne semblait pas conforme au rôle que le président doit cependant avoir au regard de sa neutralité et de son impartialité qui doivent guider son intervention en phase préventive. En effet, il ne pouvait être celui qui ouvre la procédure préventive, établi une telle attestation et suit la mesure jusqu'à son terme. En outre, il n'est pas certain qu'il disposait des éléments suffisants pour pouvoir affirmer avec certitude que l'entreprise n'était pas en cessation des paiements depuis plus de quarante-cinq jours. Depuis lors, des modifications ont été apportées à ce dispositif. Mais il n'en reste pas moins que plusieurs affaires ont démontré les risques qu'il y a, à sortir du cadre légal dans le domaine de la prévention.

276. L'intervention du ministère public et l'instrumentalisation du mandat *ad hoc* et de la conciliation. Dans le cadre d'une action pénale, un dirigeant, également expert-comptable de deux sociétés dont une école enseignant l'expertise comptable, était poursuivi des chefs d'exécution d'un travail dissimulé, abus de biens sociaux, exercice de la profession de commissaire aux comptes. Il est apparu que l'une de ses entreprises avait bénéficié du fonds de premier secours à hauteur de 50.000 euros, mais le président du tribunal qui était intervenu dans cette mesure préventive n'avait aucun critère de compétence dès lors qu'il n'était pas celui du ressort dans lequel l'entreprise exerçait son activité et son siège social. Une partie de cette somme avait été retrouvée sur un compte personnel de l'expert-comptable ayant servi à l'achat d'un véhicule de luxe. Pénalement il sera définitivement condamné en appel[410]. Sur saisine du ministère public, les deux sociétés furent ensuite placées en liquidation judiciaire et l'ancien dirigeant condamné à contribuer à l'insuffisance d'actif à hauteur de 500.000 euros et à une mesure d'interdiction de

---

[409] Remboursable sur 72 mois incluant un différé de remboursement du capital de 6 mois avec la BPI en Région Hauts-de-France pour contre garantir les prêts bancaires dans les opérations de consolidation et de renforcement de la structure financière.

[410] CA Douai, 6ème ch., 22 oct. 2019, RG n° 18/03893 condamnant l'expert-comptable à une peine de huit mois d'emprisonnement entièrement assortis d'un sursis avec une interdiction d'exercer l'activité de comptable, expert-comptable, commissaire aux comptes, formateur en comptabilité pendant une durée de 5 ans.

gérer d'une durée de 7 ans[411]. Dans son commentaire de cette décision, le professeur Florent Petit s'interrogeait sur la pertinence des critères d'octroi de cette aide et l'efficience de l'utilisation des fonds. S'agissant d'argent public, il suggérait un maximum de précautions et notamment d'exiger du bénéficiaire la remise des pièces justificatives de l'utilisation de l'aide[412]. On citera également le cas d'une entreprise ayant perçu cette aide dans le cadre d'un mandat *ad hoc* quelques jours seulement avant de régulariser une déclaration de cessation des paiements et être placée en liquidation judiciaire *ab initio*. Le tribunal ayant refusé de lever la confidentialité malgré la demande du ministère public, il n'avait pas été possible de vérifier les conditions d'octroi de l'aide versée, semble-t-il, à fonds perdus, puisque l'entreprise avait été placée en liquidation judiciaire[413]. Le refus de la juridiction consulaire de lever la confidentialité ne pouvait qu'interroger.

Enfin, que penser d'un plan de cession dans lequel une offre de reprise avait été faite par deux anciens salariés qui envisageaient de créer une entreprise à cette fin et de proposer un prix de rachat à hauteur de 50.000 euros correspondant à l'aide du fonds de premier secours. Le parquet s'était opposé à cette offre pour le compte d'une entreprise non encore inscrite au RCS, et pas concernée par une mesure de prévention[414]. Le tribunal rejetait l'offre.

277. Ainsi, de nombreux arguments nous semblent favorables à une conception extensive de l'intervention du parquet dans la conciliation et en particulier, lors de l'ouverture de cette procédure, a tout le moins afin d'éviter certains dévoiements[415].

---

[411] T. Com. Lille métropole, 26 nov. 2019, RG n° 2019009627, Act. proc. coll. 2020/2, n° 23, note F. Petit.

[412] On citera également un repreneur potentiel d'un fonds de commerce en procédure collective qui envisageait de régler une partie du prix de cession avec cette aide de la Région qui n'a pas abouti en raison de l'opposition du parquet (T. Com. Lille métropole, 27 juin 2018, RG n° 2018010125).

[413] T. Com. Lille métropole, 4 mars 2019, RG n° 2019002571.

[414] T. com. Lille métropole, 27 juin 2018, RG n° 2018010125.

[415] Quant à la compétence territoriale du tribunal, l'éligibilité du demandeur à la procédure et les incompatibilités quant à la désignation du conciliateur.

Section 2. Des prérogatives à clarifier et à renforcer

278. Des prérogatives à préciser pour les rendre plus effectives en conciliation. Il est donc clair que si le ministère public dispose de prérogatives certaines en conciliation, leur étendue peut, comme nous l'avons vu, poser question. Aussi conviendrait-il, selon nous, de les clarifier ce qui se traduirait par un renforcement de ses interventions mais aussi par plus de cohérence dans les missions qui lui sont ainsi octroyées (§1).

279. Des prérogatives à développer en mandat *ad hoc*. Dans le cadre du mandat *ad hoc,* les prérogatives du ministère public sont très réduites alors que sur bien des points, la rémunération du mandataire *ad hoc* par exemple, les textes applicables sont les mêmes. Sans aller jusqu'à calquer le régime de la conciliation sur celui du mandat *ad hoc*, nous estimons, pour diverses raisons et parfois pour des raisons de cohérence, qu'il conviendrait de renforcer la présence du ministère public dans le cadre de cette mesure préventive (§ 2).

§ 1. Des prérogatives à clarifier et à renforcer en conciliation

280. Le ministère public en appui du président lors de l'ouverture de la conciliation. L'intervention du ministère public au moment de l'ouverture de la conciliation pourrait parfois aider le président du tribunal dans sa prise de décision. Le ministère public peut en effet être amené à transmettre des informations indispensables au président, provenant par exemple d'une instance pénale en cours, lesquelles lui ont été dissimulées par le demandeur. De telles informations peuvent être transmises par le ministère public sur le fondement de l'article 11 alinéa 3 du code de procédure pénale qui dispose qu'« *afin d'éviter la propagation d'informations parcellaires ou inexactes ou pour mettre fin à un trouble à l'ordre public, le procureur de la République peut, d'office et à la demande de la juridiction d'instruction ou des parties, rendre publics des éléments objectifs tirés de la procédure ne comportant aucune appréciation sur le bien-fondé des charges retenues contre les personnes mises en cause* »[416]. Cette communication est réservée au seul représentant du ministère public[417].

---

[416] Ch. Delattre, *Le cadre d'intervention du ministère public en droit des entreprises en difficulté*, Joly éditions mars 2018, sp. p. 61 et s.

[417] Cass. com. 14 janv. 2014, n° 12-26.433, JCP E, 2014,1376, note Ch. Delattre ; TGI Lille, 1ère ch. civ. 3 mars 2017, RG n° 17/00007 et 17/01488, JCP E, 2017,1244, note Ch. Delattre ; Cass. com. 1er juill. 2020, n° 19-12.050, BJE sept./oct. 2020, n° 1188c4, note Ch. Delattre.

281. Un exemple d'intervention opportune du ministère public lors de l'ouverture d'une conciliation. A l'occasion d'une demande d'avis sur la rémunération du conciliateur, le ministère public a pu communiquer des éléments issus d'une procédure pénale en cours ayant permis d'apporter un éclairage nouveau et plus représentatif de la situation réelle de l'entreprise particulièrement utile à la prise de la décision du président. Ce dernier a d'ailleurs rejeté la demande après avoir pris soin de rappeler : *« l'avis du ministère public renseigne le tribunal sur la situation économique et conjoncturelle de la société X et interroge sur le bien-fondé de sa demande (...) la société X. n'a jamais évoqué ni dans sa requête, ni lors de l'entretien avec le président du tribunal de commerce, l'enquête pénale en cours... »*[418]. Cette décision de rejet de la demande du dirigeant par le président met en évidence que le demandeur à une procédure préventive doit faire une présentation de son entreprise en exposant une situation complète mais surtout loyale. En l'espèce, une telle décision n'a pu être rendue que grâce à l'intervention bénéfique du ministère public.

282. Le cas particulier d'une conciliation ouverte suite à un refus d'ouverture d'une procédure de sauvegarde. Le législateur est très favorable au recours aux mesures préventives à tel point qu'il incite le tribunal à inviter le dirigeant, sous certaines conditions à recourir à la conciliation lors d'une demande d'ouverture d'une procédure collective. Plus précisément, l'article L. 621-1 alinéa 3 du code de commerce dispose que *« Lorsque la situation du débiteur ne fait pas apparaître de difficultés qu'il ne serait pas en mesure de surmonter, le tribunal invite celui-ci à demander l'ouverture d'une procédure de conciliation au président du tribunal »*. Ce texte étant applicable en redressement et en liquidation judiciaire[419], si le débiteur a rempli une déclaration de cessation des paiements, il admet que sa situation le prive d'une demande de sauvegarde. Pour autant, s'il est en cessation des paiements depuis moins de quarante-cinq jours, il pourrait bénéficier d'une conciliation. Quoi qu'il en soit, c'est bien sûr lorsque la demande porte sur l'ouverture d'une sauvegarde que le texte revêt tout son intérêt. Or, il semble impératif – le tribunal invite – et ne semble pas laisser de latitude à la juridiction saisie. En d'autres termes, dès lors qu'elle estime que le débiteur ne connaît pas de « *difficultés qu'il ne serait pas en mesure de surmonter* », par définition, le tribunal doit rejeter la demande d'ouverture de la sauvegarde mais aussi « *inviter le dirigeant à demander l'ouverture d'une procédure de conciliation* ». On observera tout d'abord que l'entreprise est alors dans une situation bien particulière, puisqu'elle ne connaît pas de difficultés qu'elle ne

---

[418] T. com. Toulouse, ord. prés. 30 août 2022, Rev. proc. coll. 2022/6, n° 100, obs. Ch. Delattre.

[419] Texte applicable en sauvegarde mais transposable respectivement en redressement et en liquidation judiciaire par les articles L. 631-7 et L. 641-1 du code de commerce.

peut surmonter puisque le recours à la sauvegarde lui est refusé, mais des difficultés juridiques, économiques ou financières, avérées ou prévisibles, puisqu'il s'agit là des conditions d'ouverture de la conciliation. Or, rien n'est moins certain, le débiteur a pu demander une sauvegarde à tort et ne pas connaître de difficultés avérées ou prévisibles. En telle hypothèse, la conciliation ne devrait pas être ouverte, mais la position du président du tribunal sera toutefois délicate devant un débiteur qui le saisit aux fins de bénéficier d'une conciliation parce qu'il y a été invité par le tribunal.

283. Une fausse bonne idée. La demande d'ouverture d'une conciliation repose sur la seule initiative du dirigeant puisqu'elle ne peut lui être imposée. Comment articuler l'invitation du tribunal faite au dirigeant s'il ne souhaite pas solliciter le président aux fins d'ouverture d'une conciliation ?

De plus, les personnes présentes en chambre du conseil ont alors connaissance de l'ouverture potentielle d'une conciliation de sorte que l'on peut s'interroger sur le point de savoir si cela ne porterait pas atteinte au principe de la confidentialité à venir. A tout le moins, ces personnes seraient alors soumises à ce principe. En outre, ne serions-nous pas dans un pré-jugement ? Enfin, si le dirigeant saisit l'opportunité qui lui est faite par le tribunal de s'orienter vers une conciliation et qu'*in fine,* il l'obtient et qu'il s'avère qu'il était en cessation des paiements depuis plus de quarante-cinq jours, cela ne constituerait-il pas un obstacle à d'éventuelles sanctions ? Sans compter sur le risque de voir un dirigeant reprocher par la suite au tribunal de l'avoir « orienté » vers une procédure qui n'est pas adaptée à ses difficultés. Autant de raisons qui, selon nous, militent une fois encore en faveur de la présence du ministère public lors de l'ouverture de la conciliation. Le chef d'entreprise doit, selon nous, être le seul décideur du choix procédural sauf à considérer que l'intervention du tribunal à ce stade soit qualifiée d'ingérence.

284. L'appel du ministère public en vue de faire respecter les critères légaux d'ouverture de la conciliation. Le demandeur d'une mesure préventive doit être transparent, sincère et loyal. C'est au débiteur de justifier la réunion de ces éléments dans sa demande avec des pièces justificatives et au président de contrôler que la demande est bien fondée avant la saisine pour avis du parquet sur la rémunération du conciliateur. Dès lors que l'article R. 611-47-1 du code de commerce ne vise qu'un avis sur la rémunération, on peut supposer néanmoins que le président a vérifié que les conditions d'ouverture sont remplies et qu'un dossier complet est transmis au parquet. Pour autant, le législateur a donné les moyens au ministère public de s'opposer à l'ouverture d'une conciliation dès lors que les critères légaux ne sont pas réunis[420] puisqu'il peut former un appel contre la décision d'ouverture. Aussi,

[420] CA Rennes, ch. com. 18 oct. 2011, RG n° 11/02954, Rev. proc. coll. 2011/6, n°

comme le relève le professeur Françoise Pérochon, le ministère public veille à éviter les dérives avec la multiplicité des mesures préventives[421] et selon nous sans démontrer leur utilité[422]. Au surplus, il faut éviter l'ouverture d'une nouvelle conciliation après une précédente conciliation ouverte moins de trois mois auparavant puisqu'il s'agit d'une condition légale[423]. L'adage conciliation sur conciliation ne vaut doit s'appliquer. Comme précédemment indiqué, elle s'interroge cependant sur le fait de savoir en quoi *« le ministère public serait mieux armé que le président pour se rendre compte de la violation de la règle, étant rappelé que la procédure est confidentielle : même pour lui, il est particulièrement difficile d'avoir l'information, notamment si le débiteur saisit une autre juridiction »*[424]. Mais le parquet dispose de canaux d'informations propres.

285. La réponse repose bien souvent sur le constat effectué dans la pratique quotidienne : le non-respect du cadre légal s'explique, se justifie parfois par manque de rigueur dans les vérifications et le recours au « *pragmatisme économique* » qui pourtant n'est pas une notion juridique permettant de justifier l'ouverture d'une conciliation[425]. Mais à l'inverse, sans un dossier complet, comment le ministère public pourrait-il relever appel ? Cela conduirait à lui fermer la porte de ce recours afin d'éviter de paralyser inutilement la procédure de sorte que l'appel prévu par le législateur serait purement illusoire et voué à l'échec. Cet appel prévu par la loi ne serait alors qu'un simple affichage, une tentative de pseudo contrôle de l'ouverture[426]. Ce constat milite pour une modification du texte afin de prévoir que l'avis du ministère public englobe outre la rémunération du conciliateur, les conditions de recevabilité de la demande.

286. L'appel du ministère public, une judiciarisation de la conciliation ? Les professeurs Corinne Saint-Alary-Houin, Marie-Hélène Monsèrié-Bon et Caroline Houin-Bressand font part la crainte de certains que

---

164, note Ch. Delattre ; *ibid.* n° 207, note C. Lebel ; BJE 2012/1, n° 7, J.-P. Sortais ; Leden, 2012/2, n° 2 obs. P. Rubellin ; Dr. Sociétés 2012, n° 68 note J.-P. Legros ; cf. F.-X. Lucas, *Manuel de droit de la faillite*, 5e éd., 2024, PUF, n° 27, p. 54 et S.

[421] F. Pérochon *et alii*, *op. cit.*, n° 226, 241 et 245.

[422] V. infra n° 554 et s.

[423] C. com., art. L. 611-6, al. 2, *in fine*. Sur ce point A. Lienhard estime que cette méfiance à l'égard de la conciliation ne s'imposait pas dans la mesure où le juge est à même d'apprécier l'opportunité d'ouvrir une nouvelle conciliation, cf. *Procédures Collectives,* éditions Delmas, 2020/2021, n° 021.111.

[424] F. Pérochon *et alii*, *op. et loc. cit.*

[425] Ch. Delattre, *Le pragmatisme économique est-il un nouveau fondement juridique ?* Rev. proc. coll. 2012/1, focus n° 1.

[426] Ch. Delattre, *L'action du ministère public en conciliation : un simple leurre ?* Rev. proc. coll. 2016/1, dossier 4.

l'appel du ministère public entraîne une judiciarisation de la procédure de conciliation pouvant être un frein pour les chefs d'entreprise[427]. Nous ne le pensons pas et celui qui respecte la loi n'a rien à craindre du parquet. De plus, la judiciarisation est une réalité notamment lors de l'homologation de la conciliation, mais aussi tout au long de la conciliation, si l'on songe notamment aux possibilités accordées au président du tribunal d'imposer des délais de grâce. Cependant la jurisprudence précitée, qu'elle soit en lien avec la violation du cadre légal, le détournement de procédure ou encore les sanctions, met en lumière que le contrôle du ministère public est une nécessité pour tenter de remédier aux abus.

287. L'appel du ministère public, une « gêne » pour la conciliation ? L'exercice du droit d'appel par le ministère public voulu par le législateur a été considéré par un auteur comme étant une véritable gêne allant même jusqu'à indiquer « *Le ministère public dispose d'un appel sur l'ouverture d'une conciliation, ce qui risque de créer une insécurité juridique du fait de l'appréciation a priori de l'état de cessation des paiements* »[428]. L'argument est intéressant puisqu'en effet, si le ministère public forme un appel, il risque de retarder la mise en place du traitement des difficultés et au pire, de rendre la procédure inapplicable en raison des délais d'appel et surtout de la brièveté de la conciliation. Sans compter les risques de perte de confidentialité. Pour autant, si le législateur lui octroie un droit de former appel, c'est qu'il doit pouvoir l'exercer. Pour éviter cet appel que certaines craignent, il incombe au dirigeant de remettre un dossier complet et respecter les conditions d'ouverture en lien avec la cessation des paiements. Faire respecter le cadre légal ne saurait constituer une insécurité juridique pour l'entreprise, le dirigeant, les salariés et le tissu économique. Et sans doute est-il plus pertinent, au moins lorsque les griefs à l'encontre de la décision d'ouverture sont graves, de les contester dès l'audience d'ouverture, plutôt qu'attendre par exemple le jugement d'homologation.

288. La conciliation sous le contrôle du ministère public, garant de l'ordre public économique. La conciliation nous paraît donc devoir être placée sous le contrôle du garant de l'ordre public économique et elle doit le rester car elle produit des conséquences directes et indirectes pour les créanciers mais également pour l'Etat au regard des milliards accordés notamment via les prêts garantis par l'État. A cet égard, même s'il s'agit d'une situation conjoncturelle, selon les chiffres communiqués par la Banque de France en août 2023, près de 144,31 milliards d'euros ont été accordés à

[427] C. Saint-Alary-Houin, M.-H. Monsèrié-Bon et C. Houin-Bressand, *Droit des entreprises en difficulté, op. cit.*, n° 306.
[428] G. Teboul, *La réforme du père noël : la prévention et la sauvegarde*, Gaz. Pal. 6 janv. 2009, n° 6, p. 6.

802.812 entreprises via les Prêts Garantis par l'Etat. Les TPE/PME représentent environ 75% du montant (107 milliards), les ETI 13% (18,5 milliards) et les grandes entreprises 11,3 % (16 milliards)[429]. A ce jour, un certain nombre d'entreprises ayant bénéficié de ces prêts sont dans l'incapacité de procéder aux remboursements et d'aucunes vont recourir à des conciliations.

289. La préparation d'un plan de cession en conciliation et le ministère public. Si la mission du conciliateur consiste à favoriser la conclusion entre, d'une part, le débiteur et, d'autre part, ses principaux créanciers voire ses cocontractants habituels, d'un accord amiable ayant vocation à mettre fin aux difficultés[430], il peut également être chargé d'organiser une cession partielle ou totale de l'entreprise, cession qui se concrétisera après l'ouverture d'une procédure collective ultérieure. L'ordonnance présidentielle qui fait droit à la demande de *prepack* est portée à la connaissance du ministère public[431]. Le texte évoque l'ordonnance sans évoquer la requête, ce qui postule *a priori* que le ministère public ne reçoit que la décision, qui bien souvent, est très peu motivée ; il serait indispensable qu'il soit également rendu destinataire de la requête. Il a toutefois connaissance de cette nouvelle mission du conciliateur, afin de donner son avis sur les conditions de la rémunération du conciliateur[432] avec la possibilité d'exercer un recours[433]. Le ministère public se trouve alors dans une situation similaire à celle qui était la sienne au moment de l'ouverture de la conciliation, il doit donner un avis sur les conditions de rémunération du conciliateur et il peut former un appel. Mais il ne dispose pas des éléments suffisants pour intervenir en toute connaissance de cause. La situation est d'autant plus paradoxale que si la mission est couronnée de succès, au moment de l'ouverture de la procédure collective visant à mettre en place le plan de cession préparé en conciliation, le ministère public doit, dans tous les cas, donner son avis sur l'opération[434] et il pourra faire appel, mais d'un point de vue économique, une fois encore son intervention nous parait bien tardive.

290. L'homologation de l'accord de conciliation et le ministère public. Le ministère public peut enfin être amené à intervenir au moment de l'homologation mais cette fois, la situation est plus claire puisque d'une part,

---

[429] M. Di Martino, COMPTA ONLINE, *PGE : principaux rappels et dernières actualités,* 28 août 2023.
[430] C. com., art. L. 611-7.
[431] C. com., art. R. 611-26-2, qui renvoie à C. com. art. R. 611-25.
[432] C. com., art. R. 611-51.
[433] C. com., art. R. 611-50.
[434] C.com. art. L. 642-2 et R. 642-40.

il est présent ou dument appelé[435], donne son avis et peut former un appel[436]. Toutefois, là encore, il peut se trouver dans une situation délicate pour assurer le respect des textes, hésitant à former un appel qui remettrait en cause un accord et donc le sauvetage de l'entreprise, tout comme d'ailleurs le tribunal.

Une difficulté, et non des moindres, existe. En effet, à ce stade, il faut revenir à l'absence de connaissance du passif chirographaire surtout si le président n'a pas souhaité recourir à l'article L.611-6 alinéa 5 du code de commerce. Lors de l'homologation d'une conciliation, si aucune information n'est transmise sur le montant du passif chirographaire, comment le ministère public peut-il donner un avis sur les conditions posées à l'article L.611-8 II 1° du code de commerce ? De même sans ses informations, comment le tribunal peut-il statuer sur la demande d'homologation ?

291. Des modifications textuelles en vue de permettre au ministère public d'assurer pleinement son rôle de gardien de l'ordre économique en conciliation. Le renforcement des prérogatives du ministère public au moment de l'ouverture de la conciliation, de manière légale et donc incontestable, permettrait à tout le moins de purger certaines pratiques ou décisions qui contreviendraient à la loi, sans avoir à recourir à un appel. Et il pourrait en aller de même lorsque la mission du conciliateur est modifiée aux fins de préparer une cession. Le ministère public pourrait ainsi assurer pleinement son rôle de gardien de l'ordre économique en conciliation.

Dès lors que le législateur lui demande de remplir une mission précise, il est indispensable que les moyens pour remplir correctement sa mission lui soient accordés.

§ 2. Des prérogatives à renforcer en mandat *ad hoc*

292. L'absence de prérogatives du ministère public concernant le mandat *ad hoc*. Comme nous l'avons vu, les interventions du ministère public dans le cadre d'un mandat *ad hoc* sont quasi inexistantes. Toutefois, par application de l'article L. 662-2 du code de commerce, la cour d'appel ou la cour de cassation peuvent délocaliser l'affaire devant une autre juridiction, sur requête du parquet, selon le cas, du même ressort ou d'un autre ressort « *lorsque les intérêts en présence le justifient* » Le texte vise expressément le mandat *ad hoc* et prévoit que le ministère public près le tribunal saisi ou près

---

[435] C. com. art. L. 611-9.
[436] C. com., art L. 611-10.

celui qu'il estime devoir être compétent peuvent faire une telle demande[437].

293. Le pouvoir accordé au ministère public de demander la délocalisation d'une mesure préventive dont il n'a pas connaissance. Il est assez curieux que le ministère public puisse demander la délocalisation d'une procédure dont il n'a pas connaissance. Et il est tout aussi curieux qu'il puisse agir pour demander la délocalisation devant un tribunal de commerce spécialisé, en conciliation, et que rien ne soit prévu pour le mandat *ad hoc*. Pourtant dans un cas comme dans l'autre, les effets sont très importants puisque, d'une part, il s'agit d'une mesure d'administration judiciaire, non susceptible de recours et d'autre part, la décision de renvoi emporte prorogation de compétence au profit de la même juridiction pour connaître d'une procédure de sauvegarde, de redressement judiciaire ou de liquidation judiciaire qui pourrait directement s'en suivre. Un effort de cohérence voudrait donc qu'il soit informé de la désignation d'un mandataire *ad hoc*, afin de pouvoir exercer les prérogatives qui lui sont confiées notamment en matière de compétence et de contrôle des seuils si une demande devant un tribunal de commerce spécialisé est envisageable. La confidentialité ne doit pas, selon nous, constituer un motif pour ne pas délocaliser un mandat *ad hoc* si les intérêts en présence le justifient comme par exemple une situation contraire à l'impartialité[438].

294. A l'appui de cette difficulté, Camille de Lajarte-Moukoko[439] a considéré cette situation regrettable en précisant que « *la souplesse du mandat* ad hoc *amène régulièrement les débiteurs à solliciter l'ouverture d'une telle procédure afin de préparer une conciliation. La possibilité de cumuler les deux procédures amiables devant le tribunal de commerce spécialisé n'est donc pas envisageable pour les débiteurs relevant de cette juridiction* ». Pour en conclure « *Les chances d'obtenir un règlement conventionnel de leurs difficultés s'en trouvent amoindries* ». Selon cette auteure, il apparaît donc que la juridiction spécialisée ne serait compétente que pour connaître du suivi du mandat *ad hoc*, de la prolongation, la modification mais également l'arrêt de la mission du mandataire *ad hoc* à l'exclusion de l'ouverture.

295. Prévoir un avis du ministère public sur les conditions de rémunération du mandataire *ad hoc*. On ne reviendra pas ici sur les conditions de rémunération du mandataire *ad hoc*, qui obéissent très exactement aux mêmes règles que celles du conciliateur. Or, non seulement

---

[437] C. com., art. R. 662-7, al. 2.
[438] CA Douai, ord. 1er prés., 14 nov. 2017, RG n° 17/06358, Rev. proc. coll. 2018/6, n° 179, note Ch. Delattre.
[439] C. de Lajarte-Moukoko, *Loi Macron : quelle compétence pour le tribunal de commerce spécialisé en matière de mandat ad hoc ?,* BJE 2017, 389, n° 115g2.

les règles sont identiques, mais le législateur manifeste la même volonté de limiter le coût de ces mesures préventives. Toutefois, on peut signaler que le ministère public est informé d'un mandat *ad hoc*, s'il est suivi d'une conciliation, au moment de la liste des frais mis à la charge du débiteur communiquée lors de la demande de constat ou d'homologation de l'accord. En effet, comme nous l'avons vu, cette liste comprend notamment « *la rémunération du mandataire* ad hoc *si un mandat ad hoc a immédiatement précédé l'ouverture de la conciliation* »[440]. On peut supposer que le législateur vise implicitement l'hypothèse dans laquelle le mandataire *ad hoc* a été désigné en qualité de conciliateur, mais il n'en reste pas moins qu'à ce stade de la procédure, on voit mal quelle action pourrait diligenter le ministère public s'il estime que cette rémunération est abusive ou tout simplement qu'elle ne remplit pas les conditions légales.

296. Aussi, il nous semble qu'il serait plus judicieux de permettre au ministère public de donner un avis sur les conditions de rémunération du mandataire *ad hoc* au moment de sa désignation, exactement comme pour le conciliateur. Toutefois, il ne serait pas pertinent d'aller au-delà et de lui permettre de vérifier les conditions d'ouverture. D'abord, parce que ce serait risquer de remettre en cause la souplesse et l'attractivité du mandat *ad hoc* qui constitue souvent pour le dirigeant la porte d'entrée du tribunal. Ensuite parce que le législateur, sans doute volontairement, est resté assez vague sur l'ampleur des difficultés justifiant le recours à cette mesure, à tel point qu'il existe de nombreux débats quant à savoir si un mandat *ad hoc* peut être ouvert à l'encontre d'une entreprise en état de cessation des paiements. Ainsi, tandis que certains soutiennent et/ou admettent la possibilité d'ouvrir un mandat *ad hoc* lorsque le débiteur est en état de cessation des paiements[441], d'autres s'interrogent sur cette possibilité[442], et certains n'y sont pas favorables[443]. Face

---

[440] C. com., art. R. 611-39-1, 1°.

[441] P.-M. Le Corre, *Droit et pratique des procédures collectives.* Dalloz action, 2023-2024, n° 123,114 ; F-X Lucas, *Manuel de droit de la faillite*, PUF, 5ème éd., 2024, n°46 ; T. Montéran, *Le mandat pour tous,* Gaz. Pal., 2013, n° 19 ; T. Gardon, *Crise de la Covid-19 - Les enjeux et les risques de la sortie de crise pour les entreprises*, in M. Menjucq, Rev. proc. coll. 2021/4, entretien 3 ; A. Lienhard, *Procédures collectives,* Delmas, 2019-2020, n° 11,15 ; D. Voinot, *Procédures collectives*, Montchrestien, 2011, p. 29, n° 59 ; S. Farhi, *Les procédures collectives,* Gualino, 2022, p. 9 ; A. Lesaulnier, *Mandat ad hoc devant le tribunal de commerce après la réforme du droit des entreprises en difficulté,* RTD com. 2016. 225 ; P. Roussel Galle, *Être en cessation des paiements sans l'être tout en l'étant*, Rev. proc. coll. 2018, repère 2.

[442] J. Vallansan avec le concours de L. Fin-Langer, *Guide des procédures collectives*, LexisNexis, 2022/23, n° 52 ; J.-L. Vallens, Lamy commercial, 2020, n° 2939.

[443] C. Saint-Alary-Houin, M.-H. Monsèrié-Bon et C. Houin-Bressand, *Droit des entreprises en difficulté,* LGDJ, 14ème éd., 2024, n° 285 ; F. Pérochon avec la collaboration de Fl. Reille, M. Laroche, V. Martineau-Bourgninaud, Th. Favario et A.

à cette situation, il n'entre pas dans les fonctions du ministère public de vérifier ce point mais il semble utile que le législateur clarifie la situation ce qui permettrait, à tout le moins, d'éviter des traitements différents selon le tribunal. Ce sera ensuite au mandataire *ad hoc* de revenir vers le président si la cessation des paiements est caractérisée depuis plus de quarante-cinq jours.

297. Prévoir l'information du ministère public en cas de préparation d'un plan de cession en mandat *ad hoc*. Dans un autre domaine, même si les textes régissant le mandat *ad hoc* sont silencieux sur cette possibilité, une cession peut être préparée dans ce cadre et interviendra après l'ouverture d'une procédure collective comme pour la conciliation. A ce titre, le ministère public doit donner son avis lors de l'audience d'ouverture de la procédure collective, lorsque l'offre a été reçue par le conciliateur, mais aussi par le mandataire *ad hoc*[444]. Dans cette hypothèse, le tribunal doit s'assurer que les démarches effectuées par le mandataire *ad hoc* ont assuré une publicité suffisante de la préparation de la cession, exactement comme si elle avait été préparée en conciliation[445]. On retrouve ici les mêmes remarques faites à propos d'une cession préparée en conciliation. La situation est peut-être plus grave encore, car en conciliation en telle hypothèse, les textes prévoient la modification de la mission du conciliateur, la détermination de sa rémunération et l'avis des créanciers, ici les textes sont silencieux. Ce n'est que dans le cadre de la procédure collective ultérieure que l'on apprend par une incidente dans l'article L. 642-2, I, du code de commerce qu'une cession a pu être préparée en mandat *ad hoc*. Or, une telle cession est très impactante pour le débiteur, les salariés et les créanciers. Pour preuve, l'avis du ministère public est alors requis, mais dans la procédure collective ultérieure … trop tard, oserait-on dire[446].

298. Permettre au ministère public d'éviter les durées excessives de certains mandats *ad hoc*. Une autre difficulté significative tient au risque de durée parfois excessive du mandat *ad hoc*. Si l'article L. 611-3 du code de commerce ne fixe aucune indication de délai, c'est la pratique judiciaire et une certaine doctrine qui ont fixé une durée moyenne à trois mois, ce qui peut paraître raisonnable au moins sur le plan des principes, mais cette période est renouvelable plusieurs fois[447]. Certes, l'un des attraits du mandat *ad hoc* est sa souplesse ce qui explique que le législateur n'ait pas voulu encadrer sa durée, et celle-ci doit être appréciée au cas par cas, en fonction de la nature et de

---

Donnette, *Entreprises en difficulté,* LGDJ, 12 ème éd. 2024, n° 219.
[444] C. com., art. L. 642-2.
[445] C. com., art. R .642-40.
[446] C. com., art. L. 642-2, I.
[447] A. Lienhard, *Code des procédures collectives,* Dalloz, 22ème éd., 2024, comm. sous art. L. 611-3 ; J.-L. Vallens, *Lamy droit commercial*, 2023, n° 2916.

l'ampleur des difficultés et de la mission confiée au mandataire *ad hoc*[448]. Mais en toute hypothèse, cette mesure ne peut être que temporaire et en aucun cas illimitée. Certes, on nous objectera que l'existence d'un mandat *ad hoc* ne fait pas obstacle à l'ouverture d'un redressement judiciaire ou d'une liquidation judiciaire si l'entreprise est en cessation des paiements, le mandat *ad hoc* n'ayant pas à cet égard d'effet bouclier, comme c'est le cas pour la conciliation. D'une part, le ministère public peut déposer une requête aux fins d'attraire le débiteur en redressement ou en liquidation judiciaire, alors que s'il avait connaissance d'un mandat *ad hoc*, sans que cette requête soit impossible, il pourrait hésiter à y recourir ou à tout le moins procéder à des vérifications supplémentaires. L'ouverture d'un mandat *ad hoc* peut en effet se traduire par des délais de paiement de la part des créanciers, mettant fin à une éventuelle cessation des paiements. Mais surtout, une durée non maîtrisée de cette mesure préventive est regrettable. Ainsi, une cour d'appel a relevé que certains mandats *ad hoc* étaient ouverts depuis plus d'une année sans aucun rapport du mandataire *ad hoc* ni aucun contrôle du président. La procédure était, en quelque sorte, tombée en déshérence[449]. Là encore la présence du ministère public aurait vocation à contrôler ce point afin d'éviter tout dérapage.

299. Les dangers d'un mandat *ad hoc* d'une durée non maîtrisée. Un mandat d'une durée excessive a un coût qui pèse sur l'entreprise déjà en difficulté, tandis que le dirigeant peut croire qu'ainsi ses difficultés sont en cours de traitement ou invoquer par la suite l'existence de cette mesure pour échapper à une sanction. Laisser perdurer un mandat *ad hoc* au-delà du nécessaire ne peut que poser des difficultés et même accroître celles de l'entreprise. Or, le ministère public n'étant pas informé du mandat *ad hoc*, c'est généralement à l'ouverture de la conciliation ou d'une procédure de redressement ou liquidation judiciaire qu'il apprendra l'existence de cette mesure, et le cas échéant, sa durée excessive. A ce stade, s'il pouvait envisager des sanctions ou encore s'opposer à la désignation du mandataire *ad hoc* en qualité d'administrateur dans la procédure collective, sur le plan économique, son intervention serait trop tardive. Il est donc indispensable que le président veille à recevoir régulièrement des rapports actualisés par le mandataire *ad hoc* sur l'évolution et les perspectives de la procédure. L'ouverture d'une procédure d'un mandat *ad hoc* n'est pas un blanc-seing donné au mandataire *ad hoc* en ce qu'il doit rendre des comptes.

---

448 A. Jacquemont, N. Borga et T. Mastrullo, *Droit des entreprises en difficulté,* Lexisnexis, 13e éd. 2025 n° 89.

449 CA Pau, 7ème ch., 1ère sect. 15 juill. 2010, RG n° 08/03319, Rev. proc. coll. 2011/6, n° 168, note Ch. Delattre.

Conclusion du chapitre deuxième

300. Clarifier les prérogatives du ministère public en conciliation. En conclusion, il conviendrait de clarifier les prérogatives du ministère public dans la conciliation, en particulier au moment de l'ouverture. A l'instar des jurisprudences précitées de juridictions du fond, il serait opportun de préciser clairement que le ministère public donne un avis sur les conditions de rémunération du conciliateur mais avant tout sur l'ouverture de la conciliation et donc sur les conditions qui président à cette ouverture. Ce qui supposerait bien sûr qu'il reçoive un dossier complet sur la demande d'ouverture.

301. Modifications concernant le ministère public et le mandat *ad hoc*. Des modifications seraient également bienvenues dans le mandat *ad hoc* tout en allant, cependant, moins loin dans les prérogatives du ministère public que pour la conciliation. En effet, le mandat *ad hoc* constitue bien souvent les prémices d'une conciliation en ce qu'il prépare cette dernière[450] mais aussi parfois d'une procédure collective ; il est en quelque sorte « une porte d'entrée » pour le dirigeant ce qui postule en faveur d'une souplesse dans la désignation du mandataire *ad hoc* laquelle ne doit surtout pas être remise en cause selon nous. Aucune référence n'est faite à l'état de cessation des paiements. Il est cependant évident que si cet état est caractérisé depuis plusieurs mois il incombe au président d'en tirer les conséquences.

302. Porter à la connaissance du ministère public la désignation du mandataire *ad hoc*. Il nous semble que l'ouverture d'un mandat *ad hoc* devrait être portée à la connaissance du ministère public. Cela présenterait plusieurs avantages : vérifier la compétence territoriale du président saisi, permettant de combattre le forum shopping, ainsi que les seuils pour déterminer si une délocalisation devant le tribunal de commerce spécialisé est nécessaire. Cela passerait préalablement par une modification de l'article L.721-8 du code de commerce pour y inclure le mandat *ad hoc*. Un avis sur la détermination des conditions de la rémunération du mandataire *ad hoc* serait également nécessaire pour s'aligner sur la conciliation avec la possibilité pour le ministère public d'exercer un recours contre l'ordonnance présidentielle mais uniquement sur ces points. Ce contrôle de la rémunération serait certainement un signal fort contre les risques d'abus. En outre, il devrait en aller de même *a fortiori*, lorsqu'en cours de mission, la rémunération du mandataire *ad hoc* doit être revue à la hausse.

303. De surcroît, cette information sur l'ouverture du mandat *ad hoc* permettrait de contrôler la durée de ce dernier pour éviter les procédures d'une

---

[450] V. par exemple, en ce sens, D. Voinot, *Droit économique des entreprises en difficulté*, LDGJ, 2007, n° 226.

durée excessive. Et sans doute conviendrait-il qu'il soit informé lorsque la mission prend fin.

304. Des prérogatives limitées, accordées au ministère public concernant le mandat *ad hoc*. En revanche, il est utile de préciser qu'au travers de cette information portée au ministère public, il n'est pas envisagé et souhaitable de permettre au ministère public de vérifier si le demandeur au mandat *ad hoc* est ou non en état de cessation des paiements. En effet, il est nécessaire de conserver la souplesse de cette mesure préventive dès lors qu'elle constitue la première approche que peut avoir un dirigeant qui rencontre des difficultés. Sa souplesse doit attirer et rassurer les demandeurs, et comme nous l'avons vu, l'absence de précision du législateur sur le point de savoir si l'entreprise ne doit pas être en cessation des paiements est à l'origine d'un débat prolixe en doctrine et chez les praticiens. Ce sera ensuite au mandataire *ad hoc* de revenir vers le président si la cessation des paiements est caractérisée. Mais c'est là un autre débat.

Conclusion du Titre deuxième

305. La maîtrise des coûts du mandat *ad hoc* et de la conciliation, gage de leur attractivité. Afin de renforcer l'attractivité du mandat *ad hoc* et de la conciliation, le législateur a souhaité limiter et encadrer le coût de ces procédures. Plusieurs dispositifs poursuivent cet objectif, mais la tâche est difficile et le résultat pour partie imparfait. Si les textes semblent permettre de maîtriser la rémunération du conciliateur et du mandataire *ad hoc*, avec pour le premier une intervention du ministère public qui lui permet, en principe, de contrôler la bonne application des textes, le coût global dépasse largement cette rémunération. L'entreprise en difficulté doit prendre en charge les honoraires de ses conseils, mais aussi, bien souvent des conseils de ses créanciers, sans qu'elle puisse les discuter, et sans véritable mécanisme de contrôle. Pire, certaines règles, comme par exemple celle visant à ce que le créancier prenne en charge une partie des honoraires de ses conseils, est même parfois contournée. A tout le moins, à l'issue de la conciliation, un état des frais globaux permet désormais de rendre plus transparent ce coût global, évitant ainsi les fantasmes mais aussi les abus.

306. Des prérogatives accordées au ministère public sans les moyens de les assurer. Les prérogatives accordées au ministère public participent de la maîtrise de ces coûts, à tout le moins en conciliation, mais invitent à aller au-delà et à lui permettre de véritablement contrôler la bonne application de la loi, de l'ouverture à la clôture de la conciliation. On a en effet parfois l'impression de demi mesures, certaines prérogatives étant accordées mais sans les moyens de les mettre en œuvre. Par exemple, le ministère public peut faire appel de l'ouverture de la conciliation, mais il ne dispose pas nécessairement de tous les éléments lui permettant de vérifier que les conditions d'ouverture sont remplies. Cela rend l'action du ministère public délicate voire dangereuse.

307. Concernant le mandat *ad hoc*, les prérogatives du ministère public sont quasiment inexistantes. Cette différence d'approche est justifiée, selon le législateur, par la volonté de conserver au mandat *ad hoc* sa souplesse et son attrait pour le dirigeant, attrait qui selon certains, se réduirait en cas d'intervention du ministère public qui peut en effet « faire peur » au dirigeant. Sans nier cet état de fait, on peut toutefois relever que les mêmes arguments avaient été invoqués pour limiter les interventions du ministère public en conciliation. Or, la pratique a démontré que tel n'est pas le cas, comme le prouvent les recours de plus en plus nombreux à ce mode de traitement des difficultés des entreprises. En outre, pour l'essentiel les règles gouvernant la rémunération du mandataire *ad hoc* sont identiques à celles applicables au conciliateur, tout comme celles visant à réduire le coût des conseils des créanciers notamment.

308. Renforcer les prérogatives du ministère public dans le mandat *ad hoc*. Aussi, sans calquer le régime du mandat *ad hoc* sur celui de la conciliation, il nous semble qu'il serait opportun de renforcer *à minima* les prérogatives du ministère public dans ce cadre. En particulier, il pourrait, tout comme en conciliation, donner un avis sur la rémunération du mandataire *ad hoc,* et même se voir ouvrir la voie de l'appel, mais qui serait limitée à la bonne application des conditions légales concernant cette rémunération. Et il pourrait en aller de même concernant une éventuelle rémunération complémentaire en cours de procédure. La compétence territoriale et la délocalisation en cas de besoin pourraient également être vérifiées. De telles prérogatives, certes limitées, ne devraient pas remettre en cause l'attractivité et la souplesse du mandat *ad hoc*. Bien au contraire, elles permettraient de donner l'assurance au dirigeant qu'il bénéficie d'une certaine protection, alors qu'il est en situation de fragilité. Au passage, le parquet pourrait se voir reconnaître la possibilité de demander la délocalisation devant un tribunal de commerce spécialisé, lorsque cela s'avère nécessaire, règle qui pour l'heure n'est applicable qu'en conciliation.

Conclusion de la première partie

309. La prévention, toujours et encore. Dès 1985, le législateur français a mis l'accent sur la prévention et il n'a eu de cesse de renforcer cette approche depuis lors qu'il s'agisse de prévention-détection ou de prévention traitement. Tout comme pour les procédures collectives, les outils se sont sophistiqués. L'alerte du président du tribunal s'est développée, le mandat *ad hoc* également, tandis que la conciliation est devenue de plus en plus judiciaire, avec des issues allant d'un accord constaté ou homologué à la préparation d'un plan de cession ou d'une sauvegarde accélérée.

310. Parallèlement, les prérogatives du ministère public se sont accrues. Si le domaine de la prévention-détection reste l'apanage du président du tribunal avec une intervention limitée du ministère public, ses prérogatives sont de plus en plus importantes en conciliation. Il a été démontré que l'intervention du ministère public palliait bien souvent l'absence de vérification du président ce qui a permis d'éviter certaines dérives. En revanche, concernant le mandat *ad hoc*, il est toujours aussi peu mis à contribution.

Si on lui prête parfois de mauvaises intentions, les critiques formulées à son égard ne sont bien souvent pas fondées. Tout d'abord, les magistrats du ministère public ne sont absolument pas hostiles, bien au contraire, à la prévention qui a fait ses preuves depuis longtemps avec les présidents des tribunaux de commerce qui se sont investis dans ce domaine avec des professionnels de l'insolvabilité compétents. La prévention doit être maintenue, développée et renforcée. Il s'agit de la clé du sauvetage des entreprises en difficulté étant précisé que les mesures préventives ne sont pas adaptées à toutes les situations[451]. Ensuite, son intervention s'explique et se justifie par le fait qu'il s'agit de procédures certes amiables, mais avec une dimension judiciaire de plus en plus marquée, ayant des conséquences pour l'entreprise, son dirigeant, les salariés et le tissu économique. Ces procédures sont judicaires dès lors qu'elles sont ouvertes par un juge professionnel ou consulaire. Cela nécessite des contrôles afin de s'assurer du respect du cadre légal mais également pour éviter les quelques dérives relevées. Ce d'autant que la confidentialité qui entoure ces procédures nécessite un respect strict du cadre légal.

---

[451] Ch. Delattre, *Prévention ou procédure collective : quel choix pour le chef d'entreprise ?* Rev. proc. coll. 2024/3, focus 10 ; J. Lavoir, *Prévention ou procédure collective ; savoir choisir sa procédure*, Revue des décideurs, stratégie, réorganisation et restructuring, 2023, p.11.

311. Des prérogatives parfois difficiles à mettre en œuvre. La procédure de conciliation doit être mieux encadrée et c'est d'ailleurs le souhait du législateur qui multiplie les cas d'interventions du garant de l'ordre public économique mais il serait indispensable qu'il lui donne les moyens pour assurer correctement sa mission en renforçant ou clarifiant ses prérogatives. En effet, si ses prérogatives se sont accrues au fil des réformes, il n'a pas toujours les moyens de les mettre en œuvre, sans doute parce que le législateur est intervenu par petites touches successives, sans oser aller au terme de sa démarche. Le ministère public est présent, sans l'être, sans doute par crainte de rendre les mesures préventives moins attractives. C'est particulièrement vrai pour le mandat *ad hoc*, puisqu'il n'en a même pas connaissance. Or, contrairement à ce que certains craignaient, la présence du ministère public en conciliation n'a pas remis en cause son attrait et son efficacité, aussi il nous semble que le moment est venu d'assumer la présence du ministère public en conciliation et de l'étendre de manière certes limitée au mandat *ad hoc*, afin qu'il puisse remplir pleinement le rôle de garant de l'ordre économique que lui assigne le législateur.

312. Le dispositif préventif français est très développé et donne une place au ministère public importante par rapport aux autres pays européens. La directive européenne UE 2019/1023 du 20 juin 2019 prévoit dans son considérant 1 que son objectif est de contribuer au bon fonctionnement du marché intérieur et de lever les obstacles à l'exercice des libertés fondamentales. Dans son considérant 2, la directive fixe l'objectif de la restructuration : permettre aux débiteurs en difficulté financière de poursuivre leur activité, en totalité ou partiellement en modifiant la composition, les conditions ou la structure de leur actif et passif ou toute autre partie de la structure de leur capital. Cela peut passer par la vente d'actifs ou de parties de l'activité ou, lorsque le droit national le permet, de l'entreprise dans son ensemble, ainsi qu'en procédant à des changements opérationnels.

313. La directive prescrit aux Etats membres d'introduire dans leurs droits nationaux des nouvelles règles harmonisées en vue de rapprocher les procédures applicables aux entreprises en difficulté. Les mesures de prévention, reprises aux articles 4 et suivants de la directive, sont concernées. Des procédures amiables et non judiciaires comme la conciliation[452], l'accord amiable ou les accords de refinancement préexistaient[453]. C'est seulement au stade de l'homologation que la procédure devenait judiciaire et faisaient l'objet d'une publication. En France, Italie et Espagne, l'homologation rend

---

[452] Version française, laquelle a d'ailleurs inspiré le législateur européen dans l'élaboration de la directive.

[453] J.-L. Vallens, *L'insolvabilité des entreprises en droit comparé*, éd. Joly, Lextenso éd., ch.1, p. 41 et s.

l'accord opposable à tous. En Belgique, elle protège les actes accomplis en période suspecte. Le droit néerlandais ne connait que la suspension des paiements qui est une procédure judiciaire et publique. Quant au droit Allemand, il se montre réticent à l'idée de permettre aux débiteurs de s'orienter vers une renégociation de leurs dettes en dehors d'une intervention judiciaire. Enfin, les différentes lois nationales reliaient le caractère amiable et non public des procédures de prévention au principe de confidentialité. Seul le droit Français donne une place aussi importante au ministère public comme organe de contrôle de la régularité de la procédure préventive[454]. En élargissant au-delà de la zone euro, une universitaire marocaine considère que le parquet français est « *contrôleur* » de la procédure de conciliation alors que le parquet est « *téléspectateur* » en droit marocain[455]. En droit Brésilien, l'intervention du ministère public dans les procédures de mesures conservatoires ou de tutelles anticipées au redressement judiciaire, est facultative[456].

314. L'ordonnance n°2021-1093 du 15 septembre 2021 (entrée en vigueur le 1er octobre 2021) a été transposé en droit français. Elle a modernisé notre droit sans pour autant le bouleverser[457], notamment concernant le rôle du ministère public.

---

[454] Ecole Nationale de la Magistrature, *Guide comparatif des lois de transposition de la directive « Restructuration préventive et Insolvabilité »* du 20 juin 2019, oct. 2023.
[455] N. Lyazami, *Eléments de réflexion sur le rôle du ministère public dans les procédures d'insolvabilité : approche analytique, critique et comparative entre le droit marocain et le droit français*, REMALD, Revue Marocaine d'Administration Locale et de Développement, Janv. - Avr. 2020, n° 150-151.
[456] Art. 4 et 5 de la recommandation 102 du 8 août 2023 du Conseil national du ministère public ; M. Souza-Guimaeres, *Le rôle du ministère public dans les procédures collectives (approche de droit comparé Français et Brésilien),* Atelier national de reproduction des thèses, janv. 2014.
[457] T. Mastrullo, *Entre modernité et prudence : la transposition en droit français de la directive (UE) 2019/1023 du 20 juin 2019 sur la restructuration et l'insolvabilité,* Rev. Sociétés 2022 ; F. -X. *Lucas Transposition de la directive Insolvabilité*, Leden, 9/2021, n° 200h0, p. 1.

Deuxième partie

Les prérogatives renforcées

du ministère public

315. Le ministère public renforcé dans son rôle de gardien de l'ordre économique et social. Les prérogatives du ministère public assez limitées dans le cadre de la prévention des difficultés des entreprises, encore qu'elles ne soient pas inexistantes, sont fortement renforcées lorsqu'une procédure collective est ouverte en particulier, si cette ouverture fait suite à une mesure de prévention-détection ou de prévention-traitement. Tout se passe en quelque sorte comme si le législateur, tout en encourageant le recours à la prévention, manifeste une sorte de défiance lorsqu'elle échoue. Et ce, qu'il s'agisse de la convocation du dirigeant par le président du tribunal qui n'est pas suivie d'effets alors que l'entreprise apparaît être en cessation des paiements, ou que le débiteur ait recouru à un mandat *ad hoc* ou à une conciliation qui n'a pas abouti au résultat escompté, et qui se traduit par l'ouverture d'une procédure collective ultérieure. Dans toutes ces hypothèses, le ministère public a vu ses prérogatives renforcées et son rôle de gardien de l'ordre économique et social consacré en particulier concernant l'ouverture de la procédure collective faisant suite à la prévention.

316. De la prévention à la sanction. Toujours dans l'hypothèse d'une procédure collective faisant suite à une mesure de prévention qui n'a pas abouti, diverses questions se posent. En particulier, et cette fois le ministère public retrouve son rôle traditionnel en matière d'action en responsabilité ou en sanctions, le recours ou l'absence de recours ou le recours à mauvais escient à ces mesures préventives, peuvent-ils donner lieu à ces actions ? Une réponse affirmative commande de se pencher sur la confidentialité qui entoure le mandat *ad hoc* et la conciliation. S'il n'est pas question dans notre propos de remettre en cause ce principe fondamental, bien au contraire, c'est la levée de cette confidentialité qui nous intéresse une fois la procédure collective ouverte. D'une part, cette confidentialité peut constituer une entrave au bon fonctionnement de la justice aussi bien lorsqu'il s'agit d'ouvrir une procédure collective que de rechercher une responsabilité ou agir en sanction. D'autre part, à ce stade la préservation de la confidentialité paraît moins essentielle, du moins selon nous. Ainsi, de facultative à l'ouverture de la procédure collective, il pourrait même être soutenu que la levée de la confidentialité devrait alors être systématique.

317. Plan. Dès lors, il convient de s'interroger tout d'abord sur les prérogatives du ministère public lors de l'ouverture d'une procédure collective faisant suite à une mesure préventive (Titre premier) puis nous nous interrogerons de savoir s'il existe un lien entre prévention et sanction (Titre deuxième).

Titre premier

De la prévention à l'ouverture de la procédure collective

318. De la prévention à l'ouverture d'une procédure de redressement ou de liquidation judiciaire. La prévention des difficultés des entreprises ne se limite pas à la prévention-détection ou à la prévention-traitement. En effet, d'une part, comme nous l'avons vu, la détection des difficultés des entreprises par le président du tribunal peut aboutir à une demande de la part du débiteur à bénéficier d'un mandat *ad hoc*, d'une conciliation ou d'une sauvegarde, toutes ces procédures étant des procédures volontaristes, dont il a le monopole de la demande. Il se peut aussi qu'il soit en état de cessation des paiements, auquel cas, il doit recourir à une conciliation ou à un redressement ou une liquidation judiciaire dans les quarante-cinq jours qui suivent la survenance de cet état. Le redressement et la liquidation judiciaires sont des procédures imposées, à peine d'ailleurs de sanctions, si le débiteur n'y recourt pas dans le délai légal, sauf si une conciliation a été ouverte durant cette période. Toutefois, suite à une alerte du président du tribunal, le débiteur ne recourt pas nécessairement à ces procédures, alors que sa situation l'impose.

319. De la prévention à l'ouverture d'une procédure dérivée. Le dirigeant peut très bien avoir recours à un mandat *ad hoc* ou à une conciliation qui ne permettent pas de résoudre ses difficultés. En telle hypothèse, soit ses difficultés ont disparu ce qui est sans doute assez rare ; soit il peut être amené à choisir ce que nous nommerons une procédure « *dérivée* ». En effet, d'une part, il se peut qu'il ne parvienne pas à finaliser un accord soutenu par une grande majorité de ses créanciers, auquel cas, il a la possibilité de recourir à une sauvegarde accélérée, procédure hybride qui est impérativement précédée d'une conciliation, et qui permet d'imposer un plan aux créanciers minoritaires. Mais il se peut aussi que durant le mandat *ad hoc* ou la conciliation, il apparaisse que la seule solution pour assurer la pérennité de l'activité soit la cession de tout ou partie de cette activité. En telle hypothèse, il est désormais possible de préparer un plan de cession en recherchant des repreneurs durant ces mesures préventives aux fins d'une mise en place dans une procédure collective ultérieure.

320. Ces deux hypothèses sont particulièrement spécifiques puisque dans le premier cas, il s'agit de contraindre l'entreprise à recourir à une procédure de redressement ou de liquidation judiciaire suite à une mesure préventive qui a échoué et dans la seconde, il s'agit d'une procédure très rapide ou très impactantee pour l'entreprise. Aussi dans un cas comme dans l'autre, le législateur a renforcé les pouvoirs du ministère public.

321. Plan. Le ministère public français peut de longue date saisir le tribunal aux fins d'ouvrir un redressement ou une liquidation judiciaire. Mais la saisine d'office du tribunal à cette fin ayant été abrogée, le ministère public s'est vu confier la mission de demander cette ouverture en lieu et place du tribunal, lorsque le président du tribunal a recueilli des éléments caractérisant un état de cessation des paiements, et les a transmis au ministère public (Chapitre 1). Par ailleurs, dès lors qu'une procédure collective est ouverte suite à une mesure préventive, soit parce que celle-ci a échoué par l'impossibilité d'aboutir à un accord ou parce que l'accord n'a pu être exécuté, soit parce qu'une procédure dérivée a été ouverte, les prérogatives du ministère public sont là également renforcées, et en particulier, sa présence est obligatoire à l'audience d'ouverture, à peine de nullité (Chapitre 2).

Chapitre premier

La fin de la saisine d'office par le tribunal et le renforcement des prérogatives du ministère public

322. La saisine d'office du tribunal aux fins d'ouvrir un redressement ou une liquidation judiciaire, bonne ou mauvaise mesure ? La saisine d'office par le tribunal aux fins d'ouverture d'un redressement ou d'une liquidation judiciaire, même si elle était traditionnelle et quand bien même elle présentait certains avantages, ne résistera pas à une question prioritaire de constitutionnalité dès lors que l'impartialité du juge pouvait être mise en cause. On peut d'ailleurs relever que la loi de sauvegarde du 26 juillet 2005 avait considérablement réduit les cas de saisines d'office du tribunal durant la procédure, en matière de sanctions notamment. Comme cela avait été observé, *« en net recul, la saisine d'office »* n'avait « *cependant pas disparu des procédures collectives : le tribunal pouvait notamment, ouvrir d'office une procédure de redressement ou de liquidation judiciaires* »[458].

323. Or, cette saisine d'office présentait de nombreux avantages et marquait selon le professeur Pierre-Michel Le Corre, « *le caractère d'ordre public économique de la législation des procédures collectives* ». Et cet auteur d'ajouter que « *La faillite n'est pas seulement l'affaire du débiteur et de ses créanciers* »[459]. Ainsi, la saisine d'office permettait tout d'abord au tribunal de réagir à une note du président qui avait constaté la cessation des paiements dans le cadre de la prévention-détection, lorsque le débiteur ne donnait pas suite. Elle pouvait aussi être utile, en cas d'assignation non régulière d'un créancier, permettant de la régulariser[460]. La saisine d'office permettait également de mettre fin à l'activité d'entreprises lourdement déficitaires, voire n'ayant plus aucune activité. D'ailleurs, le Conseil constitutionnel retenait que la saisine d'office permettait d'agir, en dehors du cas d'une procédure de conciliation ouverte en application de l'article L. 611-4 du code de commerce, en précisant « *lorsque les conditions de son ouverture paraissent réunies, une procédure de redressement judiciaire ne soit pas retardée afin d'éviter l'aggravation irrémédiable de la situation de l'entreprise ; que, par suite, le*

---

[458] O. Staes, *Aspects procéduraux de la réforme des difficultés des entreprises*, Dr. et patrimoine, n° 146, mars 2006, p. 60, sp. p. 63.

[459] P.-M. Le Corre, *Droit et pratique des procédures collectives*, Dalloz Action 2025/2026, n° 231.61.

[460] F. Pérochon avec le concours de Fl. Reille, M. Laroche, V. Martineau-Bourgninaud, Th. Favario et A. Donnette, *Entreprises en difficulté*, LGDJ, Lextenso, 14ème éd., 2024, n° 728.

législateur a poursuivi un motif d'intérêt général ». Enfin, il a été observé que les tribunaux usaient de cette faculté modérément[461].

324. Plan. En abrogeant la saisine d'office par le tribunal aux fins d'ouverture d'un redressement ou d'une liquidation judiciaire (section 1), le Conseil constitutionnel puis le législateur, ont indirectement renforcé le rôle du Ministère public. Dans de nouvelles hypothèses, il est ainsi amené à saisir le tribunal aux mêmes fins, mais dans un cadre particulier puisqu'il s'agit alors d'une requête suite à une information reçue de son président, notamment suite à une convocation du dirigeant en prévention (section 2).

Section 1. L'abrogation de la saisine d'office du tribunal aux fins d'ouvrir un redressement ou une liquidation judiciaire

325. La saisine d'office, une saisine exceptionnelle en droit. Le principe de la saisine d'office[462] aux fins d'ouverture d'une procédure collective, bien que traditionnelle en droit des faillites français est peu répandue, même si on peut citer quelques Etats qui l'admettent, notamment le Liban ou encore le Maroc[463] ainsi que les Etats membres de l'OHADA[464]. Elle a toutefois été critiquée de longue date, en raison du risque de manque d'impartialité qu'elle faisait peser sur la juridiction qui se saisit d'office. Au demeurant, la possibilité pour le juge de se saisir lui-même est assez rare en droit français et le droit des procédures collectives faisait de plus en plus figure d'exception.

326. La saisine d'office définitivement abandonnée. Bien que déclarée inconstitutionnelle par le conseil constitutionnel (§ 1), cette saisine d'office aurait pu, sous certaines conditions, être restaurée par le législateur, ce qu'il n'a pas souhaité faire, même s'il a considérablement réduit les risques de non-respect de l'impartialité dans cette situation (§ 2).

---

461 F. Pérochon et *alii*, *op. cit.*, n° 729.

462 O. Staes, in, *Traité des procédures collectives*, dir. M. Menjucq et B. Saintourens, Lexisnexis, 2021 n° 516.

463 J.-L. Vallens et G. C. Giorgini, *Etude comparative des procédures d'insolvabilité*, Société de législation comparée, Vol. 18, 2015, sp. p. 36.

464 V. art. 29, al. 2, Acte Uniforme portant organisation des procédures collectives (AUPC), dans la zone OHADA (Organisation pour l'Harmonisation en Afrique du Droit des Affaires).

§ 1. La saisine d'office du tribunal à l'épreuve de l'impartialité

327. De l'impartialité à l'inconstitutionnalité. Faisant suite aux débats sur l'impartialité du juge qui participe aux cellules de prévention, des décisions du Conseil constitutionnel puis de la chambre commerciale de la cour de cassation, mais aussi des modifications législatives, sont venues mettre un terme définitif au risque de la violation du principe d'impartialité en lien avec la saisine d'office du tribunal aux fins d'ouverture d'un redressement ou d'une liquidation judiciaire.

328. Saisine d'office et Question Prioritaire de Constitutionnalité. Dans un premier temps, la Cour de cassation a été saisie d'une question prioritaire de constitutionnalité sur la saisine d'office du tribunal en vue de l'ouverture d'un redressement judiciaire. En effet, dans sa rédaction antérieure au 8 décembre 2012, l'article L. 631-5 du code de commerce disposait : « *Lorsqu'il n'y a pas de procédure de conciliation en cours, le tribunal peut également se saisir d'office (...) aux fins d'ouverture de la procédure de redressement judiciaire (...)* ». C'est dans ce cadre que le tribunal de commerce de Toulouse, sur saisine d'office, avait ouvert cinq procédures collectives par cinq jugements différents. Ensuite de quoi, la cour d'appel de Toulouse avait transmis une question prioritaire de constitutionnalité à la Cour de cassation, ainsi libellée : « *La saisine d'office par le tribunal de commerce, en application de l'article L.631-5 du code de commerce est-elle conforme à la Constitution alors même qu'en vertu des droits de la défense et du droit à un recours juridictionnel effectif, l'on ne saurait, à la fois, être juge et partie* »[465].

329. Le renvoi au conseil constitutionnel de la question prioritaire de constitutionnalité sur la saisine d'office. La Cour de cassation avait décidé de renvoyer la question prioritaire de constitutionnalité devant le Conseil constitutionnel, en estimant que cette saisine d'office, si elle a des raisons d'être permettant notamment un traitement rapide des procédures collectives, est néanmoins susceptible de porter atteinte au principe d'impartialité et d'indépendance du juge. Reprenant l'article L. 631-5 du Code de commerce précité qui permettait la saisine d'office en vue de l'ouverture d'un redressement judiciaire, elle avait jugé que « *la faculté pour une juridiction de se saisir elle-même en vue de l'ouverture d'une procédure collective peut apparaître contraire au droit du débiteur à un recours juridictionnel effectif garanti par l'article XVI de la Déclaration des droits de l'homme et du citoyen de 1789, dès lors que le juge, en prenant l'initiative de l'introduction de l'instance, peut être perçu comme une partie ; que la disposition invoquée, si*

---

[465] CA Toulouse, 10 juill. 2012, RG n° 12/02985, 12/02986,12/02987, 12/02988, 12/02989.

elle répond à la nécessité d'une surveillance des entreprises et d'un traitement rapide des procédures collectives, est susceptible de constituer une atteinte aux principes d'impartialité et d'indépendance, en ce qu'elle ne comporte pas, par elle-même, un mécanisme permettant d'assurer la pleine effectivité des droits du débiteur ; que les questions posées présentent donc un caractère sérieux. D'où il suit qu'il y a lieu de les renvoyer au Conseil constitutionnel »[466].

330. La saisine d'office aux fins d'ouvrir un redressement judiciaire jugée contraire à la Constitution. Par une décision du 7 décembre 2012[467] qui fera date, le conseil constitutionnel juge que la saisine d'office en vue de l'ouverture d'une procédure de redressement judiciaire est contraire à la Constitution en se fondant essentiellement sur la notion d'impartialité reprise au considérant 4 :

« Considérant qu'aux termes de l'article 16 de la déclaration de 1789 : « toute société dans laquelle la garantie des droits n'est pas assurée, ni la séparation des pouvoirs déterminée, n'a point de Constitution » que le principe d'impartialité est indissociable de l'exercice de fonctions juridictionnelles ; qu'il en résulte qu'en principe une juridiction ne saurait disposer de la faculté d'introduire spontanément une instance au terme de laquelle elle prononce une décision revêtue de l'autorité de chose jugée ; que, si la Constitution ne confère pas à cette interdiction un caractère général et absolu, la saisine d'office d'une juridiction ne peut trouver de justification, lorsque la procédure n'a pas pour objet le prononcé de sanctions ayant le caractère d'une punition, qu'à la condition qu'elle soit fondée sur un motif d'intérêt général et que soient

---

[466] Cass. com. 16 oct. 2012, n° 12-40.061 ; 12-40.062 ; 12-40.063 ; 12-40.064 ; 12-40.065, D. 2012. 2246, obs. A. Lienhard ; D. actu. 19 oct. 2012, *ibid.* ; Procédures 2013, n° 1, p. 26, note B. Rolland ; RJDA, 1er janv. 2013, n° 1, p. 3, note J.-P. Remery.

[467] Cons. const. 7 déc. 2012, n° 2012-286, QPC ; D. 2012, Actu.2886, obs A. Lienhard ; D. 2013.338, note J.-L. Vallens ; *ibid.*, 2013, Chron. 28, obs. A. Frison-Roche ; Gaz. Pal. 18 janv. 2013, n° 18, p. 25, note N. Fricero ; *ibid.*, 8 mars 2013, n° 67, p. 29, note J. Theron ; *ibid.*, 23-27 déc. 2012, p. 14, obs. L. Robert ; Act. proc. coll. 2013/1, comm. 1, N. Fricero ; JCP E, 2013.1048, note N. Fricero ; *ibid.*, 2016, n° 1, obs. Ph. Pétel ; RTD civ. 2013, 889, obs. Ph. Théry ; JCP 2013, 50, note N. Gerbay ; BJE, janv. 2013, comm. 5, note Th. Favario ; Rev. Sociétés 2013. 177, note L.-C. Henry ; Dr. sociétés, comm. 35, note J.-P. Legros ; Rev. proc. coll. 2013, étude 2, note B. Saintourens ; Dict. perm. Diff. entr., bull. 343, déc. 2012, p. 3, zoom Ph. Roussel Galle ; LPA 15 avr. 2013, n° 75, p. 5 note Ph. Roussel Galle ; *ibid.*, 7 mai 2013, p. 11, obs. C. Tabourot-Hyest ; RLDA févr. 2013. 19, obs. B. Drummen ; Leden 1/2013, 2, obs. E. Mouial-Bassilana ; Dr. et patrimoine sept. 2013, p. 50, note M.-H. Monsérie-Bon ; LBX hebdo n° 321, 20 déc. 2012, note Le Corre ; P.-M. Le Corre, *Droit et pratique des procédures collectives*, Dalloz Action, 2022-2023, n° 231.400 et s.

instituées par la loi des garanties propres à assurer le respecter du principe d'impartialité ».

L'impartialité est un principe consubstantiel à l'acte de juger[468]. Il est indissociable de l'exercice des fonctions juridictionnelles. Toute violation de ce principe est donc nécessairement problématique[469]. Partant de ce principe, une juridiction ne saurait disposer de la faculté d'introduire spontanément une instance au terme de laquelle elle prononce une décision revêtue de l'autorité de chose jugée.

331. La saisine d'office aux fins d'ouvrir une liquidation judiciaire jugée contraire à la Constitution. Restait à savoir si cette décision devait également s'appliquer à l'ouverture de la liquidation judiciaire. De prime abord, une décision similaire semblait s'imposer ce d'autant que dans sa version de l'époque, l'article L. 640-5 du code de commerce reprenait la même formulation que l'article L. 631-5. Toutefois, les demandes d'ouverture d'un redressement et d'une liquidation judiciaire poursuivent des objectifs sensiblement différents. Le redressement judiciaire tend à favoriser le sauvetage de l'entreprise, dans l'intérêt de cette dernière mais aussi de ses salariés et de ses créanciers alors que la liquidation a pour but de précipiter sa fermeture, encore qu'un plan de cession puisse être adopté. Ainsi, la liquidation judiciaire a pour objectif de mettre fin à une activité déficitaire dans l'intérêt de ses partenaires et plus généralement du monde économique.

Là encore, c'est par le jeu d'une question prioritaire de constitutionnalité que le débat va trouver un terme. Plus précisément, la Cour de cassation[470] tout en renvoyant la question au Conseil constitutionnel demandait si « *en se saisissant d'office, le tribunal ne préjuge pas sa position lorsque, à l'issue de la procédure contradictoire, il sera appelé à statuer sur le fond du dossier au vu de l'ensemble des éléments versés au débat par les parties* ». Dans son considérant 4, le Conseil constitutionnel reprend les arguments qu'il avait retenus pour censurer la saisine d'office aux fins d'ouverture d'un redressement judiciaire pour étendre la solution à la saisine d'office aux fins d'ouverture d'une liquidation judiciaire[471].

---

[468] Ch. Delattre, *La justice consulaire face à l'impartialité,* Rev. proc. coll. 2013/1, étude 3 ; *Loyauté et transparence : les fondements d'une bonne justice,* Rev. proc. coll. 2013/2, focus 7.

[469] Ch. Delattre, *Fin de la saisine d'office : un nouveau rôle pour le ministère public ?* Rev. proc. coll. 2013/5, dossier 29.

[470] Cass. com. 10 déc. 2013, n° 13-17.438.

[471] Cons. const. 7 mars 2014, n° 2013-368 QPC ; Rev. proc. coll. 2014, n° 94, obs. P. Cagnoli ; D. 2014. Actu. 604 ; Procédures 2014, n° 115, note B. Rolland ; Leden 4/2014. 3, obs. Th. Favario ; Dictionnaire Permanent Difficultés des entreprises, bull. 357, mars 2014, p. 1, zoom Ph. Roussel Galle ; Rev. proc. coll. 2014, n° 94, obs. P.

§ 2. La décision du législateur de ne pas « restaurer » la saisine d'office

332. La saisine d'office contraire à la constitution, mais favorable au redressement de l'entreprise. Dans ces deux décisions, le Conseil constitutionnel ne condamne pas le principe de la saisine d'office en vue de l'ouverture d'un redressement ou d'une liquidation judiciaire. Dans sa décision du 7 décembre 2012, il relève en effet qu'en matière de redressement judiciaire, la saisine d'office permet « *lorsque les conditions de son ouverture paraissent réunies* », qu'une telle procédure « *ne soit pas retardée afin d'éviter l'aggravation irrémédiable de la situation de l'entreprise* » et il en déduit « *que, par suite, le législateur a poursuivi un motif d'intérêt général* ». En revanche, et c'est là qu'intervient la censure, il constate que « *ni les dispositions contestées ni aucune autre disposition ne fixent les garanties légales ayant pour objet d'assurer qu'en se saisissant d'office, le tribunal ne préjuge pas sa position lorsque, à l'issue de la procédure contradictoire, il sera appelé à statuer sur le fond du dossier au vu de l'ensemble des éléments versés au débat par les parties ; que, par suite, les dispositions contestées confiant au tribunal la faculté de se saisir d'office aux fins d'ouverture de la procédure de redressement judiciaire méconnaissent les exigences découlant de l'article 16 de la Déclaration de 1789* ».

333. La saisine d'office contraire à la constitution, mais conforme à l'intérêt général. Dans sa décision du 7 mars 2014, à propos de la liquidation judiciaire, le Conseil constitutionnel adopte le même raisonnement. La saisine d'office permet que l'ouverture de la liquidation judiciaire « *ne soit pas retardée afin d'éviter l'aggravation irrémédiable de la situation de l'entreprise ; que, par suite, le législateur a poursuivi un but d'intérêt général* ». Et là encore, c'est l'absence de disposition fixant « *les garanties légales ayant pour objet d'assurer qu'en se saisissant d'office, le tribunal ne préjuge pas sa position lorsque, à l'issue de la procédure contradictoire, il sera appelé à statuer sur le fond du dossier au vu de l'ensemble des éléments versés au débat par les parties* » qui justifie l'inconstitutionnalité.

334. Fin de la saisine d'office et application dans le temps. Au demeurant, dans ses deux décisions, le Conseil constitutionnel a de surcroit précisé que la déclaration d'inconstitutionnalité prenait effet dès la publication de sa décision et serait « *applicable à tous les jugements d'ouverture d'une procédure de redressement judiciaire rendus postérieurement à cette date* »[472]. Même si l'on comprend parfaitement cette solution, elle vient renforcer la portée de la déclaration d'inconstitutionnalité, ne laissant pas la possibilité au

---

Cagnoli.

[472] La première décision a été publiée au JO le 8 décembre 2012, p. 19 279, texte n° 73 et la seconde décision a été publiée au JO le 9 mars 2014, p. 5034, texte n° 28.

législateur d'aménager les effets de cette décision. D'un jour à l'autre, le tribunal s'est donc vu refuser la possibilité de se saisir aux fins d'ouverture d'un redressement ou d'une liquidation judiciaire, y compris lorsque par exemple son président disposait d'éléments caractérisant l'état de cessation des paiements d'une entreprise. En outre, cette application immédiate a posé la question de savoir ce qu'il en était lorsque la saisine d'office était intervenue avant la décision du Conseil constitutionnel, et l'audience après. Lors de l'audience intervenue après la décision de censure du Conseil constitutionnel, un tribunal qui s'était saisi avant l'audience mais qui avait ordonné une enquête préalable, s'était vu contraint de constater que désormais la saisine d'office était irrecevable[473]. Dans une telle situation, il a été considéré que le ministère public, partie jointe à l'instance, pouvait agir ensuite en qualité de partie principale pour saisir la juridiction consulaire, ce qui augurait en quelque sorte des solutions qui seraient retenues par le législateur, par la suite. Quoi qu'il en soit, les conclusions du rapport d'enquête restant inchangées, le ministère public reprit ce rapport à l'appui de sa demande, ce d'autant que le dirigeant, rendu destinataire du rapport d'enquête, n'avait entrepris aucune démarche active ni aucune saisine de la juridiction. Ainsi, avant même que le législateur ait pu intervenir pour résoudre les difficultés liées à l'abrogation des saisines d'office en vue de l'ouverture d'un redressement ou d'une liquidation judiciaire, cette affaire a fait ressortir que le ministère public aurait sans aucun doute un rôle primordial à jouer.

335. La suppression des cas de saisine d'office « *chaque fois qu'il n'y a pas de motif d'intérêt général et que ne sont pas instituées des garanties propres* ». Dans son rapport annuel de l'année 2012[474], la Cour de cassation estimait qu'à la suite de la décision du Conseil constitutionnel de 2012, « *il conviendrait de supprimer tous les cas de saisine d'office du tribunal de commerce chaque fois qu'il n'y a pas de motif d'intérêt général et que ne sont pas instituées des garanties propres* ». On ajoutera que ces garanties existaient d'ores et déjà, au moins pour partie, dans la partie réglementaire mais non dans la partie légale. Il pouvait donc être soutenu que ces saisines d'office devaient être maintenues puisqu'elles poursuivent un but d'intérêt général mais à la condition toutefois de mettre en place des garanties légales assurant que le tribunal, se saisissant d'office, ne préjuge pas de sa position. Ainsi, le professeur Pierre-Michel Le Corre, estimant que le ministère public ne remplira peut-être pas « *le rôle de substitution qu'on attend de lui* », pour diverses raisons, ajoute qu'il n'est pas inutile « *de lege ferenda, de réfléchir aux garanties qui auraient pu être offertes au plaideur, si la saisine d'office, dont le rôle n'était pas discuté, est rétablie* »[475]. Et d'autres auteurs ont

---

[473] T. com. Valenciennes, 14 janv. 2013, RG n° 2012004987 et RG n° 2012004988.

[474] Rapport annuel Cour de cassation 2012, p. 56.

[475] P.-M. Le Corre, *Droit et pratique des procédures collectives*, Dalloz Action

proposé « *un renvoi automatique devant une juridiction limitrophe du ressort du président du tribunal qui a rédigé la note adressée au débiteur* »[476] et aboutissant à la saisine d'office du tribunal. Ce n'est toutefois pas la voie qui a été retenue et l'ordonnance du 12 mars 2014 a supprimé toutes les saisines d'office du tribunal aux fins d'ouvrir une procédure de redressement ou de liquidation judiciaire. Ce caractère systématique a fait dire à des auteurs que « *ce système mis en place par l'ordonnance du 12 mars 2014 manifeste une certaine défiance à l'égard de la juridiction consulaire qui n'a plus l'initiative, par la saisine d'office, de l'assainissement des entreprises défaillantes* »[477].

336. Règles visant à assurer l'impartialité du tribunal statuant après une mesure de prévention. De nombreux tribunaux avaient déjà mis en place une sorte de « *muraille de chine* » entre la prévention-détection et la procédure collective en interdisant au juge de la prévention de siéger dans la formation appelée à statuer sur l'ouverture de ladite procédure, mais il n'existait aucune interdiction légale. Toutefois, depuis lors, dans un premier temps, en 2014, le législateur a interdit au juge de la prévention de siéger dans la formation de jugement ou de participer aux délibérés, à peine de nullité du jugement, lorsque l'ouverture d'une procédure de redressement judiciaire ou de liquidation judiciaire est demandée par le ministère public suite à une information de sa part[478]. Mieux encore, en 2016, il a tout simplement interdit au président du tribunal qui a connu du débiteur en application des dispositions du titre 1er du Livre VI du code de commerce, de siéger dans les formations de jugement ou de participer au délibéré dudit débiteur[479]. Et la règle s'applique assurément au juge qu'il aurait éventuellement délégué à la prévention. Il en résulte que le juge de la prévention, qui est intervenu en prévention-détection, mais aussi dans le cadre d'un mandat *ad hoc* ou d'une conciliation, ne peut plus siéger dans les formations de jugement ni participer au délibéré de la procédure collective du même débiteur.

337. Réduction des risques d'atteinte à l'impartialité. Ces dispositions, assurément pertinentes, limitent sensiblement les risques d'atteinte à l'impartialité, mais le législateur n'a pas toutefois souhaité restaurer la saisine d'office et il a abrogé la plupart des saisines d'office en matière de procédures

---

2025/2026, n° 231.63,

[476] M. Menjucq, B. Saintourens et B. Soinne (dir.), *Traité des procédures collectives*, Lexisnexis, 3ème éd., 2021, n° 516.

[477] C. Saint-Alary-Houin, M.-H. Monsèrié-Bon et C. Houin-Bressand, *Droit des entreprises en difficulté,* LGDJ, 14ème éd., 2024, n° 1071.

[478] C. com., art. L. 631-3-1, pour le redressement judiciaire et L. 640-3-1 pour la liquidation judiciaire.

[479] C. com., art. L. 662-7, 1°.

collectives et en particulier, celles relatives à l'ouverture du redressement et de la liquidation judiciaire. Il en est résulté que le président du tribunal qui a recueilli notamment dans le cadre de la prévention-détection, des informations sur la situation d'une entreprise, ne peut plus déclencher une saisine d'office du tribunal, ce qui risque de retarder ces ouvertures. Aussi, le législateur a-t-il confié au ministère public le soin de pallier cette difficulté.

338. Fin de la saisine d'office et transfert de l'action au ministère public. Lorsque le tribunal pouvait se saisir d'office, il partageait en quelque sorte ses interventions avec le Ministère public. La suppression de la saisine d'office a donc eu pour conséquence de renforcer considérablement les prérogatives du ministère public mais aussi, de lui transférer une prérogative très importante qui conforte son rôle de gardien de l'ordre économique[480].

Section 2. La saisine du tribunal par le ministère public suite à la note du président

339. De nouvelle prérogatives pour le ministère public. L'abrogation de la saisine d'office aux fins de l'ouverture d'un redressement ou d'une liquidation judiciaire, a eu pour conséquence directe de modifier et d'amplifier considérablement l'action du ministère public aux fins de saisir le tribunal. Désormais, outre les informations dont il disposait et dispose toujours pour saisir le tribunal, il est de surcroît destinataire de la note du président du tribunal suite à la détection-prévention, (§1) lesquelles lui permettent de saisir la juridiction (§2).

§ 1. Les informations dont dispose le ministère public

340. Pour saisir la juridiction, le ministère public doit disposer d'éléments lui permettant de justifier son action, même si comme on le verra cette saisine est rarement satisfaisante. A ce titre, il est rendu destinataire d'une note établie par le président lorsque ce dernier a connaissance de l'état de cessation des paiements du débiteur dans le cadre de ses prérogatives dans le domaine de la prévention-détection (A). Pour autant, ces informations peuvent être complétées par le ministère public qui dispose d'autres sources (B).

---

[480] Ch. Delattre, *La saisine du tribunal de commerce par le ministère public,* Rev. proc. coll. 2016/6, n° 159.

A. La transmission de la note du président faisant suite à une mesure de prévention-détection

341. Les informations provenant directement du président du tribunal. Depuis l'ordonnance n° 2014-326 du 12 mars 2014, un nouvel article L. 631-3-1 du code de commerce[481] prévoit l'information du ministère public par le président du tribunal qui a connaissance d'éléments faisant apparaître que le débiteur serait en état de cessation des paiements. On rappellera ici que le président du tribunal peut avoir connaissance de tels éléments, dans le cadre des investigations qu'il peut mener, lors de la convocation du dirigeant à un entretien. Mais on l'oublie souvent, il peut aussi mener de telles investigations, en cas d'injonction de faire de dépôt des comptes non suivie d'effets[482]. Ces investigations peuvent se poursuivre après l'ouverture de la conciliation et se traduisent par des demandes de renseignements auprès des commissaires aux comptes, des membres du comité social et économique, des administrations publiques, des organismes de sécurité et de prévoyance sociales ainsi que des services chargés de la centralisation des risques bancaires et des incidents de paiement, des renseignements de nature à lui donner une exacte information sur la situation économique et financière du débiteur en application des dispositions de l'article L.611-6 al.5 du code de commerce. Il ne fait aucun doute que les éléments ainsi recueillis peuvent faire apparaître un état de cessation des paiements. En outre, le président du tribunal dispose, comme nous l'avons vu, des documents et procédures qui lui sont transmis par le greffe.

342. Une communication au ministère public strictement encadrée. La communication de ces informations par le président du tribunal au parquet repose sur un cadre légal strict. Il établit à son attention une note qui expose les faits de nature à motiver la saisine du tribunal, à charge ensuite pour le ministère public, de saisir, ou non, le tribunal aux fins d'ouverture d'une procédure de redressement ou de liquidation judiciaire[483].

343. Il ne s'agit pas d'une saisine d'office « déguisée ». Contrairement à ce qui a pu être soutenu par un plaideur, il ne s'agit pas d'une saisine d'office déguisée. Et d'ailleurs un tribunal de commerce ne s'y est pas trompé puisqu'il a jugé, en se fondant sur une note laquelle précisait : qu'en indiquant *« ... la motivation de votre saisine pourrait être... »,* le président n'a fait que répondre

---

[481] En application depuis l'ordonnance n° 2014-326 du 12 mars 2014, entrée en vigueur le 1er juillet 2014 ; *Code procédures collectives*, Dalloz 2025, obs. A. Lienhard sous C. com., art. L. 631-3-1.

[482] C. com., art. L. 611-2, II, al. 2.

[483] C. com. art. L. 631-3-1 pour le redressement judiciaire et L. 640-3-1 pour la liquidation judiciaire.

aux prescriptions de l'article L. 631-3-1 du code de commerce qui imposent que celui-ci expose *« les faits de nature à motiver la saisine du tribunal » ;* que ces termes ne peuvent être considérés, comme tente de le faire croire le plaideur, comme une *« saisine d'office déguisée » du tribunal interdite depuis une décision du conseil constitutionnel n° 2012-286 QPC du 7 décembre 2012 »*[484]. En outre, en telle hypothèse, le juge à l'origine de l'information communiquée au ministère public ne peut siéger dans la formation de jugement ni participer aux délibérés, à peine de nullité du jugement. Cette précision est bienvenue en ce qu'elle permet d'éviter tout risque de violation du principe d'impartialité[485]. Aussi bien, quelle que soit la teneur de la note, le ministère public conserve toute latitude pour saisir ou non le tribunal aux fins d'ouvrir un redressement ou une liquidation judiciaire.

344. De la note du président du tribunal à la saisine par le ministère public. Pour en revenir à la note du président à destination du Ministère public, elle ne débouche pas nécessairement sur une saisine de la juridiction compétente[486]. Pour cela, il faut tout d'abord qu'elle soit précise et étayée avec des pièces probantes permettant de craindre réellement des difficultés sérieuses et surtout de caractériser un état de cessation des paiements, voire s'il s'agit de demander l'ouverture d'une liquidation judiciaire, un redressement manifestement impossible. Si tel est le cas, le ministère public peut s'en tenir là et décider de saisir le tribunal aux fins d'ouverture d'un redressement ou d'une liquidation judiciaire en se fondant sur ces seuls éléments.

345. La possibilité pour le ministère public de recueillir d'autres éléments confortant la note du président du tribunal. Si le ministère public estime ne pas disposer d'éléments suffisants, il peut tenter d'en recueillir d'autres et procéder à diverses vérifications. Néanmoins, dans certaines hypothèses, sa marge de manœuvre est restreinte en termes de temps, parce

---

[484] T. com. Valenciennes, 30 mai 2016, RG n° 2016000813, Rev. proc. coll. 2016/6, n° 161, note Ch. Delattre.

[485] Ce qui permet également de respecter les règles du procès équitable : C. Saint-Alary-Houin, M.-H. Monsèrié-Bon et C. Houin-Bressand, *Droit des entreprises en difficulté,* LGDJ, 14ème éd., 2024, n° 1071 ; C. com. art. L. 631-3-1 : *« Lorsqu'il est porté à la connaissance du président du tribunal des éléments faisant apparaître que le débiteur est en état de cessation des paiements, le président en informe le ministère public par une note exposant les faits de nature à motiver la saisine du tribunal. Le président ne peut siéger, à peine de nullité du jugement, dans la formation de jugement ni participer aux délibérés si le ministère public demande l'ouverture d'une procédure de redressement judiciaire ou de liquidation judiciaire à l'égard de ce débiteur ».* Idem en cas de liquidation judiciaire sous C. com. art. L.640-3-1.

[486] Ch. Delattre, *La prévention des difficultés des entreprises : aspects pratiques*, Rev. proc. coll. 2016/2, focus 6.

que la saisine en vue de l'ouverture de la procédure collective ne doit pas tarder, tout particulièrement s'il s'agit de faire prendre en charge des salaires impayés par l'AGS[487] mais aussi de redresser l'entreprise ce d'autant qu'il ne dispose pas de service d'enquête pour l'assister. De surcroît, il doit prendre garde à ce que ses investigations restent discrètes vis-à-vis notamment des partenaires de l'entreprise, à peine d'ajouter aux difficultés réelles ou supposées de cette dernière. Le fait d'être saisi par le président qui a traité la prévention-détection montre qu'il faut agir rapidement faute de prise de conscience du dirigeant. Les éléments obtenus, vérifiés et/ou consolidés, débuchent sur la saisine du tribunal par le ministère public.

346. Augmentation des requêtes du ministère public aux fins d'ouverture d'un redressement ou d'une liquidation judiciaire. Le nombre de requêtes du ministère public aux fins d'ouverture d'un redressement ou d'une liquidation judiciaire a considérablement augmenté. A titre d'exemple, on donnera les chiffres en cette matière concernant l'action du parquet de Valenciennes suite à la note présidentielle au visa de l'article L. 631-3-1 du code de commerce (plus de 95 % des dossiers) en matière de saisine au titre de l'année 2022 et de l'année 2023 qui attestent d'un nombre significatif des requêtes du ministère public en ouverture d'un redressement ou d'une liquidation judiciaire.

	150 requêtes du parquet (2022)[488]	**188 requêtes du parquet (2023)[489]**
Ayant donné lieu à ouverture d'un redressement judiciaire	36	45
Ayant donné lieu à ouverture d'une liquidation judiciaire *ab initio*	60	84
Ayant constaté l'absence d'état de cessation des paiements	14	35
Ayant donné lieu à	36	NC

487 Régime de garantie des salaires.

488 Sur l'année 2022 (du 1er janv. Au 31 déc.), 326 procédures collectives ont été ouvertes.

489 Sur l'année 2023(du 1er janv. Au 31 déc.), 485 procédures collectives ont été ouvertes.

ouverture d'une enquête préalable (affaires appelées en audience janvier 2023 et 2024)		
Saisines en cours	3	24

347. Ces chiffres mettent en évidence que dans plus de 80 % des requêtes présentées par le ministère public, elles étaient bien fondées, les entreprises défaillantes bien ciblées et ont permis, à tout le moins, de mettre un terme à un comportement de fuite en avant de dirigeants qui ne savent, ou ne veulent pas, prendre la bonne décision. Cela ne peut se faire qu'avec l'aide précieuse du greffier du tribunal de commerce.

B. La note du président complétée par les vérifications et informations du ministère public

348. La note du président comporte des éléments recueillis dans le cadre de la prévention-détection notamment obtenus par l'intermédiaire du greffe du tribunal de commerce, mais aussi bien sûr grâce à ses investigations, en cas de convocation du dirigeant notamment[490]. Toutefois, le ministère public peut estimer que cette note est insuffisante. Son action consiste à intervenir pour provoquer le redressement judiciaire ou la liquidation judiciaire d'entreprises qui n'ont pas payé leurs salariés, leurs créanciers ou alors ont cessé toute activité sans les payer et sont en état de cessation des paiements.

Enfin, il peut être également amené à saisir le tribunal à cette fin dans les conditions des articles L. 631-3 et L. 640-3 du code de commerce applicables respectivement en redressement judiciaire et en liquidation judiciaire dans un délai d'un an à compter du décès du débiteur. Dans l'hypothèse de la cessation d'activité du débiteur, le ministère public peut également saisir la juridiction étant précisé que dans ce cas, il n'est pas tenu par le délai d'un an en application des articles L.631-5 et L.640-5 du code de commerce applicables respectivement en redressement judiciaire et en liquidation judiciaire.

349. Recueil d'informations multiples. Nonobstant les informations transmises par le président du tribunal, le ministère public dispose de ses propres canaux d'informations qui peuvent le renseigner utilement sur la réalité de la situation du débiteur et venir en complément des informations contenues dans la note du président. L'objectif est pour lui, de mieux

---

[490] V. supra n° 84 et s.

appréhender la situation aux fins d'une éventuelle requête en ouverture d'un redressement ou d'une liquidation judiciaire.

Ces éléments sont multiples et variés :

- **le jugement prononçant la résolution de l'accord de conciliation** qui lui est communiqué[491] ;

- **une lettre d'un salarié**, agissant seul, adressée au parquet qui indique ne plus être payé et/ou que son employeur a disparu, est injoignable et que le siège est fermé[492]. Cette information peut être utilement complétée par celles obtenues directement auprès de l'inspection du travail. A cet égard, on doit relever que l'information transmise directement au parquet par ce salarié permet un traitement et une prise en charge des salaires impayés et non contestés beaucoup plus rapide que la saisine du conseil des prud'hommes au regard des délais de traitement d'une telle demande[493]. En effet, cette saisine de la juridiction par le ministère public, même en cas d'enquête préalable, permet la prise en charge par l'AGS des salaires impayés beaucoup plus rapidement qu'une décision prud'homale définitive, sous réserve bien sûr que le tribunal ouvre la procédure collective. Dans une majorité des situations, il n'existe aucune contestation sur le montant des sommes dues par l'employeur à son salarié. Il n'est donc pas utile d'obtenir un jugement des prud'hommes.

Pour détecter plus rapidement les salariés en difficulté en cas de non-paiement de leurs salaires, on relèvera la mise en place d'une intéressante convention signée en octobre 2014 entre le procureur de la République de Lille, le président du tribunal de commerce de Lille-Métropole et les présidents des quatre conseils de prud'hommes du ressort juridictionnel de Lille : Lille, Roubaix, Tourcoing et Lannoy. L'objet de ce protocole est de définir les modalités pratiques de circulation de l'information entre ces juridictions et la Section du Droit des Affaires et de l'Entreprise du parquet de Lille afin de prévenir, le plus en amont possible, les difficultés des entreprises et préserver les droits des salariés. Cette convention a permis d'établir une fiche-navette rédigée par les salariés qui saisissent le conseil des prud'hommes en raison de salaires impayés. Ce protocole est le fruit des réflexions d'un groupe de travail mis en place sous l'impulsion du parquet de Lille suite au constat du nombre

---

491 C. com., art. R. 611-46.

492 Ch. Delattre, *Le ministère public, garant du respect du cadre social*, Rev. proc. coll. 2012/1, dossier 9.

493 Constitution d'avocat pour l'adversaire, délais d'audiencement, échanges de conclusions, reports d'audience. Ensuite le salarié devra attendre l'obtention d'une décision définitive puis la mettre à exécution de sorte qu'en cas d'appel de l'employeur, cela retardera encore plus le traitement efficace.

croissant de salariés impayés se présentant devant les conseils de prud'hommes pour faire état de retard ou d'absence de paiements de leurs salaires par leur employeur. Un système similaire a été mis en place dans le ressort du tribunal de commerce d'Arras. Dans cette hypothèse, l'utilisation de cette information par le parquet aux fins de saisir la juridiction ne s'entend que si les salaires impayés résultent uniquement de la seule absence de trésorerie de l'employeur, plaçant le débat sur le terrain de la cessation des paiements, mais en aucun cas d'un litige employeur/employé comme l'abandon de chantier par le salarié, la réalisation de mauvaises prestations par ce dernier, soit toute cause qui relève de la juridiction prud'homale. Dans de telles hypothèses, le parquet n'a pas à intervenir dans ce type de litiges[494] ;

- **les membres du comité social et économique**[495] peuvent depuis l'ordonnance n° 2021-1193 du 15 septembre 2021, en application des articles L. 631-6 et L. 640-6 du code de commerce, rendre destinataire le ministère public de tout fait révélant la cessation des paiements du débiteur présumée ;

- **une coupure de presse** faisant mention d'une entreprise confrontée à des difficultés économiques[496] ;

- **une plainte d'un créancier** pour escroquerie ou abus de confiance qui fait état de factures impayées[497] ;

- **une décision de la chambre régionale de discipline des commissaires aux comptes** portant à la connaissance du parquet général l'existence d'impayés de la rémunération d'un commissaire aux comptes. Cette information sera ensuite transmise au procureur de la République territorialement compétent pour saisine éventuelle de la juridiction compétente dans le cadre de son activité[498] ;

- **un état des incidents de paiements obtenu auprès de la Banque de France**. L'article L. 131-85 du code monétaire financier dispose « *La Banque de France informe les établissements et les personnes sur lesquels peuvent être tirés des chèques, les sociétés de financement, les organismes mentionnés*

---

494 Cette bonne pratique signalée par le procureur général de la cour d'appel de Douai dans son rapport de politique pénale de l'année 2020 a été reprise par la Direction des Affaires Criminelles et des Grâces (D.A.C.G.) dans le rapport annuel du ministre public 2020.

495 Et auparavant, le comité d'entreprise, ou à défaut, les délégués du personnel.

496 T. com. Douai, 5 sept. 2018, RG n° 2018001950.

497 Ces informations peuvent être communiquées par le ministère public en application de l'article 11 du code de procédure pénale (cf. supra).

498 CA Douai, ch. rég. de discipline des commissaires aux comptes, 14 mars 2011, n° 5/2009, Rev. proc. coll. 2011/6, n° 161, note Ch. Delattre.

au 5 de l'article L. 511-6, les établissements de monnaie électronique, les établissements de paiement ainsi que, sur sa demande, le procureur de la République, des incidents de paiement de chèque, des interdictions prononcées en application de l'article L.163-6 et des levées d'interdiction d'émettre des chèques ». On ne peut que regretter que cette communication ne soit pas spontanée et systématique à l'égard du ministère public et qu'il doive faire une démarche en ce sens[499]. Par ailleurs, le code monétaire financier ne prévoit pas non plus une telle communication au président du tribunal, lequel a cependant la possibilité d'obtenir ces éléments sur le fondement de l'article L. 611-2, I du code de commerce lorsqu'il convoque le dirigeant dans le cadre de sa mission de prévention-détection[500] ; là encore, on peut regretter qu'il doive faire une démarche en ce sens. A ce titre, recevoir la liste des chèques impayés, avec les dates, au motif de défaut de provision place immédiatement le débat sur le terrain de la cessation des paiements. Ainsi, la banque de France peut permettre d'obtenir des informations très précieuses[501] . A ce stade, le ministère public doit être un acteur actif afin de récupérer ces informations précieuses. Il ne doit donc pas hésiter à prendre attache avec la banque de France[502].

- informations obtenues dans le cadre d'une instance pénale en cours. Lors de l'audition d'un mis en cause sur sa situation professionnelle, il peut arriver qu'il dévoile des informations sur la situation de son entreprise laissant craindre des difficultés économiques[503]. Ces informations doivent être communiquées au visa de l'article 11 du code de procédure pénale, si le ministère public souhaite en faire état.

---

499 Le rejet d'un chèque, faute de provision suffisante entraînant une interdiction d'émettre des chèques, place directement le débat sur le terrain de la cessation des paiements de l'émetteur. Cet élément constitue un sérieux indice sur la santé économique de l'entité juridique.

500 Nous avons soulevé ce point lors de notre audition devant la commission Richelme le 18 novembre 2020, cf. rapport de la mission économique de février 2021 ; si cette démarche pouvait être engagée à l'issue de l'entretien de prévention ou lorsque le dirigeant ne s'est pas présenté, depuis l'ordonnance n°2021-1193 du 15 septembre 2021 (art. 2) cette vérification peut être engagée dès l'envoi de la lettre de convocation à l'entretien de prévention. L'objectif recherché par le législateur étant d'obtenir plus tôt les informations que ne lui auraient d'ailleurs peut-être pas communiqué le débiteur.

501 T. com. Valenciennes, 29 avr. 2013, RG n° 2013/1530, Rev. proc. coll. 2013/6, n° 163, note Ch. Delattre.

502 T. com. Valenciennes, 7 juil. 2014, RG n° 2014/3354 ; RG n° 2014/3359 ; RG n° 2014/3360 et RG n° 2014/3361 ; Rev. proc. coll. 2014/6, n° 149, note Ch. Delattre.

503 TGI Lille, 1ère ch. civ. 3 mars 2017, RG n°17/00007 et 17/011488, JCP E 2017, 1244 note Ch. Delattre ; T. com. Toulouse, ord. prés. 30 août 2022, Rev. proc. coll. 2022/6, n° 100, note Ch. Delattre.

- **des informations communiquées par le greffier directement au ministère public sur demande de ce dernier**. Cette demande du représentant du parquet auprès du greffier peut prendre la forme d'une simple demande verbale ou par échange de courrier électronique suite à des « *échos* » obtenus sur la situation fragilisée d'une entreprise. Dans ce cas, le greffier ne fait que répondre à une sollicitation du parquet ce qui ne constitue pas une saisine au sens de l'article L. 631-3-1 du code de commerce[504] ;

- en cas de **non-respect par le débiteur de l'obligation au titre des bénéficiaires effectifs** prévue par les articles L. 561-46 et suivants du code monétaire financier[505].

350. Une saisine aux fins de « *déclencher les faillites en déshérence* », mais pas seulement. La faculté accordée au Ministère public de saisir le tribunal aux fins d'ouvrir une procédure de redressement ou de liquidation judiciaire date de 1981. Selon le professeur François-Xavier Lucas, « *Introduite par la loi n° 81-927 du 15 octobre 1981 relative au droit d'action du ministère public dans les procédures collectives d'apurement du passif des entreprises, cette modalité de déclenchement des procédures collectives témoigne de ce que celles-ci ne relèvent plus exclusivement d'intérêts privés mais au contraire mettent en cause l'intérêt général* ». Et l'auteur d'ajouter, « *le ministère public devenant l'organe voué à déclencher les faillites en déshérence, celles qui sans son intervention risquent de ne jamais s'ouvrir* »[506]. En d'autres termes, l'objectif est d'abord de permettre l'ouverture de procédures qui ne l'auraient sans doute jamais été, mais ce qui était vrai en 1981, l'est plus encore aujourd'hui avec l'abrogation de la saisine d'office. En effet, outre le Ministère public, seulement deux catégories de personnes peuvent désormais saisir le tribunal aux fins d'ouverture du redressement ou de la liquidation judiciaire : le débiteur lui-même en régularisant une déclaration de cessation des paiements et un créancier en délivrant une assignation en ouverture de procédure collective.

351. La saisine du ministère public : une forme de prévention. A ce stade d'intervention du ministère public, il est trop tard pour réellement parler de prévention-détection. Son action s'insère plus dans un contexte de surveillance plus stricte de l'entreprise ciblée par le président du tribunal. En réalité, cette action du parquet doit s'entendre comme une sorte de prévention au titre de la protection du tissu économique afin de permettre aux entreprises

---

504 CA Douai, ch. 2, sect. 1, 28 mai 2020, RG n° 19/02671.

505 Dispositif important dans la lutte contre le blanchiment et le financement du terrorisme ; Conférence Générale des Juges Consulaires de France, fiche C120, *Saisine du MP en ouverture de procédure collective*, V_04_23.

506 F.-X. Lucas, *Manuel de droit de la faillite*, PUF, 5ème éd., 2024 n° 147.

dans le cadre d'un redressement judiciaire, d'obtenir un plan d'apurement du passif où à défaut un plan de cession ou de les écarter du paysage économique dans le cadre, cette fois, d'une liquidation judiciaire en sauvant ce qu'il reste à sauver, un fonds de commerce, une unité de production et le maximum d'emplois, tout en préservant les créanciers autant que faire se peut. L'intervention du ministère public va dans beaucoup de situation provoquer l'ouverture d'une procédure collective afin de mettre un terme à une fuite en avant du dirigeant qui ne sait pas ou ne veut pas prendre les décisions qui s'imposent.

§ 2. La requête du ministère public aux fins d'ouverture d'un redressement ou d'une liquidation judiciaire

352. Vérifications des conditions d'ouverture. Après avoir reçu la note du président et le cas échéant les éléments démontrant un état de cessation des paiements, mais avant toute saisine de la juridiction aux fins d'ouverture collective, le ministère public doit préalablement s'assurer qu'une procédure de conciliation n'est pas en cours[507] (A). Pour autant la portée de sa saisine est souvent imparfaite (B). Enfin, faute de pouvoir caractériser un état de cessation des paiements, il est indispensable de passer par l'enquête préalable (C).

A. Les vérifications préalables par le ministère public.

353. Pas de requête du ministère public en cas de conciliation. Avant toute saisine, le ministère public doit s'assurer que l'entreprise, cible de son action, n'est pas en procédure de conciliation du livre VI conformément aux dispositions des articles L. 631-5 et L. 640-5 du Code de commerce. Cette vérification est aisée à réaliser en ce que le ministère public a dû être préalablement sollicité pour donner son avis sur la rémunération du conciliateur dont la désignation est envisagée et que l'ordonnance lui a été notifiée. Si une conciliation est en cours, l'effet dit bouclier de l'ouverture de cette procédure préventive s'applique pleinement. Une circulaire de 2006 relative à l'action du ministère public[508], rappelle l'absence de toute initiative procédurale du ministère public dans une telle hypothèse. Au demeurant, cette

---

[507] Conférence Générale des Juges Consulaires de France, fiche C120, *Saisine du MP en ouverture de procédure collective*, V_04_23.

[508] Circulaire 18 avril 2006, NOR JUS C0620263C, CIV/08/06 relative à l'action du ministère public dans les procédures du livre VI du code de commerce.

règle s'applique également aux créanciers.

354. Saisine du ministère public envisageable même en cas de mandat *ad hoc*. En revanche, la désignation d'un mandataire *ad hoc* ne paralyse nullement la requête du ministère public en ouverture d'un redressement ou d'une liquidation judiciaire puisque d'une part, il n'existe pas ici d'effet bouclier comme c'est le cas pour la conciliation, et parce que d'autre part, il n'est pas informé de l'existence d'une telle procédure. Même s'il venait à en être informé, cela ne lui interdirait pas une saisine du tribunal. L'absence de toute information sur cette procédure et la mission du mandataire *ad hoc* ne devraient pas le faire hésiter s'il apparaît que le débiteur est en cessation des paiements. Sans revenir sur ce que nous avons déjà soutenu, nous pensons qu'il y a là une raison supplémentaire de mettre au courant le ministère public de la mise en œuvre d'une telle mesure préventive. En effet, il est probable que si un mandataire *ad hoc* a été désigné, l'entreprise n'est pas, ou plus en cessation des paiements. Dès lors, sans interdire au ministère public de saisir le tribunal aux fins d'ouvrir un redressement ou une liquidation judiciaire, la connaissance de sa part du mandat *ad hoc* pourrait éviter une saisine intempestive.

B. La difficile caractérisation de l'état de cessation des paiements par le ministère public

355. Une saisine souvent imparfaite. Il faut reconnaître que la majorité des saisines du ministère public sont imparfaites. En effet, il est très rare qu'il puisse communiquer des chiffres contemporains à sa saisine permettant de déterminer avec précision les composantes de la cessation des paiements que sont le passif exigible et l'actif disponible. Enfin, il ne dispose pas des ressources pour procéder à des investigations chiffrées et toute démarche en ce sens risquerait d'alerter les partenaires économiques de l'entreprise.

356. Quelle peut être la position du tribunal face à une telle saisine ? Si la demande peut être imparfaite, elle n'est nullement infondée au regard des divers éléments obtenus directement du président via la note de ce dernier mais également des démarches préalables du ministère public. En telle hypothèse, le tribunal peut être amené à prendre deux types de décision : soit il estime que la demande du parquet est imparfaite (ce qui s'avère exact) et dans ce cas précis, il peut la rejeter au motif que la preuve de l'état de cessation des paiements n'est pas établie ; soit, en raison d'un doute sur l'état de cessation des paiements et bénéficiant d'indices méritant d'approfondir la situation, il décide d'ouvrir une enquête préalable qui n'est qu'une mesure purement administrative.

357. Si la juridiction retient la première hypothèse, et décide donc de rejeter la demande, le risque réel est que les parquets se désinvestissent des saisines des juridictions. L'abrogation de la saisine d'office qui a eu pour conséquence de transférer la saisine de la juridiction au parquet n'aura pas les effets escomptés et le nombre de saisines par le parquet risquerait alors de chuter de façon très importante. La requête du ministère public est nécessairement fondée sur des indices qui, s'ils ne permettent pas de démontrer avec certitude la cessation des paiements, permettent, à tout le moins, de relever l'existence de difficultés économiques proches de la cessation des paiements justifiant des vérifications et une saisine face à des dirigeants qui ne savent pas, ou ne veulent pas, prendre la bonne option. La démarche du parquet doit-être perçue comme une première étape incontournable à l'ouverture éventuelle d'une procédure collective. Pour cela, le recours à l'enquête préalable nous semble constituer un passage obligé.

C. L'enquête préalable

358. Le cadre de l'enquête préalable. Le recours à une enquête préalable avant de statuer sur l'ouverture de la procédure collective ou le rejet de la demande figure à l'article L. 621-1 du code de commerce[509]: « *Le tribunal peut, avant de statuer commettre un juge pour recueillir tous renseignements sur la situation financière, économique et sociale de l'entreprise. Ce juge peut faire application des dispositions prévues à l'article L.623-2. Il peut se faire assister de tout expert de son choix* ». L'enquête préalable ne peut être ouverte que par le tribunal selon un jugement avant dire droit et non plus par le président du tribunal de commerce ou judiciaire sous peine de commettre un excès de pouvoir comme l'a jugé une cour d'appel : « *Attendu qu'une telle prérogative appartient cependant au tribunal et non à son président de sorte que le ministère public est bien fondé à voir sanctionner par le biais d'un appel-nullité l'excès de pouvoir commis par le président du Tribunal de commerce de Reims lequel ne pouvait pas commettre par voie d'ordonnance un juge pour recueillir tous renseignements sur la situation financière, économique et sociale de l'entreprise* »[510]. Dans une autre procédure ayant eu recours à l'ouverture d'une enquête préalable prescrite à tort par le président, le professeur Jean-Pierre Sortais relevait le rôle essentiel du ministère public à l'origine de la rectification de l'erreur procédurale du président de la juridiction[511].

---

509 Applicable en sauvegarde et sur renvoi aux articles L. 631-7 en redressement judiciaire et L. 641-1, I en liquidation judiciaire.

510 CA Reims, ch. civ. 1ère sect., 14 mars 2011, RG n° 10/02930, Rev. proc. coll. 2011/6, n° 157, note Ch. Delattre ; BJE 2011-3, n° 96, note J.-P. Sortais.

511 T. com. Valenciennes 14 juin 2010, RG n° 2010-781, BJE mai 2011, n° BJE 2011-0057, p.104, note J.-P. Sortais.

359. L'enquête préalable, un cadre strict. L'enquête préalable repose sur le respect d'un cadre légal strict sous peine d'un abondant contentieux qui ne fait qu'aggraver le risque de retarder le sauvetage de l'entreprise, notamment concernant le contenu du rapport du juge enquêteur[512], le respect du principe du contradictoire du rapport[513], la forme du rapport[514], l'impartialité de juge enquêteur[515], la désignation de l'expert qui assiste le juge enquêteur[516], les droits de la défense et l'indépendance de l'expert qui assiste le juge enquêteur[517]. Le recours à l'enquête préalable est ouvert quel que soit l'auteur de la saisine de la juridiction créancier poursuivant et débiteur régularisant une déclaration de cessation des paiements. Même lorsqu'il s'agit du débiteur, si on peut espérer qu'il apporte tous les éléments nécessaires pour éclairer le tribunal, la pratique démontre que ce n'est pas toujours le cas et qu'une enquête préalable peut s'avérer utile, surtout quand on s'aperçoit au retour de l'enquête que la cessation des paiements n'est pas caractérisée et que le débiteur souhaitait obtenir l'ouverture d'une procédure collective pour ne pas à avoir à supporter les frais d'une liquidation amiable plus couteuse pour lui.

360. L'enquête préalable protectrice des droits du débiteur. L'enquête préalable est d'une grande utilité[518] mais elle est également protectrice des droits du débiteur, en ce qu'elle lui donne la possibilité d'apporter des éléments permettant de contester l'état de cessation des paiements notamment en fournissant des documents sur l'existence d'un découvert autorisé, d'une ligne d'escompte Dailly, ou encore des accords de paiement permettant de faire

---

512 CA Douai, ch. 2, sect. 2, 14 déc. 2017, RG n° 17/0245, JCP E, 2018, 1217, note Ch. Delattre ; T. com. Lille métropole, 18 avr. 2017, RG n° 2016009356 et 2016018560 ; 15 mai 2017, RG n° 2016014813 et 26 juin 2017, RG n° 2017004063, JCP E, 2017/6, n° 128, note Ch. Delattre ; T. com. Lille métropole, 18 avr. 2017, RG n° 2016009356 et RG n° 2016018560 ; T. com. Lille métropole, 15 mai 2017, RG n° 2016014813 et 26 juin 2017, RG n° 2017004063, Rev. proc. coll. 2017/6, n° 128, note Ch. Delattre.

513 CA Orléans, ord. Prés. 4 nov. 2010, RG n° 10/01974, Rev. proc. coll. 2011/6, n° 160, obs. Ch. Delattre ; T. com. Valenciennes, 14 mai 2012, RG n°2011001995, Rev. proc. coll. 2012/6, n° 172, obs. Ch. Delattre ; T. com. Valenciennes, 30 mai 2016, RG n° 2016000813, Rev. proc. coll. 2016/6, n° 163, obs. Ch. Delattre.

514 CA Pau, 2ème ch. Sect. 1, 25 avr. 2013, RG n° 13/1806, Rev. proc. coll. 2013/6, n° 164, obs. Ch. Delattre.

515 T. com. Valenciennes, 30 sept. 2013, RG n° 2013/004159, Rev. proc. coll. 2013/6, n° 162, note Ch. Delattre.

516 CA Paris, pôle 5, ch. 8, 12 juin 2018, RG n° 18/03952, JCP E, 2018,1467, note Ch. Delattre.

517 CA Versailles, 13ème ch., 1er oct. 2019, RG n° 19/02311, JCP E, 2020,1338, note Ch. Delattre.

518 TGI Valenciennes, 23 sept.2009, RG n° 08/003316, Act. proc. coll. 2009, note J. Vallansan ; T. com. Valenciennes 11 oct. 2010, RG n° 2010/1087, Rev. proc. coll. 2010/6, n° 204, note Ch. Delattre.

perdre le caractère d'éligibilité de(s) créance(s) ciblée(s) et incorporée(s) initialement dans la rubrique du passible exigible. Elle permet également d'instaurer un indispensable débat contradictoire entre le débiteur, son conseil, le juge enquêteur, l'expert et le ministère public tout en donnant la parole aux salariés. Cette procédure permet d'assurer un débat loyal et contradictoire en vue d'une décision du tribunal motivée et adaptée à la situation réelle du débiteur. Enfin, un autre intérêt, et non des moindres, est indéniable : celui de démontrer, puisque la cessation des paiements est une notion évolutive, qu'à la date de l'ouverture de la procédure collective, elle était bien caractérisée. Pour autant, cet état peut avoir disparu en appel suite aux accords intervenus entre l'entreprise et certains créanciers justifiant l'infirmation du jugement querellé. Le recours à l'enquête préalable permet donc de consolider la décision du tribunal[519]. Au surplus, cela démontre que le tribunal de commerce a ouvert la procédure au moment où il l'a fait, à bon escient.

361. L'enquête préalable détournée dans le but d'obtenir des moratoires. Cependant, l'enquête n'est pas sans risque et une attention particulière doit être portée sur les moratoires qui constituent souvent un moyen utilisé pour reporter l'exigibilité d'une dette et passer le cap de l'audience[520]. Selon la cour de cassation, une créance faisant l'objet d'un moratoire qui reporte la dette échue, n'est plus exigible[521]. Le dirigeant qui prétend bénéficier d'un moratoire doit en justifier[522] et le moratoire, conclu au cours de la période d'enquête préalable, n'est cependant pas suffisant pour échapper à l'ouverture d'une procédure s'il apparaît que le bénéficiaire ne dispose pas de la trésorerie pour assurer le respect de l'accord[523]. En conséquence, il a été jugé que ne commet aucune faute de gestion le dirigeant qui ne déclare pas l'état de cessation des paiements de son entreprise en raison d'un moratoire octroyé par la Commission des Chefs des Services Financiers[524]. L'enquête préalable peut être le moyen de vérifier dans quelles conditions le moratoire a été accordé et la capacité du débiteur à le respecter. Au terme de l'enquête il peut arriver que le ministère public soit amené à

---

[519] CA Douai, ch. 2, sect. 2, 10 juill. 2014, RG n° 14/04149 : *« Attendu qu'il est certain que la société VAFC Valenciennes Sport Développement était en cessation des paiements lors du prononcé du jugement de redressement judiciaire le 25 juin 2014...Que cependant en cas d'appel, la cour doit apprécier la situation de l'entreprise et donc la cessation des paiements, au jour où elle statue »*.

[520] T. com. Valenciennes, 22 févr. 2010, RG n° 2009/1876, Rev. proc. coll. 2010/6, n° 206, note Ch. Delattre.

[521] Cass. com. 16 déc. 2014, n° 13-25.029, Rev. sociétés 2015. 391, note D. Poracchia (2e esp.).

[522] CA Douai, ch. 2, sect. 2, 15 déc. 2022, RG n° 22/02417.

[523] CA Douai, ch. 2, sect. 2, 24 sept. 2020, RG n° 19/06811, Rev. proc. coll. 2021/6, n° 145, note Ch. Delattre.

[524] Cass. com. 14 janv. 2014, n° 12-26.844.

requérir « *dit n'y avoir lieu à ouverture d'une procédure collective* ». Cette procédure avant dire droit est donc protectrice du débiteur et de ses droits.

362. L'enquête préalable et les critiques infondées. La crainte d'une enquête préalable et les conséquences qu'elle pourrait engendrer sur l'entreprise sont infondées. En effet, celui qui n'est pas en état de cessation des paiements n'a rien à craindre de cette procédure. Bien souvent, elle permet d'éviter toute ouverture de procédure irrégulière. Il n'en reste pas moins qu'il est de l'intérêt du débiteur d'apporter tous les éléments nécessaires permettant au tribunal de statuer sans avoir recours à une telle enquête. En effet, soit il n'est pas en état de cessation des paiements et il parvient à le démontrer avec certitude, d'où soit-dit en passant, comme nous l'avons déjà souligné, l'importance d'une comptabilité régulièrement tenue et à jour ; soit il est en cessation des paiements, et il est de son intérêt que l'ouverture de la procédure collective intervienne rapidement.

363. L'enquête préalable ; outil pour éviter les procédures irrégulières. Si l'utilité d'une enquête préalable n'est plus à démontrer[525], notamment lorsque la procédure résulte d'une assignation abusive d'un créancier (hypothèse des assignations pressions)[526], certaines juridictions n'y ont pas recours. A titre d'exemples, deux procédures récentes ont été soumises au premier président et à la chambre commerciale d'une cour d'appel, lesquelles ont mis en évidence les conséquences désastreuses d'une procédure collective ouverte sans recours à l'enquête préalable[527]. Pour autant, on relève une procédure d'enquête qui a permis de mettre à jour la remise de faux relevés de comptes de l'entreprise sous le coup d'une enquête préalable pour travestir la réalité de la cessation des paiements[528].

364. L'enquête préalable ; outil pour ouvrir la procédure collective

---

[525] TGI Valenciennes, 1ère ch. civ. 23 sept. 2009, RG n° 08/03316, Rev. proc. coll. 2009/6, n° 143, note Ch. Delattre ; Act. proc. coll. 2009/16, note J. Vallansan ; T. com. Valenciennes, 11 oct. 2009, RG n° 2010/1087, Rev. proc. coll. 2010/6, n° 209, note Ch. Delattre ; TGI Valenciennes, 12 mai 2010, RG n° 10/00962 et 18 oct. 2010, RG n° 10/00962, Rev. proc. coll. 2012/6, n° 171, note Ch. Delattre.

[526] TGI Avesnes sur Helpe, 19 oct. 2006, RG n° 06/00460, 7 déc. 2006, RG n° 06/000541 et 3 avr. 2008, RG n° 07/00387, Rev. proc. coll. 2008/3, n° 97, note Ch. Delattre ; T. com. Valenciennes, 21 sept. 2009, RG n° 09/969 ; TGI Valenciennes, 1ère ch. 23 sept. 2009, RG n° 09/00180, et RG n° 08/03316, Rev. proc. coll. 2009/6, n° 142, note Ch. Delattre.

[527] CA Douai, ord. 1er président, 6 avril 2021, RG n° 21/ 00061, JCP E 2021, 1309, note Ch. Delattre.

[528] T. com. Valenciennes, ch. 2, 13 mai 2024, RG n° 2024002709 ; T. com. Valenciennes, ch. 2, 17 juin 2024, RG n° 2024002709 et T. com. Valenciennes, ch. 2, 16 déc. 2024, RG n° 2024002709, Rev. proc. coll. 2025/2, n° 37, note Ch. Delattre.

adaptée à la situation du débiteur. On en veut pour preuve, une espèce dans laquelle le président du tribunal, avait adressé une note, en application de l'article L. 631-3-1 du code de commerce, au parquet en relevant les faits laissant craindre un état de cessation des paiements. Les trois éléments étaient : l'absence de présentation du dirigeant à une convocation pour un entretien de prévention, le non dépôt des comptes sociaux[529] ; le non-respect des obligations au titre des bénéficiaires effectifs. Sur ce point, le recours au dispositif prévu aux articles L. 561-46 et suivants du code monétaire financier est important pour lutter efficacement contre le blanchiment d'argent et le financement du terrorisme[530]. La jurisprudence ayant considéré que l'absence de présentation à un entretien de prévention[531] et le non dépôt des comptes[532] constituent des indices justifiant une saisine de la juridiction, le parquet déposait une requête aux fins d'ouverture d'une procédure collective. Toutefois, la requête était imparfaite puisqu'elle ne reprenait aucun chiffre, ne caractérisait pas l'état de cessation des paiements ni que le caractère manifestement impossible du redressement. Le tribunal, hors la présence du dirigeant et donc sans élément, ouvrait cependant une liquidation judiciaire *ab initio*.

365. L'enquête préalable pour confirmer les indices évoqués par le ministère public. La saisine du ministère public, bien que justifiée, ne pouvait cependant tendre qu'à l'ouverture d'une enquête préalable. En appel, le dirigeant, aidé en cela par les réquisitions du parquet général, obtenait l'arrêt d'exécution provisoire du jugement d'ouverture en application de l'article R. 661-1 du code de commerce[533]. Au fond, le ministère public de la cour d'appel requérait l'infirmation de la décision d'ouverture tout en précisant que le passif déclaré entre les mains du liquidateur s'élevait à la somme de 42 euros alors qu'un actif disponible permettait largement d'y faire face. La cour infirmait le

---

[529] T. com. Valenciennes, ch. 2, 4 juin 2012, RG n° 2012002201, Rev. proc. coll. 2012/6, n° 173, note Ch. Delattre.

[530] Cf. le rapport TRACFIN 2023/2024 sur l'état de la menace résultant du blanchiment. L'entreprise en difficulté est un terrain propice pour favoriser le blanchiment. A ce titre les administrateurs et mandataires judiciaires procèdent à de nombreuses déclarations de soupçon, cf. rapport TRACFIN 2023, Fiche 12.

[531] T. com. Valenciennes, 7 oct. 2013, RG n° 2013004542 et CA Grenoble, ch. Com. 20 juin 2013, RG n° 10/03483, Rev. proc. coll. 2013/6, n° 155, note Ch. Delattre ; T. com. Lille métropole, 6 juin 2017, RG n° 2017008156 et RG n° 2017008170, 3 juill. 2017, RG n° 2017010340, RG n° 2017010341, Rev. proc. coll. 2017/6, n° 127, note Ch. Delattre ; T. com. Lille métropole, 27 janv. 2020, RG n° 2019045059.

[532] T. com. Valenciennes, 4 juin 2012, RG n° 2012002201, Rev. proc. coll. 2012/6, n° 173, note Ch. Delattre.

[533] CA Douai, ord. premier président, 6 avril 2021, RG n° 21/ 00061, JCP E, 2021, 1309, note Ch. Delattre.

jugement de première instance[534]. Ainsi, une liquidation judiciaire *ab initio* avait été ouverte pour 42 euros, somme que l'entreprise pouvait régler sans entendre le dirigeant alors qu'un problème de convocation existait.

366. Autre exemple d'ouverture irrégulière qui aurait pu être évitée grâce à une enquête préalable. L'enquête préalable n'est évidemment pas utile uniquement lorsque la saisine aux fins d'ouverture du redressement judiciaire, émane du ministère public. Ainsi dans une autre affaire, suite à une assignation en redressement judiciaire émanant de l'URSSAF, une commerçante, également absente à l'audience, se voyait placée directement en liquidation judiciaire *ab initio*. La commerçante interjetait appel et saisissait également en référé le premier président de la cour d'appel lequel, fort heureusement, arrêtait l'exécution provisoire du jugement d'ouverture conformément aux réquisitions du ministère public de cour d'appel[535]. Là également, le jugement de liquidation judiciaire n'était pas justifié faute, d'une part, de connaître l'actif disponible et, d'autre part, de démontrer que le redressement était manifestement impossible. Au fond, les éléments transmis par la débitrice permettaient d'infirmer le jugement et à la cour d'ouvrir un redressement judiciaire[536].

367. Conséquences de l'absence d'enquête préalable. Il apparaît dans ces exemples que le tribunal ne pouvait ouvrir une liquidation judiciaire *ab initio* sans éléments et sans démontrer la réunion des critères légaux. De plus, en dehors de la présence du dirigeant, il ne pouvait qu'ouvrir une enquête préalable afin de vérifier l'état de cessation des paiements. Une enquête préalable aurait permis ces vérifications. L'ouverture d'une procédure collective, quelle qu'elle soit, n'est pas une simple formalité. Le recueil d'éléments est indispensable et ce d'autant que la cour de cassation exerce un contrôle strict sur la réunion des conditions légales d'ouverture des procédures collectives[537] en rappelant que toute décision se motive[538]. Ces situations peuvent amener le procureur général d'une cour d'appel à demander aux procureurs de la République de son ressort d'avoir recours à l'enquête préalable dans certains hypothèses[539].

---

[534] CA Douai, ch. 2, sect. 1, 4 nov. 2021, RG n° 21/00793, Rev. proc. coll. 2021/6, n° 143, note Ch. Delattre.

[535] CA Douai, ord. 1er prés., 30 août 2022, RG n° 22/00088, JCP E, 2022,1304, note Ch. Delattre.

[536] CA Douai, ch.2, sect. 2, 19 janv. 2023, RG n° 22/03309.

[537] Cass. com. 10 févr. 2015, n° 13-24.056, Cass. com. 17 nov. 2021, n° 20-17.547, Act. proc. coll. 2022, alerte 2.

[538] Cass. com. 26 mai 2010, n° 09-11.941 et Cass. com. 17 nov. 2021, n° 20-17.547.

[539] Face à un tel constat, le procureur général près la cour d'appel de Douai, a adressé au titre des bonnes pratiques mises en place un courrier le 17 décembre 2021 à l'ensemble des dix procureurs de la République du ressort de la cour rappelant ces

368. Exemple d'une procédure dramatique sauvée in extremis par le ministère public de cour d'appel, acteur économique. Un dernier exemple mérite l'attention. Alors qu'une entreprise bénéficiant d'un plan de continuation, n'avait pas réglé son dernier dividende ainsi que certaines échéances de contrats en cours, malgré plusieurs relances du commissaire à l'exécution du plan, ce dernier citait l'intéressée devant le tribunal aux fins de résolution du plan et de liquidation judiciaire. L'entreprise employait neuf salariés. La liquidation judiciaire fut prononcée le 21 août 2024. La particularité repose sur le fait que l'entreprise n'avait pas reçu la convocation de sorte qu'elle n'était pas présente, ni représentée lors de l'audience. Nonobstant ce constat, la résolution du plan était constatée et la liquidation judiciaire prononcée par le tribunal de commerce. L'entreprise interjetait appel et saisissait le premier président aux fins d'arrêt d'exécution provisoire. Le magistrat du parquet général sollicitait du greffe la copie de l'accusé réception de la lettre recommandée de convocation et constatait qu'il reprenait la mention « *erreur d'adressage* » alors que l'entreprise n'avait pas changé d'adresse et que le professionnel de l'insolvabilité lui écrivait à cette adresse. Grace à cette pièce, contradictoirement communiquée, il était démontré que la procédure était irrégulière. Le parquet général sollicitait, tout comme le dirigeant, l'arrêt de l'exécution provisoire lors de l'audience du 2 septembre 2024. Le premier président faisait droit à leur demande par une ordonnance du 3 septembre 2024. Cette décision intervenait juste avant que le liquidateur n'adresse les lettres de licenciement des neuf salariés dont il avait fait l'entretien préalable. Ainsi neuf contrats de travail étaient préservés d'une liquidation judiciaire irrégulière intervenue dans le contexte précité alors qu'une enquête préalable aurait permis de constater que l'entreprise, certes très négligente, disposait néanmoins, à une date contemporaine de la demande du commissaire à l'exécution du plan ce jour, d'une trésorerie largement suffisante pour régler les causes de l'assignation[540]. Le tribunal, sans vérifier la validité de sa saisine, a prononcé la liquidation judiciaire d'une entreprise in bonis sans caractériser l'état de cessation des paiements. Cette procédure met en évidence l'aspect économique de l'action du ministère public de cour d'appel qui, par son intervention, a mis un terme à une telle situation. Ainsi, l'ouverture d'une procédure collective n'est pas une simple formalité. Au fond, la cour d'appel va annuler le jugement querellé : « *En l'espèce, l'accusé de réception de la convocation adressée par le greffe du tribunal de commerce*

---

jurisprudences et la nécessité pour le parquet de requérir l'ouverture d'une enquête préalable notamment quand le débiteur est absent ; qu'il conteste la cessation des paiements sans verser des pièces justificatives probantes et que le tribunal ne dispose pas d'éléments chiffrés et suffisants ; voir également CA Douai, ord. réf. 1er prés, 5 juil. 2024, RG n°24/00105 et CA Douai, ch. 2, sec. 1, 27 fév. 2025, RG n° 24/03017.

[540] CA Douai, ord. 1er prés., 3 sept. 2024, RG n° 24/00148, Act. proc. coll. 2024/17, n° 197, note B. Ghandour ; Ch. Delattre, BJE Nov./Déc. 2024, n°201r7.

de X. le 1er août 2024 pour l'audience du 21 août 2024 porte la mention 'défaut d'accès ou d'adressage', de sorte que la société Papillon n'a pas été valablement convoquée et n'a pas pu être en mesure de débattre contradictoirement de l'affaire. Dès lors, la saisine des premiers juges étant irrégulière, il convient d'annuler en toutes ses dispositions le jugement rendu par le tribunal de commerce de X. le 21 août 2024 » [541]. Cette procédure conforte l'idée que le ministère public de cour d'appel est bien un acteur économique qui intervient au sauvetage des entreprises.

369. La spécificité de l'intervention du ministère public : le basculement de partie jointe en partie principale. Lors d'une assignation en redressement judiciaire ou de liquation judiciaire, il apparait régulièrement que le créancier poursuivant tente d'instrumentaliser le tribunal dès lors qu'il n'a aucunement l'intention d'aller jusqu'au terme de son action car il prend le risque de voir sa créance devenir irrécouvrable ou d'avoir à subir les délais des plans d'apurement du passif en cas d'ouverture d'une procédure collective. Son objectif étant d'être payé de sa créance avant tout le monde[542]. Ce type de situation reçoit un écho favorable devant certaines rares juridictions consulaires et ce d'autant que parfois le président d'audience incite lui-même le débiteur à négocier des accords de paiements avec le créancier poursuivant. Le débiteur voulant éviter la procédure collective accepte alors même que le tribunal ne dispose d'aucun élément sur sa capacité à respecter cet accord de paiement.

A ce stade, le tribunal saisi n'est pas là pour valider ou susciter la conclusion de moratoires permettant de faire perdre le caractère d'exigibilité de la créance du créancier poursuivant. A défaut, le tribunal ne répond pas à sa saisine alors que le créancier est censé justifier qu'il bénéficie d'une créance certaine, liquide et exigible et remet tout élément de preuve de nature à caractériser l'état de cessation des paiements du débiteur en application de l'article R.631-2 du code de commerce.

370. Pour contrecarrer ces situations, certains parquetiers ont trouvé une parade fondée sur l'intérêt de l'ordre public général. A ce titre, il faut rappeler que lorsque le parquet est demandeur, il intervient en qualité de partie principale. Quand c'est un créancier qui assigne, bien souvent un créancier institutionnel comme l'URSSAF, le parquet intervient en qualité de partie jointe[543]. Parfois, un « défilé » de débiteurs se suit à la barre du tribunal devant

---

[541] CA Douai, ch. 2, sect. 1, 13 févr. 2025, RG n° 24/04200, BJE à venir.

[542] On peut imaginer également un paiement partiel avec un moratoire pour le solde de la créance.

[543] Christophe Delattre, *Le cadre d'intervention du ministère public en droit des entreprises en difficulté*, Editions Joly, 2018 ; Ch. 1, Le droit et le devoir

le représentant du créancier poursuivant qui se voit remettre à l'audience un chèque du débiteur couvrant la totalité de la dette ou un paiement partiel avec un accord de paiement pour ensuite solliciter un désistement de son assignation. Dans cette hypothèse, le parquet, avant tout désistement dudit créancier et toute décision, peut requérir du tribunal qu'il ouvre une enquête préalable afin de faire le point sur la réalité de la situation économique[544]. Il y avait donc un basculement de l'intervention du ministère public lequel, de partie jointe, devient partie principale. Le ministère public est ainsi un opposant naturel au désistement d'instance dans l'intérêt général.

371. S'est posée la question de la validité du désistement d'instance en lien avec l'action du ministère public. Selon le professeur Pierre Cagnoli : « *le désistement d'un créancier qui a formé une demande de redressement judiciaire est sans incidence sur l'existence de l'instance ouverte, même si le désistement est accepté par le débiteur*[545] ». Olivier Staes estime que « *Pour l'instance introduite par assignation d'un créancier en ouverture de redressement de la procédure, la renonciation ultérieure de ce créancier comporte-t-elle inévitablement extinction de l'instance ? Si le créancier peut toujours, sans attendre le jugement, se désister, la jurisprudence permet au tribunal d'ouvrir d'office la procédure si l'entreprise est en état de cessation des paiements* ».

372. Cette solution a pour conséquence que l'instance concernant le sort de l'entreprise poursuit en réalité une finalité imposée par le législateur dont les parties ne sauraient disposer. Dès lors qu'elles ne sont pas les destinataires du procès, celles-ci ne peuvent imposer l'extinction du lien d'instance. Le tribunal, dans l'hypothèse d'une renonciation de la part du créancier

---

d'intervention, n°22 (p.29) ; Sect. 1, L'intervention en qualité de partie principale, n° 23 (p.30) ; Sect. 2, L'intervention en qualité de partie jointe, n° 24, (p. 31) ; Sect. 3, Le passage de partie jointe en partie principale, n° 25 à 25 (p. 31 à 41).

[544] T. Com. Valenciennes, 2ème ch. 25 juil. 2016, RG n° 2016003724 et 28 nov. 2016, RG n° 2016003724, JCPE 2016,1663, note Ch. Delattre ; T. com. Nanterre, 7ème ch. 7 mars 2017, RG, n° 2017P00062 et T. com Lille métropole, 18 avr. 2017, RG n° 2016018560, JCPE 2017,1250, note Ch. Delattre.

[545] CA Montpellier, 3 avr. 1952, Gaz. Pal. 1952,I,337 et Cass. Com. 23 janv. 1968, Bull. Civ. IV, n°37 « *Mais attendu que le désistement d'instance du créancier poursuivant laisse au tribunal la faculté qu'il tient de l'article 440 du code de commerce de se saisir d'office des éléments de la cause et de prononcer la faillite* ». Cette jurisprudence est intéressante dès lors que l'instance en redressement judiciaire ne concerne pas les seules parties au litige mais intéresse également l'intérêt général. Voir P. Cagnoli, *Essai d'analyse processuelle du droit des entreprises en difficulté*, LGDJ, 2002, n° 163, p. 127.

poursuivant ou d'irrégularité affectant l'assignation[546], peut prononcer l'ouverture de la procédure collective[547]. Enfin, la conseillṟre Jocelyne Vallansan estime que á *Si le dřbiteur est en řtat de cessation des paiements, il est de l'intřrşt collectif des crřanciers et au-delò, de l'intřrşt řconomique gřnřral de maintenir l'instance. C'est donc bien dans un souci d'intřrşt gřnřral que le ministṟre public a pu requřrir ainsi qu'il l'a fait, ce qui a permis d'řviter de retarder l'ouverture par une requşte du ministṟre public ou une saisine d'office et donc une nouvelle convocation (C. com. art. R.631-4). Le ministṟre public, alors que le dřsistement n'avait pas encore řtř constatř par le juge, a pu se substituer au demandeur en qualitř de partie principale* [548]. Une telle analyse suppose que le tribunal n'ait pas encore statué sur le désistement. Enfin, c'est bien l'intérêt économique général qui incite le ministère public à agir en ce sens dans l'objectif de combattre les assignations pressions. Cette pratique initiée dans le nord de la France au tribunal de commerce de Valenciennes a fait des adeptes[549].

373. Une remise en cause de cette pratique. Un arrêt de Cour d'appel est pourtant venu mettre un coup d'arrêt à cette pratique qui avait mis en retrait la technique des assignations pressions dans lequel : « *En l'espèce, il résulte des mentions du jugement et notamment de son dispositif que le créancier à l'origine de la saisine du tribunal s'est désisté de son instance et de son action ; par l'effet de ce désistement qui était parfait en l'absence de défense au fond de la société X. et d'opposition du ministère public, désistement qui a emporté extinction de l'instance, le tribunal s'est trouvé dessaisi en sorte qu'il ne pouvait pas ordonner une enquête. Il s'ensuit qu'en statuant sur les seules réquisitions orales du ministère public, sans être valablement saisi par une requête conformément aux dispositions d'ordre public de l'article R. 631-4 du code de commerce, le tribunal a outrepassé ses pouvoirs juridictionnels et commis un excès de pouvoir. L'appel-nullité de la société X. doit donc être déclaré recevable et le jugement annulé sauf en ce qu'il a pris acte du désistement d'instance et d'action du créancier assignant* »[550].

---

[546] CA Lyon, 27 nov. 1951, RTD com. 1952, p.411, n°12, *Assignation nulle pour défaut de capacité*, obs. Houin.
[547] O. Staes, *Procédures collectives et droit judiciaire privé,* th. Toulouse 1995, n° 148.
[548] TGI Valenciennes, 23 sept. 2009, RG n° 08/03316, Act. proc. coll. 2009, comm. 242, J. Vallansan.

[549] T. com. Nanterre, 7ème ch. 7 mars 2017, RG, n° 2017P00062 et T. com Lille métropole, 18 avr. 2017, RG n° 2016018560, JCPE 2017,1250, note Ch. Delattre.
[550] CA Versailles, 7 juillet 2020, RG n° 20/00518.

A la suite de cet arrêt, la Direction des Affaires Civiles et du Sceau a rédigé une note le 23 septembre 2020 intitulée « *Désistement du créancier assignataire et intervention du ministère public* », dans laquelle elle rappelle ce principe pour le magistrat du ministère public de ne pas pouvoir basculer de partie jointe en partie principale. Cette décision et cette analyse sont contraires à la position de la doctrine précitée et à ce jour, à notre connaissance, la cour de cassation ne semble pas avoir statué sur ce point. Pour autant, dans l'espèce soumise à la cour d'appel de Versailles, elle prend soin de préciser que si le créancier à l'origine s'est désisté de son instance et de son action, le désistement était parfait en l'absence de défense au fond de la société et d'opposition du parquet, le désistement d'instance avait emporté extinction de l'instance. Pour autant, il n'est pas certain qu'en présence d'une défense au fond et/ou d'une opposition du parquetier d'audience, la solution aurait été identique.

Conclusion du chapitre premier

374. Les prérogatives du ministère public renforcées suite à l'abrogation de la saisine d'office. Suite à l'abrogation de la saisine d'office par le tribunal aux fins d'ouverture d'une procédure de redressement ou de liquidation judiciaire, le ministère public a vu des prérogatives considérablement renforcées. S'il pouvait déjà prendre l'initiative de demander l'ouverture d'un redressement ou d'une liquidation judiciaire, il est désormais amené à le faire en lieu et place du tribunal. Il dispose à cet effet de la note du président, et pallie ainsi le débiteur ou les créanciers. Le renforcement de ses prérogatives vient confirmer son rôle d'acteur économique pour préserver le tissu économique en provoquant l'ouverture de procédures qui permettent le maintien de l'activité de l'entreprise, son éventuel sauvetage ou la fin d'une activité déficitaire préjudiciable.

375. Des difficultés pour le ministère public à exercer ses nouvelles prérogatives. Pour autant, le ministère public ne dispose pas toujours de tous les éléments nécessaires pour démontrer l'état de cessation des paiements de l'entreprise. Il en résulte que ses requêtes imparfaites mais fondées le plus souvent sur du passif détecté, ne sont utiles qu'à la condition que les juridictions saisies décident d'ouvrir une enquête préalable, simple mesure administrative, pour caractériser la cessation des paiements. A défaut, le ministère public a bien des difficultés pour assurer son rôle régulateur du marché économique confié par le législateur.

Chapitre deuxième

Les prérogatives du ministère public lors de l'ouverture d'une procédure collective faisant suite à une mesure préventive

376. La présence obligatoire du ministère public à l'audience d'ouverture de certaines procédures collectives. La présence du ministère public à l'audience d'ouverture d'une procédure collective est prévue dans des cas particuliers. Il s'agit notamment des hypothèses de grandes entreprises avec un nombre élevé de salariés mais également des structures plus modestes avec un climat social tendu sur lequel le ministère public doit éviter tout dérapage qui pourrait engendrer un trouble à l'ordre public (blocage d'entreprise, séquestration de dirigeant, de son équipe dirigeante et/ou des salariés sur le site industriel, menaces de déverser des produits toxiques au risque de créer une pollution, retenir le stock qui ne peut plus être livré…)[551]. En outre, de façon générale, lorsque la saisine de la juridiction émane du ministère public, ce dernier doit être présent à l'audience en sa qualité de partie principale en application de l'article 431 du code de procédure civile sous peine de nullité de la procédure.

377. Présence du ministère public à l'audience d'ouverture de la procédure de traitement de sortie de crise et avis lors de l'ouverture de la procédure de rétablissement professionnel. Le ministère public doit également être présent lors de l'ouverture de la procédure de traitement de de sortie de crise[552]. Cette procédure ne fait pas nécessairement suite à un mandat *ad hoc* ou à une conciliation, même si en raison de sa brièveté – quatre mois – il est conseillé de recourir à une mesure préventive pour la préparer. Peut-être est-ce la raison qui a conduit le législateur à prévoir la présence du ministère public lors de l'audience d'ouverture. Mais cette présence peut aussi

---

[551] Sur la liste des cas de présence obligatoire du ministère public, cf. Circ. 18 avril 2006, NOR JUS C0620263C, CIV/08/06 relative à l'action du ministère public dans les procédures du livre VI du code de commerce ; O. Staes, *Sauvegarde, redressement et liquidation judiciaires. Organes. Ministère public*, -Cl. Procédures collectives, fasc. 2215, 15 mars 2020 ; *L'intervention du ministère public dans la loi de sauvegarde,* Rev. proc. coll. 2014/6, fiche pratique 2, note Ch. Delattre (tableau visant les cas d'interventions du ministère public au titre de la communication, de ses avis, de ses interventions et de ses recours).

[552] Sur cette procédure et sur la prolongation de son application par la loi n° 2023-1059 d'orientation et de programmation du ministère de la justice 2023-2027 (JO, 21 nov.), v. supra n° 115 et les références citées. Ch. Delattre, *Le ministère public, organe de contrôle des nouvelles dispositions dont la procédure de sortie de crise*, Rev. proc. coll. 2022/1, dossier 2.

se justifier par le fait que cette procédure peut aboutir très rapidement à un plan de redressement d'une durée de dix à quinze ans, qui n'est guère favorable aux créanciers y compris publics. Par ailleurs, la présence du parquet à l'audience d'ouverture du rétablissement professionnel[553] s'explique sans doute par le fait qu'elle se substitue à une procédure de liquidation judiciaire et peut aboutir dans un délai très rapide et en l'absence de publicité à l'effacement des dettes du débiteur.

378. Plan. Dans les cas précités, la procédure collective ne fait pas nécessairement suite à une mesure préventive, aussi, pour ce qui nous concerne plus particulièrement, nous nous en tiendrons ici aux hypothèses dans lesquelles le ministère public est présent lors de l'audience d'ouverture d'une procédure collective faisant suite à une procédure de mandat *ad hoc* ou de conciliation intervenue dans les dix-huit mois précédant l'audience (section 1) soit dans une procédure « dérivée » (section 2).

Section 1. Les prérogatives du ministère public en cas de mandat *ad hoc* ou de conciliation dans les dix-huit mois précédant l'ouverture d'une procédure collective

379. Présence obligatoire du ministère public en cas de mesure préventive dans les dix-huit mois précédant. Quelle que soit la taille de l'entreprise au regard de son chiffre d'affaires, du nombre de salariés et de son appartenance à un groupe, lorsqu'elle a bénéficié d'une procédure préventive dans les dix-huit mois précédant l'ouverture de la procédure collective, la présence du ministère public est obligatoire à l'audience. Cette présence obligatoire repose sur une obligation légale avec l'objectif de veiller au respect du cadre légal mais également de pouvoir intervenir sur des points importants pour le bon déroulement d'une procédure collective qui fait suite à une mesure préventive qui par définition, a échoué (§ 1). Par ailleurs, sa présence lui permet également d'assister à l'audition du mandataire *ad hoc* ou du conciliateur (§ 2).

§ 1. La présence du ministère public à l'audience d'ouverture faisant suite à une mesure de prévention.

380. Objectifs de la présence obligatoire du ministère public. La présence du ministère public est obligatoire à l'audience d'ouverture

---

[553] C. com., art. L. 645-3.

concernant une entreprise qui bénéficie ou a bénéficié d'un mandat *ad hoc* ou d'une procédure de conciliation[554] dans les dix-huit mois qui précèdent la demande conformément aux dispositions de l'article L. 621-1 alinéa 4 du code de commerce[555]. La règle s'applique aussi bien en sauvegarde qu'en redressement ou liquidation judiciaire[556]. Dès lors que la présence du ministère public est imposée, son absence est une cause de nullité et donc un motif d'appel. De plus, la connaissance d'une procédure préventive antérieure conditionne sa présence à l'audience et son absence, faute d'avoir connaissance de l'existence d'une telle procédure, est problématique à plusieurs titres et pourrait s'assimiler à une entrave à ses fonctions. On peut supposer que cette présence est justifiée par le fait que si l'entreprise se trouve soumise à une procédure collective dans les dix-huit mois qui suivent un mandat *ad hoc* ou une conciliation, c'est en définitive soit qu'aucun accord n'a pu être trouvé, soit que l'accord n'a pas pu être respecté. L'idée est donc de permettre au ministère public de vérifier que la mesure préventive n'a pas été utilisée à des fins frauduleuses, par exemple pour éviter des nullités de la période suspecte. Quoi qu'il en soit, puisque la présence du ministère public est requise dans ces cas spécifiques, sans doute peut-il exercer pleinement sa mission de gardien de l'ordre public économique et social.

381. Difficultés quant à la connaissance d'un mandat *ad hoc* ou d'une conciliation dans les dix-huit mois précédant. Lors du dépôt de la demande de sauvegarde ou de la déclaration de cessation des paiements, le débiteur doit fournir divers documents à l'appui de sa demande. Le point 9° de l'article R. 621-1 du Code de commerce[557] prévoit que le demandeur doit communiquer « *Une attestation sur l'honneur certifiant l'absence de mandat ad hoc ou de procédure de conciliation dans les dix-huit mois précédant la date de la demande ou, dans le cas contraire, mentionnant la date de la désignation du mandataire ad hoc ou de l'ouverture de la procédure de conciliation ainsi que l'autorité qui y a procédé lorsque la demande est faite par un entrepreneur à responsabilité limitée, ces informations ne concernent que l'activité en difficulté* ». Si ce texte favorise un meilleur contrôle, cette sécurité n'existe pas en cas de saisine de la juridiction par le ministère public mais également en cas d'assignation d'un créancier. En effet, dans ces hypothèses, le débiteur

---

[554] A moins qu'il ne s'agisse de patrimoines distincts d'un entrepreneur individuel à responsabilité limitée.

[555] F. Pérochon avec la collaboration de Fl. Reille, M. Laroche, V. Martineau-Bourgninaud, Th. Favario et A. Donnette, *Entreprises en difficulté*, LGDJ, 12ème éd., 2024, n° 832 ; P.-M. Le Corre, *Droit et pratique des procédures collectives*, Dalloz action 2023/2024, n° 233-112.

[556] Texte applicable respectivement en redressement et en liquidation judiciaire sous les articles L. 631-7 et L. 641-1 du code de commerce.

[557] C. com. art. R. 621-1, 9° applicable respectivement en redressement et en liquidation judiciaire sous les articles R. 631-1, 10° et R. 640-1.

n'a pas à recourir à l'article R. 621-1 précité, ce qui nous paraît regrettable. Certes, le débiteur étant tenu de demander l'ouverture de la procédure collective au plus tard dans les quarante-cinq jours qui suivent la cessation des paiements, « *n'en est pas dispensé par la délivrance d'une assignation à cette fin par un créancier* » selon la Cour de cassation à peine de sanction[558], mais il peut ne pas accomplir cette obligation et même dans certains cas, ne pas se présenter devant le tribunal. La difficulté est plus importante quand le débiteur dépend de la juridiction saisie suite à son transfert de siège social depuis plus de six mois en application de l'article R. 600-1 du code de commerce. Même si le greffier a connaissance de la juridiction devant laquelle l'entreprise était initialement inscrite, il pourrait prendre attache avec son homologue, mais ce dernier pourra-t-il l'informer de l'ouverture d'une procédure préventive en raison du caractère confidentiel de cette dernière ? Enfin, la juridiction saisie risque d'être confrontée à une autre difficulté. Comment, dans l'ignorance d'une précédente procédure préventive, le tribunal pourrait fixer la date de cessation des paiements sans prendre le risque d'être confronté à l'interdiction de reporter une date de cessation des paiements au-delà d'une décision d'homologation d'une précédente conciliation, sauf cas de fraude, en application de l'article L. 631-8 alinéa 2 du code de code de commerce ? Certes, la décision d'homologation a fait l'objet d'une publicité mais il n'est pas certain que le tribunal en ait connaissance au moment de l'audience et *a fortiori* au moment des convocations. En telle hypothèse, on peut craindre que le ministère public ne soit pas présent à l'audience d'ouverture.

382. Le ministère public et la compétence territoriale du tribunal. La présence du ministère public lui permet de vérifier la recevabilité de la demande au regard de la compétence de la juridiction saisie afin d'éviter le *forum shopping*. Il doit effectivement vérifier que le tribunal saisi est bien celui du siège social pour une personne morale et l'adresse de son entreprise ou de son activité pour une personne physique sous la réserve du changement du siège social et du respect du délai de six mois à compter de ce changement[559], mais aussi en matière de groupe de sociétés[560] ou encore si la procédure relève de la compétence d'un tribunal de commerce spécialisé[561]. Or on se souvient que le ministère public peut demander le renvoi de la

---

[558] Com. 14 janv. 2014, nº 12-29.807 P: D. 2014. 595, note C. Berger-Tarare ; *ibid.* Actu. 207, obs. A. Lienhard ; Dr. sociétés 2014, nº 69, note J.-P. Legros ; Rev. sociétés 2014. 197, obs. Ph. Roussel Galle ; Leden 3/2014. 4, obs. I. Parachkévova ; BJE 2014. 100, note L. Le Mesle ; RJDA 2014, nº 467 ; Rev. proc. coll. 2014, nº 86, obs. A. Martin-Serf.

[559] C. com., art. R. 600-1.

[560] C. com., art. L. 622-8, applicable à une société en raison du contrôle ou de la détention capitalistique à l'égard d'une société pour laquelle une procédure est en cours devant le dit tribunal.

[561] C. com., art. L. 721-8.

procédure devant un tribunal spécialisé en conciliation et il peut également le faire en cas de mandat *ad hoc* étant rappelé qu'il n'est pas informé de l'existence d'une telle mesure préventive. Il est donc d'autant plus important qu'il vérifie si l'affaire doit relever d'un tribunal de commerce spécialisé, et demander le renvoi s'il n'a pas pu le faire auparavant. Dans le même esprit, il peut, lorsque les intérêts en présence le justifient, demander le renvoi de la procédure devant une autre juridiction[562]. Cette prérogative est d'autant plus importante que d'une part, la confidentialité qui entoure le mandat *ad hoc* et la conciliation, a pu ne pas laisser apparaitre les motifs de renvoi, tandis que d'autre part, le ministère public n'a pas nécessairement été en mesure d'agir, tout particulièrement si la procédure collective a été précédée d'un mandat *ad hoc* dont il n'a pas connaissance. En outre, bien souvent si le président s'est reconnu compétent pour ouvrir un mandat *ad hoc* ou une conciliation, on peut craindre que le tribunal n'attache pas suffisamment d'attention à la question de la compétence, se reposant sur le fait que cette question a déjà été traitée.

383. Le ministère public et l'état de cessation des paiements. Une vérification s'impose de la part du ministère public, sur les critères de la procédure envisagée : absence de cessation des paiements lors d'une sauvegarde, caractérisation d'un état de cessation des paiements en cas de redressement et liquidation judiciaire outre la caractérisation supplémentaire du redressement manifestement impossible pour la liquidation judiciaire. Pour cela, le tribunal doit disposer de suffisamment d'éléments pour vérifier l'état de la cessation des paiements. A défaut, il doit requérir l'ouverture d'une enquête préalable.

384. Le ministère public et la désignation des organes de la procédure. A l'occasion de l'ouverture d'une procédure de sauvegarde, l'article L. 621-4 alinéa 5 du code commerce dispose que lorsque « *la procédure est ouverte à l'égard d'un débiteur qui bénéficie ou a bénéficié d'un mandat ad hoc ou d'une procédure de conciliation dans les dix-huit mois qui précèdent, le ministère public peut en outre s'opposer à ce que le mandataire ad hoc ou le conciliateur soit désigné en qualité d'administrateur ou de mandataire judiciaire* ». Ce principe est également applicable en redressement et en liquidation judiciaire[563]. Ces points de contrôle marquent la volonté du législateur de s'assurer que le ministère public veille à éviter toute fraude[564].

385. Le tribunal n'est pas tenu par les réquisitions du ministère public. De façon générale, l'intervention du ministère public dans le processus de

---

[562] C. com., art. L. 662-2 et R. 662-7.
[563] C. com., art. L. 631-9 et L. 641-1.
[564] P.-M. Le Corre, *Droit et pratique des procédures collectives*, Dalloz action 2025/2026, n° 233-12.

désignation des organes de la procédure est mal perçue. Ainsi, dans une espèce où il s'était opposé à la désignation du conciliateur comme administrateur judiciaire, le tribunal de commerce n'avait pas suivi ses réquisitions. Les juges en appel avaient infirmé le jugement en estimant que l'opposition manifestée par le ministère public s'imposait au tribunal. Un auteur s'est interrogé sur le point de savoir si le ministère public disposait d'un véritable « *droit de récusation* » liant le tribunal[565]. Bien évidemment, le tribunal n'est aucunement tenu par la position du ministère public. La décision revient *in fine* à la juridiction saisie. La cour de cassation a d'ailleurs cassé l'arrêt d'appel au motif qu'après avoir énoncé que l'opposition du ministère public s'imposait au tribunal lequel n'avait pas la faculté de passer outre par une décision spécialement motivée, la cour d'appel avait violé l'article L.621-4 du code de commerce[566]. Le tribunal peut donc tout à fait librement passer outre l'opposition du ministère public, mais par une décision spécialement motivée, à charge pour le ministère public, s'il le souhaite, de faire appel.

386. Le fait que le législateur ait pris soin de préciser que le tribunal ne peut écarter l'opposition du ministère public que par une décision spécialement motivée vient démontrer l'importance qu'il attache à cette prérogative. On peut imaginer que l'objectif du législateur est d'éviter que le mandataire *ad hoc* ou le conciliateur soit désigné en qualité d'administrateur ou mandataire judiciaire dans des affaires où « *la procédure préventive pourra avoir été le théâtre de conflits importants entre les parties et le professionnel chargé de les réunir* » selon Maître Ghalimi[567]. Ou encore selon ce même auteur, « *L'obstacle à la désignation en qualité d'administrateur judiciaire d'un mandataire* ad hoc *ou d'un conciliateur précédemment désigné pourrait résulter plus simplement du constat de l'inaptitude du mandataire à « gérer le dossier », pour reprendre l'expression employée par M. Xavier de Roux lors des travaux débats parlementaires d'élaboration de la loi de sauvegarde des entreprise »*[568]. Mais si le ministère public ne souhaite pas que le mandataire *ad hoc* ou le conciliateur soit désigné dans la procédure collective à venir, il doit, selon nous, justifier sa position au moyen d'arguments objectifs. Par exemple, il peut souhaiter que le tribunal désigne un autre professionnel qui pourra avoir une autre approche du dossier notamment s'il estime que le

---

565 CA Paris, pôle 5, 8e ch., 29 juin 2010, RG n° 10/09883, Rev. proc. coll. 2011/3, étude N. Ghalimi ; voir également Leden, 2010, n° 8, p. 5, note F.-X. Lucas ; Rev. proc. coll. 2010/6, focus 31, Ch. Delattre.

566 Cass. com. 31 janv. 2012, n° 10-24.019, Rev. proc. coll. 2012/4, étude 26, N. Ghalimi ; Leden 2012, n° 3, p. 1, obs. F.-X. Lucas ; D. 2012, p. 857, note T. Montéran ; Act. proc. coll. 2012/6, n° 83, note Ch. Delattre.

567 N. Ghalimi, *Désignation des organes de la procédure : portée de la faculté d'opposition du ministère public,* Rev. proc. coll. 2011/3, étude 13, n° 2.

568 *Ibid.*

mandataire *ad hoc* ou le conciliateur a failli à sa mission. Inversement, il peut estimer que le professionnel qui est intervenu dans la prévention doit être désigné dans la procédure collective à venir puisqu'il connait bien le dossier et qu'il y a urgence.

387. Quoi qu'il en soit, une opposition systématique de la part du ministère public ne pourrait qu'être contreproductive. C'est dire s'il doit être prudent dans sa décision de s'opposer à leur désignation. Enfin, on constate là encore une nouvelle prérogative accordée au ministère public qu'il aura sans doute des difficultés à mettre en œuvre, si la confidentialité des mesures préventives n'est pas levée. En effet, comment le ministère public peut-il obtenir des informations sur ce point puisqu'il ne dispose d'aucun élément sur la procédure préventive qui est confidentielle ? Même si le mandataire *ad hoc* ou le conciliateur a été convoqué pour être entendu, comment pourrait-il interroger ce dernier alors qu'il est tenu de respecter le principe de la confidentialité et qu'il ne pourra verser la moindre pièce ? Cette situation conduirait tant le ministère public que le professionnel à violer la loi sous le regard du tribunal. Ainsi, le législateur demande au ministère public d'intervenir mais ce dernier ne dispose pas du cadre pour le faire si la confidentialité n'est pas levée. Une fois encore, on constate que le législateur confie au ministère public des prérogatives sans lui donner les moyens juridiques de les mettre en œuvre. On perçoit bien la difficulté dans laquelle le parquet a été placé pour répondre à un objectif du législateur. Toutefois, une position systématiquement contraire du ministère public dans le choix des organes de la procédure risquerait de cristalliser les relations entre le ministère public et les juges, sans compter qu'elle ne serait pas conforme à l'esprit de la loi.

388. L'intervention nécessaire du ministère public et le choix des organes de la procédure collective sous peine d'action en responsabilité contre l'Etat. Plus généralement, l'intervention du ministère public s'avère néanmoins utile compte tenu des dysfonctionnements rencontrés dans la désignation des organes de la procédure par certaines juridictions qui ont abouti à des actions en responsabilité de l'Etat[569]. A cet effet, le législateur lui

---

[569] Civ. 1re, 30 janv. 1996, Bull. civ. I, n° 51 ; D. 1997. Jur. 83, note Legrand ; Civ. 1re, 14 févr. 2006, n° 04-15.595, Bull. civ. I, n° 72 ; D. 2006. AJ. 1042, obs. A. Lienhard ; Cass. civ. 1ère, 26 sept. 2007, nº 06-13.772 : D. 2007. AJ 2539, obs. A. Lienhard ; Gaz. Pal. 23-24 janv. 2008, p. 39, obs. S. Gorrias ; Ch. Delattre, *L'intervention du ministère public dans la désignation des administrateurs et mandataires judiciaires*, Rev. proc. coll. 2009/3 ; *L'intervention du ministère public dans la désignation des organes de la procédure doit être mesurée, opportune et utile*, Rev. proc. coll. 2012/2, étude 10 ; *L'intervention nécessaire du ministère public dans la désignation des organes de la procédure collective en cas de risque d'action en responsabilité contre l'Etat*, Rev. proc. coll. 2018/5, étude 24 ; Cf Circ. CIV 87-4, avr. 1987 –NOR : JUSC8720236C :

permet, depuis l'ordonnance n° 2008-1345 du 18 décembre 2008, de soumettre à la juridiction le nom d'un ou plusieurs professionnels (administrateurs et mandataires judiciaires)[570] mais également de proposer le remplacement ou la désignation de plusieurs administrateurs ou mandataires judiciaires désigné[571]. Il semble, sauf cas particulier qui pourrait justifier de désigner tel ou tel professionnel dans une procédure, que le parquet doit requérir la désignation d'un administrateur et ou d'un mandataire judiciaire sans donner de nom. La désignation du professionnel relève, selon nous, de l'office du juge[572], même s'il a été soutenu que la nouvelle prérogative accordée au ministère public est « *clairement une mesure de défiance à l'égard de la juridiction et de ses habitudes de désignation de tel ou tel organe* »[573].

389. Le ministère public et la demande de la levée de la confidentialité de la procédure préventive. Même si nous reviendrons sur cette question, la demande de levée de la confidentialité ne peut être formulée par le ministère public, ou d'office par le tribunal, que lors de l'audience d'ouverture, *a priori* tout au moins[574]. Or si la déclaration de cessation des paiements est mal renseignée ou en cas d'assignation d'un créancier et si le débiteur ne régularise pas la demande d'ouverture de la procédure, cela peut conduire à ce que le ministère public ne soit pas présent. Son absence le prive des pouvoirs précités ce qui est regrettable.

§ 2. L'audition du mandataire *ad hoc* et du conciliateur

390. La demande d'audition du mandataire *ad hoc* et du conciliateur. L'article L. 621-1 alinéa 1 du code de commerce dans sa version en vigueur du 11 décembre 2010 au 1er juillet 2014, prévoyait : « *Le tribunal statue sur l'ouverture de la procédure, après avoir entendu ou dûment appelé en chambre du conseil le débiteur et les représentants du comité d'entreprise ou,*

B0MJ n° 26, 30 juin 1987 ; Circ. CIV 88-15, 10 oct. 1988 –NOR : JUSC8820751 C : BOMJ n° 32, 31 déc.1988.

570 Applicable en sauvegarde, redressement judiciaire et en liquidation judiciaire respectivement aux articles L. 621-4, L. 631-9 et L. 641-1 du code de commerce.

571 Applicable en sauvegarde, redressement judiciaire et en liquidation judiciaire respectivement aux articles L. 621-7, L. 631-9 et L. 641-1 du code de commerce.

572 *La désignation des administrateurs judiciaires et mandataires judiciaires*, DACS SDDE-D4, Désignation AJMJ-07 .02.11 ; intranet justice, 22 mars 211, fiche technique.

573 P.-M. Le Corre, *La réforme du droit des entreprises en difficulté. Commentaire de l'ordonnance du 18 décembre 2008 et du décret du 12 février 2009*, Dalloz, 2009, n° 231.1

574 V. infra n° 478 et S.

à défaut, des délégués du personnel. Il peut également entendre toute personne dont l'audition lui paraît utile ». L'audition de toute personne souhaitée par le tribunal pouvait concerner le mandataire *ad hoc* ou le conciliateur. L'ordonnance n° 2014-326 du 12 mars 2014 (art. 91), a prévu dans l'article L. 662-3 alinéa 3 du code de commerce : « *Le tribunal peut entendre toute personne dont l'audition lui paraît utile, et notamment, il peut entendre le représentant de l'État à sa demande* ». Il s'agit d'un transfert de la disposition initialement prévue dans l'article L. 621-1 précité qui ne remet pas en cause la possibilité pour le tribunal d'auditionner le mandataire *ad hoc* ou le conciliateur. A cet égard, on regrettera ici que cette audition ne soit pas systématique, lorsqu'un mandat *ad hoc* ou une conciliation est intervenue dans les dix-huit mois précédant, ce qui d'une part, pourrait apporter des éléments intéressants au tribunal qui statue sur l'ouverture de la procédure et ce qui, d'autre part, permettrait d'harmoniser les pratiques entre juridictions[575]. Toutefois et dans cette hypothèse, cela suppose une levée de la confidentialité comme nous le verrons.

391. L'audition sans effet sur la caractérisation de la cessation des paiements. Certains tribunaux estiment ne pas avoir à entendre le mandataire *ad hoc* ou le conciliateur pour ouvrir une procédure collective. En effet, en application des dispositions des articles L. 631-1 alinéa 1er et L. 640-1 du code de commerce en redressement et en liquidation judiciaire, une procédure collective doit-être demandée par le débiteur au plus tard dans les quarante-cinq jours qui suivent la cessation des paiements. Lorsque l'état de cessation des paiements est avéré, le juge saisi d'une demande d'ouverture d'une procédure collective ne peut la rejeter en raison des mobiles du débiteur et il n'a pas de marge de manœuvre[576]. Les auditions du mandataire *ad hoc* ou du conciliateur sont donc sans incidence sur l'ouverture d'une procédure collective, mais elles peuvent se justifier sur un autre terrain comme nous le verrons.

---

[575] T. com. Boulogne sur Mer, 2ème ch., 28 mai 2013, RG n° 2013-002139 ; TGI Bobigny, 9ème ch., 5 févr. 2013, RG n° 13/00002 et T. com. Nanterre, 27 févr. 2013, RG n° 2013J00139, Rev. proc. coll. 2013/6, n° 157, note Ch. Delattre.

[576] Cass. com. 3 juill. 2012, n° 11-18.026, D. 2012. 2212, note D. Dammann et François ; *ibid.* Chron. C. cass. 2548, obs. J. Lecaroz ; *ibid.* Actu. 1814, obs. A. Lienhard ; Act. proc. coll. 2012, n° 206, obs. L. Fin-Langer ; DP diff. entr., Bull. n° 340, obs. Ph. Roussel Galle ; Dr. sociétés 2012, n° 189, note J.-P. Legros ; Rev. proc. coll. 2013, n° 6, obs. B. Saintourens ; LPA 15 avr. 2013, p. 4, obs. A.-F. Zattara-Gros ; Dr. et patr. 9/2013. 48, obs. M.-H. Monsèrié-Bon ; Gaz. Pal., n° 249-250, 5-6 sept. 2012, note D. Demeyere ; Rev. sociétés, 2012, 527 note L.-C. Henry ; JCP E, 2012,1509, note A. Cerati-Gauthier ; *ibid.*, 1757, n° 1, obs. Ph. Pétel ; BJS, sept. 2012, n° 356, note N. Pelletier ; JCP G, 2012,1073, note A. Fabre ; BJE, sept.-oct. 2012, n° 172, note C. Neau-Leduc ; CA Douai, ch. 2, sect. 1, 12 janv. 2023, RG n° 22/02747.

392. Utilité de l'audition du mandataire *ad hoc* ou du conciliateur. D'autres tribunaux estiment devoir procéder à cette audition. Bien qu'elle ne soit pas utile pour ouvrir une procédure, le mandataire *ad hoc* ou le conciliateur peut donner des informations sur la réalité de la situation, sur le choix de la procédure à ouvrir, éviter, par exemple, que le demandeur puisse solliciter une mesure de sauvegarde alors que le conciliateur a conclu à un état de cessation des paiements et la nécessité d'ouvrir un redressement judiciaire[577]. Néanmoins, lors de l'audience d'ouverture tenue en chambre du conseil, en cas d'audition du mandataire *ad hoc* ou du conciliateur et à la condition qu'il accepte d'aborder la procédure préventive, le professionnel va évoquer des informations couvertes par la confidentialité posée à l'article L. 611-5 du code de commerce devant les membres de la composition de jugement, le greffier d'audience, les personnes qui peuvent assister le débiteur (avocat-conseil divers), les représentants des salariés et le représentant du ministère public. Bien que l'audience se tienne en chambre du conseil, la violation de la confidentialité est manifeste et ce, alors que la loi permet cette audition, sur demande du président d'audience, et que la confidentialité n'a pas été levée[578].

393. Certains professionnels de l'insolvabilité, anciens mandataires *ad hoc* ou conciliateurs de l'entreprise, soucieux de respecter le cadre légal, refusent d'aborder le dossier sans que la confidentialité soit levée. Ainsi, dans une affaire dans laquelle le tribunal a souhaité entendre le mandataire *ad hoc*, il lui a été demandé qu'il fasse un rapport sur le déroulement du mandat *ad hoc* et des difficultés rencontrées. Et le professionnel de répondre *« qu'il est tenu à la confidentialité du mandat hoc »* et qu'il *« attire l'attention du tribunal sur le caractère compliqué de ce type d'entreprise dont les résultats sont totalement dépendants de l'activité libérale des praticiens »*. Enfin « *Il fait le vœu que le redressement judiciaire favorise au sein de la clinique une définition claire des solutions économiques souhaitées »*[579]. Inutile de préciser qu'une telle audition n'a été d'aucune utilité pour le tribunal pour comprendre les raisons des difficultés rencontrées et traitées dans la procédure préventive.

394. Le principe de la confidentialité complexifie la procédure à ce stade ainsi que l'action du parquet. Compte tenu de ce qui précède, la levée de la confidentialité serait d'une grande utilité.

---

577 V. Développement à venir sur le lien entre prévention de sanction.

578 Cette problématique se retrouve dans la procédure de sauvegarde accélérée mais également dans celle de sortie de crise.

579 T. com. Coutances, 10 janv. 2017, RG n° 2017/000017, Rev. proc. coll. 2017/6, n° 130, note Ch. Delattre.

Section 2. Les prérogatives du ministère public en cas d'ouverture d'une procédure collective « dérivée »

395. La présence du ministère public en cas d'ouverture d'une procédure collective dérivée. Outre l'ouverture des procédures de sauvegarde, redressement et de liquidation judiciaire qui nécessitent une présence obligatoire du ministère public dans les conditions précitées, il existe également des procédures précédées d'une procédure préventive nécessitant sa présence. Ces procédures « dérivées » ont ceci de particulier que le mandat *ad hoc* ou la conciliation, selon le cas, constituent des préalables indispensables à leur ouverture. Leur spécificité a conduit le législateur à imposer la présence du ministère public lors de l'ouverture, renforçant ainsi une fois encore ses prérogatives. Il s'agit d'une part, de la procédure de sauvegarde accélérée (§1) et d'autre part d'une procédure collective visant à mettre en place un plan de cession préparé dans le cadre d'une conciliation ou d'un mandat *ad hoc* (§2).

§ 1. La présence du ministère public à l'audience d'ouverture de la sauvegarde accélérée et de la procédure de traitement de sortie de crise.

396. La sauvegarde accélérée, une procédure « dérivée ». Historiquement des auteurs et praticiens avaient souhaité l'existence d'une passerelle entre la procédure de conciliation et celle de la sauvegarde. Plusieurs évolutions législatives sont intervenues pour aboutir à la création de la procédure de sauvegarde accélérée[580]. Dans sa forme actuelle résultant de l'ordonnance n° 2021-1193 du 15 septembre 2021, cette procédure est mi préventive mi collective. Elle est une combinaison entre l'amiable et le judiciaire[581]. Comme le relève Alain Lienhard, « *elle apparaît comme la seule procédure collective ''dérivée'', '' secondaire '' qui suppose impérativement le passage par une autre procédure légale* »[582].

397. Le passage obligatoire par une conciliation. L'ouverture d'une procédure de sauvegarde accélérée est prévue à l'article L. 628-1 du code de commerce. Elle résulte d'une demande du débiteur, de sorte qu'elle ne peut

---

[580]A. Lienhard, *Code des procédures collectives*, Dalloz, 22ème éd. 2024, p. 498 s ; J. Theron, *Procédure au service de l'anticipation : feu « la sauvegarde accélérée » vive la « sauvegarde anticipée »*, BJE mars 2022, n° BJE200n5.

[581] R. Mancheva, *La survie de la confidentialité à l'ouverture de la procédure collective*, mémoire de stage année 2021/2022, master A.L.E.D. sous la direction du professeur N. Borga (Institut de Droit et d'Économie des Affaires IDEA Lyon), spéc. p. 16.

[582] A. Lienhard, *Procédures collectives*, éd. Delmas, 2020/2021, n° 092.12.

lui être imposée, lequel doit être engagé dans une procédure de conciliation, condition de recevabilité de sa demande. Le débiteur doit justifier avoir élaboré au cours de la conciliation un projet de plan ayant pour objectif d'assurer la pérennité de l'entreprise. Mais il doit surtout pouvoir démontrer que son projet recueillera un soutien suffisamment large des parties affectées rendant vraisemblable son adoption dans un délai de deux mois prorogeable une seule fois pour la même durée[583] à compter du jugement d'ouverture[584]. On ajoutera que cette procédure ne peut être ouverte suite à un mandat *ad hoc*[585].

398. Une comptabilité régulière impérative. La tenue de la comptabilité est primordiale puisqu'elle doit être soit certifiée par un commissaire aux comptes, soit établie par un expert-comptable[586]. Autrement dit, l'absence de tenue d'une comptabilité conformément aux dispositions légales est un obstacle infranchissable. D'ailleurs à ce titre et dans le cas contraire, la procédure de conciliation n'aurait pas dû être ouverte[587].

399. La présence obligatoire du ministère public lors de l'audience d'ouverture. Une fois de plus, le législateur lui confie un rôle important. Sa présence à l'audience d'ouverture est requise[588]. Dès lors, toute décision d'ouverture d'une procédure de sauvegarde accélérée hors la présence du ministère public serait frappée de nullité. Le ministère public peut ainsi vérifier la réunion des diverses conditions légales y compris le choix du professionnel mais également l'effectivité de la cessation des paiements inférieure à quarante-cinq jours lors de l'ouverture d'une conciliation et la tenue de la comptabilité.

400. Le ministère public, gardien du respect des conditions d'ouverture. La cessation des paiements du débiteur est tolérée[589], en ce qu'elle n'est pas un obstacle si cette situation ne précède pas depuis plus de quarante-cinq jours la date de la demande d'ouverture de la conciliation préalable. L'enjeu est donc de déterminer si cette condition est réellement respectée mais le législateur a accordé une prérogative déterminante au ministère public puisqu'il peut même saisir le tribunal pour qu'il soit mis fin

---

[583] C. com., art. L. 628-8.

[584] M. Menjucq et C. Peugnet, *La « nouvelle » procédure de sauvegarde accélérée*, Rev. proc. coll. 2021/6, dossier 7.

[585] F. Pérochon avec le concours de Fl. Reille, M. Laroche, V. Martineau-Bourgninaud, Th. Favario et A. Donnette, *Entreprises en difficulté*, LGDJ, 12e éd., 2024, n° 649.

[586] C. com., art. L. 628-1, al. 4.

[587] T. com., Toulouse, ord. prés. 20 oct. 2021, RG n° 2021PR0271, Rev. proc. coll. 2022/6, n° 98.

[588] C. com., art. L. 628-2, al. 2.

[589] F. Pérochon *et alii*, *Entreprises en difficulté*, *op. cit.*, n° 645.

à cette procédure s'il est établi que le débiteur se trouvait en état de cessation des paiements depuis plus de quarante-cinq jours au moment où il a déposé sa demande de conciliation[590]. Ainsi, le législateur accorde au ministère public la possibilité d'exercer un contrôle *a posteriori* de l'ouverture de la conciliation ce qui peut être redoutable. Cela renforce nos précédents développements selon lesquels, le ministère public doit pouvoir procéder à la vérification des conditions d'ouverture de la conciliation notamment dans le cadre de l'avis sur la rémunération du conciliateur dont la désignation est envisagée. En effet, il serait pour le moins regrettable que la procédure de sauvegarde accélérée soit exclue à ce stade au motif que les conditions d'ouverture de la conciliation préalable n'étaient pas remplies. Enfin, il pourrait s'opposer à toute poursuite de la procédure si la comptabilité n'est pas en règle comme exigé par le texte. Mais aussi bien, vu la brièveté de cette procédure et l'obligation de constituer des classes de parties affectées, une comptabilité à jour est en pratique indispensable.

401. La communication du rapport du conciliateur sur le déroulement de la conciliation, au ministère public. La procédure est ouverte sur rapport du conciliateur sur le déroulement de la conciliation et les perspectives d'adoption du projet de plan par les parties affectées. Ce rapport est déposé au greffe et communiqué par le greffier, notamment au ministère public[591]. Ainsi, avant l'audience d'ouverture, le tribunal et le ministère public sont informés du contenu du rapport du conciliateur. Le législateur a souhaité une meilleure transparence à l'égard du ministère public puisque l'article R. 628-5 dispose que ce rapport « *est complété par tout élément permettant d'apprécier la pertinence du projet du plan, notamment au regard des conditions économiques et financières de la poursuite de l'activité énoncées par ce projet, et l'ampleur du soutien des parties affectées exigé par l'article L. 628-1. Il comporte également un avis sur l'exactitude de la liste des créances ayant fait l'objet d'une négociation dans le cadre de la procédure de conciliation telle qu'elle résulte de l'état chiffré joint à la demande d'ouverture* ». Ainsi, le ministère public, tout comme le tribunal d'ailleurs, dispose d'éléments pertinents sur l'entreprise et au moins pour partie, sur les conditions d'ouverture de la procédure de la procédure de sauvegarde accélérée reprise aux article L.628-1 du code de commerce.

402. Etendue de la levée de la confidentialité en faveur du ministère public. Le texte est pourtant silencieux sur la levée de la confidentialité, mais il peut toutefois en être déduit qu'il écarte implicitement la confidentialité de la conciliation. En effet, à défaut, le conciliateur ne pourrait pas communiquer un rapport sur la conciliation avant l'audience. Il est donc tentant d'en déduire

---

[590] C. com., art. L.628-5.
[591] C. com., art. R. 628-4.

que la confidentialité est levée à tout le moins à l'égard du ministère public et du tribunal. Mais rien n'est moins sûr. Il peut en effet être soutenu que cette confidentialité n'est écartée que pour ce qui concerne le rapport du conciliateur et les documents l'accompagnant, mais pas, par exemple concernant les négociations qui ont abouti à recourir à une sauvegarde accélérée ou plus généralement toute information qui ne serait pas en lien direct avec la sauvegarde accélérée. Aussi bien, il sera toutefois difficile pour le conciliateur de faire la part des choses dans son rapport. Partant, il nous semble que prévoir expressément la levée de la confidentialité serait opportun malgré la communication du rapport.

403. La désignation du conciliateur en qualité d'administrateur. A la condition que le conciliateur soit inscrit sur la liste reprise aux articles L. 811-2 ou L. 812-2 du code de commerce respectivement relatifs aux administrateurs et mandataires judiciaires, il est désigné par le tribunal qui ouvre la procédure. Si l'on excepte le cas dans lequel les professionnels qui sont intervenus en prévention n'étaient pas inscrits sur les listes précitées[592], le tribunal ne semble pas disposer d'une quelconque latitude. Le choix de désigner le conciliateur en qualité d'administrateur ou le cas échéant de mandataire judiciaire dans cette procédure subséquente s'explique par le souhait d'une continuité dans le traitement du dossier qu'il connait et le bref délai imparti, fixé à deux mois, prorogeable une seule fois pour la même durée[593], pour arrêter le plan. Si le texte permet toutefois de ne pas désigner le conciliateur par une décision spécialement motivée, une raison impérieuse devrait être invoquée.

404. Ainsi, la procédure de sauvegarde accélérée repose sur la réunion de critères stricts comme notamment la tenue d'une comptabilité conformément aux dispositions légales, lesquels sont contrôlées par le ministère public obligatoirement présent à l'audience d'ouverture au motif que cette procédure a été précédée d'une procédure de conciliation.

405. La procédure de traitement de sortie de crise, une procédure dérivée. Cette procédure créée par la loi n° 2021-689 du 31 mai 2021 relative à la gestion de crise sanitaire était annoncée comme une procédure collective simplifiée éclair, hybride[594] d'une durée de 3 mois avec la désignation d'un

---

[592] C. com., art. L. 628-3.

[593] P. - M. Le Corre, *Droit et pratique des procédures collectives*, Dalloz action 2023/2024, n° 351.617.

[594] B. Saintourens, *La procédure de traitement de sortie de crise : innovante et éphémère*, Rev. proc. coll. 2021/5, étude 14. V. également, L. Sautonie-Laguionie, *L'adaptation des procédures à la taille de l'entreprise en difficulté. Illustration par la procédure de traitement de sortie de crise,* JCE E, 2021, 1536. S. Almaseanu,

seul organe pour exercer à la fois les fonctions d'administrateur et de mandataire judiciaire. Aucune vérification du passif n'était prévue et elle est sans impact à l'égard des créances salariales[595]. Le demandeur est en état de cessation des paiements mais dispose des fonds disponibles pour payer ses créances salariales et justifier être en mesure de présenter un plan tendant à assurer la pérennité de l'entreprise. Le décret fixe le seuil de salariés à 20 avec un critère du bilan fixé à 3 millions d'euros le total du passif sans tenir compte des capitaux propres[596].

Cette procédure devait être applicable 2 ans à compter du 2 juin 2021. Toutefois, en raison du décret d'application n°2021-1355 du 16 octobre 2021, la loi est entrée en vigueur le 18 octobre 2021. Pour autant, la loi du 2023.1059 du 20 novembre 2023 a rendu à nouveau applicable cette procédure pour 2 ans à compter du 22 novembre 2023 jusqu'au 22 novembre 2025[597]. Le demandeur doit remettre une attestation sur l'honneur certifiant qu'il n'a pas bénéficié d'une procédure de mandat *ad hoc* et de conciliation relative au patrimoine en cause dans les dix-huit mois qui précédent la saisine ou, dans le cas contraire, préciser la date de l'ouverture des procédures préventives ainsi que l'autorité qui y a procédé. Cette procédure peut donc être ouverte si le débiteur est engagé dans une procédure de conciliation bien que cela ne soit pas obligatoire[598]. La demande est examinée, sur rapport du conciliateur si une telle procédure a été ouverte préalablement et en présence du ministère public, condition de validité du jugement d'ouverture. Le garant de l'ordre public économique peut également saisir le tribunal aux fins de mettre un terme à cette procédure s'il apparait que le débiteur n'est pas capacité de proposer un plan. Enfin le demandeur doit présenter une comptabilité régulière, sincère donnant une image fidèle de la situation financière[599]. Le ministère public exercer un point de contrôle et devra s'opposer en cas d'absence de toute tenue de comptabilité conformément aux dispositions légales.

Procédure de traitement de sortie de crise : les premières applications par le Tribunal de commerce de Paris, Rev. proc. coll. 4/2022, étude n° 8 et du même auteur : *Bilan parisien avant l'Acte II,* Rev. proc. coll. 6/2023, étude n° 11. V également supra n° 122.

595 P.-M. Le Corre, Droit et pratique des procédures collectives, Dalloz action 2025/2026, n° 65.06.

596 L. n° 2021-689, 31 mai 2021, art. 3, I-A D. n° 2021-1355, 16 oct. 2021, art. 1 à 3

597 Ph. Roussel Galle, *La PTSC, une procédure à (re)découvrir*, Rev. proc. coll. 6/2024, repère n° 6.

598 P.-M. Le Corre, Droit et pratique des procédures collectives, Dalloz action 2025/2026, n° 65.21.

599 V. supra n° 117 et s.

Les observations formulées dans le cadre de la procédure de sauvegarde accélérée relatives à la comptabilité[600], la communication du rapport du conciliateur, l'étendue de la levée de la confidentialité en faveur du ministère public sont identiques pour la procédure de traitement de sortie de crise[601].

§ 2. La présence du ministère public à l'audience d'ouverture en cas de *prepack cession*

406. Il est des cas dans lesquels la cession totale ou partielle d'une entreprise soit la seule option envisageable quand une entreprise est en difficulté. Depuis l'ordonnance n° 2014-326 du 12 mars 2014, cette issue peut être préparée dans le cadre d'un mandat *ad hoc* ou d'une conciliation.

407. La cession préparée dans le cadre de la conciliation. Les textes sur la prévention n'évoquent la possibilité de préparer un plan de cession dans une procédure préventive que dans le cadre d'une conciliation. Ainsi, en application de l'article L. 611-7 du code de commerce[602], le conciliateur peut être chargé, uniquement à la demande du débiteur et après avis des créanciers participant à la procédure, d'organiser une cession partielle ou totale qui pourra être mise en œuvre, le cas échéant, dans le cadre d'une procédure ultérieure de sauvegarde, de redressement judiciaire ou de liquidation judiciaire[603]. Cette cession préparée en conciliation est envisageable uniquement sur demande du débiteur, si bien qu'elle ne peut lui être imposée et après avis des créanciers participants, de sorte que leur accord n'est pas exigé. Enfin, le conciliateur n'est habilité à préparer cette cession que sur ordonnance présidentielle[604].

408. La cession préparée dans le cadre d'un mandat *ad hoc*. L'article L. 642-2 du code de commerce dispose que le *prepack cession* peut également

---

[600] V. supra n° 122.
[601] Ch. Delattre, *Le ministère public : organe de contrôle des nouvelles dispositions dont la procédure de sortie de crise,* Rev. proc. coll. 2022/1, dossier 12.
[602] Lequel s'articule avec les articles R. 611-26-2 et L. 642 du code de commerce.
[603] M. Douaoui-Chamseddine, *Le prepack cession dans les procédures collectives*, RLDA 2014, n° 94, p. 69 et s. ; T. Montéran et M. Mieulle, *Le vademecum du plan de cession prepack*, BJE mai 2015 n° 112d7 ; P. Roussel Galle et P. Le Marchand, *La prévention : du mandat ad hoc et de la conciliation aux sauvegarde accélérée et prepack cession*, Cah. dr. entr. 2015, dossier 2 ; M.-H. Monsèrié-Bon, B. Amizet et C. Cavigioli, *Le prepack cession FRAM : expériences et enseignements*, BJE mars 2016, n° 113c4, p. 144.
[604] B. Thullier, *Procédures de conciliation et concordat amiable*, J.-Cl. Procédures collectives, fasc. n° 2030, n° 124.

être préparé dans le cadre d'un mandat *ad hoc* avec toutefois un régime différent puisqu'un seul texte légal traite de cette procédure, en l'espèce l'article L. 611-3 du code de commerce. Or ce texte, pas plus que les textes réglementaires régissant cette mesure préventive, n'évoquent la possibilité de préparer une cession dans ce cadre. Dès lors, il n'est fait mention ni d'une demande du débiteur, ni de l'avis des créanciers participants comme c'est le cas pour la conciliation. Cette particularité fait dire au professeur Pérochon « *qu'il semblerait logique d'exiger le passage par la conciliation et, donc, par cet avis, de sorte que le mandat servirait à préparer la conciliation préparant elle-même la cession* »[605]. Toutefois, la lettre de l'article L. 642-2 est claire, rien n'interdit de préparer le plan de cession dans le cadre d'un mandat *ad hoc* et de passer directement à une procédure collective sans passer par la conciliation. Au surplus, exiger de passer également par la conciliation ne manquerait pas d'alourdir le coût pour l'entreprise en raison des honoraires du conciliateur et parfois des conseils des créanciers participant à la procédure préventive. Toutefois, le silence des textes relatifs au mandat *ad hoc* sur cette question, commande une attention toute particulière lorsque le tribunal est saisi pour ordonner la cession dans une procédure ultérieure. Même si l'on peut supposer que le débiteur sera d'accord puisqu'en principe c'est lui qui est amené à saisir le tribunal aux fins d'ouvrir la procédure collective ultérieure en vue de l'adoption du plan de cession, une vérification sur ce point n'est sans doute pas inutile. Mais surtout, les créanciers n'ont pas été avisés, ni d'ailleurs le ministère public, puisqu'il n'est pas même informé du mandat *ad hoc*.

409. L'absence d'information du ministère public sur la préparation de la cession en mandat *ad h*oc ou conciliation. Comme nous l'avons vu, le ministère public n'a pas connaissance de l'ouverture d'un mandat *ad hoc* et encore moins de la décision de préparer une cession dans ce cadre. Dans une conciliation, il l'apprend indirectement par la notification par le greffier du tribunal « *de l'ordonnance par laquelle le président fait droit à la demande et détermine ou modifie la mission du conciliateur fixe (...) les conditions de rémunération de cette mission complémentaire* »[606]. Ainsi, c'est bien lors de l'audience d'ouverture de la procédure visant la mise en place du plan de cession que sa présence prend tout son intérêt.

410. L'avis du ministère public et la confidentialité du mandat *ad hoc* et de la conciliation. Une fois la procédure collective ouverte, le ministère public doit donner un avis sur la proposition recueillie dans le cadre d'un mandat *ad hoc* ou d'une conciliation en application de l'article L. 642-2 du

[605] F. Pérochon avec le concours de Fl. Reille, M. Laroche, V. Martineau-Bourgninaud, Th. Favario et A. Donnette, *Entreprises en difficulté,* LGDJ, 12e éd., 2024, n° 179.
[606] C. com., art. R. 611-26-2 et R. 611-25.

code de commerce. Mais confidentialité oblige, il n'en connait *a priori pas* le contenu. Pourtant, l'article L. 642-2 du code de commerce prévoit que lorsque la procédure collective est ouverte et dans l'hypothèse d'une cession préparée dans le cadre d'une procédure préventive, le mandataire *ad hoc* ou le conciliateur rendent compte au tribunal des démarches effectuées dans ce cadre et ce nonobstant l'article L. 611-15 du code de commerce. Il apparaît donc que le législateur autorise le mandataire *ad hoc* et le conciliateur à s'affranchir de la confidentialité dans cette hypothèse. Mais cette communication, limitée aux seules démarches sera-t-elle suffisante ? On peut l'espérer mais rien n'est moins sûr. Il nous semble toutefois, là encore, qu'il serait plus simple que le tribunal, en ouvrant la procédure collective, lève la confidentialité. Pour en revenir à l'avis du ministère public, le professeur Pérochon rappelle que l'exigence de cet avis est une précaution indispensable « *eu égard aux risques liés au caractère occulte de cette préparation* » avant d'ajouter « *qu'il s'agit surtout de veiller à ce que le projet ainsi envisagé ne soit pas trop favorable à ce candidat cessionnaire et ne lèse pas le débiteur et, partant, ses créanciers ou ses salariés* »[607]. C'est dire la confiance limitée du législateur à cette cession préparée sans transparence justifiant l'avis du ministère public. A défaut, faute d'éléments suffisants, le ministère public pourrait être en difficulté pour donner cet avis s'il estime ne pas disposer de tous les éléments pour prendre position. Il pourrait même refuser de donner son avis et pourquoi pas exercer un recours contre la décision à venir.

Quoi qu'il en soit, pour rendre cet avis, il doit s'assurer des conditions dans lesquelles la publicité a été faite. Certains objecteront que le parquet dispose de plus d'éléments lors du projet de plan. Pourtant, le tribunal pourrait estimer que l'appel d'offre n'est pas utile de sorte que la cession, sans véritable contrôle, serait faite très rapidement. On constate à nouveau que l'action effective du garant de l'ordre public dépend de la pleine connaissance d'un dossier pour émettre un avis et il nous semble qu'il serait préjudiciable qu'il ait communication des éléments pertinents trop tardivement. Il risquerait une fois encore de se trouver dans une situation délicate, puisque former un appel contre un plan de cession, si l'appel aboutit peut se traduire par l'échec du maintien de l'activité.

411. Un appel d'offre… confidentiel. Une difficulté, et non des moindres, est l'organisation de la préparation de la cession qui nécessite un appel d'offre avant l'ouverture de la procédure collective, dans le cadre d'une procédure confidentielle. Il doit donc mentionner de manière très synthétique le domaine d'activité, la localisation approximative et les principales informations comptables de l'entreprise, à l'exception de la dénomination de cette

[607] F. Pérochon *et alii*, *op. cit.*, n° 2265.

dernière[608]. Concernant la publicité, un auteur a précisé : « *Néanmoins, rien n'empêche le conciliateur de faire connaître sa recherche de repreneur par une publicité, sans toutefois indiquer l'ouverture d'une conciliation et l'identité de l'entreprise* »[609]. Si l'absence d'indication du nom de l'entreprise à céder semble une évidence en raison de la confidentialité, ne pas préciser la réalité de la situation juridique en dissimulant l'ouverture d'une conciliation nous semble cependant hasardeux. On comprend la difficulté de l'exercice car on ne peut être certain d'avoir reçu toutes les marques d'intérêts possibles mais aussi les risques que peut comporter un tel processus. L'idée d'une cession rapide peut s'entendre dans l'hypothèse d'une entreprise en grande difficulté mais cela ne peut se faire au détriment d'un minimum de sécurité juridique sur cette cession au regard des risques pointés par le professeur Pérochon.

412. L'effectivité de la publicité. Une fois la procédure collective ouverte, le tribunal vérifie que la publicité initiée est suffisante afin de s'assurer qu'il ne s'agit pas d'une cession préparée dans l'opacité, source de risques d'abus. A cette fin, il est conseillé au magistrat du ministère public de solliciter une nouvelle publicité avec un délai plus bref afin de ne pas retarder la mise en place de la cession mais cette fois, la publicité sera faite en toute transparence avec notamment le nom de l'entreprise[610]. La publicité que doit faire le professionnel permettrait ainsi de s'assurer d'une certaine transparence. Dans cette hypothèse, le tribunal va en effet examiner les démarches effectuées par le professionnel.

413. Outils permettant une cession sécurisée. De façon générale, dans le domaine des cessions d'entreprises en procédure collective, le reproche le plus souvent adressé à destination des professionnels de l'insolvabilité est l'opacité dans lesquelles les cessions sont parfois organisées notamment en l'absence d'une publicité élargie pour susciter le maximum de repreneurs potentiels. L'abus d'opacité est parfois constaté. Pourtant les professionnels disposent d'un outil fiable, gratuit et donc utilisable même dans les dossiers impécunieux. En effet, le Conseil National des Administrateurs Judiciaires et Mandataires Judiciaires a mis à disposition des professionnels un outil

[608] R. Mancheva, *La survie de la confidentialité à l'ouverture de la procédure collective*, mémoire de stage année 2021/2022, master AL.E.D. dir. N. Borga (Institut de Droit et d'Économie des Affaires IDEA Lyon), spéc. p. 13.
[609] T. com. Lille métropole, 5 sept. 2017, RG n° 2017-699, BJE nov./déc. 2017, n° 115g9, note C. Dubois.
[610] T. com. Lille métropole, 5 sept. 2017, RG n° 2017012499, Leden, janv. 2018, n° 111f3, note Ch. Delattre ; T. mixte com. Cayenne, 24 avr. 2018, RG n° 2018/419, T. mixte com. Cayenne, 4 mai 2018, RG n° 2018/419, T. com. Lille métropole, 22 mai 2018, RG n° 2018006960, BJE sept./oct. 2018, n° 116g0, note Ch. Delattre.

permettant de procéder à une publicité nationale et internationale gratuite[611]. A cette publicité, peut s'ajouter une publicité dans les journaux locaux. Pouvoir justifier d'une publicité en bonne et due forme est le seul moyen de combattre toute critique d'opacité et toute action en contestation ultérieure. Une fois la procédure collective ouverte et avec une levée de la confidentialité décidée par le tribunal, le professionnel peut recourir au dispositif mis en place par le Conseil National pour ses membres. Mais bien évidemment, son utilisation serait très hasardeuse dans le cadre d'un mandat ad hoc ou d'une conciliation en raison de la confidentialité.

414. Enfin, le recueil de diligences des mandataires judiciaires et recommandations de l'Institut Français des Praticiens des Procédures Collectives (I.F.P.P.C.) consacre une section sur le prepack cession précisant notamment que « *l'obligation de confidentialité qui régit le mandat ad hoc et la conciliation doit être combinée avec la nécessité d'assurer un appel d'offres de reprise, la publicité suffisante exigée par les textes régissant les procédures collectives (C. com. art. L.642-22, et R.642-40). Le professionnel effectue donc les démarches appropriées aux circonstances et aux caractéristiques de l'entreprise, assurant cette publicité suffisante* »[612]. « *L'administrateur ou le liquidateur s'assure corrélativement que le tribunal s'est prononcé sur la nécessité ou la dispense de publicité de l'appel d'offres en application de l'article R.642-40 alinéa 4* »[613]. L'institut rappelle ainsi à ses membres la nécessité de combiner la cession envisagée avec une publicité suffisante. La question est de définir ce qu'il faut entendre par une publicité suffisante.

415. La publicité est le gage d'une volonté affichée d'une transparence incontestable. Un contexte comme celui précité dans le cadre d'un prepack cession est propice à faciliter une cession opaque sujette à la critique mais constitue également un terrain propice à la perception de fonds d'origine douteuse pouvant faciliter le blanchiment d'argent et le financement du terrorisme. C'est en cela que le rôle du ministère public est important afin de sécuriser et moraliser la cession issue de la prévention et éviter tout risque résultant de l'absence de publicité dans la recherche de repreneurs. L'intervention du ministère public dans le cadre du prepack cession doit l'amener à vérifier les conditions dans lesquelles l'appel d'offre s'est déroulé

---

611 T. com. Paris, 6 déc. 2013, RG n° 2013050552, Leden févr. 2019, n° 24, p. 3, note Ch. Delattre.

612 Recueil de diligences des mandataires judiciaires et recommandations de l'Institut Français des Praticiens des Procédures Collectives (I.F.P.P.C.), section 7-700, prepack cession recommandation n° 720-2.

613 Recueil de diligences des mandataires judiciaires et recommandations de l'Institut Français des Praticiens des Procédures Collectives (I.F.P.P.C.), section 7-700, prepack cession recommandation n° 703-3.

afin d'éviter toute critique quant à la nécessaire transparence qui doit exister après l'ouverture de la procédure collective. Cela passe enfin par la levée systématique de la confidentialité afin que le ministère public dispose des éléments utiles pour donner son avis.

416. Le label LCB-FT. A ce stade, on rappellera l'existence du label LCB-FT auxquels sont assujettis les professionnels de l'insolvabilité dont les mandataires *ad hoc* et les conciliateurs. En cas de soupçon sur l'origine des fonds d'un cessionnaire, les professionnels sont tenus de procéder à une déclaration de soupçon. Selon nous, le principe de confidentialité posé à l'article L. 611-15 du code de commerce ne dispense pas le professionnel de procéder à une telle déclaration auprès des services de TRACFIN. Il lui est grandement conseillé de ne pas l'oublier. Pour sécuriser une cession, le ministère public peut demander aux professionnels de l'insolvabilité, en charge de l'opération, de solliciter du cessionnaire potentiel la communication d'un justificatif du greffier du siège social de la société démontant qu'elle est à jour de son obligation du titre des bénéficiaires effectifs.

Concernant cette obligation légale indispensable, le ministère public de première instance mais également de cour d'appel ont un rôle à tenir. Chaque professionnel de l'insolvabilité est contrôlé tous les trois ans sur son activité. Les contrôleurs sont tenus de vérifier systématiquement que le professionnel respecte ses obligations au titre du LBC-FT en application de l'article A.814-4 du code de commerce. C'est un point que chaque Magistrat Inspecteur Régional (M.I.R) doit contrôler également à réception du rapport des contrôleurs. Des vérifications peuvent également s'effectuer à l'occasion des contrôles occasionnels mis en œuvre par le C.N.A.J.M.J. ou prescrits sur initiative notamment du procureur de la république, du procureur général et du Magistrat Inspecteur Régional en application de l'article R.814-42-2 du code de commerce[614].

Le dernier rapport TRACFIN au titre de l'année 2023 met en évidence une forte activité des professionnels de l'insolvabilité au titre des déclarations de soupçon pour les années 2021/2022 et 2023 quand bien même une baisse de 8% a été enregistrée en 2023. Cette prise de conscience par les administrateurs et mandataires judiciaires est très importante et mérite d'être soulignée.

[614] Dépêche du 11 décembre 2022 de la D.A.C.S. relative au « *Rappel du rôle du ministère public dans le cadre des procédures de contrôle et de sanction des professions assujetties aux obligations de lutte contre le blanchiment de capitaux et le financement du terrorisme* ».

	2021	2022	2023	Evolution 2022/2023
Nombre de décla-rations de soupçon	1056	1272	1172	-8%

Conclusion du chapitre deuxième

417. La fin de la saisine d'office et les conséquences pour le ministère public. Le ministère public est devenu depuis la déclaration d'inconstitutionnalité de la saisine d'office un acteur majeur dans la saisine de la juridiction afin de mettre un terme à une fuite en avant de certaines entreprises qui poursuivent une activité déficitaire. Ce « transfert de charge » à destination du parquet a nécessité qu'il s'y investisse, ce qu'il a fait. Cependant, nonobstant les éléments obtenus par le ministère public qui viennent en complément de ceux transmis par le président, il faut admettre que la saisine de la juridiction par le parquet est souvent imparfaite dans la caractérisation de l'état de cessation des paiements. Bien souvent son action doit aboutir à une enquête préalable ouverte par le tribunal. Comme il a été démontré, l'absence de recours à une telle enquête peut avoir des conséquences graves pour les entreprises injustement placées en liquidation judiciaire *ab initio* mais également à l'égard du dirigeant, ses salariés et ses partenaires économiques.

418. Le contrôle des procédures dérivées préparées dans les procédures préventives. Le législateur a souhaité également que le ministère public ait un rôle actif dans le contrôle des procédures subséquentes à des procédures préventives. Les procédures de sauvegarde accélérée et de prepack cession ont pour objectif de trouver une issue procédurale rapide. L'intervention du ministère public se veut rassurante dans leurs mises en œuvre, gage de sécurité juridique. Mais là encore il semble nécessaire pour que son action soit efficace, qu'il dispose d'un dossier complet ce qui passe par une levée de la confidentialité.

Conclusion du titre premier

419. Evolution importante de l'intervention du ministère public. Les prérogatives du ministère public ont été renforcées dès lors que le Conseil constitutionnel, par deux décisions à quelques mois d'intervalle, a précisé que la saisie d'office du tribunal aux fins d'ouverture d'un redressement ou d'une liquidation judiciaire n'était pas conforme à la constitution. En réalité, si la saisine d'office a été déclarée inconstitutionnelle, elle a cependant été jugée conforme à l'intérêt général. Toutefois, c'est l'absence de disposition permettant de garantir l'impartialité de la juridiction saisie qui a abouti à cette solution. Face à cette situation, le législateur a décidé de ne pas restaurer la saisine d'office et de transférer le principe de la saisine de la juridiction au ministère public quand aucun créancier n'assigne ou que le dirigeant ne déclare pas sa cessation des paiements.

420. La saisine du tribunal par le ministère public. Le ministère public, en sa qualité d'acteur économique a su faire face à la situation, aidé en cela par une note du président du tribunal suite aux informations en provenance du greffier du tribunal de commerce ou suite à une convocation du dirigeant à un entretien de prévention qu'il complète si nécessaire, via ses propres canaux d'information. Toutefois la requête du parquet aux fins d'ouverture de la procédure est le plus souvent imparfaite, d'où la nécessité pour le tribunal de recourir à une enquête préalable. Cette enquête préalable, protectrice des droits du débiteur, doit permettre d'affiner l'état de cessation des paiements. Il s'agit en réalité d'une action commune entre d'une part, la saisine par le ministère public et, d'autre part, le tribunal lequel avec une enquête préalable peut ainsi aboutir à une décision fondée sur des éléments vérifiés et débattus contradictoirement. L'action du ministère public s'insère dans un rôle de protection du tissu économique afin d'aider à redresser les entreprises viables et le cas échéant d'écarter les entreprises qui poursuivent une activité déficitaire au risque d'entrainer dans leur chute leurs partenaires économiques.

421. Les conséquences de la prévention sur le rôle du ministère public à l'occasion de l'ouverture d'une procédure collective. Les effets des procédures préventives se poursuivent en cas d'ouverture d'une procédure collective sur l'intervention du parquet. En effet, sa présence est requise lorsque le débiteur bénéficie ou a bénéficié d'une procédure préventive dans les dix-huit mois qui précédent. Cette présence obligatoire a des conséquences sur plusieurs aspects très importants comme la régularité de la procédure sollicitée, l'intervention dans le processus de désignation des organes de la procédure et la demande de levée de la confidentialité qui, *a priori*, ne peut être requise que lors de l'audience d'ouverture. Le législateur a donc souhaité qu'à ce stade stratégique, le ministère public soit présent afin de s'assurer de la légalité de la procédure.

422. L'intervention du ministère public lors de l'ouverture des procédures « dérivées ». L'intervention du ministère public ne se n'arrête pas à la saisine du tribunal aux fins d'ouvrir un redressement ou une liquidation judiciaire, puisqu'il intervient dans des procédures « dérivées » de la prévention. En effet, la procédure de sauvegarde accélérée doit être précédée d'une procédure de conciliation. Il peut en être de même dans le cadre de la procédure de sortie de crise. Cela entraine la présence du ministère public à qui il incombe de vérifier certains aspects qui peuvent avoir des conséquences sur l'issue procédurale comme notamment la tenue en bonne et due forme de la comptabilité.

423. De même, dans le cadre d'une cession préparée en mandat *ad hoc* ou en conciliation, sa présence est également obligatoire et il doit pouvoir vérifier certains aspects notamment éviter une cession opaque. A ce stade, l'effectivité de la publicité réalisée est importante pour éviter tout risque d'opacité de la cession. Son action doit être perçue comme un gage de sécurité mais pour cela il est nécessaire que la confidentialité soit levée pour disposer de l'ensemble des informations et que le professionnel intervenu dans les procédures préventives puisse être entendu avant l'ouverture.

Titre deuxième

Les prérogatives du ministère public durant les procédures collectives et la fin des avantages issus de la prévention

424. La fin des avantages de la prévention. L'ouverture d'une procédure collective après la mise en œuvre d'un mandat *ad hoc* ou d'une conciliation est une seconde étape qui, par définition, suppose que ces mesures préventives ont échoué. Comme nous l'avons vu, le principe de la confidentialité doit être maintenu et protégé pendant la phase de prévention- traitement mais aussi sans doute durant l'exécution de l'accord. Il s'agit du gage de sa réussite des procédures préventives. Toutefois, une fois l'ouverture d'une procédure collective, il faut admettre qu'il s'agit d'une procédure identique à celles ouvertes sans procédures préventives préalables. Partant de ce principe, elle doit être gérée dans les meilleures conditions ce qui signifie que l'on doit pouvoir disposer d'éléments issus de la prévention pour y apporter un traitement normal. Le principe de la confidentialité n'a pas à être maintenu car il peut constituer un frein au bon traitement de la procédure. Seuls les éléments issus des procédures préventives vont permettre d'apporter l'éclairage nécessaire pour une bonne compréhension de la situation de l'entreprise et comprendre les raisons de l'échec de la prévention. Au surplus, les éléments obtenus sont utiles pour les organes de la procédure collective, le dirigeant et les créanciers.

425. Une nouvelle conception de la faute de gestion et l'existence d'un lien entre prévention et sanction. La prévention peut faire l'objet d'une instrumentalisation dans certaines hypothèses, soit parce que le dirigeant va tenter de s'abriter derrière le fait qu'il a été entendu par le président du tribunal, soit parce qu'il a demandé à bénéficier d'un mandat *ad hoc* ou d'une conciliation, pour échapper à ses responsabilités, dès lors qu'il n'est pas dessaisi de la gestion de son entreprise. Là encore, la confidentialité ne doit pas avoir pour effet de protéger un dirigeant malhonnête.

426. Plan. Dès lors que, selon nous, la confidentialité n'a plus lieu d'être une fois la procédure collective ouverte, sa levée s'impose et repose sur des conditions spécifiques (Chapitre 1). Parallèlement, il conviendra d'aborder le lien qui peut exister entre prévention et sanction (Chapitre 2).

Chapitre premier

Le ministère public et la confidentialité du mandat *ad hoc* et de la conciliation

427. La confidentialité, gage de transparence dans les négociations. Les mesures préventives ont pour objectif de permettre à l'entreprise de trouver un accord avec ses principaux créanciers en lien avec sa capacité financière pour envisager la poursuite de son activité. Cette phase de négociation pour la restructuration financière nécessite pour les parties, de pouvoir échanger en toute transparence, sans réserve. Pour atteindre cet objectif, le législateur a prévu que ces opérations doivent se dérouler en toute confidentialité. A cet effet, l'article L. 611-15 du code de commerce dispose que : « *Toute personne qui est appelée à la procédure de conciliation ou à un mandat* ad hoc *ou qui par ses fonctions en a connaissance est tenue à la confidentialité* ».

428. Confidentialité ou secret professionnel. La doctrine, les praticiens de l'insolvabilité, les juges et les magistrats du ministère public s'accordent à l'unisson pour affirmer que la réussite des mesures préventives de mandat *ad hoc* et de conciliation repose sur le respect du principe de confidentialité. Avec la loi de sauvegarde n° 2005-845 du 26 juillet 2005, la notion de secret professionnel définie à l'article 226-13 du code pénal qui prévoit une sanction dissuasive d'un an d'emprisonnement et de 15.000 euros d'amende en cas de violation du secret professionnel a été remplacée par la notion de confidentialité de l'article L. 611-15 du code de commerce[615]. Ce glissement du secret professionnel vers la confidentialité s'inscrit dans un mouvement de dépénalisation du droit des affaires[616] et a pour conséquence, selon nous, une absence de réponse dissuasive en cas de divulgation d'information de la procédure préventive et donc d'une violation du principe de confidentialité. La seule réponse en cas de violation de la confidentialité étant une réparation sur le terrain de la responsabilité civile[617]. Ce constat doit nous interroger sur la pertinence de cette dépénalisation et sur la nécessité de revenir à l'ancien régime beaucoup plus dissuasif lequel permettrait, selon nous, de mieux assurer le nécessaire respect la confidentialité. D'un autre côté, il peut être

---

[615] C. Saint-Alary-Houin et M.-H. Monsèrié-Bon, *Prévention et traitement amiable des difficultés des entreprises*, LGDJ, 2018, n° 479.

[616] B. Zabala, *Prévention des difficultés des entreprises et obligation d'information du public*, JCP E, 2008, 1598, sp. n° 12.

[617] Avis n° 337, Christian Gaudin, Doc. Sénat, au nom de la commission des affaires économiques, p. 68 ; CA Aix en Provence, 30 juin 2012, RG n° 10/12884, Leden, 2012/2, n° 25, note J. Couard ; Bull. Aix, 2022/1, note G. Grundeler ; Rev. proc. coll. 2012/6, n° 180, note Ch. Delattre.

soutenu qu'il est plus facile de sanctionner le principe de confidentialité sur le plan civil par des dommages et intérêts que le secret professionnel qui suppose une sanction pénale. En outre, on relèvera toutefois que les professionnels qui sont de par leur profession, tenus au secret professionnel, restent soumis à une éventuelle sanction pénale. Quoi qu'il en soit, si le principe de confidentialité reste essentiel, les modalités de la levée de la confidentialité revêtent un intérêt tout particulier dans le cadre d'une procédure collective subséquente.

429. Plan. Ainsi, quand une entreprise entre dans des tumultes économiques et financiers et qu'elle s'oriente vers les procédures préventives, elle doit être rassurée sur la confidentialité du dialogue entrepris avec le professionnel désigné et les participants à la prévention. La confidentialité est la clé de la réussite de la prévention (section 1). Cependant, si la confidentialité est nécessaire, elle n'est pas sans inconvénients et doit donc pouvoir être écartée en particulier en cas de procédure collective subséquente (section 2).

Section 1. La confidentialité, clé de la réussite de la prévention

430. Confidentialité et transparence. Selon Maître Hélène Bourbouloux, « *pour permettre la négociation d'accords préservant les intérêts de tous, l'entreprise doit gagner la confiance de ses partenaires et confier toute l'information utile la concernant pour permettre aux parties de s'entendre communément sur l'état des lieux, la compréhension de l'origine des difficultés, des solutions pour les résoudre et les perspectives. Si ces informations ne sont pas partagées entre les parties, aucune solution négociée ne pourra aboutir, chacun pouvant penser que l'autre n'affiche pas la réalité de la situation* »[618]. La clé de la réussite repose donc, selon cette professionnelle, sur la transparence du dirigeant à l'égard de la personne désignée mandataire *ad hoc* ou conciliateur, ainsi que des personnes appelées à la procédure dans la révélation des éléments utiles pour trouver les solutions à son sauvetage. Mais pour que le dirigeant soit transparent, il faut lui assurer que ces informations resteront confidentielles tandis que les créanciers qui participent aux négociations souhaitent eux aussi généralement, bénéficier d'un cadre confidentiel.

---

[618] H. Bourbouloux, *Confidentialité et transparence pour la prévention et le traitement des difficultés,* BJE mai 2012, n° BJE-2012-0087, p. 183 ; v. également le rapport de M. Edith Deboudé fait lors du congrès annuel des juges consulaires sur le thème *Secret des affaires et confidentialité des procédures*, Nantes, 2 déc. 2011.

431. Importance de la confidentialité. Cette confidentialité constitue pour Thierry Favario une « *boite noire dans laquelle rien ne peut transpirer* »[619]. Le professeur Françoise Pérochon relève à juste titre que la divulgation des difficultés peut nuire à la réputation de l'entreprise et entrainer chez ses partenaires, voire dans le public, des réactions négatives qui vont aggraver la situation et perturber davantage l'activité[620]. Quant au professeur Pierre-Michel Le Corre, il se place sur le terrain psychologique en estimant que « *la difficulté psychologique que pourraient avoir les débiteurs à effectuer une démarche volontaire les conduisant vers le juge, le caractère confidentiel de la procédure est un atout essentiel dans la réussite des mesures de restructuration*[621]. Enfin, le professeur Philippe Roussel Galle considère que la confidentialité du mandat ad hoc et de la conciliation est essentielle au bon déroulement de ces procédures et la Cour de cassation n'a de cesse de le rappeler[622].

432. L'étendue de la confidentialité. Il ne fait donc aucun doute que le principe de la confidentialité est la clé de la réussite de la prévention traitement, aussi il est nécessaire de déterminer à qui elle s'applique (§1) tout en évoquant les hypothèses prévoyant une information (§2).

§. 1. La confidentialité opposable à tous ?

433. Le champ d'application de la confidentialité est très vaste puisqu'en définitive, elle est opposable à toutes et tous, ou presque, dans les conditions fixées par l'article L. 611-15 du code de commerce (A). Toutefois, si la confidentialité est fondamentale, elle n'interdit pas la communication d'informations (B).

A. Les personnes tenues par la confidentialité

434. Un texte avec une rédaction discutable. L'article L. 611-15 du code de commerce vise *« toute personne appelée à la procédure* (…) *ou qui par ses*

---

[619] Cass. com. 22 sept. 2015, n° 14-17377, BJE nov./déc. 2015, n° 112t3, note T. Favario.
[620] F. Pérochon avec le concours de Fl. Reille, M. Laroche, V. Martineau-Bourgninaud, Th. Favario et A. Donnette, Entreprises en difficulté, LGDJ, 12e éd., 2024, n° 182.
[621] P. -M. Le Corre, *Droit et pratique des procédures collectives,* Dalloz action, 2025/2026, n° 123.29 (mandat *ad hoc*) et 141.71 (conciliation).
[622] Cass. com. 3 juill. 2024, n° 22-24.068, Rev. Sociétés 2024 p.527, note P. Roussel Galle.

fonctions en a connaissance ». Le périmètre de ce texte est donc très large[623]. Pour autant, des doutes ont pu exister ce qui a conduit certains auteurs, et notamment les professeurs Paul Le Cannu et David Robine à le considérer comme imparfait[624].

435. « *Les personnes appelées à la procédure* ». Il n'y a pas de difficulté de compréhension dans l'expression « *toute personne appelée à la procédure* ». Cela vise sans aucun doute, le président qui a ouvert la procédure préventive ou le juge délégué par lui, le ministère public (uniquement en conciliation puisqu'il n'est pas informé du mandat *ad hoc*), le débiteur, ses conseils (avocats, expert-comptable, commissaire aux comptes, conseils divers), le greffier du tribunal, le représentant du comité social économique, les principaux créanciers appelés à négocier dans le cadre du mandat *ad hoc* ou de la conciliation mais également l'expert-comptable désigné par le comité de groupe[625]. Pour reprendre l'expression de Benoit Vernay, « *le créancier est celui dont les intérêts sont protégés par l'obligation de ne pas divulguer due par le débiteur et la confidentialité est toujours, à minima, objet d'un devoir* »[626] . Sont bien sûr également visés les cocontractants habituels appelés à la procédure et ce, qu'ils acceptent ensuite ou non de négocier[627], et enfin les conseils des créanciers.

436. L'administration. L'administration au sens large joue un rôle particulier et prépondérant notamment dans les procédures préventives qui concernent des entreprises importantes. Il s'agit en particulier du Ministère de l'économie des finances et de la souveraineté industrielle numérique – Bercy et/ou leurs représentants - Comité Interministériel de restructuration industrielle - C.I.R.I., les commissaires au redressement productif, lesquels sont appelés à la procédure au regard des aides financières très importantes octroyées (subventions, Prêts garantis par l'Etat (P.G.E.))[628].

437. Les pouvoirs publics. Une remarque importante s'impose. Il arrive que

---

[623] A. Jacquemont, N. Borga et T. Mastrullo, *Droit des entreprises en difficulté*, Lexis Nexis, 13e éd., 2025, n° 108.

[624] Sur le caractère imparfait du texte ainsi que les raisons de son imperfection, cf. Le Cannu et D. Robine, *Droit des entreprises en difficulté*, Dalloz, coll. précis, 9e éd. 2022, p. 114, n° 158.

[625] Cass. com. 9 oct. 2019, n°18-15.305, JCPE 2020,1272 note Marquet.

[626] B. Vernay, *La confidentialité en droit des entreprises en difficulté*, Thése Université de Nanterre, déc. 2022 ; sur les devoirs juridiques, cf. J. Carbonnier, *Droit civil,* t. 4, *Les obligations*, PUF, coll. Themis Droit privé, 22e éd., 2000, n° 7, spéc. p. 28.

[627] B. Thullier, *Procédures de conciliation et concordat amiable*, J.-Cl. Procédures collectives, fasc. n° 2030, n° 102.

[628] B. Ghandour, *Lumière sur l'action des commissaires aux restructurations et à la prévention des difficultés en entreprise* (MINEFI, DGE, bilan CRP 2021, communiqué de presse, n° 182, 3 oct. 2022, Act. proc. coll. 2022, alerte 231.

la presse se fasse l'écho d'une intervention d'un ministre, d'un commissaire au redressement productif, d'un élu pour indiquer que l'Etat a aidé telle ou telle entreprise et sauvé par la même occasion de nombreux emplois sur tel territoire. Si l'on peut comprendre qu'au regard des aides, notamment composées d'argent public, on souhaite valoriser l'aide apportée par l'Etat et en faire la promotion, cette communication au bénéfice d'une entreprise bénéficiant d'une procédure préventive nous semble dangereuse et une grande prudence s'impose[629]. Il serait catastrophique que la procédure soit remise en cause pour violation du principe de confidentialité et que cela fasse fuir les partenaires de l'entreprise.

438. Le ministère public. Lui aussi est considéré comme une personne « *appelée à la procédure* », uniquement dans la conciliation, dès lors qu'il doit donner un avis sur la rémunération du conciliateur dont la désignation est envisagée, qu'il peut exercer un recours contre l'ordonnance d'ouverture et qu'il intervient au stade de l'homologation de la procédure. A ce titre, une circulaire relative à l'action du ministère public dans les procédures du livre VI du code de commerce en conséquence de la loi de sauvegarde précise que lorsque le ministère public a connaissance d'une mesure de conciliation, il n'entreprend aucune démarche à son encontre[630]. Nous considérons que par la connaissance de la conciliation qu'il a et du principe de confidentialité qui en découle, le ministère public doit se garder d'en faire état. De même, bien qu'il ne soit pas informé d'un mandat *ad hoc,* s'il vient à en avoir connaissance, il nous semble qu'il doit également respecter le principe de confidentialité.

439. *« Qui par ses fonctions en a connaissance »*. La question est plus délicate concernant la personne « *qui par ses fonctions en a connaissance* ». Cette formulation a suscité bien des interrogations et des doutes, puisqu'en visant les personnes *qui par leurs fonctions*, le texte pouvait être interprété comme ne s'appliquant pas aux tiers à la procédure[631]. Toutefois, la jurisprudence est venue préciser après un lourd et long contentieux que cette formulation doit s'entendre largement. Sont ainsi concernés les organes de presse, sous certaines réserves assez limitées, et plus globalement, les tiers au sens large du terme.

440. Conditions dans lesquelles l'information confidentielle est parvenue. Le degré de connaissance de l'ouverture de la procédure préventive

---

[629] Ch. Delattre, *L'intervention de l'Etat dans les entreprises en difficulté*, Rev. proc. coll. 2016/3, étude 10, spéc. n° 17. Particularité : la communication du représentant de l'Etat face au principe de confidentialité.

[630] Circ. 18 avr. 2006, NOR JUS C0620263C, CIV/08/06.

[631] Par opposition, Acte Uniforme portant organisation des procédures collectives (AUPC), dans la zone OHADA (Organisation pour l'Harmonisation en Afrique du Droit des Affaires) a retenu une formulation beaucoup plus claire. Art. 5.1, al. 3 de l'AUPC : « *Toute personne qui a connaissance de la conciliation est tenue à la confidentialité* ».

et surtout de son contenu sont indifférents. Celui qui a connaissance de l'information suite à l'ouverture d'une mesure préventive, qu'il soit on non appelé à participer à la procédure, est tenu par le principe de confidentialité. Cela s'applique *« quelle que soit la manière dont cette information est venue à la connaissance »* et ce que la personne « *ait cherché l'information ou qu'elle l'ait obtenue, fortuitement ou pas, que ce soit de manière régulière ou irrégulière* »[632]. Y compris comme l'a jugé la cour de cassation si la conciliation a été révélée par le bénéficiaire de cette procédure[633].

441. Dans tous les cas, il n'est guère douteux que cette notion de confidentialité et son application semblent devoir encore agiter les acteurs de la prévention et la doctrine n'a pas fini de commenter ses évolutions tant les enjeux sont importants[634]. Quoi qu'il en soit, même si le principe de confidentialité est absolu ou presque, il n'interdit pas la diffusion d'informations sur les procédures préventives à certains acteurs.

B. La confidentialité n'interdit pas la diffusion d'informations

a) La communication issue des textes de la prévention

442. Nonobstant le principe de confidentialité, le législateur a prévu la communication de diverses informations à certains acteurs et/ou intervenants à la procédure. Cette communication a pour objectif de permettre à ces destinataires d'être informés et de pouvoir agir.

443. Le ministère public. Cette communication est à destination du ministère public qui est informé de l'ouverture prochaine de la conciliation, de son ouverture et de l'homologation de l'accord sans évoquer les avis sur la rémunération du conciliateur. Cette communication à l'égard du garant de l'ordre public est essentielle car à défaut, on ne comprendrait pas les raisons qui ont conduit le législateur à souhaiter qu'il soit présent dans cette procédure. En revanche, comme il a pu être indiqué, aucune information ne lui est faite concernant le mandat *ad hoc*.

444. Le commissaire aux comptes et l'ordre professionnel. Lorsque le

---

[632] B. Vernay, La confidentialité en droit des entreprises en difficulté, Thése préc.,

[633] Com. 3 juill. 2024, nº 22-24.068 : D. actu. 10 oct. 2024, obs. Berthelot ; D. 2024. Pan. 1691, obs. F.-X. Lucas ; Rev. sociétés 2024. 527, obs. Ph. Roussel Galle LEDEN 9/2024. 2, obs. Giorgini ; APC 2024, nº 169, obs. Lemberg-Guez ; JCP E 2024. 1287, nº 1, obs. Ph. Pétel ; Gaz. Pal. 24 sept. 2024, p. 52, obs. G. Teboul.

[634] B. Thullier, *La confidentialité en droit des entreprises en difficultés fait et fera encore parler d'elle*, BJE, nov. 2017, n° 115h5, spéc. § 10.

débiteur est soumis au contrôle légal de ses comptes, l'ordonnance d'ouverture de la conciliation et du mandat *ad hoc* est transmise au commissaire aux comptes et, si le débiteur exerce une profession libérale soumise à un statut législatif ou réglementaire ou dont le titre est protégé, elle est portée à la connaissance de l'ordre professionnel ou à l'autorité compétente dont il relève[635] qui sont en outre appelés à l'audience d'homologation de l'accord de conciliation[636]. Après l'ouverture de cette dernière, le président du tribunal dispose d'un pouvoir d'investigation afin d'obtenir toute information et/ou pièce sur la réalité de la situation de l'entreprise. A ce titre, il peut prendre attache auprès de divers professionnels du chiffre ainsi que certaines institutions et administrations[637]. Lors de l'audience d'homologation d'un accord de conciliation, le tribunal peut entendre toute autre personne dont l'audition lui paraît utile[638]. Le jugement d'homologation est déposé au greffe et tout intéressé peut prendre connaissance de l'accord, sans oublier la publicité faite par le greffe.[639]. Dans le cadre du constat de l'accord de conciliation par le seul président, cette faculté d'entendre toute personne utile n'est pas prévue. On ne comprendrait d'ailleurs pas que cela soit possible sans que le ministère public soit présent.

b) Les limites à la confidentialité

445. Au-delà des textes sur la prévention, certaines dispositions légales constituent des limites à la confidentialité

446. L'information de l'Autorité des Marchés Financiers. Un régime spécifique impose, même en procédure préventive, une information pour les entreprises cotées en bourse lesquelles peuvent également se retrouver en difficulté[640]. A ce titre, l'Autorité des Marchés Financiers (A.M.F.) est particulièrement attentive à l'information financière diffusée par les émetteurs en difficulté dont les titres financiers sont cotés. Ainsi, même dans le cadre de mesures préventives, l'émetteur demeure redevable d'informations au marché. Toutefois, le principe de la confidentialité de l'article L. 611-15 du code de commerce est en apparente contradiction avec l'obligation d'information permanente posée à l'article article 17.1 du règlement abus de

---

[635] C. com., art. L. 611-6, al. 3, R. 611-25 et R. 611-26-1.
[636] C. com., L. 611-9.
[637] C. com., art. L.611- 6, al. 5.
[638] C. com., art. L.611-9.
[639] C. com., art. L.611-10.
[640] A. Gaudemet, D. Lamarche et D. Bompoint, *Les sociétés cotées en difficulté*, BJE sept./oct. 2024, n° BJE201q8.

marché (MAR)[641] et les articles 223-1 et suivants du règlement général de l'A.M.F. Selon cette dernière, le principe de confidentialité ne saurait exempter l'émetteur de lui donner des informations sur sa situation financière. L'A.M.F. étant informée, elle est alertée sur une situation qui nécessite une vigilance particulière au regard des obligations d'information de la société et du fonctionnement du marché[642]. Toutefois, elle ne diffuse pas l'existence d'un mandat *ad hoc* et d'une conciliation, ce qui est d'autant plus remarquable qu'il existe un principe de diffusion de toutes les informations concernant les sociétés cotées.

447. L'autorité de la concurrence. Dans le cadre d'investigations diligentées par les enquêteurs de l'autorité de la concurrence, le principe de la confidentialité leur a été opposé. La chambre criminelle de la cour de cassation a toutefois jugé que l'obligation de confidentialité n'est pas opposable aux enquêteurs de l'Autorité de la concurrence, en l'absence de disposition expresse[643]. Pour autant, il nous semble qu'ils ne peuvent diffuser une information relative à l'ouverture d'un mandat *ad hoc* ou d'une conciliation.

448. L'obligation de révélation pesant sur les professionnels de l'insolvabilité. Dans les mesures préventives, les administrateurs judiciaires et mandataires judiciaires sont tenus non seulement bien sûr au principe de confidentialité mais aussi au secret professionnel dans les conditions prévues par les articles 226-13 et 226-14 du code pénal[644]. De façon générale en procédure collective, ils sont également tenus par une obligation de révélation prévue dans le livre VI du code de commerce en son article R. 653-1 pour les mandataires de justice mentionnés à l'article L. 653-7. Dès qu'ils ont

---

[641] MAR : règlement abus de marché, issu du règlement européen (UE) n° 596/2014 du parlement européen et du conseil du 16 avril 2014.

[642] Autorité des Marchés Financiers, *Guide de l'information permanente et de la gestion de l'information privilégiée*, recommandation DOC-2016-08, https://www.amf-france.org/fr/reglementation/doctrine/doc-2016-08 ; O. Buisine, *Sociétés cotées en difficulté et information financière*, Rev. dr. Banc. 2019/6, étude 17 ; A. Larousse, S. Charbit, *Les réponses du droit boursier aux difficultés des entreprises*, Journ. Sociétés, juill. 2019, p. 33 ; C. De Reals, *Les enjeux liés à la cotation dans le contexte des difficultés financières*, Actes pratiques et ingénierie sociétaire, sept./oct. 2022, dossier 24 ; F. Kopf et M. Della Vittoria, *L'information financière des sociétés en difficulté : entre transparence de l'émetteur et protection du débiteur*, Bull. Joly Bourse, juin 2013, p. 303 ; F. Abitbol, A. Bigot, D. Bompoint, M. Senechal, sous la dir. de M. Menjucq, Rev. proc. coll. 2022/1, table ronde 1.

[643] Cass. crim. 20 avr. 2022, n° 20-87.248, RTD com. 2022. 674, obs. L. Saenk ; D. actu. 25 mai 2022, obs. Dufourq.

[644] Ce principe est repris dans un arrêté du garde des sceaux du 18 juillet 2018 portant approbation des règles professionnelles établies par le Conseil national des administrateurs judiciaires et mandataires judiciaires.

connaissance de faits pouvant entraîner une sanction professionnelle, ils sont tenus d'en informer le procureur de la République et le juge-commissaire. Toutefois, cette information vise les seules fautes de gestion pouvant entraîner contre leur auteur une mesure de faillite personnelle ou une mesure d'interdiction de gérer mais ne visent pas les crimes et délits. Ce silence des textes a abouti à une intervention du législateur. Ainsi, l'article 20 de la loi n° 2011-331 du 28 mars 2011 de modernisation des professions judiciaires ou juridiques et certaines professions réglementées, a créé un nouvel article L. 814-12 dans le code de commerce qui prévoit que « *Tout administrateur judiciaire ou mandataire judiciaire qui, dans l'exercice de ses fonctions, acquiert la connaissance d'un crime ou d'un délit est tenu d'en donner avis sans délai au procureur de la République et de transmettre à ce magistrat tous les renseignements, procès-verbaux et actes qui y sont relatifs* »[645]. Ce texte est la retranscription de l'article 40 alinéa 2 du code de procédure pénale[646] mais adapté aux seuls administrateurs et mandataires judiciaires.

449. Champ d'application de l'article L. 814-12 du code de commerce. S'est naturellement posée la question de savoir si ce texte intégrait dans son périmètre les procédures de mandat *ad hoc* et de conciliation. Dans le cadre des travaux parlementaires, un amendement soutenu par Yves Nicolin avait pour objectif de cantonner l'article L. 814-12 du code de commerce aux seules procédures jugées « *les plus pertinentes* », à savoir les procédures collectives et donc en excluant le mandat *ad hoc* et la conciliation. Au final, cet amendement fut retiré. Des auteurs ont vu dans ce dispositif une véritable obligation de délation souhaitant que ce texte, fâcheux, n'englobe pas les mesures préventives[647].

450. L'obligation de révélation et le délit de dénonciation calomnieuse. Des professionnels de l'insolvabilité ont parfois évoqué la crainte en cas de révélation, de tomber sous le coup du délit de dénonciation calomnieuse définie à l'article 226-10 du code pénal[648]. Toutefois, dès lors que le

---

[645] Ch. Delattre, *Les obligations des administrateurs et mandataires judiciaires en matière de révélation*, BJE sept./oct. 2013, n° 110h3 et revue GRASCO, nov. 2013, p. 98 et s ; *Mandat ad hoc et obligation d'information du ministère public par les mandataires judiciaires,* Leden, juin 2011/6, n° 103.

[646] Il existe un dispositif de révélation des crimes et délits fixé à l'article 40 du code de procédure pénale au procureur de la République. Ce texte concerne toute autorité constituée, tout officier public et tout fonctionnaire ce qui exclut les professionnels de l'insolvabilité.

[647] F. Pérochon avec le concours de Fl. Reille, M. Laroche, V. Martineau-Bourgninaud, Th. Favario et A. Donnette, *Entreprises en difficulté*, LGDJ, 12e éd. 2024, n° 186.

[648]« *La dénonciation, effectuée par tout moyen et dirigée contre une personne déterminée, d'un fait qui est de nature à entraîner des sanctions judiciaires, administratives ou disciplinaires et que l'on sait totalement ou partiellement inexact,*

professionnel ne fait que suivre une disposition légale, l'infraction n'est par caractérisée[649].

451. Le recueil de diligences et de recommandations des mandataires judiciaires du comité permanent des diligences de l'Institut Français des Praticiens des Procédures Collectives (I.F.P.C.C.) prévoit une recommandation n°200-2 laquelle dispose : « *Le mandataire ad hoc et le conciliateur informent immédiatement le président du tribunal de toute fraude qu'il constaterait de la part de l'entreprise ou d'un de ses partenaires* ». Si le terme fraude doit, selon nous, s'entendre en l'espèce dans un sens large et viser notamment les contraventions, les délits et les crimes, cette recommandation préconise une information de la part du professionnel uniquement à destination du président du tribunal sans évoquer le ministère public. Nous ne pouvons que regretter cette recommandation qui nous semble incomplète et constituer un frein aux obligations légales de loyauté et de transparence des professionnels de l'insolvabilité à l'égard du ministère public. De surcroît, quel intérêt de révéler une infraction au seul président de la juridiction saisie, qui au demeurant n'a aucun pouvoir en la matière, à la différence du ministère public, organe de poursuite en cas d'infraction ? Cela n'incite pas le professionnel à respecter ses obligations légales alors que bien souvent il se reporte aux règles professionnelles reprises dans ce recueil pour justifier son action.

452. Cependant, lors d'une table ronde sur le thème « *La perception du ministère public par les acteurs de l'insolvabilité* » qui s'est déroulée le 10 juillet 2024, ce sujet a été abordé par l'auteur du présent ouvrage. Maître Serge PREVILLE, président de l'IFPPC, a reconnu que la rédaction de cette recommandation était « *en droit fausse* ». Il évoquait la nécessité d'y apporter une correction[650].

453. Nonobstant le principe de confidentialité posé à l'article L. 611-15 du

---

lorsqu'elle est adressée soit à un officier de justice ou de police administrative ou judiciaire, soit à une autorité ayant le pouvoir d'y donner suite ou de saisir l'autorité compétente, soit aux supérieurs hiérarchiques ou à l'employeur de la personne dénoncée est punie de cinq ans d'emprisonnement et de 45 000 euros d'amende ».

[649] Anc. art. 168 du décret n° 85-1388 du 27 décembre 1985 devenu article R. 653-1 du code de commerce ; Ch. Delattre, *Le liquidateur engage-t-il sa responsabilité en signalant des infractions au ministère public ?* Rev. proc. coll. 2009/3, étude 9 ; Cass. crim. 14 janv. 2014, n° 12-86.781, BJE juill./août 2014, n° 111j1, note Ch. Delattre ; D. 2014, Actu 145 ; Gaz. Pal. 29 juin-1er juill. 2014, p. 39, obs C. Robaczewski ; D. 2014. Actu. 145 ; Act. proc. coll. 2014, nº 67, obs. A. Cerf-Hollender.

[650] Table ronde dirigée par M. Menjucq avec Ch. Delattre, S. Preville, M. Peslier, L. Jouve, J.P. Farges et C. Peugnet « *La perception du ministère public par les acteurs de l'insolvabilité* », Rev. proc. coll. 2024/5, table ronde n° 3, p. 49 et s..

code de commerce « *véritable muraille de Chine* », ces diverses dispositions légales constituent autant de limites.

§ 2. Le principe de la confidentialité : un principe conforté par la jurisprudence.

454. Une confidentialité très – trop – protégée ? Le principe de confidentialité a fait l'objet de diverses procédures contentieuses, lesquelles, si elles avaient abouti, auraient affaibli les mesures préventives[651]. Ces contentieux ont conduit la cour de cassation, notamment, à se pencher sur la portée réelle de ce principe pour convenir d'une application stricte (A). Toutefois, cette position ferme permet de s'interroger sur le droit à la preuve qui pourrait peut-être aboutir à une position plus flexible de la cour de cassation (B).

A. L'application stricte du principe de confidentialité

455. La confidentialité à l'épreuve du droit de la presse. Dans une procédure préventive retentissante, la communication d'informations issues de la prévention par un organe de presse a donné lieu à une véritable saga judiciaire avec des arrêts très importants. La presse, de façon générale, publie régulièrement des informations issues des procédures judiciaires, y compris dans le domaine d'instances pénales. Le problème s'est naturellement posé à propos des procédures préventives.

456. Opposabilité du principe de confidentialité à la presse. La question s'est posée de savoir comment combiner le principe de confidentialité et celui de la liberté d'expression de la presse qui avait divulgué des informations concernant une société bénéficiant d'une mesure de prévention. Plus précisément, les sociétés d'un groupe en procédure de conciliation voyaient la communication d'informations confidentielles issues des négociations en cours dans le cadre d'une conciliation, divulguées dans un organe de presse. Suite à l'absence de réaction à une mise en demeure du conciliateur sommant l'organe de presse de cesser toute communication, le président du tribunal de commerce, statuant en référé, après avoir constaté que l'organe de presse avait causé un trouble manifestement illicite par son comportement, ordonnait, sous astreinte, le retrait des articles publiés [652]. Mais son ordonnance était infirmée en appel au motif que ladite société de presse n'était pas directement tenue par

[651] A. Brûlé, *La confidentialité au sein des procédures de prévention : gare à la violation du secret*, Rev. proc. coll. 2024/5, focus n° 26.

[652] T. com. réf. Nanterre, 16 nov. 2012, RG n° 2012R01221.

cette obligation dès lors qu'elle n'était pas appelée à la procédure préventive concernée[653]. Toutefois, la cour de cassation va casser l'arrêt au motif que la cour d'appel en estimant que les publications litigieuses ne constituaient pas un trouble manifestement illicite au regard de la liberté d'informer du journaliste *« sans rechercher si les informations diffusées, relatives à la prévention des difficultés des sociétés »* en conciliation *« et couvertes par la confidentialité, relevaient d'un débat d'intérêt général, avait privé sa décision de base légale »*[654].

457. La confidentialité à l'épreuve du débat d'intérêt général. La cour de cassation place donc le débat sur la notion d'intérêt général. D'où la question de savoir si les informations divulguées en violation de l'article L. 611-15 du code de commerce relevaient de l'intérêt général. La cour d'appel de renvoi de Paris va confirmer l'ordonnance du tribunal de commerce de Nanterre du 16 novembre 2012. Pour les juges d'appel, le droit à la liberté d'expression et d'information consacré par l'article 11 de la Charte des droits fondamentaux de l'Union européenne, est susceptible de faire l'objet de restrictions si elles sont nécessaires et répondent à des objectifs d'intérêt général[655]. Un pourvoi était engagé par l'organisme de presse à l'encontre de cet arrêt.

458. Parallèlement, les sociétés du groupe victime de cette publicité avaient assigné l'organe de presse en dommages et intérêts sur le fondement de la responsabilité extracontractuelle pour non-respect de son obligation de confidentialité. La demande était rejetée en première instance, mais la cour d'appel de Versailles infirme le jugement au motif que la liberté d'expression et d'information par voie de presse peut être restreinte à la protection des droits d'autrui et qu'en conséquence, peut-être fautive une divulgation d'informations confidentielle, non justifiée par le devoir d'information sur une question d'intérêt général portant atteinte aux droits d'autrui[656]. Pour la cour d'appel, *« les publicités litigieuses faites les 26 juillet, 9 août, 25 septembre et 17 octobre 2012 étaient fautives pour avoir méconnu le principe de*

---

[653] CA Versailles, 14ème ch., 27 nov. 2013, RG n° 13/00670, Rev. proc. coll. 2014/6, n° 147, note Ch. Delattre ; RTD com. 2015, p. 363, note F. Macorig-Venier.

[654] Cass. com. 15 déc. 2015, n° 14-11.500, Rev. proc. coll. 2016/1, n° 1, note Ch. Delattre ; Act. proc. coll. 2018/10, n° 136, note D. Voinot, B. Ghandour et Ch. Delattre ; Leden, 2016/1, n° 1, note P. Rubellin ; D. 2016, somm., p. 5, note A. Lienhard ; JCP E, 2016,1085, note T. Stefania ; JCP G 2016, 216, note G. Loiseau ; la revue Légipresse, fév. 2016, n° 334-13, note A.-E. Crédeville ; Rev. sociétés 2016, p. 193, note Ph. Roussel Galle.

[655] CA Paris, pôle 1, ch. 2, 20 avr. 2017, RG n° 16/02849, Rev. proc. coll. 2017/6, n° 132 note Ch. Delattre.

[656] CA Versailles, 14 sept. 2017, RG n° 15/08941, Leden, 2017/9, n° 110y8, note F.-X. Lucas.

confidentialité attachée aux négociations dans le cadre des procédures de mandat ad hoc et de conciliation » justifiant une réparation financière.

459. Question prioritaire de constitutionnalité sur l'article L. 611-15 du Code de commerce. Sur pourvoi engagé par l'organe de presse contre cet arrêt, ce dernier a demandé de renvoyer au Conseil constitutionnel la question prioritaire de constitutionnalité portant sur l'article L. 611-15 du Code de commerce pour savoir s'il était conforme « *à la Constitution, précisément à l'article 11 de la Déclaration des droits de 1789 et à l'article 34 de la Constitution dont découle le principe selon lequel il appartient au législateur de prévoir les cas dans lesquels un citoyen doit répondre des abus de la liberté d'expression et de communication et d'assurer la conciliation entre cette liberté et les droits et libertés qui s'y opposent par des mesures nécessaires, adaptées et proportionnées à l'objectif poursuivi, en ce que, telles qu'interprétées par une jurisprudence établie de la Cour de cassation (Com., 15 décembre 2015, pourvoi n° 14-11500, publié au bulletin), elles permettent d'engager la responsabilité civile extracontractuelle d'un organe de presse pour avoir diffusé une information relative à l'exécution d'un mandat ad hoc ou à une procédure de conciliation, alors que les termes qu'elles emploient ne prévoient pas que des tiers à cette conciliation puissent être tenus pour fautifs s'ils diffusent une telle information et ne prescrivent pas, et donc ne limitent pas, les sanctions susceptibles d'être prononcées, et alors que cette responsabilité civile pourrait être engagée, selon cette jurisprudence établie, sous la seule réserve que la diffusion de l'information contribue à un débat relatif à une question d'intérêt général, quelle que soit la teneur de cette information dont la confidentialité est par ailleurs prescrite sans la moindre limitation de durée ?* ».

460. Refus de la cour de cassation de renvoyer la question prioritaire constitutionnelle au Conseil constitutionnel. La cour de cassation refuse de renvoyer au Conseil constitutionnel la question prioritaire de Constitutionnalité. Elle juge « *que si l'article L. 611-15 du code de commerce ne précise pas expressément que des organes de presse peuvent engager leur responsabilité civile en diffusant des informations couvertes par la confidentialité qu'il institue à l'égard des procédures de conciliation ou des mandats ad hoc, il n'en résulte pas pour autant que le législateur ait méconnu sa compétence faute de limiter les sanctions pouvant être prononcées à cette occasion, dès lors que cette confidentialité, qui cède lorsque la diffusion de telles informations contribue à l'information légitime du public sur un débat d'intérêt général, se justifie par la nécessaire protection due aux entreprises engagées dans un processus de négociation avec leurs créanciers, une telle divulgation étant de nature à compromettre le succès du processus en cours, voire la pérennité de l'entreprise, et que la condamnation à indemnisation qui pourrait être prononcée par le juge, en ce cas, est nécessairement* *proportionnée, car limitée, en vertu du principe de réparation intégrale du dommage, au préjudice que cette divulgation aura provoqué, qui devra faire l'objet d'une démonstration concrète et que l'organe de presse est en mesure d'apprécier avant de s'y livrer »*[657].

461. Cet arrêt de la chambre commerciale doit mis être en perspective avec la loi n°2018-670 du 30 juillet 2018 relative à la protection du secret des affaires qui est la retranscription de la directive 2016/943/UE du parlement européen ainsi que le Conseil du 8 juin 2016 relatif à la protection des savoir-faire ainsi que des informations commerciales non divulguées contre l'obtention, l'utilisation ainsi que les divulgations illicites de certaines données.

462. A la suite de ce refus de transmettre au Conseil constitutionnel cette question prioritaire de constitutionnalité, la cour de cassation s'attachait à statuer sur le second moyen soutenu par l'organe de presse suite à l'arrêt de la cour d'appel de Paris du 20 avril 2017 précité. Elle va considérer concernant la divulgation : « *que les articles litigieux, qui ont divulgué des données chiffrées confidentielles sur les difficultés des sociétés du groupe Consolis et les détails des négociations en cours que ces dernières menaient pour restructurer leur dette dans le cadre d'une procédure de conciliation couverte par la confidentialité prévue par l'article L. 611-15 du code de commerce, n'étaient pas de nature à nourrir un débat d'intérêt général sur les difficultés d'un grand groupe industriel et ses répercussions sur l'emploi et l'économie nationale, mais tendaient principalement à satisfaire les intérêts de ses abonnés, public spécialisé dans l'endettement des entreprises, et que leur publication risquait de causer un préjudice considérable aux sociétés du groupe Consolis ainsi qu'aux parties appelées à la procédure de prévention amiable et de compromettre gravement son déroulement et son issue, la cour d'appel qui, en dépit de l'usage inapproprié de l'expression « conforme à l'intérêt général » au lieu de « conforme à l'objectif légitime d'informer le public sur une question d'intérêt général », a effectué la recherche invoquée à la quatrième branche et n'avait pas à effectuer celle invoquée à la troisième branche, a fait une juste application de l'article 10 de la Convention de sauvegarde des droits de l'homme et des libertés fondamentales ; que le moyen n'est pas fondé »*. La cour de Cassation va rejeter le pourvoi[658].

---

[657] Cass. com., 4 oct. 2018, n° 18-10.688, Rev. proc. coll. 2018/6, n° 181, note Ch. Delattre.

[658] Cass. com. 13 févr. 2019, n° 17-18.049, BJE mai/juin 2019, n° 116w8, note M.-H. Monsèrié-Bon ; Rev. proc. coll. 2019/6, n° 157, note Ch. Delattre ; RLD Aff. 2019, n° 6673 et 6698, note F. Marmoz ; JCP G 2019, 343, note P. Roussel Galle ; Gaz. Pal. 2019, n° 15, p. 59, note G. C. Giorgini.

463. A la suite de son refus de transférer la Question Prioritaire de Constitutionnalité, la cour de cassation[659] a été amenée à statuer sur l'appel régularisé à l'encontre de l'arrêt rendu par la cour d'appel de Versailles précité[660], et a rejeté le pourvoi : *« (...) l'article L. 611-15 du code de commerce a posé le principe de la confidentialité des informations relatives à ces procédures [le mandat ad hoc et la conciliation], qui se justifie par la nécessité de protéger, notamment, les droits et libertés des entreprises qui y recourent ; que l'effectivité de ce principe ne serait pas assurée si ce texte ne conduisait pas à ériger en faute la divulgation, par des organes de presse, hormis dans l'hypothèse d'un débat d'intérêt général, des informations ainsi protégées ; que c'est donc à bon droit que la cour d'appel a retenu que la faute reprochée à la société Mergermarket procédait de la méconnaissance du texte précité »*. Et la cour d'ajouter que la société de presse *« ne pouvait ignorer qu'elle publiait des informations protégées et que, ce faisant, elle risquait de causer un grave préjudice aux sociétés du groupe Consolis et, ainsi, d'engager sa responsabilité civile, la cour d'appel a justement écarté le grief pris de l'imprévisibilité de la règle légale »*[661].

464. Confirmation de la portée de la confidentialité par la Cour Européenne des droits de l'homme. Pour clore cette saga judiciaire, la Cour Européenne des Droits de l'Homme était saisie par la société de presse invoquant une violation de l'article 10 de la Convention par les juges du fond ainsi que la Cour de cassation française. La Cour Européenne va déclarer la requête irrecevable tout d'abord en indiquant qu'en l'espèce l'article L. 611-15 du code du commerce oblige à la confidentialité non seulement toute personne qui est appelée à un mandat *ad hoc* mais également toute personne qui, par ses fonctions, en a connaissance. De plus, l'objectif de ce texte étant de garantir par la confidentialité et le bon déroulement de la procédure de mandat *ad hoc* dont peuvent bénéficier les entreprises en difficulté, l'interprétation de la Cour de cassation était prévisible, tout particulièrement pour l'éditrice d'un média d'analyse et d'investigation économique qu'est la société requérante.

465. Ensuite, la cour estime que la restriction est fondée sur la poursuite de buts légitimes pour enfin préciser que la requérante n'a pas justifié que la

---

[659] Cass. com. 4 oct. 2018, n° 18-10.688, Rev. proc. coll. 2018/6, n° 181, obs. Ch. Delattre.

[660] CA Versailles, 14 sept. 2017, RG n° 15/08941, Leden, 2017/9, n° 110y8, note F.-X Lucas.

[661] Cass. com. 13 juin 2019, n° 18-10.688, BJE sept./oct. 2019, n° 117f2, note M. H. Monsèrié-Bon ; D. 2019. Actu. 1279, obs. Lienhard ; *ibid.* Pan. 1903, obs. F.-X. Lucas ; Rev. sociétés 2019. 553, obs. L. C. Henry ; RTD com. 2019. 978, obs. F. Macorig-Venier ; Act. proc. coll. 2019, n° 178, obs. P. Cagnoli ; RJDA 2019, n° 642 ; Gaz. Pal. 15 oct. 2019, p. 50, obs. G. C. Giorgini.

divulgation des informations publiées avait participé à un débat sur des questions d'intérêt général qui aurait pu justifier une protection renforcée de la liberté de la presse dans la mesure ou les informations publiées n'étaient destinées qu'à un électorat spécifique potentiellement intéressé par l'évolution économique du groupe bénéficiant de la prévention mais aucunement le public en général[662].

466. Il ressort de l'ensemble de ces décisions qu'un organe de presse est tenu de respecter la confidentialité et cette précision est la bienvenue pour assurer la sérénité des débats, la décision de la Cour européenne des droits de l'homme constituant selon Florence Reille le « *clap de fin* ».

467. La confidentialité de la conciliation face aux exigences prudentielles de l'article 178 du règlement (UE) n° 575/2013. L'article 178 du règlement précité qui traite de la quantification des risques d'un débiteur, liste plusieurs situations qui le placent en défaut au sens des normes européennes. L'ouverture d'une procédure de conciliation ne constitue pas l'un des signes d'absence probable de paiement par un débiteur au sens de ce texte. La cour de cassation vient de rappeler ce principe. Dès lors un établissement bancaire ne peut évoquer l'existence d'une procédure de conciliation, sous peine de violer le principe de confidentialité, pour justifier une déclaration de défaut. Dans son commentaire, le professeur Philippe Roussel Galle suggère, dès lors que la cour de cassation a levé tous les doutes au fil de ses arrêts, propose une réécriture plus simple de l'article L.611-15 du code de commerce qui pourrait devenir : « *Toute personne qui a connaissance de la conciliation est tenue à la confidentialité* »[663].

B. Vers un assouplissement de la jurisprudence de la cour de cassation ?

468. La caution et la confidentialité. La portée de la confidentialité peut soulever des difficultés. Ainsi, un ancien dirigeant caution condamné au paiement de diverses sommes à une banque de son ancienne entreprise invoquait en appel la mauvaise foi de cette dernière qui avait refusé d'accepter l'offre formulée par le mandataire *ad hoc* au motif qu'elle voulait le

---

[662] CEDH, sect. 5, req. n° 64594/19, 16 mars 2023, Rev. sociétés juin 2023, note F. Reille et Bull. act. greffiers, déc. 2023, p. 8 ; RTD com., juill.-sept. 2023, n° 3, p. 726 note F. Macorig-Venier.

[663] Cass. com. 3 juill. 2024, n° 22-24.068, Rev. Sociétés, 2024, p.257, note Ph. Roussel Galle ; Leden sept. 2024, n° 8, n° DED202n3, note G. C. Giorgini, Dalloz act. 10 oct. 2024, note G. Berthelot ; Gaz. pal. 24 sept. 2024, n° 30, note G. Teboul ; Leden banque, sept. 2024, n° DBA202j2, note J. Lasserre Capdeville.

sanctionner et il versait aux débats une attestation du mandataire *ad hoc* stigmatisant l'attitude de la banque[664]. La cour d'appel, après avoir rappelé que le professionnel de l'insolvabilité avait enfreint le principe de confidentialité, écartait des débats cette attestation et l'ancien dirigeant était condamné au paiement des sommes demandées par la banque[665]. Le pourvoi était rejeté en rappelant que la cour d'appel a eu raison d'écarter la pièce litigieuse contrevenant à l'article L. 611-15 du code de commerce et qu'un créancier n'était pas tenu d'accepter les propositions du mandataire *ad hoc*[666]. La cour de cassation en appliquant strictement le principe de la confidentialité a ainsi refusé à la caution la possibilité de se défendre en versant une pièce qu'elle estimait probante. Cet arrêt doit s'analyser avec une autre procédure qui permet de s'interroger sur le droit à la preuve.

469. Le droit à la preuve et la confidentialité. A la suite de la liquidation judiciaire d'une entreprise et la fixation de la créance d'un établissement bancaire, l'ancien dirigeant est poursuivi par la banque en sa qualité de caution. Après une longue procédure judiciaire, la cour d'appel de renvoi écartait des débats trois pièces communiquées par l'ancien dirigeant dès lors que cette communication était contraire à l'article L. 611-15 du code de commerce alors qu'elle permettait selon lui, de démontrer la responsabilité de la banque[667]. La chambre commerciale confirmait l'application stricte de l'article L. 611-15 du code de commerce en rappelant que « *le moyen qui postule que cette obligation ne s'applique qu'à l'égard des tiers et non entre les parties à la procédure et que M.X., gérant de la Sté. Y. était fondé à opposer à la banque le contenu de leurs échanges pour rechercher sa responsabilité, manque en droit* »[668]. Par cette décision, la chambre commerciale précise que le principe de confidentialité s'applique également à l'égard des parties.

470. Pour autant, cette solution pose question. En effet, comment une personne peut-elle se défendre équitablement si on lui interdit de verser au

---

[664] La seule sur dix-huit banques présentes à la table des négociations réunies sous l'égide d'un mandataire *ad hoc*.

[665] CA Paris, pôle 5, ch. 6, 6 mars 2014, RG n° 12/20288.

[666] Cass. com. 22 sept. 2015, n° 14-17.377, BJE 2015/6, p. 360, note T. Favario ; Rev. proc. coll. 2015/6, n° 174, note Ch. Delattre ; RTD Civ, 2016, n°1 note H. Barbier ; RTD Com. 2016, n° 1, note F. Macorig-Venier ; Rev. sociétés, 2015, p. 761, note Ph. Roussel Galle ; Recueil Dalloz Sirey, sept. 2016, n° 32, note F.-X. Lucas et P.-M. Le Corre.

[667] CA Toulouse, 13 janv. 2021, RG n° 19/05252.

[668] Cass. com. 5 oct. 2022, n° 21-13.108, BJE, nov. /déc. 2022, n°200u9, note M. L. Guinamant ; Leden 2022/11, n° 10, n° DED201c8, note F.-X. Lucas ; D. act. 2022.1752, note G. C. Giorgini ; Rev. Sociétés 2022, p. 706, note Ph. Roussel Galle ; Act. proc. coll. 2022/18, n°332, note A. Bennini ; RTD com. 2022, p. 850, note F. Macorig-Venier ; Rev. proc. coll. 2022/6, n° 102, note Ch. Delattre.

débat des pièces qu'elle juge fondamentales pour sa défense ? Le code de procédure civile précise dans ses articles 1 à 24 que chacune des parties doit pouvoir organiser sa défense en appuyant ses moyens par des pièces justificatives probantes. Rejeter de telles pièces pour une partie ne revient-il pas à l'empêcher de démontrer le bien-fondé de sa demande alors que la partie adverse profitera de la confidentialité pour échapper, peut-être, à ses responsabilités ? Un praticien a précisé que la confidentialité devait s'adapter aux droits de la défense du débiteur[669].

471. La revendication du droit à la preuve par une partie au procès. L'avocate générale référendaire dans cette affaire, Marie Liesse Guinamant, a développé une argumentation pourtant très convaincante selon nous en ce qu'elle a relevé la revendication du droit à la preuve par une partie au procès. Après avoir rappelé que sous l'influence de la Cour européenne des droits de l'Homme[670], le procès civil évolue de plus en plus d'un droit de la preuve vers un droit à la preuve[671], Marie Liesse Guinamant a indiqué que la cour de cassation avait pourtant déjà reconnu le droit à la preuve[672]. Bien que le principe de la confidentialité soit régulièrement rappelé par la cour de cassation, on ne peut cependant occulter le fait que la question du droit à la preuve continue, fort justement à se poser. Comme elle le rappelle : « *La question est finalement de savoir s'il convient d'assurer, via la confidentialité, une immunité aux créanciers au titre de leur comportement au cours de la procédure de conciliation* »[673]. Pourquoi, nonobstant l'importance du principe de confidentialité, ne serait-il pas possible de le concilier avec le droit à la preuve notamment au cas par cas ? La

---

[669] G. Teboul, *La confidentialité de la conciliation : absolue ou relative ?,* D. act. 24 oct. 2022.

[670] Sur l'aspect égalité des armes, cf. CEDH, 27 oct. 1993, n° 14448/88, Dombo Beheer BV c/ Pays-Bas ; CEDH, 10 oct. 2006, n° 7508/02, L.L. c/ France qui consacre le droit à la preuve ; CEDH, 13 mai 2008, NM et TA c./ Belgique, n°65097/01.

[671] G. Lardeux, *Du droit de la preuve au droit à la preuve,* D. 2012, p. 1596.

[672] Cass. 1ère civ. 5 avr. 2012, n° 11-14.177 ; RTD civ. 2012. 506, obs. J. Hauser ; D. 2012. 1596, note G. Lardeux ; *ibid.* Pan. 2826, obs. Ph. Delebecque, J.-D. Bretzner et I. Darret-Courgeon ; *ibid.* Pan. 2013. 269, obs N. Fricero ; *ibid.* 457, obs. E. Dreyer : en l'espèce la cour a jugé qu'une juridiction qui écarte des débats une lettre au motif qu'elle violerait l'intimité de la vie privée de son rédacteur et le secret des correspondances sans rechercher si cette communication n'était pas indispensable à l'exercice du droit à la preuve et proportionnée aux intérêts antinomiques en présence a privé de base sa décision ; Cass. com. 15 mai 2019, n° 18-10.491, JCP 2019, n° 642, note Th. Bonneau ; D. 2019. 1595, note H. Michelin-Brachet : dans le cadre d'une action en responsabilité d'une banque, la chambre commerciale a cassé un arrêt au motif qu'il n'avait pas recherché si la communication des informations qui figuraient au verso d'un chèque et proportionnée aux intérêts antinomiques en présence ; cf. également Cass. com. 4 juill. 2018, n° 17-10.158, JCP, 2018, n° 1507, note J. Lasserre Capdeville.

[673] P.-M. Le Corre et F.-X. Lucas, *Droit des entreprises en difficulté,* D. 2016, p. 1894.

jurisprudence de la chambre commerciale n'est peut-être pas définitive sur cette problématique de communiquer au cas par cas des pièces issues d'une procédure préventive dont la confidentialité n'a pas été levée.

472. La position de l'assemblée plénière de la cour de cassation sur la recevabilité d'une preuve obtenue d'une façon déloyale. Par un communiqué du 22 décembre 2023[674], la cour de cassation réunie en assemblée plénière[675] a, dans deux arrêts, pris position sur l'admission des moyens de preuve déloyaux. Dans une première affaire (pourvoi n° 20-20.648), l'assemblée plénière a admis que des moyens de preuve déloyaux pouvaient être présentés au juge à la condition qu'ils soient indispensables à l'exercice des droits du justiciable. Une réserve est posée en ce que cela ne doit pas porter une atteinte disproportionnée aux droits fondamentaux de la partie adverse. Dans une seconde affaire (pourvoi n° 21-11.330), la cour de cassation estime que les juges n'ont pas à s'interroger sur la valeur d'une preuve provenant de la messagerie Facebook dès lors qu'il n'est possible de licencier disciplinairement un salarié pour un motif en lien avec sa vie personnelle uniquement si celui-ci constitue un manquement à ses obligations professionnelles.

473. Ainsi, la Cour de cassation dans sa composition plénière a la même position que la Cour européenne des droits de l'homme comme précédemment reprise en posant les principes d'un droit à la preuve autonome en précisant son articulation avec les droits fondamentaux[676].

474. La confidentialité à l'épreuve de la dissimulation de plusieurs procédures préventives. Le principe de confidentialité n'est toutefois pas absolu. En effet, dans une autre procédure, la cour de cassation a jugé que l'obligation de confidentialité ne saurait justifier du débiteur qu'il dissimule à son partenaire bancaire avoir bénéficié de plusieurs procédures préventives (mandat *ad hoc* et conciliation). Un tel comportement du bénéficiaire du crédit peut s'analyser en un manquement à l'obligation de sincérité et de loyauté caractérisant alors un comportement gravement répréhensible caractérisé au sens de l'article L. 313-12

---

[674] Communiqué Cour de cassation du 22 décembre 2023 : *Usage devant le juge civil d'une preuve obtenue de façon déloyale.*

[675] Cass. Ass. Plé. 22 déc. 2023, n°20-20.648; D. actu. 9 janv. 2024, obs. Hoffschir ; D. 2024. 291, note Lardeux ; ibid. 296, note Pasquier ; RTD civ. 2024. 186, obs. Klein ; RTD com. 2024. 594, obs. Claudel ; JCP E 2024, n° 1042, note Golhen ;Dr. soc. 2024. 293, note Th. Radé; CCC 2024, n° 30, obs. Bosco ; LPA 30 avr. 2024, p. 63, note Bernet ; Gaz. Pal. 27 févr. 2024, p. 14, note Bizet ; ibid. 16 avr. 2024, p. 50, note Mayer ; Cass., ass. plén., 22 déc. 2023, n° 21-11.330 : D. 2023. 1443, obs. Vernac et Ferkane

[676] V. supra n° 464.

alinéa 2 du code monétaire financier[677] justifiant alors une rupture du crédit[678]. En l'espèce, la banque après avoir appris l'existence de mesures préventives a utilisé cette information pour rompre les lignes de crédit.

475. La confidentialité et les sanctions. En matière de sanction enfin, dans le cadre d'une liquidation judiciaire, la confidentialité d'une mesure préventive ne saurait constituer pour le dirigeant un moyen pour s'exonérer de toute responsabilité. En effet, si le législateur a posé le principe de la confidentialité, il serait inconcevable que ce principe en phase liquidative, soit utilisé par un dirigeant malhonnête et/ou incompétent bien conseillé pour échapper à toute responsabilité nonobstant les fautes de gestion relevées en lien direct avec l'insuffisance d'actif constatée. Dans une action en sanction engagée par le ministère public ou le liquidateur, la question du principe du droit à la preuve se pose également.

476. En définitive, si l'on approuve pleinement la position de la Cour de cassation et de le Cour européenne des droits de l'homme qui préservent le principe de confidentialité, on ne peut que constater que dans certains cas particuliers, ce principe peut avoir des effets très discutables. A tout le moins, la confidentialité pourrait être levée dans certains cas notamment à la demande du ministère public. Cependant, afin d'éviter un traitement inégalitaire, sur le territoire national, une levée systématique à l'ouverture de la procédure collective serait bienvenue.

---

677 *« Tout concours à durée indéterminée, autre qu'occasionnel, qu'un établissement de crédit ou une société de financement consent à une entreprise, ne peut être réduit ou interrompu que sur notification écrite et à l'expiration d'un délai de préavis fixé lors de l'octroi du concours. Ce délai ne peut, sous peine de nullité de la rupture du concours, être inférieur à soixante jours. Dans le respect des dispositions légales applicables, l'établissement de crédit ou la société de financement fournit, sur demande de l'entreprise concernée, les raisons de cette réduction ou interruption, qui ne peuvent être demandées par un tiers, ni lui être communiquées. L'établissement de crédit ou la société de financement ne peut être tenu pour responsable des préjudices financiers éventuellement subis par d'autres créanciers du fait du maintien de son engagement durant ce délai.*
L'établissement de crédit ou la société de financement n'est pas tenu de respecter un délai de préavis, que l'ouverture de crédit soit à durée indéterminée ou déterminée, en cas de comportement gravement répréhensible du bénéficiaire du crédit ou au cas où la situation de ce dernier s'avérerait irrémédiablement compromise.
Le non-respect de ces dispositions peut entraîner la responsabilité pécuniaire de l'établissement de crédit ou de la société de financement ».

678 Cass. com. 7 fév. 2012, n° 10-28.815, Rev. proc. coll. 012/6, n° 177, obs. Ch. Delattre ; RJDA 2012, n° 612.

Section 2 : La levée de la confidentialité à l'initiative du ministère public dans la procédure collective

477. La perte de raison d'être de la confidentialité après l'ouverture d'une procédure collective ? Il peut sembler paradoxal de tout à la fois soutenir que la confidentialité est essentielle dans le cadre des procédures préventives et prôner la levée de cette confidentialité, une fois la procédure collective ouverte. Toutefois, d'une part, il faut au préalable rappeler que cette situation ne se rencontre que lorsque le mandat *ad hoc* ou la conciliation ont échoué, soit parce qu'aucun accord n'a pu être trouvé, soit parce qu'il n'a pas pu être correctement exécuté. D'autre part, la mesure préventive doit être intervenue dans les dix-huit mois qui précèdent l'ouverture de la procédure collective. En telle hypothèse, il est légitime de rechercher les causes de cet échec. Dès lors, selon nous, la confidentialité n'a plus de raison d'être une fois la procédure collective ouverte puisque les créanciers sont sur un pied d'égalité en raison du principe de déclaration des créances antérieures[679] et du principe d'arrêt des poursuites individuelles[680]. D'ailleurs, le législateur permet la levée de la confidentialité dans des conditions strictes (§1) mais elle présente des intérêts non négligeables, ce qui postule selon nous de rendre cette levée de confidentialité systématique (§2).

§ 1. Le cadre légal de la levée de la confidentialité

478. La levée de la confidentialité par le tribunal lors de l'ouverture de la procédure collective. Le législateur prévoit la possibilité pour le tribunal de lever la confidentialité lors de l'ouverture de la procédure collective. S'il accepte de prendre cette décision, celle-ci entraîne des conséquences juridiques non négligeables. Cela suscite bien souvent des craintes lesquelles ne sont cependant pas fondées.

479. L'article L.621-1 du code de commerce prévoit dans ses alinéas 5 et 6[681] qu'en cas d'ouverture d'une procédure collective, « *à l'égard d'un débiteur qui bénéficie ou a bénéficié d'un mandat ad hoc ou d'une procédure de conciliation dans les dix-huit mois qui précèdent (...) le tribunal peut, d'office ou à la demande du ministère public, obtenir communication des pièces et actes relatifs au mandat ad hoc ou à la conciliation, nonobstant les dispositions de l'article L.611-15* »[682].

---

[679] C. com., art. L. 622-24 et s.

[680] C. com., art. L. 622-21 et s.

[681] Cette disposition applicable en sauvegarde est reprise respectivement en redressement judiciaire et en liquidation judiciaire aux articles L. 631-7 et L. 641-1 du code de commerce.

[682] T. com. Valenciennes, 13 déc. 2010, RG n° 2010-2124 et 7 fév. 2011, RG n° 2011-

480. Une levée de confidentialité à la seule initiative du tribunal et du ministère public. Le professeur Béatrice Thullier voit dans l'ouverture d'une procédure collective dans les dix-huit mois une limite à la confidentialité[683]. Il s'agit en réalité d'une demande autorisée par le législateur au seul bénéfice du ministère public ou du tribunal d'office. A la lecture de cette disposition, il apparaît que le dirigeant, les salariés et les créanciers ne peuvent saisir le tribunal à cette fin. Cela constitue déjà un sérieux filtre. En pratique, bien souvent le tribunal ne soulève pas d'office cette possibilité et c'est alors le ministère public qui formalise une telle demande. A ce titre, il doit démontrer l'utilité de sa demande dans l'intérêt de la procédure. Dans ce type d'action, lorsque le ministère public fonde et justifie sa demande sur une note, provenant en l'espèce d'un cabinet extérieur pointant la situation financière obérée d'une entreprise, il doit communiquer cette note contradictoirement[684].

481. De la nécessité d'examiner l'attitude du débiteur avant l'ouverture de la procédure collective. Dans son rapport au Sénat, M. Jean Jacques Hyest précisait lors des travaux parlementaires relatifs à la loi de sauvegarde, que le dernier alinéa de l'article L. 621-1 du code de commerce, donne au juge la possibilité, lors de l'ouverture d'une procédure collective, d'examiner l'attitude antérieure du débiteur notamment à l'occasion de la phase de prévention des difficultés de l'entreprise[685]. Cela semble signifier qu'il faut vérifier si l'intéressé a géré en bon père de famille ou s'il apparait que la procédure devait être appréhendée sous angle des sanctions (hypothèse de l'instrumentalisation d'une mesure préventive et/ou ouverture notamment de la conciliation en violation des dispositions légales). Néanmoins, le fait que le législateur n'ait pas rendu la levée de la confidentialité systématique est à l'origine d'une véritable inégalité dès lors que les juridictions n'adoptent pas toute la même attitude. En réalité, la levée de la confidentialité est parfaitement utile dans de nombreuses situations.

482. La levée de la confidentialité à l'audience d'ouverture mais uniquement à l'audience d'ouverture. *A priori*, et à s'en tenir à la lettre du texte, la levée de la confidentialité n'est prévue qu'à l'audience d'ouverture de la procédure collective[686] conformément à l'article L. 621-1 du code de

---

156, Rev. proc. coll. 2011/6, n° 165, obs. Ch. Delattre.

[683] B. Thullier, *Procédures de conciliation et concordat amiable*, J.-Cl. Procédures collectives, Fasc. n° 2030, n° 111.

[684] T. com. Chalons sur Saône, 30 juill. 2020, RG n° 2020002152, Rev. proc. coll. 2020/6, n° 140, obs. Ch. Delattre.

[685] Rapport J.-J. Hyest, n°335 du 11 mai 2005, art. 15.

[686] T. com. Valenciennes, 1er mars 2013, RG n° 2013000988 ; T. com. Vannes, 22 mars 2013, RG n° 2013000880, Rev. proc. coll. 2013/6, n° 160, obs. Ch. Delattre ; T. com. Quimper, 1er juin 2012, RG n° 2012/004764, 2012/004758 et 2012/004779, Rev. proc.

commerce. Aucun autre texte ne permet de formuler une telle demande à un autre moment de la procédure. Ainsi, toute demande formulée après l'audience d'ouverture, et donc au cours de la procédure, n'est pas envisageable en l'état actuel des textes et, semble donc à exclure. Pour autant, il est apparu que certaines juridictions n'ont pas hésité à malmener le texte, mais dans l'intérêt bien compris de la procédure collective.

483. La levée de la confidentialité avant le jugement d'ouverture ? Certains plaideurs ont soutenu que la demande de communication et l'autorisation de la levée de la confidentialité ne pouvaient intervenir avant le jugement d'ouverture. Ainsi, à la suite d'une régularisation d'une déclaration de cessation des paiements d'une entreprise ayant préalablement bénéficié d'un mandat *ad hoc,* le tribunal, par jugement avant dire droit du 18 octobre 2021, ordonnait à la suite d'une demande du ministère public, la communication des pièces et actes relatifs au mandat *ad hoc* et renvoyait l'affaire au 26 octobre 2021 puis au 2 novembre 2021. Par jugement du 2 novembre 2021, la société était placée en redressement judiciaire. Dans son appel, le débiteur soutenait d'une part que le tribunal ne pouvait ordonner la communication des pièces relatives à une procédure préventive en dehors, ou à tout le moins avant toute décision d'ouverture de la procédure collective et d'autre part que le tribunal ne pouvait ordonner une telle communication sans indiquer sur qui pèse la charge de la communication et au profit de qui elle doit être opérée.

484. La cour d'appel confirmait le jugement attaqué en précisant que le jugement avant dire droit ainsi que les renvois et le jugement d'ouverture forment un ensemble procédural indissociable dès lors que tant le jugement avant dire droit que les audiences de renvoi aboutissent à une décision d'ouverture ou de rejet de la procédure collective. Enfin, toujours selon la cour, aucun texte ne vient préciser au profit de qui la levée de la confidentialité peut être opérée et que la communication des pièces concernées est parfaitement possible à l'égard du ministère public, afin qu'il puisse avoir la même connaissance du dossier que le tribunal ainsi que le conseil du débiteur qui a assisté le débiteur dans la prévention[687]. Sur le pourvoi engagé contre cet arrêt, la cour de cassation a jugé le 22 novembre 2023 que la levée de la confidentialité peut intervenir dans un jugement avant dire droit[688]. Il s'agit

---

coll. 2012/6, n° 178, obs. Ch. Delattre.

[687] CA Lyon, 3ème ch A., 14 avr. 2022, RG n° 21/07676, Rev. proc. coll. 2022/6, n° 101, obs. Ch. Delattre.

[688] Cass. com. 22 nov. 2023, n° 22-17.798, D. actu. 14 déc. 2023, note O. Maraud ; Rev. Sociétés 2023, p. 814, obs. Ph. Roussel Galle ; LEDEN 2/2024. 2, obs. Lemberg-Guez; Gaz. Pal. 19 mars 2024, p. 59, obs. Giorgini ; Rev. proc. coll. 2024/3, n° 42, note Ch. Delattre.

d'une avancée très importante qui permet d'obtenir des éléments utiles dans le cadre d'une enquête préalable et d'affiner l'analyse de la réalité de la situation de l'entreprise. Au surplus, l'interprétation retenue par la cour de cassation donne au texte toute son utilité.

485. La levée de la confidentialité *contra legem* … dans l'intérêt de la procédure. Dans le cadre d'un redressement judiciaire, le tribunal n'avait pas statué sur la levée de la confidentialité dans son jugement d'ouverture[689]. Or, l'administrateur judiciaire obtenait, de manière informelle, des informations de la part de certains salariés dont notamment l'existence d'une précédente mesure préventive ouverte par une juridiction hors ressort de la cour d'appel ignorée jusque-là. Les informations contenues dans cette procédure préventive étaient d'une grande utilité pour l'administrateur mais les conditions dans lesquelles il les avait obtenues le plaçait dans une position délicate en ce qu'il ne pouvait pas en faire état dans son analyse des causes de la situation ainsi que des perspectives envisagées pour le sauvetage de l'entreprise. En prévision de l'audience de renouvellement de la période d'observation, l'administrateur judiciaire sollicitait néanmoins la levée de la confidentialité. Bien que cette demande semble contraire au dispositif légal précité, le tribunal réservait cependant une suite favorable à cette demande au motif « *que les négociations menées dans le cadre du mandat ad hoc dont la société a bénéficié étant de nature à éclairer la juridiction sur la situation actuelle de la société, il est justifié, conformément aux dispositions de l'article L. 621-1 alinéa 4 et 5 de compléter le jugement d'ouverture de la procédure de redressement judiciaire du 25 juin 2018 et d'ordonner la levée de la confidentialité des pièces et des actes relatifs au mandat ad hoc* »[690].

486. On perçoit nettement dans cette procédure que l'objectif du tribunal a été de permettre à l'administrateur judiciaire de disposer d'éléments supplémentaires pour mieux appréhender la situation économique et envisager une solution de sortie de la procédure collective. Il n'en reste pas moins que cette décision justifiée par la « *nécessité de compléter le jugement d'ouverture* » nous semble *contra legem*. Cette situation résulte très certainement de l'imprécision du texte et de son caractère imparfait[691].

---

[689] TGI Strasbourg, 25 juin 2018, RG n° 18/01056, Rev. proc. coll. 2018/6, n° 183, obs. Ch. Delattre.

[690] TGI Strasbourg, 20 août 2018, RG n° 18/01056, Rev. proc. coll. 2018/6, n° 183, obs. Ch. Delattre.

[691] P. Le Cannu et D. Robine, *Droit des entreprises en difficulté*, Dalloz, coll. Précis, 9e. éd. 2022, p. 114.

487. Exemples jurisprudentiels de refus de levée de la confidentialité après l'ouverture de la procédure collective. D'autres juridictions ont été amenées à statuer sur cet aspect procédural. Dans une première espèce, une entreprise avait obtenu le bénéfice d'une procédure de sauvegarde ainsi qu'un plan de sauvegarde. Après avoir vu sa tierce opposition rejetée, la tierce opposante sollicitait en appel la production des *« actes relatifs au mandat ad hoc et à la conciliation »*. Mais la cour d'appel rejette sa demande au motif qu'elle : *« n'est pas saisie de la demande d'ouverture de la procédure de sauvegarde de sorte que le texte invoqué au soutien de la demande n'était pas applicable à la présente procédure, la demande de production de ces pièces ne se justifie pas »*[692]. Une telle demande ne pouvait donc prospérer, selon les juges d'appel, dès lors que l'ouverture de la procédure collective était antérieure de plusieurs mois à la demande de la levée.

488. Dans une seconde espèce, lors de l'audience d'ouverture d'un redressement judiciaire, le parquet sollicitait la levée de la confidentialité pour obtenir la communication des pièces et actes relatifs au mandat *ad hoc*. Le tribunal n'ayant pas statué sur cette demande, il reformulait une demande en ce sens et le tribunal de commerce, cette fois, y faisait droit. Mais le jugement est infirmé en appel au motif que les juges de première instance, après délibéré, avaient indiqué que le tribunal ne sollicitera pas et n'accordera pas la levée de la confidentialité des éléments du mandat *ad hoc*[693].

489. Dans une troisième procédure, postérieurement à l'ouverture d'un redressement judiciaire, le professionnel de l'insolvabilité avait engagé une action aux fins d'obtenir l'annulation du remboursement d'une ligne de découvert au profit d'un partenaire financier survenue en période suspecte[694]. Rencontrant des difficultés pour réunir les preuves, il sollicitait le parquet pour requérir du tribunal la levée de la confidentialité et obtenir la communication des rapports, échanges et documents en possession du conciliateur pour venir en soutien de sa demande. Curieusement, le parquet s'exécutait et sollicitait la juridiction consulaire en ce sens. Le tribunal de commerce y faisait droit et ordonnait la levée de la confidentialité. Mais la cour d'appel de Versailles infirmait le jugement au motif que les conditions de la levée de la confidentialité *« doivent en être interprétées strictement (...) le dernier alinéa de l'article L. 621-1 ne peut être lu comme l'ont fait les premiers juges qui ont considéré que l'ouverture de la procédure permettait au tribunal, à tout moment de celle-ci, d'obtenir la communication des pièces alors que cette demande ne peut s'inscrire que dans le cas de l'ouverture la procédure de sauvegarde, de redressement ou de liquidation judiciaire (...). Dans ces*

[692] CA Nîmes, 4ème ch. com. 16 juin 2016, RG n° 14/03581.
[693] CA Toulouse, 2ème ch. 12 mai 2021, RG n° 20/00223.
[694] C. com., art. L. 632-2.

conditions, dès lors que la demande de levée de la confidentialité est intervenue près d'un an après l'ouverture de la procédure de redressement judiciaire, elle ne pouvait être accueillie »[695]. Il est ainsi réaffirmé que la demande de levée de la confidentialité au sens de l'article L. 621 1 du code de commerce est d'interprétation stricte et que toute demande formulée après l'audience d'ouverture ne saurait aboutir.

490. La communication des pièces suite à la levée de la confidentialité. Concernant la difficulté soulevée sur la communication des pièces, une cour d'appel a eu à trancher ce point. Alors que la confidentialité avait été ordonnée lors de l'ouverture d'une procédure collective, le parquet avait engagé une action en sanction contre trois anciens dirigeants. Toutefois, la société en liquidation judiciaire, faisant partie d'un groupe, avait bénéficié d'une procédure préventive ainsi qu'une autre société du groupe laquelle avait son siège social devant une autre juridiction. Le C.I.R.I. avait suivi les deux procédures et avait rendu un rapport unique commun aux deux entités. Dans le cadre de la procédure en sanction, le conseil d'un des anciens dirigeants poursuivis réclamait le rapport du C.I.R.I. mais l'ancien administrateur judiciaire s'y refusait car une partie du rapport concernait la seconde entreprise laquelle n'avait pas été placée en procédure collective et aucune levée de confidentialité n'avait été ordonnée pour cette dernière. Enfin, selon l'ancien administrateur judiciaire, seules des pièces choisies par le conciliateur avaient été remises, lequel prétendait ne pouvoir communiquer en application de l'article R. 611-44 du code de commerce que l'accord homologué et le rapport d'expertise mais en aucun cas le dossier du conciliateur.

491. Par jugement avant dire droit, le tribunal de commerce ordonnait la production forcée sous quinzaine par l'administrateur judiciaire, ancien conciliateur, des rapports, pré-rapports ainsi que les notes et correspondances établies et reçues dans le cadre de la conciliation notamment les comptes rendus de l'ensemble des réunions intervenus sous l'égide du C.I.R.I.. Le tribunal précisait toutefois que si l'un quelconque de ces documents devait faire référence à l'autre société du groupe, pour laquelle la confidentialité n'avait pas été levée, l'administrateur judiciaire devrait, sous sa responsabilité, communiquer les seules pièces relatives à la procédure par extrait pour laquelle la confidentialité avait été levée[696], ladite communication devant se faire par mise à disposition du dossier en son étude[697].

---

[695] CA Versailles, 13ème ch. 24 mai 2022, RG n° 21/07444, Rev. proc. coll. 2022/6, n° 101, obs. Ch. Delattre ; Leden, juill. 2022, n° DED200x3, note J. Allais ; Lamyline, 3 juin 2022, note P. Ledoux.

[696] T. com. Valenciennes, 5 mai 2014, RG n° 2013004412.

[697] T. com. Valenciennes, 29 juin 2015, RG n° 2013004412 (jugement rendu suite à

492. Après avoir précisé que le secret professionnel et la confidentialité ne constituaient nullement un empêchement légitime, la cour d'appel confirmait la position des premiers juges qui avaient demandé une communication des pièces par extrait si nécessa*ire*[698]. Une fois la confidentialité levée, le conciliateur ne peut donc décider les pièces qu'il souhaite communiquer et en faire le tri. Le texte ne fixe aucune limite à ce stade.

En application de ces décisions, il apparaît que la levée de la confidentialité ne peut *a priori*, intervenir en l'état actuel du texte, soit dans le cas d'un jugement avant dire droit soit au plus tard le jour de l'audience d'ouverture de la procédure. En raison des oppositions soulevées par cette levée de confidentialité, il faut aborder les réticences suscitées par cette possibilité afin de rassurer celles et ceux qui craignent que ne soit divulgué le contenu des transactions et négociations survenues à l'occasion des procédures préventives.

§ 2. L'utilité de la levée de la confidentialité

493. Des avis partagés sur la levée de la confidentialité. La levée de la confidentialité a ses adeptes et ses détracteurs ce qui nous amène à aborder les arguments développés par les uns et les autres.

494. Des craintes infondées. Au préalable, d'une part, on rappellera que la levée de la confidentialité s'effectue au bénéfice du seul tribunal qui communique ensuite les éléments au ministère public à sa demande. Dès lors, la crainte de voir des informations « *sur la place publique* » n'est pas fondée. D'autre part, le ministère public n'est pas là pour contrôler le contenu des accords conclus. Ces accords, quels que soient leurs contenus n'ont pas à être remis en cause, sauf cas de fraude.

495. La levée de la confidentialité aux fins de vérifier les conditions d'ouverture d'une procédure collective. Lors de l'ouverture de la procédure collective, le tribunal doit déterminer si les critères d'ouverture sont réunis. Lors d'une déclaration de cessation des paiements, il n'a pas à rechercher les mobiles qui ont conduit le dirigeant à solliciter l'ouverture de la procédure conformément à la jurisprudence de la chambre commerciale « SODIMEDICAL »[699]. Si la cessation des paiements est caractérisée, le

---

une demande de rétractation écartée du précédent jugement).

[698] CA Douai, ch.2, sect. 1, 7 juill. 2016, RG n° 15/04411, Rev. proc. coll. 2016/6, n° 164, obs. Ch. Delattre.

[699] Cass. com. 3 juill. 2012, n° 11-18.026, D.. 2012, p.1814, Actu A. Lienhard ; ibid,

tribunal ne dispose d'aucune marge de manœuvre et il doit ouvrir la procédure puisqu'il s'agit d'une procédure imposée. En effet, si le demandeur est en état de cessation des paiements et qu'il ne saisit pas le tribunal, il peut se voir reprocher une faute de gestion au titre de la déclaration de cessation des paiements tardive tant sur le terrain de la responsabilité pour insuffisance d'actif en application de l'article L.651-2 du code de commerce que sur celui de la sanction professionnelle en application de l'article L. 653-8 du code de commerce. En cas de doute sur les conditions d'ouverture, le tribunal doit recourir à l'enquête préalable. Ces deux arguments démontrent que les informations provenant d'une procédure préventive sont totalement étrangères aux conditions requises pour ouvrir une procédure collective. Toutefois, l'audition du mandataire *ad hoc* ou du conciliateur peuvent être utiles pour connaître les raisons de l'échec de la mesure préventive, mais l'absence de leur audition ne constitue nullement un obstacle à l'ouverture de la procédure collective (Cf. infra).

496. Cependant, une affaire a retenu notre attention. Alors qu'un dirigeant sollicitait le bénéfice d'une sauvegarde, il déclarait son passif exigible et son actif disponible. Le ministère public étant présent à l'audience puisque des procédures préventives avaient été ouvertes dans les dix-huit mois précédant, requérait la levée de la confidentialité et l'obtenait. Toutefois le conciliateur était absent à l'audience ; son audition aurait été cependant très utile dès lors qu'il concluait dans son rapport de conciliation que l'entreprise était en état de cessation des paiements et que le dirigeant devait solliciter un redressement judiciaire. Il apparaissait donc que le dirigeant avait dissimulé cette information importante et que la demande de sauvegarde était stratégique pour qu'en cas d'action en sanction à son encontre, la faute de gestion pour déclaration de cessation des paiements tardive ne puisse être relevée.

497. La levée de la confidentialité dans l'intérêt de l'entreprise et des organes de la procédure collective. La connaissance des éléments relatifs aux mesures préventives doit permettre au professionnel désigné dans la procédure collective, qui n'a pas traité la procédure préventive, de connaître les raisons de la situation dégradée de l'entreprise ainsi que les perspectives

---

2212, note Dammann et François; ibid. Chron. C. cass. 2548, obs. Lecaroz ;Rev. Sociétés, n° 9, sept. 2012, p.527, note L.-C. Henry ; LPA 15 avr. 2013, p. 4, obs. Zattara-Gros ; Dr. et patr. 9/2013. 48, obs. Monsèrié-Bon ; JCP E 2012. 1509, note Cerati-Gauthier; ibid. 1757, n° 1, obs. Pétel ;BJE 2012. 279, concl. Bonhomme et note Neau-Leduc ; LEDEN 9/2012. 2, obs. Delattre ; APC 2012, n° 206, obs. Fin-Langer; DP diff. entr., Bull. n° 340, obs. Roussel Galle ; Dr. sociétés 2012, n° 189, note Legros; RPC 2013, n° 6, obs. Saintourens.

de sauvetage[700]. Au surplus, quand bien même il serait intervenu en prévention, sans levée de la confidentialité, il ne peut faire état des éléments d'informations provenant de la prévention. Quant au tribunal, dans tous les cas, pour bien juger, il faut bien comprendre et pour bien comprendre, il faut avoir connaissance de tous les éléments utiles y compris ceux couverts par la confidentialité. En ne levant pas la confidentialité, le tribunal se prive d'informations utiles, voir indispensables à la bonne compréhension de la situation de l'entreprise.

498. La levée de la confidentialité dans l'intérêt des créanciers. A titre d'exemple on peut citer le cas d'une affaire dans laquelle le dirigeant sollicitait l'ouverture d'une procédure de redressement judiciaire ; demandait au tribunal de fixer provisoirement la date de cessation des paiements au 1er mars 2017 et obtenait satisfaction selon un jugement d'ouverture du 4 décembre 2017. Le tribunal ordonnant de surcroît la levée de la confidentialité sur réquisitions du parquet. La procédure de prévention avait été ouverte durant la période suspecte. Deux banques, ayant participé à la procédure préventive, formaient une tierce opposition en contestant la fixation de la date de cessation des paiements. En soutien de leur position, elles versaient aux débats des pièces de la procédure préventive démontrant l'impossibilité de considérer l'exigibilité des dettes au 1er mars 2017, date de cessation des paiements fixée provisoirement. La communication de ces pièces, grâce à la levée de la confidentialité, conduisait le tribunal à rétracter partiellement son jugement en ce qu'il avait fixé la date de cessation au 1er mars 2017 pour la fixer définitivement au 4 décembre 2017[701]. Seule la levée de la confidentialité autorisant la communication des pièces précitées avait permis la censure du jugement d'ouverture quant à la fixation de la date provisoire de la cessation des paiements et ce, à juste titre, dans l'intérêt des créanciers.

499. La levée de la confidentialité dans l'intérêt du dirigeant poursuivi pénalement. Là encore, la jurisprudence vient confirmer que la levée de la confidentialité peut être bénéfique, ici plus particulièrement au dirigeant. Une société avait bénéficié de trois mesures préventives avec l'intervention du C.I.R.I.. Dans ce cadre, il avait été prévu la conclusion d'un contrat de prestation entre l'ancien dirigeant et les nouveaux dirigeants, moyennant rétribution à hauteur de 400.000 euros, afin de les aider dans la reprise de l'entreprise. Le contrat de prestation paraissant suspect au liquidateur, ce

---

[700] TGI Strasbourg, 25 juin 2018, RG n° 18/01056, préc.

[701] T. com Lille métropole, 4 déc. 2017, RG n° 2017018888, 4 sept. 2018, R G n° J2018000002, Rev. proc. coll. 2018/8, n° 182, obs. Ch. Delattre ; sur la place de la banque dans la prévention, cf. *La place de la banque dans le traitement amiable des difficultés de l'entreprise*, V.Perruchot-Triboulet, V. Gillibert et S. Le Lez, Rev. proc. Coll. 2024/3, dossier 22.

dernier en informait le parquet qui ouvrait une enquête. Au final, les deux anciens administrateurs devenus membres du conseil de surveillance de l'entreprise judiciairement liquidée étaient poursuivis du chef d'abus de biens social et l'ancien dirigeant était, quant à lui, poursuivi du chef de recel de cette somme. Le tribunal correctionnel relaxait les prévenus estimant que l'opération n'avait pas de caractère anormal et ce d'autant que cela avait été fait en pleine transparence dans le cadre de la conciliation, sous l'égide du C.I.R.I. et homologué par le tribunal de commerce. Sur appel du parquet, la cour d'appel de Pau condamnait les anciens administrateurs tout en confirmant la relaxe de l'ancien dirigeant[702]. La cour de cassation saisie par les anciens administrateurs cassait l'arrêt querellé au motif que la cour d'appel aurait dû rechercher « *comme elle y était invitée, s'il ne résultait pas des négociations et des accords judiciairement homologués convenus entre les parties, sous l'égide du comité interministériel de restructuration industrielle, au terme d'une procédure de conciliation ordonnée par le président du tribunal de commerce, que la dépense, intégrée dans l'apport par les repreneurs de neuf millions d'euros à la société X. devait finalement être prise en charge par cette dernière, et, d'autre part, elle n'a pas pris position quant à l'effectivité des travaux réglés, dont elle n'a pas examiné la nature ni l'ampleur, au titre d'une prestation d'accompagnement de repreneurs néophytes en matière d'ameublement, ni précisé en quoi, à les supposer réels, leur prix était excessif ou disproportionné et s'ils ont bénéficié à d'autres personnes que la société X. la cour d'appel, qui n'a caractérisé ni la contrariété du règlement de la mission à l'intérêt social, ni la mauvaise foi des prévenus, ni leur intérêt personnel, n'a pas justifié sa décision* »[703].

500. Enfin, la cour d'appel de renvoi confirmait le jugement entrepris car elle estimait que la prestation litigieuse avait été réalisée en dehors de toute fraude « *comme le démontrent les éléments de l'enquête, les auditions, les rapports d'activité, notes et mémoires internes…Cette prestation résulte d'un accord convenu, au terme d'une procédure de conciliation ordonnée par le président du tribunal de commerce, avec l'aval, non seulement du tribunal de commerce mais également du C.I.R.I.* » sans oublier que l'accord avait été soumis et validé par le conciliateur[704].

501. Le poids des pièces versées pour le compte du prévenu est incontestable dans l'issue de cette procédure pénale. Le paradoxe de cette procédure est que la confidentialité n'a jamais été levée mais que pour

---

[702] CA Pau, 23 juin 2016, RG n° 15/00263.
[703] Cass. crim. 25 oct. 2017, n° 16-85.221 ; RTD com. 2018, 501, B. Bouloc et du même auteur, Rev. sociétés 2018, 404.
[704] CA Agen, ch. corr. 22 oct. 2020, RG n° 18/00111, Rev. proc.coll. 2021/6, n° 146, obs. Ch. Delattre.

défendre son client, son conseil n'a pas hésité à verser des éléments nécessaires, couverts par la confidentialité, qui ont éclairé les juges pénaux pour, *in fine*, relaxer son client de toute condamnation. Sans ces éléments, il y a fort à craindre que la sanction pénale aurait été prononcée. Ne s'agit-il pas là du meilleur argument allant dans le sens du droit à la preuve ? Le dirigeant doit pouvoir se défendre avec les pièces utiles à la manifestation de la vérité.

502. La levée de la confidentialité en vue d'éviter toute instrumentalisation. La confidentialité est parfois instrumentalisée pour éviter que l'on découvre puis caractérise des fautes de gestion pouvant déboucher ensuite sur des sanctions. Là encore, la jurisprudence apporte des exemples intéressants. Ainsi, dans une affaire, plusieurs sociétés d'un groupe sont placées en liquidation judiciaire. Le groupe avait conclu une convention dite de « *cash-pooling* » dans le but de simplifier la gestion de sa trésorerie entre les diverses sociétés et surtout de limiter le coût des découverts bancaires. La convention était constituée d'un compte centralisateur dans les livres d'une des sociétés. Les filiales participantes affectaient un ou plusieurs comptes courants à la convention de « *cash-pooling* ». Par ce mécanisme, la gestion de la trésorerie était centralisée au sein du groupe. En raison de l'insuffisance d'actif des 14 entités concernées pour un total global de l'ordre de 314 millions d'euros, les liquidateurs ont sollicité et obtenu la désignation d'un technicien aux fins de mener à bien des investigations nécessaires à la compréhension des flux de trésorerie et financiers au sein des sociétés du groupe. Deux des sociétés ont formé opposition à cette ordonnance reprochant notamment aux liquidateurs d'avoir divulgué dans leur requête des informations contenues dans le rapport d'un cabinet d'audit rendu dans le cadre d'une procédure de mandat *ad hoc,* couverte par le principe de la confidentialité, étant précisé que ce rapport était joint à la déclaration de cessation des paiements régularisée par le dirigeant. Le tribunal de commerce de Lyon écartait ce moyen et, après avoir jugé recevable l'opposition à ordonnance, a débouté les demanderesses de l'intégralité de leurs demandes et confirmé en toutes ses dispositions l'ordonnance querellée du juge commissaire[705]. Un appel nullité était relevé par les sociétés déboutées de leur opposition en soutenant l'excès de pouvoir du juge. La cour d'appel de Lyon a débouté les appelantes de leur recours considérant que les moyens exposés ne caractérisaient nullement un excès de pouvoir[706]. Cette jurisprudence met en exergue que la confidentialité peut parfois constituer un prétexte pour éviter que ne soit découverte la réalité de la situation et les éventuelles fautes de gestion en tentant de s'opposer à la désignation d'un technicien pour éclairer le liquidateur dans son action en sanction éventuelle à venir. Il n'est en effet pas anormal qu'avec une telle insuffisance d'actif, les liquidateurs procèdent

---

[705] T. com. Lyon, 27 janv. 2022, RG 2201f1761.
[706] CA Lyon, 3ème ch. A, 12 janv. 2023, RG n°22/01031.

à des vérifications via une expertise et que des comptes puissent être demandés aux dirigeants concernés.

503. Cet arrêt a été soumis à la cour de cassation laquelle a considéré concernant la nomination de l'expert, en application des dispositions de l'article L. 661-6, I du code de commerce, que les jugements et ordonnances relatifs à la nomination d'un expert ou à son remplacement ne sont susceptibles que d'un appel du seul ministère public. Si la problématique principale de cette procédure était la voie de recours à l'encontre de la décision qui a désigné un technicien, l'argument de la confidentialité avait cependant été mis en avant pour tenter de bloquer cette désignation[707].

On perçoit là aussi un argument de poids qui milite pour une levée de la confidentialité, indispensable à la manifestation de la vérité. Rendre des comptes est nécessaire pour les créanciers. En l'espèce, c'est le débiteur qui a remis lui-même les éléments relatifs à la procédure préventive sans se rendre compte de la portée que cela pouvait avoir.

504. La conciliation et la période suspecte. Dans le cadre d'une conciliation, il se peut que des paiements tombent sous le coup des nullités en période suspecte dès lors que le bénéficiaire de ces paiements jugés illégaux ne pouvait ignorer la cessation des paiements. C'est notamment l'hypothèse du manageur de crise désigné par le biais d'une convention d'assistance et de conseil qui perçu à ce titre une somme de l'ordre de 400.000 euros. En l'espèce, le liquidateur agit en nullité et obtient gain de cause devant les juges du fond[708]. Dans le cadre du pourvoi, le demandeur invoque la violation de l'article L.632-2 du code de commerce analysé au visa de la directive (UE) 2019/1023 visant l'article 18-1 qui dispose que les transactions qui sont raisonnables et immédiatement nécessaires à la négociation d'un plan de restructuration sont susceptibles d'être annulée si ces dernières sont préjudiciables à la masse des créanciers. La cour de cassation rejette le pourvoi au motif que le demandeur, cible de l'action en nullité, n'a pas soutenu devant la cour d'appel que la société débitrice bénéficiait d'une procédure assimilable à un cadre de restructuration préventive au sens de la directive précitée[709].

---

[707] Cass. com. 3 juill. 2024, n° 23-13.08, Gaz. pal. 24 sept. 2024, p. 54, note T. Goujon-Bethan ; D. actu. 25 sept. 2024, obs. P. Cagnoli ; JCP E 2024. 1287, nº 4, obs. Tehrani ; APC 2024, nº 182, obs. L. Fin-Langer.

[708] CA Versailles, 13ème ch., 26 janv. 2021, RG n° 20/00855.

[709] Cass. com. 14 déc. 2022, n° 21-14.206, Leden 2023/1, n° DED201g0, note J.B.Barbieri ; APC 2023, nº 25, obs. B. Ghandour ; DP diff. entr., Bull. nº 455, obs. Ph. Roussel Galle ; Gaz. Pal. 18 avr. 2023, p. 55, obs. Giorgini ; BJE 3-4/2023. 11, noteJ.-L. Vallens; JCP E 2023. 1157, nº 12, obs. Tehrani.

Enfin, au visa de l'article L.631-8 du code de commerce, le tribunal ne peut reporter à une date antérieure à la décision définitive ayant homologué un accord amiable en application de l'article L.611-8 II du code de commerce sauf cas de fraude.

Conclusion du chapitre premier

505. La levée de la confidentialité à l'ouverture de la procédure collective. Si le principe de confidentialité est essentiel dans la prévention, il ne l'est plus une fois la procédure collective ouverte. La levée de la confidentialité a un intérêt certain pour la procédure en elle-même, les organes de la procédure, les créanciers et même le dirigeant. L'article L. 621-1 du code de commerce laisse cependant une possibilité au tribunal de décider de lever ou non la confidentialité ce qui aboutit à des traitements différents selon les juridictions. Mais surtout, un refus peut constituer un frein à la manifestation de la vérité dans certaines procédures, ce qui ne favorise pas une bonne justice.

506. Pour pallier à ces difficultés, il nous semble nécessaire que des modifications soient apportées par le législateur dans l'objectif de permettre un meilleur traitement des procédures collectives par la communication des pièces issues des mesures préventives mais également dans un souhait de moralisation des procédures collectives avec des garanties suffisantes pour rassurer notamment les créanciers. En cas d'ouverture d'une procédure collective, leur accord obtenu au cours d'un mandat *ad hoc* ou d'une conciliation, n'a plus de réelle effectivité et il ne peut leur être reproché d'avoir participé à la mesure préventive sauf cas de fraude.

507. Vers une levée systématique de la confidentialité à l'ouverture de la procédure collective. Actuellement, l'absence de levée de la confidentialité et/ou le refus de l'autoriser postérieurement et le bon vouloir du tribunal dans cette levée empêchent, d'une part, un traitement égalitaire sur le territoire national et, d'autre part, constituent un obstacle à la manifestation de la vérité. Dès lors, une levée systématique de la confidentialité à l'ouverture de la procédure permettrait d'obtenir les éléments utiles pour une meilleure compréhension et un meilleur traitement de la procédure collective avec, nous semble-t-il, la nécessaire présence obligatoire du mandataire *ad hoc* ou du conciliateur lors de l'audience d'ouverture afin d'obtenir les éléments indispensables pour permettre au tribunal d'ouvrir une procédure adaptée à la situation et d'éviter les fraudes notamment dans le choix de la procédure comme il a pu l'être démontré.

508. Une levée de confidentialité au bénéfice du juge commissaire et du ministère public. Afin d'éviter les critiques sur le risque que des informations soient transmises au-delà de la sphère de la procédure collective, cette levée de la confidentialité pourrait s'effectuer à destination du juge commissaire et du ministère public exclusivement. Le juge commissaire pourrait ensuite communiquer les éléments utiles par une communication spécifique mais également dans son rapport[710] au tribunal, aux mandataires désignés pour l'audience à venir (le ministère public disposant déjà ces éléments suite à la levée de la confidentialité ordonnée). Cette solution serait également une parade aux différentes jurisprudences rendues en cette matière créant une réelle insécurité juridique[711].

509. Une levée de confidentialité dans des objectifs encadrés. Enfin, les

---

[710] C. com. art. R662-6.

[711] Dans 8 procédures, sur demande du ministère public, le tribunal de commerce a ordonné la levée de la confidentialité au bénéfice des juges qui ont participé à l'audience, ceux qui feront partie des formations qui examineront la suite de la procédure, du juge commissaire, du ministère public et des organes de la procédure. T. com. Bobigny, 3ème ch. 28 juin 2023, RG n° 2023G00012, 2023G00013, 2023G00014, 2023G00015, 2023G00016, 2023G00017 et 2023G00981. La cour d'appel de Paris, pole 5, ch. 8, 6 févr. 2024, RG n° 23/12128 (suite au jugement du 28 juin 2023, RG n° 2023G00981) infirmera le jugement querellé et précisera *« Il résulte de ces textes que la levée de la confidentialité prévue à l'article L. 611-15 du code de commerce n'est possible qu'au jour de l'audience d'examen de l'ouverture de la procédure de redressement judiciaire, qu'elle n'est pas applicable à la suite de la procédure et que, dès lors, elle ne peut être ordonnée au profit du juge-commissaire, administrateurs et mandataires judiciaires ni au profit des formations de jugement ultérieures ou du ministère public appelé à intervenir dans la suite de la procédure.*
Le tribunal ne pouvait dès lors lever la confidentialité des mandat ad hoc ou procédure de conciliation dont a pu bénéficier la société X. dans les dix-huit mois précédant l'audience du 21 juin 2023 au cours de laquelle il a examiné l'ouverture d'une procédure de redressement judiciaire qu'en vue de cette audience et de cet examen, seuls étant alors amenés à obtenir la communication des pièces et actes relatifs au mandat ad hoc ou à la conciliation les membres de la formation de jugement et le ministère public appelé à donner son avis sur l'ouverture d'une procédure de redressement judiciaire.
Il s'ensuit que le jugement dont appel doit être infirmé en ce qu'il a ordonné la levée de la confidentialité des mandats ad hoc ou procédure de conciliation dont a pu bénéficier la société X. en 2022 ou 2023 au profit des juges qui feront partie des formations qui examineront la suite de la procédure, du juge-commissaire, du ministère public après le prononcé du jugement d'ouverture et des administrateurs et mandataires judiciaires ».

éléments transmis au parquet ne le seraient que dans des objectifs précis : une meilleure compréhension de l'origine des difficultés et, notamment, agir en report de la date de cessation des paiements mais également en sanctions. Bien souvent, les pièces issues du mandat *ad hoc* ou de la conciliation, contredisent les arguments avancés par le dirigeant qui présente une situation erronée pour tenter d'échapper à toute sanction. Un dirigeant qui a commis des fautes de gestion ayant causé des dégâts sur le tissu économique doit pouvoir voire sa responsabilité engagée.

Il nous semble qu'il ne faut pas y voir un frein au recours à la prévention. En effet, le recours à la prévention en dehors des critères légaux ou l'abus des mesures préventives doit pouvoir être sanctionné. L'objectif du ministère public n'est pas de poursuivre un dirigeant qui a géré en bon père de famille en ayant recours aux procédures en vigueur dont des procédures préventives, mais d'éviter les dévoiements du recours à la prévention. Cela contribue à la moralisation du monde des affaires. L'objectif du législateur en instituant le principe de la confidentialité n'était certainement pas de permettre à un dirigeant qui a commis des fautes de gestion de tirer argument de la confidentialité pour se protéger et éviter toute sanction. Une modification des textes en ce sens semble s'imposer.

Chapitre deuxième

Le lien entre prévention et sanction

510. Existe-t-il un lien entre la prévention et les sanctions ? Les mesures préventives que sont le mandat *ad hoc* et la conciliation, se déroulent en amont de la procédure collective. S'est posée légitimement la question de la possibilité ou non d'établir un lien entre ce type de mesure, qui est un acte de gestion sollicité par le dirigeant, et les actions en responsabilité et sanctions prévues au chapitre V du Livre VI du code de commerce intitulé « *La responsabilité du chef d'entreprise* » traitant, d'une part, l'action en responsabilité pour insuffisance d'actif et, d'autre part, les sanctions professionnelles à savoir la faillite personnelle et l'interdiction de gérer ? On ne traitera pas ici de la banqueroute tout à la fois parce qu'elle rarement mise en œuvre et parce qu'elle concerne des comportements très graves qui dépassent largement notre problématique. Sous cette réserve, à première vue, la question d'établir un lien entre prévention et sanction peut paraître surprenante car le mandat *ad hoc* et la conciliation constituent des procédures amiables volontaristes. Comment reprocher à un dirigeant de ne pas avoir eu recours à une telle procédure alors qu'elle est facultative ou, à l'inverse, y avoir eu recours en dehors des critères légaux ? Cette interrogation est-elle légitime ?

511. Le recours aux mesures préventives : un acte de gestion ? Le recours au mandat *ad hoc* ou à la conciliation permet *a priori* d'éviter ou de retarder le recours à une procédure collective, y compris à la sauvegarde, encore que comme nous l'avons vu, cette procédure collective même si elle ne peut être ouverte qu'avant la cessation des paiements s'apparente plus à un redressement judiciaire anticipé, qu'à une mesure préventive au sens où nous l'entendons ici. Quoi qu'il en soit, les professionnels qui assistent le chef d'entreprise (avocats, experts-comptables, commissaire aux comptes) n'ignorent pas que l'anticipation est le maître mot pour tenter de procéder au sauvetage de l'entreprise fragilisée économiquement ainsi que les emplois concernés pour consolider le tissu économique. Il est acquis que le recours à la prévention doit être intégré dans la gestion quotidienne du chef d'entreprise. Toute anticipation des difficultés pour un traitement adapté par une procédure appropriée, notamment la prévention, doit permettre à l'entreprise de sortir de la période délicate dans laquelle elle se trouve.

512. La fonction répressive, une fonction traditionnelle du ministère public. Malgré l'évolution du rôle du ministère public, sa fonction répressive traditionnelle qui passe parfois au second plan, reste aujourd'hui plus que jamais d'actualité. A l'heure où le droit des entreprises en difficulté a pour objectif le sauvetage de l'activité et le rebond du débiteur, il est impératif de ne pas oublier la responsabilité du dirigeant ainsi que la moralisation du droit des affaires et plus particulièrement les procédures collectives. S'orienter vers une procédure préventive peut s'apparenter à un acte de gestion salutaire et incontournable dans le sauvetage de l'entité juridique fragilisée. D'où l'importance de vérifier si le recours ou non à des mesures préventives peut être constitutif d'une faute. Il ne s'agit bien évidemment pas de stigmatiser ou sanctionner l'entrepreneur qui ne recourt pas à une mesure préventive ou dont la mesure préventive échoue, mais d'éviter et sanctionner les fautes graves et les abus commis dans ce cadre.

513. Le lien entre prévention et sanction et le droit européen. D'ailleurs la directive (UE) 2019/1023 du Parlement Européen et du Conseil du 20 juin 2019[712] précise bien, dans son considérant n° 70, que « *Pour promouvoir davantage la restructuration préventive, il est important de veiller à ce que les dirigeants d'entreprise ne soient pas dissuadés de poser un jugement commercial raisonnable ou de prendre des risques commerciaux raisonnables, en particulier lorsque cela améliorerait les chances de restructuration d'activités potentiellement viables* », mais surtout elle évoque également dans le considérant n° 71, « *un devoir de diligence* » et les « *obligations des dirigeants lorsqu'il existe une probabilité d'insolvabilité* ». A ce titre, les Etats membres veillent dans cette hypothèse, à ce que les dirigeants tiennent compte, au minimum, de la nécessité de prendre des mesures pour éviter l'insolvabilité en application de l'article 19. Cette disposition permet de faire référence à la nécessité de recourir aux mesures préventives que doit intégrer chaque dirigeant dans sa gestion quotidienne. Si le lien entre prévention et sanction a été fait en droit français, les normes européennes semblent également y faire référence.

514. De l'utilisation à bon escient des procédures préventives. Si la première question qui vient à l'esprit est celle de savoir si l'on peut reprocher à un dirigeant de ne pas avoir eu recours à un mandat *ad hoc* mais surtout à une conciliation, à l'inverse, il n'est pas rare que la tardiveté avec laquelle il saisit le président du tribunal aux fins d'obtenir de telles mesures devrait aboutir au rejet de la demande faute de réunir les critères légaux. Toutefois, il

---

[712] Directive (UE) 2019/1023 du Parlement Européen et du Conseil, 20 juin 2019, relative aux cadres de restructuration préventive, à la remise de dettes et aux déchéances, et aux mesures à prendre pour augmenter l'efficacité des procédures en matière de restructuration, d'insolvabilité et de remise de dettes, et modifiant la directive (UE) 2017/1132 (directive sur la restructuration et l'insolvabilité). V. N. Picod, *Procédures d'insolvabilité. Directive (UE) 2019/1023 du Parlement européen et du Conseil du 20 juin 2019 relative au cadre de restructuration préventive, à la remise de dette et aux déchéances, et aux mesures à prendre pour augmenter l'efficacité des procédures en matière de restructuration, d'insolvabilité et de remise de dettes*, J.-Cl. Procédures collectives, Fasc. 3128, avril 2022, n° 98.

semble que certaines procédures sont ouvertes en dehors des critères légaux, parfois au simple motif que nous sommes sous l'ère de la prévention[713]. Une procédure de conciliation ouverte dans ces conditions est très souvent vouée à l'échec. Ainsi, l'ouverture d'une procédure de redressement judiciaire est parfois retardée en raison de mesures préventives multiples, inadaptées aux difficultés de l'entreprise et qui n'ont eu aucun effet sur leur traitement ... sauf à vider les caisses de l'entreprise au regard parfois des honoraires de certains professionnels désignés, tout en y ajoutant les honoraires parfois conséquents de certains conseils de partenaires créanciers de l'entreprise. Sans compter la poursuite d'une activité déficitaire, rendant le sauvetage plus difficile voire impossible en raison de la perte de temps générée par des procédures inadaptées. Le redressement judiciaire aboutissant ensuite très rapidement à une liquidation judiciaire avec les licenciements qui l'accompagnent.

515. Plan. Le Titre V du Livre VI du code de commerce intitulé « *des responsabilités et des sanctions* », ouvre plusieurs actions en sanction au ministère public à l'encontre du dirigeant, parmi lesquelles l'action en responsabilité pour insuffisance d'actif d'une part, la faillite personnelle et l'interdiction de gérer d'autre part. Il convient donc de rechercher si ces deux catégories d'actions peuvent être mises en œuvre soit parce que le dirigeant n'a pas eu recours à la conciliation (Section 1), soit parce qu'il y a eu recours, mais de manière fautive (Section 2).

Section 1. L'absence de recours à la prévention, une faute ?

516. Exclusion de la banqueroute. Le législateur ouvre au ministère public, en cas de faute de gestion, la possibilité d'engager des poursuites du chef de plusieurs actions et notamment la banqueroute. Cette action recouvre des comportements extrêmement graves qui dépassent largement la question du recours ou non à une mesure préventive, aussi ne l'évoquerons-nous pas ici pour nous en tenir à l'action en responsabilité, la faillite personnelle et à l'interdiction de gérer.

517. La responsabilité pour insuffisance d'actif et les sanctions professionnelles, deux catégories d'actions avec des objectifs différents. L'action en responsabilité pour insuffisance d'actif et l'action en faillite personnelle ou interdiction de gérer ont *a priori* des objectifs différents. La première a une fonction indemnitaire, alors que les autres ont pour objectif notamment et selon le cas, d'écarter du monde des affaires un dirigeant

---

[713] Propos rapportés par certains présidents de tribunaux de commerce à l'auteur du présent ouvrage mais également à d'autres magistrats du ministère public.

malhonnête ou incompétent. Dans un cas comme dans l'autre, l'action suppose une faute, et il convient de vérifier si l'absence de recours à un mandat *ad hoc* ou à une conciliation peut constituer une telle faute pour engager la responsabilité du dirigeant ou la faillite personnelle ou l'interdire de gérer (§ 1) avant de s'intéresser à la mise en œuvre de ces actions (§ 2).

§ 1. L'absence de recours au mandat *ad hoc* ou à la conciliation et la responsabilité du dirigeant

518. Les textes relatifs à l'action en responsabilité pour insuffisance d'actif ne visent pas spécifiquement une faute en lien avec le mandat *ad hoc* ou la conciliation, mais une faute de gestion (A). Concernant l'interdiction de gérer, le lien est plus direct puisque cette sanction professionnelle peut être prononcée dès lors que le dirigeant n'a pas déclaré sa cessation des paiements ou demandé l'ouverture d'une conciliation dans les quarante-cinq jours de ladite cessation des paiements (B).

A. L'absence de recours à la conciliation, une faute de gestion ?

519. Le régime de l'action en responsabilité pour insuffisance d'actif. L'action en responsabilité pour insuffisance d'actif est régie par l'article L. 651-2 du code de commerce. Il s'agit de toute faute de gestion ayant contribué à une insuffisance d'actif. L'objectif recherché est de faire supporter au dirigeant qui a commis des fautes de gestion tout ou partie de l'insuffisance d'actif. La caractérisation d'une faute de gestion est une condition de fond de l'action en responsabilité pour insuffisance d'actif. Ainsi, pour condamner un dirigeant à contribuer en tout ou en partie à l'insuffisance d'actif constatée, il convient de démontrer la réunion de trois éléments : une faute de gestion, une insuffisance d'actif et l'existence d'un lien causal entre la faute de gestion et l'insuffisance d'actif dès lors que la faute doit avoir contribué à l'insuffisance d'actif. Si l'un de ces trois éléments fait défaut dans la démonstration du demandeur, l'action ne peut pas prospérer.

520. Appréciation du tribunal quant à l'opportunité de prononcer une condamnation en responsabilité. En cas de réunion des trois éléments, le tribunal peut entrer en voie de condamnation à la condition toutefois que le demandeur démontre que la faute de gestion reprochée ne relève pas d'une simple négligence, la loi n° 2016-1691 du 9 décembre 2016, écartant expressément cette hypothèse. Il faut également rappeler que le tribunal, nonobstant la réunion de ces trois éléments, peut estimer qu'il n'y a pas matière à condamner l'ancien dirigeant à contribuer à l'insuffisance d'actif. Ainsi, le tribunal de la procédure collective dispose du pouvoir souverain condamner ou non le dirigeant, même s'il a commis des fautes de gestion, à combler tout ou partie de l'insuffisance d'actif[714].

521. La faute de gestion. Le professeur François-Xavier Lucas indique que la faute relevée doit être commise dans le cadre de la gestion de la société[715]. Il faut donc déterminer ce que la notion de faute de gestion[716] englobe et surtout si cette notion peut viser la faute de ne pas recourir à la prévention. L'article L. 651-2 du code de commerce ne donne aucune définition de la faute de gestion, laquelle doit s'apprécier, selon la doctrine, de façon extensive.

522. L'appréhension de la faute de gestion par la doctrine. Il est considéré par le Professeur Pierre-Michel Le Corre que « *La faute de gestion doit résulter d'une décision engageant la personne morale pour l'avenir. La gestion d'une entreprise étant chose compliquée, il est aisé d'imaginer la faculté à rapporter la preuve d'une faute de gestion. Les juges du fond disposent d'un pouvoir souverain pour l'apprécier* »[717]. Sur cet aspect, l'intervention de la cour de cassation se borne à exercer un contrôle de la qualification[718]. « *La faute de gestion s'apprécie classiquement par référence à l'attitude d'un dirigeant normalement avisé, exerçant les mêmes fonctions, en tenant compte du fait que la gestion n'est pas plus que le droit une science exacte* »[719]. Sur ce point, la notion du dirigeant, normalement avisé est très importante. Aucun dirigeant, assisté de ses conseils ne peut, aujourd'hui, prétendre ignorer l'existence des mesures préventives et la nécessité de les intégrer dans leur gestion quotidienne. Le groupe de mots « *dirigeant normalement avisé* » vise la quasi-totalité des dirigeants.

---

714 Il a ainsi été jugé que « *l'arrêt qui retient que les dirigeants ont commis des fautes de gestion ayant contribué à l'insuffisance d'actif, apprécie souverainement, dans la limite de cette insuffisance, le montant de la condamnation, sans que la Cour de cassation contrôle le caractère proportionné de ce montant* » : Com. 9 mai 2018, n° 16-26.684 : JCP E 2018. 1412, note A. Cerati-Gauthier ; BJE 2018. 264, note Th. Favario ; APC 2018, n° 163, obs. Fl. Petit ; Gaz. Pal. 9 oct. 2018, p. 84, obs. Th. Montéran ; RPC 2018, n° 205, obs. A. Martin-Serf ; BJS 2018. 517, note S. Brignon.
715 F. - X. Lucas, Manuel de droit de la faillite, PUF, 5e. éd. 2024, n° 293.
716 T. Favario, *La faute de gestion au sens de l'article L. 651-2 du code de commerce*, Rev. proc. coll. 2011/3, étude 15.
717 P.-M. Le Corre, *Droit et pratique des procédures collectives*, Dalloz action 2023/2024, n° 922.212.
718 Cass. com. 15 juin 2021, n° 10-18.585, D. act. 9 mars 2021, B. Ferrari.
719 F. Pérochon avec le concours de Fl. Reille, M. Laroche, V. Martineau-Bourgninaud, Th. Favario et A. Donnette, *Entreprises en difficulté*, LGDJ, Lextenso, 12ème éd., 2024, n° 3147.

523. La faute de gestion, une notion « protéiforme ». Dans le même esprit, on citera d'autres auteurs selon lesquels, il s'agit d'une *« notion protéiforme »*. Ce peut-être « *une erreur de gestion ou une violation des règles légales ou statutaires* » et elle peut consister en « *un acte positif ou en une abstention* »[720]. Enfin, « *La faute de gestion doit être déduite du comportement passé du dirigeant par comparaison à ce qu'aurait été le comportement d'un dirigeant normalement compétent et placé dans la même situation* »[721].

524. La faute de gestion et le recours à une mesure préventive. Ainsi, selon Thierry Favario « *La plasticité inhérente à la notion de faute de gestion permet enfin d'appréhender de nouveaux comportements* ». Et l'auteur d'ajouter « *L'élargissement des mesures de traitement préventif à la disposition des débiteurs (mandat* ad hoc*, conciliation, sauvegarde) pourrait entraîner de ce fait celui du domaine de la faute, consistant à n'avoir pas eu recours à ces procédures sauf à n'y voir qu'une « simple négligence ». Car si ces mesures sont facultatives, un dirigeant attentif doit les connaître et le cas échéant songer à en bénéficier* »[722]. Ainsi, il est clairement admis, à tout le moins selon une partie de la doctrine, que le lien entre faute de gestion au sens de l'article L.651-2 du code de commerce et le non recours à une mesure préventive peut être établi. T. Favario évoque la position du professeur François-Xavier Lucas selon lequel « *L'attentisme des dirigeants sociaux peut leur coûter cher* »[723] tout en précisant « *Une convocation du président du tribunal dans le cadre d'une alerte peut suggérer au débiteur l'opportunité d'une conciliation et, à défaut, faciliter la mise en jeu de sa responsabilité, si le débiteur s'y refuse sans raison* »[724]. Dès lors, la faute de gestion qui a été commise avant l'ouverture de la procédure collective, doit, selon nous, intégrer le comportement du dirigeant informé de ses obligations. Partant de ce principe, les fautes de gestion en lien avec la prévention peuvent être relevées.

525. Compte tenu de la position de la doctrine, peut être poursuivi au titre de la faute de gestion au sens de l'article L. 651-2 du code de commerce le dirigeant qui ne recourt pas à une mesure préventive ou, à l'inverse, y recourt en dehors des critères légaux, second point sur lequel nous reviendrons. Cela pourra englober notamment une gestion hasardeuse sans recourir à une mesure préventive alors qu'il savait qu'il s'agissait d'une possibilité.

---

[720] C. Saint-Alary-Houin, M.-H. Monsérie-Bon, C. Houin-Bressand, *Droit des entreprises en difficulté,* Précis Domat, 14ème éd., 2024, n° 1416.

[721] A. Jacquemont, N. Borga, T. Mastrullo, *Droit des entreprises en difficulté*, Lexis Nexis, 13ème éd., 2024, n° 1128.

[722] F. Pérochon et *alii*, *op. cit*., n° 3156.

[723] F. - X. Lucas, *Le sort du débiteur*, LPA, 14 juin 2007.60, spéc. p 62.

[724] F. Pérochon et *alii*, *op. cit*., n° 3078 qui renvoie au n° 229.

526. La détermination de la faute en lien avec la prévention. Le demandeur à l'action en responsabilité pour insuffisance d'actif doit procéder à une analyse méticuleuse des déclarations de créances en pointant les dates d'exigibilité afin ensuite, et le plus souvent, d'adosser la faute de gestion à l'absence de recours à une mesure préventive ou à un recours à une telle mesure en dehors des critères légaux permettant de caractériser une poursuite d'activité déficitaire[725]. A ce titre, dans les déclarations de créances réceptionnées auxquelles peut s'ajouter un accord conclu entre l'entreprise et la Commission des chefs des services financiers (C.C.S.F.), il incombe également au liquidateur de vérifier si des procédures d'exécution ont été diligentées et sur quelle période exactement. Par exemple, l'URSSAF reprend dans ses assignations en ouverture de procédures collectives les contraintes, les saisies attributions faites sur les comptes bancaires. Si cette nouvelle approche de la faute de gestion est novatrice car peu souvent utilisée, elle reçoit cependant un écho favorable par la jurisprudence. De façon identique, le créancier fiscal peut-être en capacité de remettre la copie d'avis de mise en recouvrement, ainsi que des saisies diverses restées infructueuses.

B. L'absence de recours à la conciliation et l'interdiction de gérer

527. Moralisation du monde des affaires. Les mesures de faillite personnelle et d'interdiction de gérer contribuent à écarter pour un certain temps celui ou celle qui ne sait pas gérer par incompétence notamment ou qui gère de manière malhonnête. Même si le ministère public n'a pas un monopole de saisine du tribunal aux fins de prononcer de telles condamnations, il s'agit assurément de l'une de ses prérogatives très importantes. Dans les deux cas, les actions du dirigeant produisent des effets parfois graves sur le tissu économique justifiant que les acteurs économiques soient protégés de tels comportements. Concernant les fautes pouvant engendrer une sanction professionnelle, la loi établit clairement un lien entre l'obligation de régulariser une déclaration de cessation des paiements dans les délais légaux, la conciliation et l'interdiction de gérer.

528. Les textes. Les articles L. 631-4 et L. 640-4 du code de commerce respectivement applicables en redressement judiciaire et en liquidation judiciaire prévoient que l'ouverture de ces procédures doit être demandée « *par le débiteur au plus tard dans les quarante-cinq jours qui suivent la cessation des paiements s'il n'a pas, dans ce délai, demandé l'ouverture d'une procédure de conciliation* ». Faisant écho à cette obligation, l'article L. 653-8 alinéa 3 du code de commerce frappe d'une interdiction de gérer, le dirigeant « *qui a omis*

---

[725] T. com. Valenciennes, 2ème ch. 12 juin 2017, RG n° 2013004412.

sciemment de demander l'ouverture d'une procédure de redressement ou de liquidation judiciaire dans le délai de quarante-cinq jours à compter de la cessation des paiements, sans avoir, par ailleurs, demandé l'ouverture d'une procédure de conciliation ».

529. Lien entre le défaut de déclaration de cessation des paiements et absence de recours à la conciliation. Il ne fait aucun doute que la loi établit expressément un lien entre défaut de déclaration de cessation des paiements ou déclaration tardive et l'absence de recours à la procédure de conciliation. Dès lors que la loi prévoit la possibilité de prononcer une mesure d'interdiction de gérer en cas de déclaration de cessation des paiements tardive et l'absence de recours à une mesure de conciliation, le raisonnement est assez proche de celui conduit à propos de l'action en responsabilité pour insuffisance d'actif. A partir du moment où l'on admet que cette faute vient sanctionner une faute de gestion laquelle « *s'apprécie classiquement par référence à l'attitude d'un dirigeant normalement avisé, exerçant les mêmes fonctions, en tenant compte du fait que la gestion n'est pas plus que le droit une science exacte* »[726], l'interdiction de gérer peut également être envisagée, et les deux actions sont en pratique, menées de concert.

530. En définitive, dans un cas comme dans l'autre, le non recours à une conciliation, ou même à un mandat *ad hoc*, encore que le texte ne le prévoie pas, peut constituer une faute ouvrant la voie à une action en responsabilité ou en sanction professionnelle. Il s'agit de responsabiliser le dirigeant ou de l'écarter du monde des affaires, dans l'intérêt de tous, ce qui explique l'intervention du ministère public.

§. 2 La mise en œuvre des actions en responsabilité, faillite personnelle et interdiction de gérer en cas de non recours à la conciliation

531. Ne pas recourir à la prévention qui est facultative peut-il constituer une faute de gestion ? Selon le professeur Pierre-Michel Le Corre, le fait de ne pas recourir aux mesures préventives, ne peut fonder une action en responsabilité car « *Cette responsabilité ne peut être engagée que pour sanctionner un comportement obligatoire. Or, là où il n'y a que faculté, il ne nous semble pas y voir faute délictuelle. Il pourrait en revanche être reproché au dirigeant, à titre de faute de gestion, d'avoir, pour obtenir le constat de l'accord de conciliation, faussement attesté qu'il n'était plus en état de cessation des paiements* »[727]. A cela, on peut également s'interroger sur une potentielle

---

726 F. Pérochon et *alii*, *op. cit.*, n° 3069.

727 P.-M. Le Corre, *Droit et pratique des procédures collectives*, Dalloz action

faute pénale constituée par une escroquerie au jugement en application de l'article 313 du code pénal.

532. Une jurisprudence des juges du fond favorable à une réponse positive. Dans une espèce qui nous semble particulièrement topique, le ministère public, partie principale, avait engagé une action en responsabilité et en interdiction de gérer contre l'ancien dirigeant d'une entreprise en liquidation judiciaire. Il invoquait, au titre de l'action en responsabilité, la déclaration de cessation des paiements tardive, l'absence de demande d'ouverture d'une conciliation et la poursuite d'une activité déficitaire qui ne pouvait conduire qu'à la cessation des paiements. Au titre de l'action en interdiction de gérer, le ministère public avait relevé l'absence de déclaration de la cessation des paiements dans le délai légal sans avoir sollicité le bénéfice d'une mesure de conciliation. Concernant ces fautes de gestion, les premiers juges ont relevé que l'ancien dirigeant qui avait préféré poursuivre une activité largement déficitaire plutôt que de demander l'ouverture d'une procédure préventive laquelle aurait permis d'enrayer de façon plus précoce les difficultés, a commis une faute de gestion. En conséquence, il a été condamné à une contribution pour insuffisance d'actif limitée à 60.000 euros et à une interdiction de gérer fixée à 7 ans[728]. En appel, le non recours à une procédure de conciliation constitue selon les juges d'appel, une faute, dès lors que la demande de cessation des paiements n'est pas intervenue dans les quarante-cinq jours suivant la cessation des paiements. Ainsi, selon la cour, après avoir relevé que la situation économique décrite ne pouvait conduire qu'à la cessation des paiements et que dirigeant poursuivi « *n'en a tiré aucune conséquence alors qu'il aurait pu comme l'a relevé le premier juge, utiliser les moyens offerts par une procédure de prévention ou de conciliation* » et de préciser que : « *Le défaut de mise en œuvre d'une procédure de conciliation, malgré son caractère facultatif, peut être considéré comme une faute de gestion illustrant d'ailleurs la volonté de poursuivre abusivement une activité déficitaire ; que c'est ainsi à juste titre que le premier juge a retenu à la charge de Mr. X. la poursuite d'une activité déficitaire dans un intérêt personnel ne pouvant conduire qu'à la cessation des paiements et le défaut de mise en œuvre d'une procédure de conciliation ou de prévention* ». Dès lors, il est constaté que le dirigeant n'a pas utilisé les moyens offerts par une procédure de prévention comme la conciliation[729]. Si le recours à la prévention est une faculté, le dirigeant peut-être parfois tenu d'y recourir. Ainsi il y a, en quelque sorte, un moment où selon nous, une bascule s'effectue entre la faculté qui devient une obligation d'y recourir notamment lorsque l'activité est déficitaire.

2025/2026, n° 922.34.

[728] T. com. Valenciennes, 9 juil. 2012, RG n° 2012000586.

[729] P. Cesbron Lavau, note sous CA Douai, ch. 2, sect.1, 4 déc. 2013, RG n° 12-05585, Leden 2014/2, n° 35, p. 3 ; Rev. proc. coll. 2014/6, n° 148, note Ch. Delattre.

533. Une doctrine contrastée. Dans son commentaire du jugement de première instance précité, le professeur François-Xavier Lucas[730], après avoir rappelé l'intérêt de cette décision marquait son étonnement dès lors que cette faute de ne pas recourir aux dispositifs préventifs ne présente aucun caractère obligatoire. Néanmoins, il concédait : « *Pourtant, à l'examen, cette motivation apparaît convaincante et conforme à l'évolution de la législation relative au traitement des difficultés des entreprises, qui offre désormais au débiteur une grande variété de dispositifs de traitement de ses difficultés, qu'il n'est certes pas tenu d'utiliser mais qui rendent d'autant plus fautive son absence de réaction face aux difficultés. A vrai dire, ce n'est pas le fait de négliger les dispositifs de prévention qui est fautif mais celui de poursuivre une activité déficitaire sans tenter de contrarier le cours des événements. Si le défaut de recours à la prévention est une faute au sens où elle caractérise l'inconséquence du dirigeant qui, frappé de stupeur, laisse se creuser l'insuffisance d'actif, la proposition n'est pas réversible et elle ne permet pas de considérer que l'usage de dispositifs préventifs exonère de toute responsabilité le dirigeant qui, ayant tardé à déclarer la cessation des paiements, pourra se le voir reprocher (Cass. com. 8 juillet 2003, n° 00-15919 : Bull. civ. IV, n° 129)* ».

534. Le professeur Arlette Martin-Serf est plus critique sur cette décision des premiers juges valenciennois en ce qu'elle considère qu'elle « *fait preuve de sévérité en sanctionnant au titre de la faute de gestion l'abstention fautive de mise en œuvre des mesures de prévention* ». Elle évoque notamment l'hypothèse de la passivité et du manque d'initiative du dirigeant caractérisant la poursuite d'une activité déficitaire qualifiée de faute de gestion. Enfin, elle estime qu'il « *peut sembler très (trop ?) rigoureux d'obliger les dirigeants de sociétés en difficulté à solliciter des mesures de prévention qui, par définition, même, sont facultatives : prévention et coercition ne paraissent guère compatibles, et une action en responsabilité, fût-ce pour insuffisance d'actif ne peut être engagée que pour sanctionner une faute relative à un comportement obligatoire* ». Elle fera la même critique à propos d'une autre décision rendue, cette fois par une cour d'appel qui avait reproché à un dirigeant de ne pas avoir procédé à une déclaration de cessation des paiements sans pour autant solliciter une procédure de conciliation en ce que « *le dirigeant poursuivi n'a jamais cru devoir procéder à la moindre déclaration d'état de cessation des paiements, ni même prendre l'initiative de solliciter une mesure de conciliation* »[731].

---

[730] T. com. Valenciennes, 9 juill. 2012, RG n° 2012000586, Leden, sept. 2012, n° 130, note F. -X. Lucas. Enfin, l'auteur évoquait également les conséquences de l'abus de dispositifs amiables qui pourrait également être source de responsabilité. L'abus de recours à des procédures préventives a été sanctionné par la jurisprudence.
[731] T. com. Valenciennes, 9 juill. 2012, n° 201200586 ; CA Douai, ch. 2, sect. 2, 29 nov. 2012, RG n° 12/00803, Rev. proc. coll. 2013/6, n° 171, obs. A. Martin-Serf.

535. Déclaration de cessation des paiements tardive et défaut de demande de conciliation. Dans le même sens, on citera une procédure dans laquelle le ministère public reprochait à l'ancien dirigeant, au titre de l'action en responsabilité pour une insuffisance d'actif, la déclaration de cessation des paiements tardive, la poursuite d'une activité déficitaire et l'absence de demande d'ouverture d'une mesure préventive alors qu'au titre de la sanction professionnelle il visait une déclaration de cessation des paiements tardive. Après avoir retenu uniquement les deux premières fautes au titre de l'action en responsabilité, les premiers juges refusaient de considérer comme fautif le fait « *de n'avoir pas demandé l'ouverture d'une procédure de prévention dès lors qu'il ne s'agit, (...) que d'une simple faculté pour les entreprises* ». Et d'en déduire qu'il « *n'apparait pas qu'une telle carence puisse s'assimiler à une faute de gestion au sens des dispositions de l'article L.651-2 du code de commerce* ». Le ministère public n'était pas totalement suivi sur l'action patrimoniale, à la différence de la sanction professionnelle, le tribunal condamnait l'intéressé à verser une contribution à hauteur de 70.000 euros ainsi qu'au prononcé d'une mesure d'interdiction de gérer d'une durée de 5 ans[732]. La cour d'appel infirmait le jugement querellé et précisait toutefois que malgré les chiffres catastrophiques, le dirigeant « *n'a jamais cru devoir procéder à la moindre déclaration d'état de cessation des paiements, ni même prendre l'initiative de solliciter une mesure de conciliation ou de sauvegarde, puisque la situation de la SARL Y. n'a été portée à la connaissance du tribunal de commerce qu'à la faveur d'une assignation délivrée à la requête de l'URSSAF, le 9 juin 2009* »[733]. Ils en déduisaient que cette attitude caractérisait, de la part du dirigeant, une faute de gestion.

536. Déclaration de cessation des paiements tardive, en l'absence de recours à la conciliation et interdiction de gérer. Quant au prononcé d'une mesure d'interdiction de gérer pour déclaration de cessation des paiements tardive sans avoir eu recours à la prévention, les juges du second degré retenaient qu'en vertu de l'alinéa 3 de l'article L. 653-8, « *cette interdiction peut également être prononcée à l'encontre de toute personne mentionnée à l'article L. 653-1 qui a omis de demander l'ouverture d'une procédure de redressement ou de liquidation judiciaire dans le délai de quarante-cinq jours à compter de la cessation des paiements, sans avoir, par ailleurs, demandé l'ouverture d'une procédure de conciliation* ». Par un arrêt infirmatif, la cour d'appel condamnait l'ancien dirigeant à contribuer à l'insuffisance d'actif à hauteur de 300.000 euros ainsi qu'à une

---

[732] T. com. Valenciennes, 2ème ch. 23 janv. 2012, RG n° 2011/1178.

[733] CA Douai, ch. 2, sect. 2, 29 nov. 2012, RG n° 12/00803, Rev. proc. coll. 2013/6, n° 171, obs. A. Martin-Serf.

interdiction gérer portée à10 ans. L'ancien dirigeant a vu son pourvoi non admis en application de l'article 1104 du code de procédure civile[734].

537. Du non recours fautif à des procédures préventives facultatives. Dans son commentaire sur ce dernier arrêt de la cour d'appel de Douai, Pascal Rubellin relève que « *Petit à petit, l'idée selon laquelle ne pas utiliser les procédures facultatives du livre VI du Code de commerce peut être constitutif d'une faute de gestion entraînant une condamnation en responsabilité pour insuffisance d'actif fait son chemin* ». Si l'auteur s'interroge sur la possibilité d'identifier un comportement fautif dans l'absence de recourir à une mesure préventive, il estime cependant que *« la reconnaissance d'une telle faute ne doit effrayer personne. En effet, en la matière, les juges du fond conservent une immense latitude quant à la détermination des dommages et intérêts alloués. Au surplus, le lien de causalité sera difficile à établir (...) Il nous semble, de surcroît qu'une typologie des mentalités des dirigeants est relevée en filigrane. S'il est vrai que certains ne sollicitent pas ces techniques de prévention par méconnaissance de leur existence, d'autres, en revanche, comme en témoigne le cas étudié, les évitent par connaissance d'un passif déjà excessif qui aurait indubitablement été révélé dans les procédures volontaires. Leur évitement est donc en soi fautif ».* Et l'auteur de conclure que le recours à ces procédures de mauvaise foi a déjà été considéré comme fautif[735].

538. L'absence délibérée du recours à une conciliation. Dans une autre procédure, l'ancien président d'une association en liquidation judiciaire se voyait reprocher dans le cadre d'une action en responsabilité pour insuffisance d'actif et en sanction professionnelle, une déclaration de cessation des paiements tardive. La cour d'appel rappelait qu'il s'était « *délibérément abstenu de demander une conciliation ou l'ouverture d'une procédure collective adaptée, ce qu'il aurait dû faire dès son entrée en fonction* »[736]. La cour retenait ainsi l'existence d'une faute de gestion, d'une part, en raison d'une déclaration de cessation des paiements tardive et, d'autre part, l'absence de recours à la prévention. Les magistrats du second degré avaient considéré que le dirigeant connaissait parfaitement la situation dégradée de l'association et que c'était sciemment qu'il ne s'était pas tourné vers l'aide que peut lui apporter la prévention.

539. On citera également un arrêt dans lequel l'absence de déclaration de l'état de cessation des paiements dans le délai légal de quarante-cinq jours et

---

[734] Cass. com. 8 juill. 2014, n° 13-14.600.

[735] CA Douai, ch. 2, sect. 2, 29 nov. 2012, RG n° 12/00803, BJE 2013/2, n° 50, note P. Rubellin.

[736] CA Douai, ch. 2, sect. 1, 22 sept. 2022, RG n° 21/00855, Rev. proc. coll. 2022/6, n° 103, obs. Ch. Delattre.

l'absence de recours à une mesure préventive ont justifié le prononcé d'une interdiction de gérer : *« La cour ne peut que constater que X., qui n'a jamais demandé l'ouverture d'une procédure de conciliation, n'a pas déposé la déclaration de cessation des paiements dans le délai de 45 jours (...) et rappeler qu'il n'y a pas lieu de considérer les motifs qui l'ont conduit à différer ou l'absence de caractère intentionnel de son abstention »*[737].

540. Ces jurisprudences, loin d'être isolées, mettent en évidence l'existence d'un lien établi entre la poursuite d'une activité déficitaire, la déclaration de cessation des paiements tardive et l'absence de recours à des mesures préventives. Il est donc clair que, pour les juges du fond, l'absence de recours à un mandat *ad hoc* ou une conciliation peut constituer une faute pouvant justifier une condamnation en responsabilité pour insuffisance d'actif ou une interdiction de gérer. Le ministère public en diligentant de telles actions permet non seulement d'encourager le recours au mandat *ad hoc* ou à la conciliation, mais permet aussi d'éviter, à l'inverse le recours fautif à ces instruments.

541. Même si la cour de cassation n'a pas encore, à notre connaissance, adopté une position sur cette question, les juges du fond admettent de plus en plus que le non-recours à une mesure préventive puisse caractériser une faute de gestion, à tout le moins sous certaines conditions. Il est vrai que plus personne ne peut prétendre ignorer l'existence des outils de prévention qui intègrent la gestion quotidienne du dirigeant.

---

[737] CA Toulouse, 2ème ch., sect.1, 29 avr. 2019, RG n° 08/02103.

Section 2. Le recours fautif à un mandat *ad hoc* ou à une conciliation

542. De l'absence de recours fautif au mandat *ad hoc* ou à la conciliation, au recours fautif. Si le non recours à une conciliation peut donc être constitutif d'une faute aboutissant à une condamnation à combler tout ou partie du passif et/ou à une mesure de faillite personnelle en cas de poursuite d'une activité déficitaire ou à une mesure d'interdiction de gérer en cas de déclaration de cessation des paiements tardive, tel peut également être le cas, même si l'on n'y pense moins, dans l'hypothèse au recours à ces procédures à mauvais escient. C'est particulièrement vrai, lorsque les critères légaux ne sont pas réunis (§ 1) ou encore lorsque le recours à ces procédures par un dirigeant a pour seul objectif d'échapper à ses responsabilités (§ 2), quand il ne s'agit pas de dévoyer ces mesures de prévention (§ 3).

§ 1. Le recours à une mesure préventive lorsque les critères légaux ne sont pas réunis.

543. Le recours fautif à une procédure préventive. La question s'est posée de savoir si le recours à une procédure préventive, en dehors des critères légaux peut constituer une faute de gestion au sens de l'article L. 651-2 du code de commerce. Dans une telle hypothèse, il faut démontrer que la procédure de conciliation a été ouverte au-delà du délai de quarante-cinq jours, puisqu'il est peu probable qu'elle ait été ouverte trop en amont de la cessation des paiements. La jurisprudence offre de nombreux exemples permettant de vérifier cette hypothèse.

544. Exemple d'un recours fautif à une conciliation A titre d'exemple, on peut citer une procédure dans laquelle un liquidateur engage une action en responsabilité pour insuffisance d'actif à l'encontre de deux dirigeants leur reprochant l'absence de déclaration de la cessation des paiements dans le délai légal et la poursuite d'une activité déficitaire. Dans une première enquête préalable ordonnée le 4 avril 2006, le juge commis avait conclu à l'existence d'un état de cessation des paiements et en avait tenu informé les dirigeants. Toutefois, sans attendre le dépôt de ce rapport, ils avaient sollicité et obtenu le bénéfice d'une conciliation. Cependant, en raison de multiples réclamations de salariés ne percevant pas leur salaire dans les délais, une seconde enquête préalable était décidée le 28 juin 2007 et le rapport du 17 juillet 2007 concluait toujours à un état de cessation des paiements caractérisé, ce qui conduisit le tribunal de commerce à ouvrir une procédure de redressement judiciaire le 30 juillet 2007 avec fixation provisoire de la date de cessation des paiements au 23 juillet 2007, procédure rapidement convertie en liquidation judiciaire le 18 octobre 2007. Le liquidateur dans son action en responsabilité engagée à l'encontre des deux gérants précisait que la conciliation ne concernait que certaines créances fiscales et sociales alors qu'il existait par ailleurs à l'époque déjà un passif fournisseur et bancaire très important. Au surplus, le moratoire obtenu dans le cadre de la conciliation auprès de la Commission des Chefs des Services Financiers, n'avait pas été respecté et de nouvelles dettes, hors conciliation, étaient apparues dans des montants très significatifs. En réalité, il apparaît que la procédure de conciliation n'aurait jamais dû être ouverte. Les deux dirigeants étaient condamnés solidairement en première instance à supporter l'insuffisance d'actif à hauteur de 300.000 euros[738].

545. La cour d'appel va confirmer ce jugement, sauf en ce que les premiers juges ont retenu une déclaration de cessation des paiements tardive. Après avoir consulté les chiffres démontrant que l'activité était déficitaire de façon structurelle, qu'elle n'avait jamais été rentable, corroboré en cela par une insuffisance du fonds de roulement de tout temps, la cour indiquait que les dirigeants : « *ont préféré recourir à la procédure de conciliation, qui vit sur un régime déclaratif, ce qui leur a permis de mettre en place des moratoires qu'ils n'ont pas pu respecter* »[739]. Cette affaire démontre bien les risques d'abus dans le recours à une conciliation en dehors des critères légaux. D'un point de vue économique, le recours non justifié à la conciliation a sans doute aggravé la situation sans la résoudre, pour preuve, une liquidation judiciaire a rapidement été prononcée. Et d'un point de vue juridique, il s'agit d'une faute des dirigeants qui va donc aboutir à leur sanction.

546. Le recours à une conciliation plus de 45 jours après la cessation des paiements. Dans une autre procédure, un dirigeant avait sollicité et obtenu l'ouverture d'une procédure de conciliation le 15 juillet 2010. Toutefois, avant même un constat par le président ou une homologation par le tribunal, le dirigeant régularisait une déclaration de cessation des paiements et le tribunal ouvrait une procédure de redressement judiciaire le 27 septembre 2010 avec fixation provisoire de la date de cessation des paiements au 31 mars 2010. La liquidation judiciaire intervenait rapidement. Le parquet retenait plusieurs fautes de gestion dont celle relative au recours à une conciliation en dehors des critères légaux. En l'espèce, il n'était pas douteux que la conciliation n'aurait pas dû être ouverte au regard de la date de cessation des paiements fixée par le tribunal Elle était intervenue en période suspecte. Le ministère public avait demandé au liquidateur de consulter les déclarations de créances pour calculer le passif constitué entre la 31 mars 2010 et le 1er juin 2010 (délai de quarante-cinq jours précédant l'ouverture de la conciliation survenue le 15 juillet 2010). Les juges du fond ont considéré que le recours à une mesure

---

738 T. com. Douai, 17 mars 2010, RG n° 2008-000309.

739 CA Douai, 2ème ch. sect. 1, 30 nov. 2011, RG n° 10/02737, Rev. proc. coll. 2012/6, n° 181, obs. Ch. Delattre.

préventive en dehors des critères légaux constituait bien une faute de gestion au sens de l'article L. 651-2 du code de commerce. Toutefois, au regard du contexte et de son pouvoir discrétionnaire, le tribunal n'est pas entré en voie de condamnation[740]. Le principe était cependant posé entre le lien d'une procédure préventive ouverte en dehors des critères légaux et la faute de gestion au sens du texte précité.

547. Le recours abusif à un mandat *ad hoc* ou une conciliation, source de responsabilité et de sanction. Ces jurisprudences confirment que le recours à une procédure de conciliation, alors que la procédure n'aurait pas dû être ouverte, et donc en dehors des critères légaux est une faute de gestion au sens de l'article L. 651-2 du code de commerce. La notion de faute de gestion a évolué et la jurisprudence admet dorénavant que le recours à la prévention en dehors des critères légaux peut constituer une faute au sens de l'article L. 651-2 du code de commerce. Ce constat doit nous interroger sur les raisons de cette évolution. La prévention est un outil utile qui a fait ses preuves mais à la condition qu'elle soit utilisée à bon escient. Les condamnations démontrent, à tout le moins, que le recours abusif à un mandat *ad hoc* ou une conciliation peut être une source de responsabilité et de sanction pour le dirigeant.

§ 2 Le recours à une conciliation ou à un mandat *ad hoc* pour échapper à ses responsabilités

548. La désignation d'un mandataire *ad hoc* ne dispense pas de déclarer la cessation des paiements. Selon la cour de cassation, la désignation d'un mandataire *ad hoc* ne dispense pas le dirigeant de régulariser une déclaration de cessation des paiements si les conditions sont réunies[741] ; cela ne le prive pas de l'exercice de ses pouvoirs qui ne sont pas confisqués et ne l'exonère en rien de ses obligations, ce qui n'est pas de nature à faire obstacle à sa responsabilité[742]. Dans le même esprit, une cour d'appel a jugé

[740] T. com. Valenciennes, 12 juin 2017, RG n° 2013004412, Rev. proc. coll. 2017/6, n° 136, obs. Ch. Delattre.

[741] Cass. com., 10 mai 2005, n° 04-11.554, RJDA 2025, 1025 ; Dr. sociétés 2005, comm. 174, note J.-P. Legros ; Ch.Delattre, *Le contrôle de la conciliation par le ministère public et le lien entre prévention et sanction,* Rev. proc. coll. 2018, étude 3.

[742] Cass. com., 18 mai 2016, n° 14-16.895 : Rev. proc. coll. 2016/6, n° 160, obs. Ch. Delattre ; Gaz. Pal. 18 oct. 2016, p. 68, note Th. Montéran ; Rev. sociétés 2016, p. 621, note N. Morelli ; v. également Cass. com. 17 juin 2020, n° 19-10.341 ; D. 2020. Actu. 1357 ; RTD com. 2021. 421, obs. F. Macorig-Venier ;Rev. sociétés 2020. 508, obs. Ph. Roussel Galle ; Leden 9/2020. 5, obs. K. Lafaurie ; Rev. proc. coll. 2020, n° 141, obs. Ch. Delattre ; *ibid.*, n° 164, obs. A. Martin-Serf.

que la prévention ne place pas le dirigeant « *sous tutelle* »[743]. Toutefois, plusieurs juridictions ont considéré que le recours à la prévention peut être un moyen pour échapper à des sanctions même si la cour d'appel d'Orléans a précisé notamment que l'obtention d'un mandat *ad hoc* est une réaction plutôt rare qui doit être encouragée[744]. Pour autant, recourir à une procédure préventive alors que l'entreprise est en cessation des paiements depuis plusieurs mois ne doit pas exonérer le dirigeant de toute responsabilité.

549. Enfin, on citera une dernière procédure. Une société obtient le bénéfice d'une conciliation le 13 octobre 2015 pour une durée de 4 mois prolongée d'un mois. Le 2 décembre 2015, l'URSSAF l'assigne en ouverture d'une procédure collective en raison de cotisations sociales impayées depuis plusieurs mois pour un montant de 271.000 euros. Une liquidation judiciaire *ab initio* est ouverte le 21 mars 2016 avec une date de cessation des paiements fixée provisoirement au 1er avril 2025 confirmée en appel[745].

Le liquidateur voit sa demande en sanction rejetée au motif, selon les premiers juges qu'il « *omet de préciser que la requête en procédure de conciliation faite devant le président du tribunal de commerce de Lille était bien accompagnée des pièces comptables et d'une attestation du commissaire aux comptes* ». Une telle argumentation laisse dubitatif dès lors que le jugement d'ouverture n'a pas levé la confidentialité permettant de s'interroger sur les conditions selon lesquelles ces éléments avaient pu être transmis et utilisés. Cela démontre que malgré l'absence levée de la confidentialité, d'une part, le débiteur n'hésite pas à utiliser des éléments couverts par la confidentialité et, d'autre part, le tribunal les prend en compte pour rejeter une demande de sanction alors que les pièces produites par le débiteur sont frappées par la confidentialité.

Toutefois la cour va avoir une lecture des faits bien différente en précisant « *De même, n'est nullement de nature à exonérer M. X. de sa responsabilité la circonstance que celui-ci a demandé, le 28 septembre 2015, une procédure de conciliation accueillie par une ordonnance du 13 octobre suivant. En effet, cette demande a été formée non seulement après les recrutements litigieux, mais surtout largement après l'expiration du délai de quarante-cinq jours suivant la date de cessation des paiements de la société débitrice (irrévocablement fixée au 1er avril 2015, tel qu'indiqué précédemment), cependant que l'article L. 611-4 du code de commerce réserve cette procédure*

[743] CA Caen, 2ème ch. civ. et com. 15 fév. 2018, RG n° 17/01399, Act. proc. coll. 2018/6, n° 84 note F. Petit ; JCP E, 2018, 1341, note Ch. Delattre.
[744] CA Orléans, ch. com. éco. et fin. 9 oct. 2018, RG n° 08/000197, Rev. proc. coll. 2009/6, n° 144, obs. Ch. Delattre ; CA Metz, 1ère ch. Civ. 24 fév. 2009, RG n° 08/00197, Rev. proc. coll. 2009/6, n° 14, obs. Ch. Delattre.
[745] CA Douai, 12 janv. 2017, ch. 2, sect. 1, RG 16/02172.

au débiteur qui ne se trouve pas en état de cessation des paiements depuis plus de quarante-cinq jours ». Un tel constat interroge sur les conditions d'ouverture de la conciliation. Le recours à une mesure préventive n'a pas exonéré le dirigeant de toute responsabilité[746].

Enfin, il ne faut pas perdre de vue que l'ouverture d'une conciliation hors cadre légal (cessation des paiements supérieure à quarante-cinq jours) engendre plusieurs conséquences et non des moindres :
-l'aggravation de la trésorerie de l'entreprise en faisant supporter à cette dernière les frais inutiles du conciliateur et des tiers (honoraires de certains avocats des créanciers concernés par la conciliation),
-la facilitation de la poursuite d'une activité déficitaire en aggravant la situation des créanciers qui retarde inutilement l'ouverture d'une procédure collective,
-le risque des poursuites en sanctions du dirigeant devant le tribunal de la procédure collective.

550. La communication d'une information sur l'existence d'une mesure préventive, sans levée de la confidentialité, pour tenter d'influencer la juridiction. A l'occasion d'une procédure de sanction pendante en appel, le conseil de l'ancien dirigeant fournit dans ses pièces des éléments sur l'ouverture d'un mandat *ad hoc* alors que la confidentialité n'a pas été levée. Or, après communication du rapport du mandataire *ad hoc*, il est apparu que le professionnel n'avait pu mener sa mission à son terme qui consistait à procéder à une analyse de la situation financière, économique et sociale de l'entreprise mais également d'accompagner le dirigeant de l'entreprise dans ses négociations avec ses partenaires, en raison du manque de coopération du dirigeant qui ne fournissait pas les informations utiles pour mener à bien le mandat. En conséquence, selon la cour d'appel, « *Leur demande de nomination d'un mandataire ad'hoc, en date du 16 janvier 2018, présentée comme destinée à « parvenir à un accord avec la caisse de retraite » dans l'attente du démarrage de chantiers retardés, atteste d'ailleurs qu'ils avaient pleinement conscience de la situation. Le fait qu'ils n'aient pas permis à cette mesure d'avoir la moindre efficacité démontre que loin de constituer une simple négligence, leur abstention résulte d'une intention*

---

[746] CA Douai, 18 janv. 2024, ch. 2, sect. 2, RG n° 20/02703, Rev. proc. coll. 2024/3, n° 40, note Ch. Delattre. Un pourvoi est actuellement en cours) ; voir également CA Douai, ch. 2, sect. 2, 25 nov. 2021, RG n° 20/05110 ; CA Douai, ch. 2, sect. 1, 22 sept. 2022, RG n° 21/00855 ; CA Douai, ordo. réf. 1er prés. 3 janv. 2022, RG n° 21/00184 et CA Douai, 7 juil. 2022, RG n° 21/04009, Rev. Proc. Coll. 2022/6, n° 103, note Ch. Delattre.

délibérée de se soustraire le plus longtemps possible à leur obligation de procéder à la déclaration de cessation des paiements, dans un comportement qui ne peut qu'être qualifié de fuite en avant, les chantiers supposés permettre la poursuite de l'activité n'ayant jamais débuté faute de commande »[747]. Dans cette procédure, les juges d'appel ont écarté le moyen du recours à la prévention utilisé par l'ancien dirigeant pour tenter de se présenter comme un dirigeant qui a géré en bon père de famille[748]. C'est donc une fuite en avant, une stratégie procédurale en connaissance de cause qui aboutit à la condamnation des dirigeants, sans qu'ils puissent se protéger en invoquant avoir demandé et bénéficié d'un mandat *ad hoc* qu'ils n'ont pas investi en ne coopérant pas avec le mandataire *ad hoc* qui conclura à l'impossibilité de mener à son terme sa mission.

551. Le stratagème du recours à la prévention détournée de son objet ne permet pas d'arrêter l'exécution provisoire. Il n'est pas rare que le dirigeant utilise des stratagèmes comme recourir à la prévention et obtenir des accords de paiements pour retarder l'inéluctable et aboutir néanmoins à une liquidation judiciaire avec un passif beaucoup plus important. Pour autant, tout cela ne peut être démontré dans le cadre d'une action en sanction que si ces pièces sont communiquées. Cela passe donc par la levée de la confidentialité. A titre d'exemple, on citera une procédure de sanction qui a abouti, en deux temps, à une confirmation de la condamnation prononcée en première instance grâce notamment à la levée de la confidentialité obtenue à l'ouverture de la procédure collective sur demande du ministère public et à la communication de certaines pièces extraites de la prévention (rapport du conciliateur, moratoire conclu avec la Commission des Chefs des Services Financiers résilié pour non-respect, constitution de nouvelles dettes…). Cette procédure met en exergue que ces pièces ont apporté une véritable contradiction à la présentation tronquée des faits par le dirigeant poursuivi pour échapper à des sanctions. Cette affaire ayant donné lieu à deux décisions, une ordonnance de référé du premier président de la cour d'appel et l'arrêt rendu au fond[749], permet de confirmer la jurisprudence précitée sur le mauvais usage de la prévention. En l'espèce, un ancien dirigeant était condamné à payer la somme de 200.000 euros au titre de la responsabilité pour insuffisance

---

747 CA Douai, ch. 2, sect. 2, 25 nov. 2021, RG n° 20/05110, Rev. proc. coll. 2022/6, n° 103, obs. Ch. Delattre.

748 On relèvera dans cette procédure que c'est le conseil du dirigeant poursuivi qui avait remis dans ses pièces, sans dire un mot dans ses écritures, l'ordonnance de taxe du mandataire *ad hoc*. Cette communication étant insuffisante pour renseigner utilement la cour, c'est sur demande du ministère public de la cour d'appel que le conseil a remis le rapport du mandataire *ad hoc*, exploité ensuite devant la cour.

749 CA Douai, ordo. réf. 1er prés. 3 janv. 2022, RG n° 21/00184 et CA Douai, 7 juill. 2022, RG n° 21/04009, Rev. proc. coll. 2022/6, n° 103, obs. Ch. Delattre.

d'actif outre une interdiction de gérer d'une durée de 15 ans. Pour tenter d'échapper à toutes sanctions et obtenir l'arrêt d'exécution provisoire du jugement de condamnation, il contestait la décision frappée d'appel en évoquant un défaut de motivation et une dénaturation des faits par les premiers juges. Pour s'opposer à cette demande, le parquet général relevait quant à lui l'absence de moyens sérieux tout en évoquant le stratagème procédural mis en œuvre par le dirigeant et voué à l'échec (conciliation à laquelle le président avait mis un terme un mois et demi après l'ouverture, faute de pouvoir aboutir ; accord de paiement obtenu auprès de la Commission des Chefs des Services Financiers qui ne sera pas respecté notamment en raison de nouvelles dettes, pour contrer une assignation en redressement judiciaire de l'URSSAF et retarder l'ouverture d'une procédure collective). Au regard de l'ancienneté des dettes et des mesures engagées avortées, le premier président rejetait la demande de levée de l'exécution provisoire faute de moyens permettant de suspendre l'exécution provisoire. Au fond, sur la déclaration tardive de la cessation des paiements, la cour précisait : « *Il est effectivement établi par les pièces du débat que celui-ci a sollicité la mise en place d'une mesure de conciliation (...) le 4 février 2016. Il y a toutefois été mis fin dès 18 mars 2016 suite au rapport de Maître X., conciliateur désigné, indiquant que la société était manifestement en état de cessation des paiements au vu des dettes sociales et fiscales. Il est également justifié de ce que l'appelant a par ailleurs obtenu, par décision de la commission départementale des chefs de services financiers de la direction générale des finances publiques le 10 mai 2016, un plan d'apurement pour le règlement de l'ensemble des dettes sociales et fiscales auquel il a cependant été mis fin le 21 septembre 2016* ». Or, les juges constatent que postérieurement à cette date, malgré le fait que les mesures amiables aient échoué, le dirigeant « *n'a pas davantage que précédemment procédé à la déclaration de son état de cessation des paiements alors qu'il ne pouvait ignorer que toute tentative de règlement des créances à l'amiable était désormais vouée à l'échec et que compte tenu du montant du passif de la société la situation de cette dernière était définitivement compromise* ». La cour d'appel va fixer la contribution financière à hauteur de 150.000 euros et l'interdiction de gérer à 11 ans.

552. On perçoit dans cette procédure l'intérêt de la levée de la confidentialité ; la communication des pièces issues de la prévention ainsi que le rôle essentiel du ministère public. Cela a permis, d'une part, de rétablir la réalité des faits présentés de façon tronquée par le dirigeant et, d'autre part, d'avoir été une aide à la prise de décision pour aboutir, in fine, à une condamnation.

§ 3. Le dévoiement de la prévention

553. Certaines pratiques ont permis de constater que la prévention peut être détournée de son objectif et que dans certains cas, le recours renouvelé au mandat *ad hoc* et à la conciliation, peuvent avoir pour seul objectif de retarder l'ouverture d'une procédure collective (A). Parallèlement, l'absence d'éléments sur le déroulement des mesures préventives avant l'ouverture de la procédure collective peut être utilisée à mauvais escient (B).

A. La succession des mesures préventives

554. Les recours abusifs à des mesures préventives. La pratique a également mis en évidence que des entreprises ont pu bénéficier de multiples mesures préventives lesquelles n'ont pas eu l'effet escompté sauf à retarder l'ouverture d'une procédure collective, seule issue envisageable compte tenu de la dégradation de la trésorerie depuis de nombreux mois. Le professeur François-Xavier Lucas se demande d'ailleurs dans une telle hypothèse « *si l'abus dans l'usage des dispositifs amiables ne pourrait pas aussi être source de responsabilité pour le débiteur qui enchaîne à perte de vue mandats* ad hoc *et conciliations, se procurant ainsi un crédit artificiel qui lui permet de poursuivre une entreprise pourtant vouée à disparaître...* »[750]. Ces situations conduisent souvent les juridictions d'appel à en tirer les conséquences en condamnant de telles pratiques. Ainsi, une cour d'appel a rendu trois arrêts à la même date, lesquels méritent que l'on s'y attarde[751]. Une société importante avait été placée en redressement puis en liquidation judiciaire entrainant dans sa chute deux autres sociétés du groupe. L'analyse des situations aboutissait à un constat identique : la mise en œuvre de mesures préventives ; l'absence de paiement des créances fiscales et sociales et une poursuite d'activité déficitaire. Face aux insuffisances d'actifs très importantes, le liquidateur engageait une action en responsabilité et des sanctions professionnelles contre les dirigeants. Un constat s'imposait : l'abus de mesures préventives non adaptées à la situation financière des sociétés.

555. Dans la première espèce, le liquidateur reprochait le défaut de paiement des cotisations sociales et fiscales et une poursuite d'activité abusive au dirigeant. Devant la cour, la condamnation pécuniaire était aggravée. La juridiction d'appel reprenait méthodiquement la liste des nombreuses

---

[750] T. com. Valenciennes, 2e ch. 9 juill. 2012, RG 2012000856, Leden, sept. 2012/8, n° 130, F.- X. Lucas.

[751] CA Versailles, 13e ch., 13 nov. 2018, RG n° 18/0209, n° 18/ 02012 et n°18/02008, JCP E, 2019, 1162, note Ch. Delattre.

procédures préventives ouvertes. Ainsi, sur une période de quatorze mois, cinq mesures préventives s'étaient succédées (trois mandats *ad hoc* et deux conciliations) à compter du 10 avril 2012 jusqu'au 13 juin 2013. Les premiers juges, à qui l'on opposait le placement sous la protection du tribunal du débiteur pendant l'exécution des procédures de prévention écartaient cet argument en affirmant que la « *succession des mesures de prévention n'a été multipliée que dans le but de contourner les délais prévus* » tout en invoquant les déclarations erronées du dirigeant lors de l'ouverture des procédures préventives. En appel, il était relevé la conclusion d'un moratoire obtenu auprès de la Commission des Chefs des Services Financiers partiellement respecté avec la constitution d'un nouveau passif auprès des créanciers fiscaux parfaitement connu du conciliateur ayant abouti à des moratoires non respectés.

La cour retenait le lien entre prévention abusive et poursuite d'une activité déficitaire avec une motivation précise : « *La durée et le nombre des mesures préventives auxquelles les dirigeants ont eu recours démontrent que dès la fin de l'année 2012 la perspective d'un redressement n'était plus sérieusement envisageable. Constatant que les mesures de restructuration commerciales et sociales prises, notamment la baisse des charges d'exploitation, ne permettaient pas une amélioration suffisante du résultat d'exploitation...ils auraient dû mettre fin à l'activité. La production des procès-verbaux des assemblées générales du 17 décembre 2012, 9 avril 2013, 30 mai 2013, 13 août 2013 et 10 octobre 2013 démontre que les administrateurs étaient parfaitement informés de la situation d'endettement de la société, des mesures de prévention en cours et de la recherche d'accords. La faute est donc caractérisée sans qu'il puisse s'agir d'une simple négligence. Elle a nécessairement contribué à l'insuffisance d'actif et ce au détriment des créanciers* ». Les condamnations pécuniaires étaient confirmées et aggravées. En effet, dans cette espèce, il y a en quelque sorte un abus dans le recours aux procédures préventives, alors que la situation était complétement obérée.

556. Dans la seconde espèce, le liquidateur procédait à un constat identique mais un seul des dirigeants poursuivis était sanctionné. L'entreprise avait sollicité et obtenu sur une période de cinq mois deux mesures préventives (une conciliation et un mandat *ad hoc*) pour aboutir rapidement, malgré prolongation du mandat *ad hoc*, à une liquidation judiciaire. Les magistrats du second degré, comme pour la première affaire, relevaient que les ordonnances ne comportaient aucune motivation de sorte qu'il était impossible de déterminer si la société était ou non en état de cessation des paiements depuis plus de quarante-cinq jours à la date d'ouverture de la conciliation. Ils établissaient également un lien entre prévention et poursuite d'activité abusive et retenaient que la requête en désignation d'un mandataire *ad hoc* sollicité dès la fin de la conciliation démontre que « *la perspective d'un redressement* *n'était plus sérieusement envisageable. La production des deux procès-verbaux du 20 février 2013 et du 9 avril 2013 démontre suffisamment que le conseil d'administration était informé des demandes de report de l'assemblée générale ordinaire devant approuver les comptes, des mesures de prévention, de l'état de la trésorerie, de l'existence d'un passif et des prévisions. La faute est donc caractérisée sans qu'il puisse s'agir d'une simple négligence. Elle a nécessairement contribué à l'insuffisance d'actif et diminué le gage des créanciers* ». Ainsi, la cour d'appel aggravait les condamnations en responsabilité pour insuffisance d'actif, le recours à une conciliation et à un mandat *ad hoc* ne permettant pas d'exonérer le dirigeant de ses responsabilités.

557. Dans la dernière espèce, des constats identiques s'imposaient notamment le recours à pas moins de trois mandats *ad hoc* et deux conciliations sur une période de quatorze mois. Là encore, la cour d'appel va confirmer le raisonnement des deux arrêts précités : « *La durée et le nombre des mesures préventives auxquelles les dirigeants ont eu recours, ainsi que l'absence d'une recapitalisation suffisante de la société démontrent que dès la fin de l'année 2012 la perspective d'un redressement n'était plus sérieusement prévisible. Le fait, non contesté, que les dirigeants aient cessé de percevoir toute rémunération courant 2012, qui illustre au demeurant leur parfaite connaissance des difficultés de la société, n'est pas de nature à les exonérer de leur responsabilité* ».

558. Il se déduit de ces arrêts que l'ouverture d'une prévention ne dispense par le dirigeant de régulariser une déclaration de cessation des paiements quand les critères légaux sont réunis et qu'à défaut, la poursuite d'une activité déficitaire est caractérisée. La cour d'appel de Versailles a clairement établi le lien entre la multiplicité des mesures préventives, jugées inopportunes et inadaptées et la poursuite d'une activité déficitaire permettant de caractériser une faute de gestion au sens de l'article L.651-2 du code de commerce. Une procédure de prévention n'est pas une simple formalité permettant d'échapper à ses responsabilités mais bien une procédure judiciaire qui repose sur des critères légaux justifiant un contrôle du juge de la prévention lors de l'ouverture avec l'aide du ministère public dans le cadre de son avis sur la rémunération comme précédemment développé. Quand plusieurs procédures préventives se succèdent sans que cela ne change réellement la situation de l'entreprise, il faut s'interroger sur l'absence d'efficacité desdites mesures. Ainsi, la multiplicité de procédures préventives inefficaces caractérise une obstination fautive.

B. Confidentialité et stratégie procédurale pour échapper aux sanctions

559. La recherche de la sanction à l'épreuve de la confidentialité de la mesure préventive. La confidentialité est un élément essentiel du mandat *ad hoc* et de la conciliation, et nous ne reviendrons pas sur ce point. Toutefois, cette confidentialité peut soulever difficulté notamment en matière d'action en responsabilité pour insuffisance d'actif. A titre d'exemple, on peut citer une procédure révélatrice du danger qui résulte de l'absence d'audition du conciliateur par le tribunal lors de l'ouverture de la procédure collective. L'absence de certaines informations a des conséquences sur une action en sanction.

560. En l'espèce, une société ayant son siège dans le ressort de la cour d'appel d'Amiens, régularise une demande de sauvegarde devant le tribunal de commerce spécialisé de Lille métropole. En raison de l'existence de trois mesures préventives (deux conciliations et un mandat *ad hoc*) sur une période de neuf mois, avant l'ouverture de la procédure collective, le ministère public était présent lors de l'audience d'ouverture. Il sollicitait et obtenait la levée de la confidentialité. Toutefois le conciliateur n'était pas présent ce qui sera dommageable pour la suite de la procédure. Le tribunal fera droit à la demande du dirigeant d'ouverture d'une procédure de sauvegarde, mais la liquidation judiciaire sera prononcée très rapidement. Le liquidateur poursuit alors l'ancien dirigeant en responsabilité pour insuffisance d'actif et faillite personnelle/interdiction de gérer. Mais, dès lors que le tribunal avait ouvert une mesure de sauvegarde, il n'avait pas fixé la date de cessation des paiements. Ce point privait alors le liquidateur de recourir à la faute de déclaration de cessation des paiements tardive. Le tribunal de commerce spécialisé le déboutait de sa demande en responsabilité pour insuffisance d'actif et prononçait une interdiction de gérer d'une durée de trois ans.

En appel, et en raison de la levée de la confidentialité obtenue en première instance par le ministère public, le ministère public de la cour d'appel versait au débat les pièces inhérentes aux mesures préventives notamment les rapports du conciliateur. Cela permettait de constater que dans son dernier rapport, ce dernier concluait à un état de cessation des paiements de l'entreprise et à la nécessité de solliciter un redressement judiciaire. Cette information primordiale avait été volontairement dissimulée par le dirigeant. La communication de ces éléments outre le document sur l'accord conclu auprès de la Commission des Chefs des Services Financiers ainsi que la lettre de dénonciation étaient également d'une utilité importante. Cependant, la communication de ces pièces n'a pas convaincu les magistrats de la cour d'appel qui ont considéré qu'en en ayant recours à des procédures préventives, la poursuite abusive d'une activité déficitaire n'était pas caractérisée. La position des premiers juges sur ce point était confirmée[752]. Les faits de cette procédure et la mauvaise orientation procédurale résultent de l'absence du conciliateur à l'audience d'ouverture. Cela justifie que le législateur prévoie que le mandataire *ad hoc* ou le conciliateur soient impérativement présents à l'audience d'ouverture.

Conclusion du chapitre deuxième

561. La faute de gestion et l'utilisation des procédures préventives. On constate une évolution de l'appréhension de la faute de gestion en lien avec la prévention. Il apparaît que le dirigeant doit intégrer dans sa gestion quotidienne la nécessité de recourir à des mesures préventives. Ces procédures, utilisées à bon escient lui permettront en cas de l'ouverture d'une procédure subséquente de justifier avoir tout tenté pour sauver son entreprise, autrement dit qu'il a géré en bon père de famille. Dans bon nombre de cas, c'est le ministère public qui requiert la levée de la confidentialité et qui verse ensuite au débat les pièces extraites des procédures préventives. Ces pièces sont très importantes pour bien comprendre la réalité de la situation. Il est évident que le dirigeant, bien conseillé, n'a pas intérêt à ce que le tribunal lève la confidentialité au risque pour lui que des pièces compromettantes sur sa gestion soient connues et que les juridictions s'en servent ensuite contre lui. Mais la confidentialité n'a pas été prévue par le législateur pour protéger le dirigeant défaillant et le dispenser d'avoir à rendre des comptes à ses juges sur sa gestion à l'origine de la déconfiture de son entreprise.

562. L'utilisation abusive des procédures préventives. Si l'objectif premier de la prévention est de sauver l'entreprise en lui trouvant des solutions temporaires et adaptées pour passer un cap délicat, la jurisprudence met en évidence que le recours inadapté à la prévention et l'abus de prévention deviennent un argument pour rechercher la responsabilité du dirigeant. A ce titre, le professeur François-Xavier Lucas évoque le lien existant entre l'abus d'usage de prévention source de responsabilité [753]. Si des abus ont pu être constatés dans la succession des mesures préventives, cela implique qu'il convient de bien veiller au respect des critères d'ouverture. Quand plusieurs procédures sont ouvertes en se succédant dans des délais plus ou moins proches, il faut admettre qu'elles ne sont pas adaptées pour l'entreprise de sorte qu'il faut s'orienter vers une procédure collective.

---

[752] CA Douai, ch. 2, sect. 1, 19 oct. 2023, RG n° 23/00333. Un pourvoi a été régularisé par le liquidateur.

[753] T. com. Valenciennes, 9 juill. 2012, RG n° 2012/0586, LEDEN, 2012/8, n° 130, note F. -X Lucas.

563. Le mandat *ad hoc* et la conciliation ne protègent pas les dirigeants de toute responsabilité et/ou sanction professionnelle. Ils restent à la tête de leur entreprise et ni le mandataire *ad hoc*, ni le conciliateur, ni le président du tribunal ou son juge délégué à la prévention ne gèrent à leur place l'entreprise. Les dirigeants sont les seuls à diriger leur entreprise de sorte qu'ils doivent prendre leurs responsabilités.

564. En réalité, la sanction initiée par le ministère public doit être également perçue comme une sorte de prévention pour protéger le tissu économique des dirigeants malhonnêtes et/ou incompétents lesquels par leur comportement ont porté atteinte aux droits et intérêts de leurs partenaires ce qui peut pousser ces derniers, eux aussi, vers le dépôt de bilan.

565. Procédure préventive sur procédure préventive ne vaut !

Conclusion du Titre deuxième

566. Confidentialité et ministère public. La réussite des mesures préventives repose sur le strict respect du principe de confidentialité lequel n'interdit cependant pas la communication d'informations notamment au ministère public. Cette confidentialité constitue toutefois un frein à l'action du ministère public car faute d'éléments il est en difficulté pour remplir sa mission. Enfin, elle fait également l'objet de limites. Ce principe de la confidentialité est opposable à tous. Si des décisions ont été rendues par la cour de cassation et la Cour Européenne des droits de l'Homme, pour veiller à son application stricte, il semble toutefois que cette jurisprudence n'est peut-être pas définitive au regard de la nécessité d'accepter que le droit à la preuve puisse s'appliquer dans certaines situations. Dans tous les cas, on doit, selon nous, s'interroger sur la nécessité d'abandonner les sanctions financières, peu dissuasives en cas de violation dudit principe et de revenir à une sanction pénale, comme c'était le cas avant la loi de sauvegarde du 26 juillet 2005. L'objectif étant d'assurer une meilleure protection de la confidentialité.

567. En faveur d'une levée systématique du principe de la confidentialité en cas d'ouverture ultérieur d'une procédure collective. Le principe de confidentialité n'a plus lieu d'être maintenu une fois la procédure collective ouverte. A ce stade, tous les créanciers doivent déclarer leur créance et l'arrêt des poursuites s'applique. Il nous apparaît que la confidentialité devrait être levée systématiquement car cette levée se ferait dans l'intérêt de l'entreprise, du dirigeant, des créanciers, des professionnels désignés et à destination du ministère public et du juge commissaire à charge ensuite pour ce dernier de transmettre les éléments issus de la prévention notamment aux organes de la procédure. Quant au ministère public, la remise de ces pièces n'aurait que pour seul objectif de permettre une meilleure compréhension des raisons de l'échec de la prévention et d'utiliser ces éléments dans des actions limitées notamment au report de la date de cessation des paiements ainsi que des sanctions. Il pourra également transmettre les éléments qu'il souhaite. Les craintes que ne soient divulguées des éléments de la prévention à d'autres personnes ne sont pas fondées et les accords passés n'ont pas à être remis en cause sauf cas de fraude. Toute pièce issue de la prévention utilisée doit être communiquée contradictoirement.

568. Vers une présence obligatoire du mandataire ad hoc et du conciliateur à l'audience d'ouverture de la procédure collective. La présence du mandataire *ad hoc* et du conciliateur devrait être rendue obligatoire à l'audience d'ouverture de la procédure collective faisant suite à une mesure préventive afin qu'il puisse informer la juridiction sur la réalité de la situation de l'entreprise, les raisons de l'échec de la prévention et de s'assurer que la procédure sollicitée par le dirigeant est envisageable.

569. Recours ou non recours aux mesures préventives et sanctions. Enfin, le dirigeant défaillant doit être sanctionné quand sa gestion est à l'origine d'un préjudice financier lequel a conduit l'entreprise en procédure collective. La jurisprudence a admis que l'absence de recours à la prévention ou son recours en dehors des critères légaux pouvaient constituer des fautes de gestion sanctionnables. La prévention est de plus en plus utilisée pour tenter de s'opposer à des sanctions. Pour caractériser ces fautes de gestion, la jurisprudence a démontré que la levée de la confidentialité permettait au ministère public de communiquer des pièces utiles à la manifestation de la vérité favorisant la contradiction face à une présentation tronquée de la réalité de la situation par le dirigeant. Seule la communication de ces pièces permet de présenter la réalité de la situation et d'assurer un débat loyal.

Conclusion de la deuxième partie

570. Une modification substantielle des modalités de saisine du tribunal de la procédure collective. La fin de la saisine d'office imposée par le Conseil constitutionnel et le législateur ont transféré le pouvoir de faire venir un dirigeant contre son gré devant le tribunal de la procédure collective. Cette nouvelle situation a transféré une charge très importante au ministère public venant ainsi renforcer davantage son rôle d'acteur économique. Dorénavant, le tribunal peut être saisi par le débiteur dans le cadre d'une déclaration de cessation des paiements, un créancier qui assigne et, enfin sur requête du ministère public. Même si à ce stade on ne parle plus de prévention au sens du titre I du chapitre VI du code de commerce, il s'agit en quelque sorte d'une prévention différente en ce qu'elle permet au ministère public de mettre un terme à une fuite en avant d'un dirigeant qui ne sait pas ou ne veut pas prendre la bonne décision. Le ministère public protège, par son intervention, le tissu économique des conséquences désastreuses d'une mauvaise gestion.

571. Les difficultés rencontrées par le ministère public agissant aux fins d'ouverture d'un redressement ou d'une liquidation judiciaire. Le ministère public, grâce à une note du président qui a traité la phase prévention qu'il sera souvent nécessaire d'enrichir d'informations recueillies via ses propres canaux va pouvoir saisir la juridiction. Toutefois, comme il a pu être démontré, cette saisine est souvent imparfaite en ce qu'il est très compliqué, pour lui, voire impossible, d'être en capacité de démontrer que les éléments constitutifs de la cessation des paiements sont réunis. Son action, fondée sur des indices, doit le plus souvent, tendre à l'ouverture d'une enquête préalable qui va permettre, tout en instaurant un débat contradictoire protecteur des droits du débiteur, de mieux cerner l'état de cessation des paiements. L'action engagée par le ministère public et l'ouverture d'une enquête préalable devant permettre d'aboutir à la connaissance plus proche de la réalité de la situation de l'entreprise cible de l'action.

572. Un meilleur traitement de la procédure collective grâce à un renforcement des prérogatives du ministère public. La présence obligatoire du ministère public est prévue lorsque dans les dix-huit mois qui précédent l'audience d'ouverture, des procédures préventives ont été traitées. Sa présence obligatoire lui permet d'exercer un contrôle sur certains points importants comme le choix de la procédure avec la fixation de la date de cessation des paiements, une intervention dans le choix des organes de la procédure, la levée de la confidentialité.

573. Une nécessaire levée de la confidentialité. La levée de la confidentialité s'impose afin de permettre de mieux connaître les raisons de l'échec mais surtout dans un intérêt multiple à destination des organes de la procédure collective, du dirigeant et des créanciers. Même si la confidentialité doit être protégée lors de la prévention elle n'a plus de raison d'être maintenue une fois la procédure collective ouverte, et cela s'explique aussi par la nécessité de pouvoir, dans certains cas, faire prévaloir le droit à la preuve. La levée de la confidentialité mérite d'être prononcée de façon systématique par le tribunal dès l'ouverture de la procédure collective, bien qu'elle ne soit pas une condition pour l'ouverture de la procédure. Elle doit cependant être encadrée et à la seule destination du juge commissaire et du ministère public pour répondre aux craintes de cette levée de la confidentialité. Cependant, la présence du mandataire *ad hoc* ou du conciliateur doit également être impérative pour renseigner le tribunal sur la réalité de la situation économique et l'éclairer sur le choix de procédure à venir.

574. Le droit à la sanction. Une nouvelle approche de la notion de faute de gestion pouvant être soutenue, il apparait qu'un lien entre l'absence de recours aux outils de prévention ou le recours à ces outils en dehors des critères légaux d'une part, et les sanctions d'autre part, existe de par la loi et est affirmé par la jurisprudence. Alors que l'aspect répressif du ministère public est en retrait lors de la prévention et la procédure collective, le dirigeant qui n'est pas dessaisi de la gestion de son entreprise doit pouvoir répondre de ses fautes en cas d'insuffisance d'actif qui aurait pu être évitée s'il avait géré en bon père de famille. Cela doit l'inciter d'ailleurs à recourir à la prévention plus tôt ou le cas échéant à une procédure collective et à défaut de devoir en supporter les conséquences si nécessaires.

575. Le droit au rebond. Cet aspect est très important en ce que l'échec ne résulte pas toujours d'une faute de gestion. La conjoncture économique ainsi que l'attitude du marché peuvent notamment expliquer l'échec. Il faut permettre au dirigeant de rebondir[754]. Qui ne parle pas du rebond aujourd'hui ? Pourtant, pour certains dirigeants (les malhonnêtes et les incompétents), ces derniers, avant de rebondir, doivent pouvoir rendre des comptes. A défaut d'une juste sanction, quelle image une telle impunité donnerait aux dirigeants honnêtes ? Fort heureusement, la quasi-totalité des dirigeants sont des femmes et des hommes honnêtes qui investissent leur temps et leur argent en créant des emplois et des sociétés dans l'intérêt du tissu économique. Rien que pour cela, ils méritent notre respect et nos remerciements.

---

[754] S. Toubal, *Le rebond du débiteur (contribution à l'étude du droit de la défaillance économique)*, L'Harmattan, oct. 2023.

Conclusion générale

576. L'évolution du traitement des difficultés des entreprises. Du droit de la faillite au droit des entreprises en difficulté, une évolution considérable a été constatée au fur et à mesure des années bouleversant l'approche de la défaillance des entreprises par les acteurs qui traitent les difficultés. Le législateur a accentué le dispositif légal dans l'optique de sauver les entreprises, les salariés et de protéger ainsi le tissu économique mais également de mettre fin rapidement à une activité, lorsqu'elle n'est pas viable.

577. L'évolution du rôle du ministère public. Cette évolution dans l'approche qu'il convient d'avoir face au traitement adapté des difficultés des entreprises s'applique également au ministère public dont le législateur n'a de cesse d'élargir les prérogatives lui permettant de « quadriller » l'ensemble de la procédure disposant pour cela d'un cadre d'intervention élargi reposant sur le code de commerce et le code de procédure civile. L'époque où le ministère public intervenait uniquement pour rechercher les fautes et poursuivre leurs auteurs est révolue. Si le volet répressif n'a pas disparu ce qui est une très bonne chose car sans police économique, on pourrait craindre le pire, l'approche du ministère public est différente. En effet, son intervention consiste à veiller au respect du dispositif légal car l'entreprise en difficulté est une cible potentielle et elle doit être protégée dans une phase où elle est fragile.

578. Le ministère public, acteur économique. La fin de la saisine d'office en vue de l'ouverture d'un redressement ou d'une liquidation judiciaire en raison du risque de non-respect du principe d'impartialité a transféré au ministère public la charge de saisir le tribunal lorsqu'une entreprise poursuit une activité déficitaire et que le dirigeant ne régularise pas une déclaration de cessation des paiements où qu'un créancier n'assigne pas. Il ne s'agit pas, ou plus seulement, de mettre fin à des activités non viables, mais aussi de provoquer l'ouverture de procédures de redressement judiciaire pour favoriser le sauvetage de l'entreprise. Si le ministère public pouvait déjà saisir le tribunal en ce sens, la fin de la saisine d'office l'a rendu incontournable pour protéger le tissu économique.

579. Le ministère public et la prévention-détection. La prévention-détection est l'office du président du tribunal et cela ne semble pas devoir être modifié. Avec l'aide du greffier du tribunal de commerce, il dispose dans ses fichiers légaux des éléments utiles pour cibler une entreprise en difficulté et permettre ainsi au président de convoquer un dirigeant. Le ministère public n'intervient pas à ce stade sauf de façon marginale lors d'une révélation du commissaire aux comptes en cas de non dépôt des comptes d'une entreprise. Tout au plus, pourrait-il être prévu expressément dans les textes qu'il transmet au président du tribunal, tout élément donc il aurait connaissance, qui pourrait laisser à penser que l'entreprise est en difficulté. Mais aussi bien, il semble qu'il le fasse déjà.

580. L'importance de la tenue d'une comptabilité en bonne et due forme. Hormis les dirigeants qui refusent de déposer les comptes au nom du secret des affaires, dans neuf cas sur dix, quand un dirigeant ne dépose pas les comptes de son entreprise, cela résulte de l'absence de paiement des honoraires de son expert-comptable, plaçant ainsi le débat directement sur le terrain de la cessation des paiements. Pourtant, il nous semble nécessaire qu'une nouvelle approche intervienne concernant le problème de la tenue de la comptabilité et son dépôt. Elle est obligatoire et une réponse législative permet de limiter l'obligation de publicité. En prévention-détection, le président du tribunal de commerce peut agir en application de l'article L. 611-2 II du code de commerce en contraignant le dirigeant à respecter ce dispositif sous peine d'une injonction de faire à bref délai sous astreinte. Toutefois, malgré une recommandation de la Conférence Générale des Juges Consulaires de France, ce texte est appliqué de façon différente sur le territoire national créant une rupture d'égalité. La comptabilité étant le premier outil de prévention, il nous semble indispensable qu'une modification législative intervienne et prévoie que le recours à l'article L. 611-2 II du code de commerce devienne systématique. Privilégier la prévention pour sauver les entreprises passe indubitablement par la tenue d'une comptabilité, premier outil de contrôle et de prévention. Cette modification éviterait également au ministère public d'agir sur le fondement de l'article L. 123-5-1 du code de commerce.

581. Le ministère public et la prévention-traitement. Une des évolutions les plus significatives est son intervention limitée toutefois à la seule conciliation puisque le mandat *ad hoc* lui est inconnu. Il semble utile de rappeler que les magistrats du ministère public ne sont pas hostiles à la prévention, bien contraire, dès lors que l'objectif est de permettre à l'entreprise de passer un cap difficile et son sauvetage ainsi que les emplois. Toutefois, la pratique et la jurisprudence ont mis en exergue que la prévention est parfois détournée de son objectif et qu'elle est ouverte en dehors des critères légaux permettant la poursuite d'une activité déficitaire causant des dégâts au tissu économique. La prévention n'est pas forcément la procédure adaptée aux difficultés rencontrées et parfois, une procédure de redressement est plus appropriée, voire une liquidation judiciaire. Dans la procédure de conciliation, le ministère public intervient avant l'ouverture pour donner son avis sur la rémunération du conciliateur dont la désignation est envisagée, à l'ouverture où il peut faire appel de l'ordonnance d'ouverture ainsi que lors du jugement en cas d'homologation de l'accord de conciliation. Toutefois et comme il a été vu, avant de donner un avis sur la rémunération, il est indispensable de s'assurer que les conditions d'ouverture de la conciliation sont bien réunies. Dès lors, une clarification de ses prérogatives serait assurément bienvenue car il doit pouvoir donner son avis sur ce point ce qui passe par une meilleure préparation d'une demande de conciliation.

582. L'intervention du ministère public dans le mandat *ad hoc*. Sans aller jusqu'à prôner l'intervention du ministère public dans le mandat *ad hoc*, il devrait selon nous, être tenu informé de son ouverture notamment pour lui permettre de donner un avis sur la rémunération du mandataire *ad hoc*, ce d'autant que les modalités de détermination de cette rémunération sont fixées par les mêmes textes que pour le conciliateur. Le ministère public donnant un avis sur les conditions de rémunération du conciliateur, il serait cohérent qu'il en aille de même pour le mandataire *ad hoc*. De surcroît, cette intervention permettrait de maîtriser les coûts de cette mesure préventive, ce qui participerait à son attractivité.

583. L'impossible maîtrise des coûts au titre des honoraires des conseils des créanciers intervenant à la prévention. La règle des 75 % des honoraires des conseils des créanciers à la charge du débiteur en prévention n'est parfois pas appliquée puisque le débiteur supporte souvent la totalité des honoraires. Le tribunal au moment de l'homologation doit faire un choix, tout comme le ministère public, entre faire respecter ce dispositif et refuser d'homologuer ou ne pas s'y opposer au regard de l'enjeu économique et social. Le débiteur étant également pieds et poings liés. Ce constat nous conduit à proposer au législateur de modifier les dispositions légales.

584. Un nécessaire renfort des prérogatives du ministère public dans la conciliation. Le ministère public est sollicité avant l'ouverture de la conciliation sur la rémunération du conciliateur. Toutefois, pour donner un avis, il est indispensable qu'il dispose d'un dossier complet afin de s'assurer que le conciliateur dont la désignation est envisagée peut-être désigné autrement dit que les conditions légales de l'ouverture d'une conciliation sont réunies. La jurisprudence résulte souvent des observations formulées par le ministère public sur divers points formulés dans son avis. Si son action a été admise par la jurisprudence des juridictions du fond, la doctrine n'est pas unanime sur ce point. Dès lors il semble utile que le législateur précise que l'avis du ministère public ne se limite au seul aspect de la rémunération mais d'élargir son intervention sur le respect des conditions légales. La procédure de conciliation est une procédure judiciaire, il va de soi que l'ouverture de cette procédure doit respecter le cadre légal ce qui n'est pas toujours le cas comme le rappelle régulièrement la jurisprudence précitée avec des conséquences pour le dirigeant en termes de sanction.

585. La confidentialité et les mesures préventives. Personne ne conteste l'utilité des mesures préventives dont la réussite résulte notamment du strict respect de la confidentialité laquelle n'est pas toujours respectée. Ce non-respect résulte certainement du fait qu'en cas de violation, seule une condamnation financière est prévue. On ne peut que s'interroger sur la nécessité alors de revenir à une sanction pénale face au contrevenant à cette règle. Si la confidentialité doit être strictement respectée en cours de procédure préventive, elle n'a plus à s'appliquer une fois la procédure collective ouverte. A cette fin, il serait nécessaire que le législateur prévoie que la levée de la confidentialité soit systématiquement ordonnée lors de l'ouverture tout en précisant que la présence du mandataire *ad hoc* et du conciliateur sont indispensables pour permettre de déterminer quelle procédure peut être ouverte. Afin de répondre aux critiques en cas de levée de la confidentialité, elle ne devrait se faire qu'à l'égard du tribunal, du juge commissaire et du ministère public. Le juge commissaire pourrait transmettre les pièces de la procédure préventive utiles aux organes désignés et au représentant de salariés. Le ministère public pourrait quant à lui les utiliser dans le cadre notamment d'une action en report de la date de cessation des paiements ou dans une action en sanction. En effet, la confidentialité est parfois détournée au bénéfice du dirigeant qui a commis des fautes de gestion. Or la confidentialité n'a pas été créée pour permettre à un dirigeant d'échapper à ses responsabilités.

INDEX

(Les mots renvoient aux numéros de paragraphes)

TABLE DES MATIERES

Structures éditoriales du groupe L'Harmattan

L'Harmattan Italie
Via degli Artisti, 15
10124 Torino
harmattan.italia@gmail.com

L'Harmattan Hongrie
Kossuth l. u. 14-16.
1053 Budapest
harmattan@harmattan.hu

L'Harmattan Sénégal
10 VDN SICAP AMITIE 3
BP 45034 Dakar-Fann
direction@senharmattan.com

L'Harmattan Cameroun
Tsinga/Derrière polyclinique FECAFOOT
BP 11486 Yaoundé
Jacques.koukam@harmattan.fr

L'Harmattan Burkina Faso
Villa 281, secteur 23 623, rue 14.32
Ouagadougou
zagbie@outlook.fr

L'Harmattan Guinée
Almamya, rue KA 028 OKB Agency
BP 3470 Conakry
harmattanguinee@yahoo.fr

L'Harmattan RDC
185, avenue Nyangwe
Commune de Lingwala - Kinshasa
matangilamusadila@yahoo.fr

L'Harmattan Congo
219, avenue Nelson Mandela
BP 2874 Brazzaville
deunovmikhael@gmail.com

L'Harmattan Mali
Immeuble Mgr Jean Marie Cissé
Aci Hamadallaye
BP 145 Bamako
syllaka@yahoo.fr

L'Harmattan Togo
Djidjole - Maison Amela
face EPP BATOME
02 BP 20680 Lomé
didieramela11@gmail.com

L'Harmattan Côte d'Ivoire
Résidence Karl - Cité des Arts
Abidjan-Cocody
03 BP 1588 Abidjan
harmattan.ivoire@gmail.com

L'Harmattan Bénin
Rue 604, (Immeuble à l'entrée
de la rue UCAO- Cite de Saint-Jean)
Cotonou
stepcorpus@gmail.com

Nos librairies en France

Librairie internationale
16, rue des Écoles
75005 Paris
librairie.internationale@harmattan.fr
01 40 46 79 11
www.librairieharmattan.com

Librairie des savoirs
21, rue des Écoles
75005 Paris
librairie.sh@harmattan.fr
01 46 34 13 71
www.librairieharmattansh.com

www.ingramcontent.com/pod-product-compliance
Lightning Source LLC
LaVergne TN
LVHW011449061026
849535LV00004BA/1014
* 9 7 8 2 3 3 6 5 3 3 7 1 1 *